북한학계의

가야사 연구

북한학계의
가야사 연구

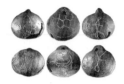

조희승 지음

도서출판 말

1. 이 책은 북한 과학백과출판사에서 발간한 〈조선단대사〉 전집 중에서 〈가야사〉만을 분리해
   서 펴냈다.
2. 맞춤법은 북한 규정에 따라 본래의 책 그대로 했다.
 - 두음법칙과 사잇소리 규정은 적용하지 않았다(예: 력사, 리조/ 수자, 기발).
 - 어간 끝모음이 'ㅣ/ ㅐ/ ㅔ/ ㅚ/ ㅟ/ ㅢ'인 경우는 〈ㅕ〉포 표기했다(예: 진보적이였다).
 - 외곡, 페지(page) 등은 북한 표기법 그대로 사용했다.
3. 띄어쓰기는 본래의 책 그대로 했다. 단 원문에서 붙여쓰기했더라도 다음의 몇 가지 경우엔
   예외적으로 띄어쓰기했다.
 - 의존명사 것, 데, 리, 바, 뿐, 수, 줄, 채 등.
 - 개, 명 등의 단위를 나타내는 명사.
4. 편집부가 단 한자의 음은 [ ] 부호 안에 넣었다.
5. 본문 안에 작은 글자로 들어갔던 *주는 각주로 처리했다.
6. 본문의 그림은 본래의 책에 있던 것이다.
7. 앞 부분의 유물 화보와 맨 뒤의 지도는 〈말〉 편집부에서 추가했다.

가야는 고구려, 백제, 신라, 후부여와 함께 1세기 중엽부터 6세기 중엽경까지 락동강 하류 일대에 존재한 봉건국가의 하나이다. 가야를 다르게 가라, 가락, 아야, 아라라고도 한다.

가야는 비록 작았으나 당시로서는 경제와 문화가 비교적 발전한 나라였다. 그러나 가야는 중앙집권을 지향하면서도 봉건적 소국련맹체의 단계에서 벗어나지 못하였다. 이런 데로부터 신라의 끊임없는 침공을 막아내지 못하였다.

나라의 멸망은 가야사람들에게 헤아릴 수 없는 재난을 가져다주었다. 나라의 멸망과 함께 력사기록들이 류실되였으며《삼국사기》가 편찬될 당시 가야의 력사는 발해의 력사와 함께 조선 력사에서 없어지고 말았다.

《조선단대사》(가야사)에서는 주체의 방법론에 기초하여 우선 가야사의 체계화와 재정리를 위하여 인멸되고 흩어진 력사자료들을 널리 수집하였으며 일본렬도에 건너간 가야사람들의 발자취도 더듬었다. 그 과정에《일본서기》에 반영된《임나일본부》의 정체도 밝혀낼 수 있었다.

편의상 가야지역의 유적유물은 발굴 당시의 지명을 그대로 주었다. 지도는 략도이다.

가야사 개관

가야는 진국의 변한지역에서 B.C. 1세기 말엽에 봉건소국으로 형성되였다가 1세기 중엽에 독자적인 봉건국가로 되였다.

조선반도 중남부지역에서는 B.C. 12세기경부터 노예소유자국가인 진국이 존재하고 있었다. 진국의 한 구성 부분이였던 변한의 일부 소국들에서 봉건적 요소들이 싹트고 장성 강화되였으며 이어 봉건소국들로 형성되였다.

《삼국사기》와 《삼국유사》 그리고 《삼국지》를 비롯한 력사문헌들에는 가라(가야, 가락)의 9촌에 대하여 서술하면서 거기에는 9한이 나라를 다스리고 있었으며 9한이 다스리는 9촌의 호구는 100호에 7만 5,000명이였다고 하였다.

B.C. 1세기경의 가야소국의 실태는 의창(경상남도 창원) 다호리 1호무덤을 비롯하여 고고학적 자료를 통하여서도 엿볼 수 있다.

옛 문헌과 고고학적 자료는 김해 일대에서 봉건적인 생산관계가 발생하고 있었으며 B.C. 1세기경에는 가야(구야) 봉건소국이 형성되였다고 볼 수 있게 한다. 변한의 한 소국이였던 아야(아라, 안야)도 이러한 봉건화 과정을 거쳐 봉건소국으로 되였을 것이다.

1세기 초엽경에 김수로를 우두머리로 하는 집단이 북쪽에서 내려와 가야(구야)땅을 비롯한 몇몇 소국들에 와서 이미 있던 지배세력과 타협, 결탁하여 지배권을 확립하였으며 1세기 중엽경에는 금관가야(김해가야)를 중심으로 가야봉건국가들의 련맹체(6가야)가 형성되였다.

6가야의 명칭은 문헌사료에 따라 조금씩 차이가 있다.

《삼국유사》에서는 금관가야를 제외하고 나머지 5가야에 대해 아라가야, 고녕가야, 대가야, 성산가야, 소가야를 꼽았다.(《삼국유사》 권1 기이 5가야)

한편 《삼국유사》에 인용된 《본조사략》에는 대가야를 제외하고 금관가야, 고녕가야, 비화가야, 아라가야, 성산가야의 5가야를 꼽았다.

가야의 령역은 때에 따라 달랐다. 가야가 한창 강성할 때의 령역은 상당히 넓었다. 가야는 변한지역 태내에서 형성된 나라였던 것만큼 기본적으로 변한지역을 차지하였다고 말할 수 있으나 시기에 따라 달랐다. 동쪽에서는 신라에 의해 가야의 령역이 점차 줄어들었다. 특히 4세기 말~5세기 초에 가야는 락동강 중하류지역에 대한 지배권을 신라에게 빼앗기고 말았다.

가야는 하나의 맹주국을 중심으로 여러 개의 소국들로 이루어진 련맹체국가로서 1세기 중엽에 봉건국가로 형성되였다.

련맹체의 첫 중심세력, 맹주국은 금관가야국이였다.

금관가야국은 오늘의 경상남도 김해를 중심으로 락동강 하류일대를 차지한 나라였다. 금관가야국의 력사는 곧 그대로 전기 가야봉건국가의 력사를 대표한다.

《삼국유사》에 실린 가락국기에는 금관가야의 건국설화가 실려 있다. 설화에서는 김수로세력이 《하늘》의 계시로 가락땅에 남하하여 이미 있던 9한들과 결탁하였으며 후에 지배세력으로 되였다고 하였다. 또한 같이 《하늘》에서 내려온 다른 다섯 동자들도 후에 다른 가야 나라들의 통치자가 되였다고 하였다.

이 설화는 금관가야국을 주도세력으로 하는 가야봉건국가(련맹체)의 형성을 보여준다.

금관가야국은 6가야 가운데서 제일 먼저 일떠선 나라로서 당시로서는 상당한 정도의 국력과 문화수준을 소유하고 있었다. 그러던 중 5세기 초에 이르러 고구려-신라 대 백제-가야-《왜》의 싸움에 말려들어 크게 패하였으며 점차 맹주국의 지위를 잃게 되였다. 그 후 신라에 의해 눌리워 결국 532년 신라에 통합되고 말았다.

맹주국의 지위는 대가야에로 넘어갔으며 옛 금관가야국 세력은 크게 세 부류로 갈라지게 되였다. 즉 한 세력은 내륙인 대가야에로 넘어갔고 다른 한 세력은 잔명 유지를 위해 옛 땅에 남았으며 또 다른 세력은 바다 건너 일본렬도에 있는 가야계통 소국으로 옮겨갔다.

결국 금관가야국은 600여 년간 존속하다가 자기의 존재를 끝마치게 되였다.

대가야는 지금의 경상북도 고령군을 중심으로 한 지역에 있었다. 대가야는 5세기 중엽경부터 6세기 중엽 6가야가 종말을 고할 때까지의 약 한 세기 동안 련맹체의 주도적 지위에 있었다.

신라의 최치원이 쓴 《석리정전》에는 가야산신이 대가야국왕과 금관가야국왕의 두 아들을 낳았다고 하였다. 이것은 금관가야와 대가야를 아주 막역한 사이로 묘사하고 있다는 것을 보여준다.

대가야의 강성발전은 력사기록의 갈피 속에 도간도간 전해져오며 무덤떼와 산성 등 유적유물의 면모를 통하여 알 수 있다.

대가야는 맹주국으로서의 존재기간 자기의 지위를 확고히 정립하기 위해 신축성 있는 대외관계도 맺었다.

6세기에 들어와 신라는 자기와 직접 국경을 접한 조건에서 쇠약해진 가야나라들을 하나하나 침식해나갔다.

562년 9월 대가야는 신라에 반기를 들고 싸움을 걸었으나 신라군의 대부대 공격에 의해 최종적으로 망하고 말았다. 다른 5가야 나라들도 신라와의 전쟁으로 자기 존재를 마쳤다.

아라가야도 한때 종주국이라고 할 수 있는 금관가야국도 대적하기 힘들어한 고구려와 싸웠으나 6세기 중엽 신라에 의하여 통합되였으며 비화가야 역시 땅을 빼앗기고 창녕에는 신라의 완산주가 설치되였다. 고녕가야, 성산가야, 소가야도 6세기에 들어와 신라에 의해 멸망하였다. 대가야의 멸망으로 6가야는 종말을 고하고 말았다.

가야사람들은 일찍부터 일본렬도에 건너가 소국을 이루고 살았다. 오래전부터 산발적으로 진행되여오던 가야사람들의 일본렬도 진출은 5세기에 이르러 보다 적극화되였다. 5세기 전반기만 하여도 일본렬도에는 지역적 중심은 있었으나 아직 일본 서부도 통합하지 못한 상태에 있었다.

발전된 기술과 문화를 가지고 있던 가야사람들은 이런 유리한 조건에서 정착생활을 할 수 있었다.

가야사람들의 적극적인 진출과 정착은 일본렬도에 널려져 있는 가야계통 지명과 옛 문헌 그리고 고고학적 자료 등을 통하여 잘 알 수 있다. 일본 서부에는 가야계통 지명들이 집중되어 있으며 특히 가야사람들이 만들어 쓴 질그릇을 통하여서도 가야사람들의 진출, 정착지를 알 수 있다.

가야사람들의 대표적인 소국은 이또지마[이토시마, 糸島]반도에 형성된 가라소국, 기비지방의 가야소국 등이다.

가야사람들이 제일 먼저 많이 건너간 곳이 바로 북규슈의 최북단에 위치한 이또지마반도이다. 이또지마반도에 진출하여 정착생활을 벌린 가야사람들은 그곳의 원주민들을 적극 포섭하면서 고국의 생활방식대로 살아나갔다. 그 과정에 이또지마반도 일대에는 적지 않은 가야마을과 고을이 생겨났다. 그들은 자기의 고유한 풍습대로 집을 짓고 살았으며 집에는 온돌도 놓았다. 그뿐만 아니라 조상전래의 무덤풍습을 살려 자기의 고유한 무덤형식을 창조하고 전파하였으며 가야산성과 라이산성과 같은 조선식산성을 축조하였다.

가야사람들은 세또내해의 가운데에 위치한 기비지방(오까야마현과 히로시마현 동부의 일부)에도 진출 정착하여 소국을 형성하고 살았다.

기비지방 가야소국의 존재는 기비지방에 오래동안 남아 있는 가야지명들과 2개의 큰 고분인 쯔꾸리야마(作山)고분, 쯔꾸리야마(造山)고분 그리고 기노죠산성 등에 알려져 있다.

일본렬도의 여러 곳에 가야소국이 있었다는 사실은 《일본서기》임나 관계 기사에 그대로 반영되어 있다. 이것을 기화로 생겨난 사이비학설이 바로 《임나일본부》설이다.

《임나일본부》라는 것은 6세기 일본렬도 통합(특히 일본서부) 과정에 기비지방에 설치된 야마또정권의 《출장기관》 또는 그 기관을 책임진 관리를 말한다.

그러나 일본학계는 오래동안 《일본서기》의 임나관계 기사를 하나의 통일정권으로 된 일본 대 조선과의 관계로 대치시켜 보면서 이 학설을 저들의 식민지통치를 합리화하는 데 리용하였다. 즉 삼국시기 조선의 남쪽지방이 일본 야마또의 《식민지》였다고 하면서 저들이 조선을 통치하는 것이 응당한 것이라고 설교해왔다.

그러나 《일본서기》 임나관계 기사에 나오는 《임나일본부》는 기비지방 임나가라에 설치된 야마또정권의 기관 또는 그 기관을 책임진 관리였다는 것을 밝혀낼 수 있었다.

가야는 비록 작은 나라였으나 문화가 상당한 정도로 발전한 나라였다. 하지만 가야문화에 대한 문헌기록이 거의 없고 일제의 만행으로 하여 그 유적유물이 대부분 류실된 형편에서 가야의 문화를 다 헤아리기는 어렵다. 그러므로 일부 남아 있는 유물들을 통하여 그 발전모습을 엿볼 수 있다.

가야의 발전된 문화는 우선 제철제강 기술과 철제가공 기술에서 나타난다. 가야에서의 제철업의 발전은 가야의 발전된 문화를 위한 밑바탕이 되였다.

가야의 금속가공술도 매우 발전하였는데 농기구와 공구, 무기류, 마구류 등에 그것이 반영되여 있다.

가야사람들은 고구려, 백제, 신라사람들과 함께 하나의 피줄, 하나의 언어를 이어받았다. 가야는 건국 초기부터 당시 발전된 문자를 사용하였으며 그것은 필연적으로 력사와 문화발전에 이바지하였다.

가야에서는 건축과 공예도 발전하였다.

가야의 건축물로 현재까지 남아 있는 것은 얼마 없고 다만 집자리와 무덤, 산성 등에 반영된 자료를 통하여 발전된 건축의 일면을 엿볼 수 있다.

가야에서는 공예도 발전하였는데 그들은 철과 옥돌, 나무, 금, 은, 동을 비롯하여 여러 가지 재료를 가지고 갖가지 우수한 공예품을 제작하였다. 가야의 우수한 장신구와 질그릇 그리고 무기와 무장 및 마구류 등의 금동장식품들에는 가야사람들의 슬기와 재능이 그대로 깃들어 있다.

가야에서는 음악과 무용도 발전하였다. 가야에는 구성지고 흥겨운 노래곡조와 격동적이고 우아한 춤가락 등이 보급되었으며 가야금을 비롯한 세련되고 다양한 기악과 기악곡도 있었다.

가야의 생활풍습도 동족의 나라인 고구려와 백제, 신라사람들과 같았으며 그것은 조선민족의 고유한 풍습의 하나로 되었다.

화보 가야 유물과 유적지

가야 토기 │ 경남 창녕군 교동 송현동 고분군 62호분 출토 │ 5세기 전반 비화가야
팔(八) 자형 토기와 엇갈린 문양의 굽구멍(투창)이 특징인 창녕식 토기
사진 국립가야문화재연구소

수레바퀴모양 토기 | 경남지방 출토 | 5～6세기
(좌) 높이 15.7cm, 지름 11.2cm | (우) 높이 16.2cm, 지름 11.2cm
굽다리 위에 두 개의 컵 모양 용기를 올린 후 양 옆에 두 개의 수레바퀴를
붙여놓은 형태이다. | 국립중앙박물관 소장

바퀴장식 뿔잔 | 보물 제637호 | 출토지 알 수 없음 | 5세기(추정)
높이 18.5cm, 너비 24cm
굽다리 위에 U자형의 각배를 얹고 그 위로 2개의 돌기물이 있었으나 현재는
한쪽만 남아있다. 각배의 양옆에는 바퀴가 붙어있다. | 국립진주박물관 소장

사슴모양 뿔잔 | 경남 함안군 말이산고분군 45호분 출토 | 5~6세기(추정) 아라가야
높이 19.3cm 길이 17.2cm 폭 13.8cm
원통형 뿔잔 · 몸체 상부 · 몸체 하부 · 굽다리를 따로 제작하여 접합.
사진 국립문화재연구소

배모양 토기 | 경남 창원시 현동유적 387호분 출토 | 3~5세기 아라가야
길이 29.2cm · 높이 18.3cm
가야시대 실제 항해용 돛단배를 형상화해 만든 토기이다.
국립김해박물관 소장 | 사진 문화재청

기마인물형 뿔잔

국보 제275호 | 경남 김해시 동면 덕산리 출토
높이 23.2cm, 폭 14.7cm, 밑 지름 9.2cm
표면은 3세기 김해지방 토기에서 많이 보이는
두드림무늬로 장식
국립경주박물관 소장 | 사진 문화재청

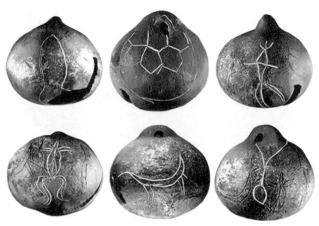

토제방울 | 경북 고령군 지산동고분군 5-1호분 출토 | 5세기 말
지름 약 5cm
남성 성기, 거북 등껍데기, 관을 쓴 남자, 춤을 추는 여자, 하늘을 우러러보는
사람, 하늘에서 줄에 매달려 내려오는 자루를 표현 | 사진 문화재청

금동관 │ 보물 제2018호 │ 경북 고령군 지산동고분군 32호분 출토 │ 5세기경
높이 19.6cm, 관 테 길이 33.6cm
5세기 대가야시대에 제작된 유물로서 희소가치가 탁월함.
대가야박물관 소장

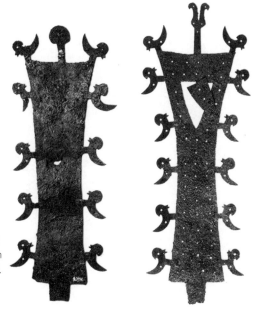

미늘쇠(유자이기)

경남 함안군 도항리(경) 13호 출토
5세기경 │ 길이 (좌) 53cm, (우) 58cm
왕족 등 지배층의 의례행위에 사용.
영생, 재생, 풍요로움을 상징함.
함안박물관 소장

금 굵은 고리 귀걸이 | 경남 진주시 출토 | 5세기 초반(추정)
(좌) 지름 2cm, 길이 9.5cm
(우) 지름 2.1cm, 길이 9.5cm
국립중앙박물관 소장

금귀걸이 | 보물 제2044호 | 경남 합천군 옥전 M4호분 출토 | 6세기 전반(추정)
(좌) 길이 8.6cm, 무게 34.2g, 주환 크기 28.9X25.8mm
(우) 길이 10.1cm, 무게 35.3g, 주환 크기 28.9X26.4mm
국립중앙박물관 소장

파형(바람개비)동기 │ 경남 김해시 대성동 제13호분 출토 │ 4세기경 금관가야
직경 12cm
방패, 갑옷 등에 붙이는 장식품으로 추정
대성동고분박물관 소장

말(호랑이) 모양 │ 경북 영천시 어은동 유적 출토
띠고리 │ 재질 : 동합금 │ 전체길이 15.8cm, 높이 7cm
국립중앙박물관 소장

가야 판갑옷과 투구 | 경북 고령군 지산리 32호분 출토 | 5세기
갑옷 : 높이 40.6cm, 너비 49.6cm, 투구 높이 14.8cm, 길이 25.7cm
어깨가리개 : 높이 13.5cm, 길이 25.6cm
국립중앙박물관 소장

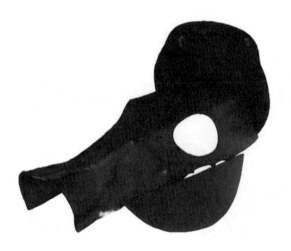

말투구 | 경남 합천군 옥전고분군 M3호분 출토
국립중앙박물관 소장

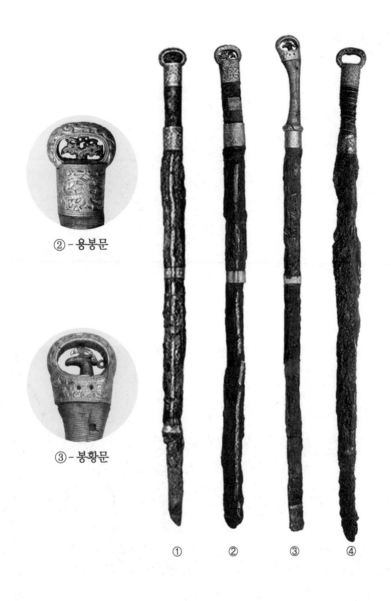

②-용봉문

③-봉황문

① ② ③ ④

고리자루 큰 칼 | 보물 제 2042호 | 합천 옥전 M3호분 출토 | 5세기경
① 용봉문(82.6cm) ② 용봉문(81cm)
③ 봉황문(113.1cm) ④ 용문(82.2cm)
국립진주박물관 등 소장

사이토바루 고분 철모 | 일본 미야자키현 사이토바루 고분 출토
(가야계) | 고령 지산동고분에서 출토된 가야 철모(왼쪽 원 안)와 거의 똑같다.
| 사이토바루고고박물관 소장

사이토바루 고분 철검 | 일본 미야자키현 사이토바루 고분 출토
(가야계) | 사이토바루고고박물관 소장

파사석탑 | 금관(金官)성 호계사(虎溪寺)에 위치.
《삼국유사》 탑상편 금관성파사석탑(金官城婆娑石塔) 조에 탑의 유래에 대해
'수로왕의 비 허황옥(許黃玉)이 후한 건무 24년 무신(戊申:48년)에 서역
아유타국에서 싣고 온 것이다'라고 기록되어 있다.

경남 김해시 대성동고분군(사진. 가야고분군세계유산등재추진단).

경남 창녕군 교동, 송현동고분군(사진. 가야고분군세계유산등재추진단).

경남 함안군 말이산고분군(사진. 가야고분군세계유산등재추진단).

경북 고령군 지산동고분군(사진. 가야고분군세계유산등재추진단).

에다 후나야마 고분(일본 규슈(九州)지방 쿠마모토현 다마나군 기쿠스이정) 전경(위), 에다 후나야마 고분 석관(아래).

기비 기노죠산성 등의 축성법이 아라가야의 산성축성법과 신통히도 꼭 같다. 이것은 가야사람들이 일본서부의 여러 곳에 진출할 때 기술집단과 함께 이 나라의 축성집단도 함께 건너갔다는 것을 보여준다.

우라유적비 : 기노죠산성에 전해오는 우라전설은 기노죠산성의 축조자가 다름아닌 조선(가야)의 주민집
단이었음을 증명해 준다.

1장

가야(금관)련맹체의
형성과
흥망성쇠

1. 금관가야국의 건국

(1) 가야건국설화

금관가야국은 오늘의 경상남도 김해를 중심으로 락동강 하류일대를 차지한 나라였다. 금관가야국의 력사는 곧 그대로 전기 가야봉건국가(련맹체)의 력사를 보여준다고 할 수 있다. 왜냐하면 금관가야국이 4세기 말경까지 가야(련맹체)의 주도세력으로 되여 있었기 때문이다.

금관가야국은 변진구야국, 대가락, 가야국, 금관국 등으로 불리웠다. (《삼국지》 권30 위서 한전, 《삼국유사》 권1 기이 가락국기, 5가야, 《삼국사기》 권1 신라본기 파사니사금 23년)

금관가야국의 건국설화는 13세기 말 고려의 중이였던 일연이 편찬한 《삼국유사》에 자세히 실려 있다.

금관가야국의 건국설화는 대체로 다음과 같다.

천지개벽 이후 이 땅에는 아직 나라라고 부르는 칭호가 없고 역시 임금이나 신하라고 부르는 칭호도 없었다. 여기에는 아도간, 여도간,

피도간, 오도간, 류수간, 류천간, 신천간, 오천간, 신귀간의 9간(9한)이 있었는데 이들이 추장이 되어 백성들을 통솔하였으며 호수는 무릇 100호에 7만 5,000명이였다. 모두가 저마끔[저마다] 산과 들에 모여 살면서 우물을 파서 마시고 밭을 갈아 농사를 지었다.

임인년(42년) 3월에 사는 곳 북쪽 구지봉에서 사람을 부르는 듯한 이상한 소리가 나기에 200~300명 되는 사람들이 그곳에 모였다. 사람은 보이지 않고 목소리만 나는데 《여기에 누가 있는가?》라고 하였다. 9한들이 《우리가 있습니다.》고 하니 《내가 있는 곳이 어디인가?》하고 또 물었다. 《구지입니다.》라고 대답하였다.

또 말하기를 《하늘이 나에게 명령하기를 이곳에 와서 나라를 새롭게 세우고 임금이 되라고 하였다. 그리하여 여기 내려온 것이다. 너희들은 모름지기 봉우리 꼭대기의 흙 한 줌씩을 쥐고 노래를 불러

〈거북아 거북아

머리를 내밀어라

만약 아니 내놓으면

불에 구워먹겠다.〉

고 하면서 춤을 추면 이것이 대왕을 마중하여 즐겨 뛰노는 것으로 될 것이다.》라고 하였다.

9한이 그 말대로 모두 즐겨 노래를 부르고 춤을 추었다. 얼마 못되여 올려다보니 다만 보라빛 노끈이 하늘로부터 드리워 땅에 닿아 있었고 노끈 끝을 찾아보니 붉은빛 보자기에 싼 금합이 있었다. 열어보니 둥글기가 해와 같은 황금알 여섯 개가 있었다. 사람들이 다 놀랍고 기뻐서 함께 절을 하였다. 조금 지나서 다시 알을 싸가지고 아도간의 집으로

돌아와 탁자 우에 두고는 다 흩어졌다. 그 후 열두 시간이 지난 다음 날이 샐 무렵에 사람들이 다시 함께 모여 금합을 열었더니 알 여섯 개가 동자로 변해 있었는데 얼굴들이 매우 위엄이 있었다. 이어 평상 우에 앉으니 사람들이 절을 하고 정성을 다하여 공경하였다. 나날이 장성하여 10여 일이 지났는데 키가 9척이나 되는 어른이 되었고 얼굴과 눈이 빛났다. 그달 보름에 왕위에 올라 임금이 되였다. 처음 나타났다고 하여 이름을 수로(首露)라 하고 나라이름을 대가락(大駕洛) 또는 가야국 (伽耶國)이라고 하였으니 곧 6가야의 하나이다. 남은 다섯 사람도 각각 돌아가 다섯 가야의 우두머리로 되였다.

가야에 대한 유일하고도 종합적인 문헌기록이라고 볼 수 있는 《가락 국기》에 실린 이 건국설화를 보면 여러 가지 신비화되고 과장된 내용이 많이 들어있음을 알 수 있다.

보라빛 노끈이 하늘에서 땅으로 드리웠다든가, 붉은빛 보자기에 싼 금합에 6개의 알이 있었는데 그 알이 모두 동자로 되였다든가, 또 10여 일이 지나 9척이나 되는 어른이 되였다는 등 이러한 허구는 가야의 왕권을 신비화하기 위해 꾸며낸 말이다.

알과 관련된 이 설화는 부여의 동명설화나 고구려의 주몽설화 등과 같다. 또 이 설화는 6가야가 하늘을 숭배했던 고조선의 사상을 계승하고 있었다는 것을 알 수 있게 한다.

비록 이 설화가 환상적이고 허구적이지만 당시 가야봉건국가의 형성 과정을 일정하게 보여주고 있다.

(2) 국호의 유래

가야 국호의 유래에 대해서는 일정한 정설이 따로 없다.

가야는 련맹체에 망라된 소국들에 따라 국호가 각이하였던 것만큼 우선 일반적으로 가야의 국호를 어떻게 불렀으며 그 근거와 유래, 표기 등에 대해서만 보기로 한다.

가야는 보통 가라(加羅)(《삼국사기》 권44 사다함전, 《남제서》 동이전 가라국), 가라(加良)(《삼국사기》 권44 사다함전), 가라(訶羅), 가라(呵囉)(《삼국유사》 권3 탑과 불상 어산의 부처그림자), 가락(伽落)(《삼국사기》 권34 지리지 김해소경), 가락(駕洛)(《삼국사기》 권41 김유신전, 《삼국유사》 권2 기이 가락국기), 가야(加耶)(《삼국사기》 권1 신라본기 파사니사금 8년, 15년, 17년, 18년, 권41 김유신전), 가야(伽倻)(《삼국유사》 권2 기이 가락국기)라고 표기한다. 이것을 임나가라(任那加羅)(광개토왕릉비 제2면 9행), 임나가라(任那加良)(《삼국사기》 권46 강수전), 구야(狗耶), 안야(安耶)(《삼국지》 권30 위서 한전 변진 구야국), 아라(阿羅)-아야(阿耶)(《삼국유사》 권1 기이 5가야, 《삼국유사》 권3 탑과 불상 어산의 부처그림자)[1], 아나(阿那)(《삼국사기(《신찬성씨록》 권22 사교 제번하)》 권34 지리지 함안군, 권45 귀산전)[2], 가라(賀羅) 등으로 다르게도

---

1 여기에서는 금관가야국을 《訶羅》국, 《呵洛》국으로 표기하였다.
2 귀산은 6세기 말에 활동한 사람으로서 그가 싸운 아막(아영)성은 이미 신라땅으로 되여 있었으며 가야도 신라에 병합된 후이다. 아영 일대는 6세기 고령대가야의 전성기 때에는 그 령역으로 되였던 곳이다. 여기서 말하는 《아나들판》이란 가야나라의 들판이라는 뜻으로서 어떤 고유한 지명을 가리킨 것으로 인정된다.

표기한다.

가야의 국호에서 가장 오래고 또 확실한 것은 광개토왕릉비에 나오는 《임나가라》와 《삼국지》 위서 한전에 나오는 《구야》이다.

구야는 가야에서 나왔을 것이며 가라(加羅), 가락(呵洛)은 표기는 어떻든지 간에 다같이 가야와 통하는 말이다. 왜냐하면 삼국시기에는 조선말에 받침이 없었으며 《ㄹ》과 《ㅇ》은 항상 통했기 때문이다. 그러니 가라는 가야이며 구야도 가야이다.

가야를 임나라고 부른 때도 있었다.

그 실례를 들어보면 아래와 같다.

① 《임나가라》(고구려 광개토왕릉비)

② 《저는 본래 임나가라사람이다.》(《삼국사기》 권46 강수전)

③ 《대사의 이름은 심회이며 속세의 성은 김씨이고 그 선조는 임나의 왕족이다.》(신라 진경대사 보월릉공탑비)

④ 《… 지총임나(地總任那)》(《한원》 잔권)

⑤ 《… 신라에는 진한, 변진 24국이 있었는데 임나, 가라, 모한(마한)의 땅이 바로 그것이다.》(《한원》 잔권 변이부 신라조)

⑥ 《가을 9월 고려(고구려)인, 백제인, 임나인, 신라인이 다 래조하였다.》(《일본서기》 권10 응신 7년)

임나라는 국호는 우리나라의 기록에는 얼마 보이지 않지만 일본에 전하는 《일본서기》에는 그 이름이 밝혀져 있다. 임나를 일본말로 미마나라고 부른다. 그것은 고대시기의 어느 한때 임나의 任을 임이 아니라 밈으로 부른 적이 있기 때문이다. 즉 삼국시기에는 받침이 없었기 때문에 임은 밈으로, 미ㅁ나로, 미마나로 부른 것 같다.

우리나라에서는 오래동안 임나라고 부르지 않고 가야라고 불렀다.

임나(미마나)의 첫 기사는 《일본서기》(숭신 65년 7월)에서 나온다. 이런 데로부터 가야(임나)를 일본말로 미마나라고 하는 것이 숭신천황의 이름 미마끼에서 유래하였다는 설이 나오게 되였다. 그런데 고대일본에서는 가야를 임나라고 부른 데로부터 임나에 대한 일본식 훈인 미마나라는 말이 임나(任那-가야)라는 표기 대신 《三間名》(미마나), 《彌麻奈》(미마나) 등으로 표기(《신찬성씨록》 미정잡성 우교)하게 되였다.

그러면 가야, 가라의 국호는 어디에서 유래되였는가 하는 것이다.

가야, 가라라는 국호는 한자어에서 출발한 것이 아니라 고유 조선말에서 나왔다.

가야의 국호가 갓에서 유래되였다는 설이 있다.

정약용의 《아방강역고》(권2 변진조)에는 다음과 같이 씌여 있다.

《변(弁)은 가락이다. 가락(駕洛)은 가야(伽耶)이다. 무릇 우리나라 풍속에 관책의 꼭대기에 삐죽하게 나온 것을 변이라고 하며 또 가나(駕那)라고 한다. 지금(리조 후반기-인용자) 금부의 노비들과 군현의 시노(侍奴)들은 아직도 꼭대기가 삐죽한 책(적-모자)을 쓰며 이를 가나(駕那)라고 부른다. 혹은 금가나(金駕那)라고도 한다.》

여기서 이야기한 가야유래설은 아주 그럴듯한 견해인데 이것을 좀 더 보충하면 다음과 같다.

본래 변진(변한)사람들은 정수리가 삐죽하게 생긴 여러 가지 장식의 각종 모자(두건, 관 등)를 즐겨 썼다. 이런 데로부터 중국사람들이 변한사람들을 가리켜 첫인상 그대로 고깔나라사람들이란 뜻을 빌어 고깔 변자를 써서 《弁辰》이라고 표기하였다. 변진이란 변한과 진한을 가리키기도 하지만 많은 경우 변한의 고유명사로 쓰일 때가 많았다.

그런데 변한은 고깔모자를 쓴 변한(弁韓)이 아니라 법 변 자를 쓰는 변한(卞韓)이였다.

다른 나라 사람들은 고깔모자를 쓴 기이한 모습을 보고 卞 자 대신 弁 또는 辨 자를 써서 변한이라고 불렀던 것 같다.

《일본서기》(권6 수인 2년 시세)에 이와 비슷한 사실이 전해지고 있다. 그것을 보면 다음과 같다.

《… 숭신천황 때 이마에 뿔이 달린 사람이 배를 타고 고시국의 게히의 포구에 정박하였다. 어느 나라 사람인가고 묻자 대답하기를 〈오오가라국의 왕자로서 이름은 쯔누가아라시또라고 하며 다르게는 우시기아라시지간기라고도 부른다.〉고 하였다.

이 설화는 이후 계속된 내용으로 보아 신라사람들의 설화와 중복된 감도 없지 않으나 어쨌든 가야사람들이 고시국 게히의 포구에 정박한 사실을 전한 것이다. 이 일대에 가야사람들과 신라사람들이 련이어 진출했을 가능성이 크다. 쯔누가아라시또에 대한 기사는 《일본서기》 이외에도 《신찬성씨록》(권22 사교 제번 하, 권26 야마또국 제번, 권30 미정잡성 우교) 등에 반영되여 있다.

쯔누가아라시또는 都怒我阿羅斯等[도노아아라사등](《일본서기》), 都怒賀阿羅斯止, 都怒何阿羅志止, 都奴加阿羅志等(《신찬성씨록》) 등 자료에 따라 그 표기가 서로 다르다.

이 표기에서 알 수 있는 것처럼 쯔누가아라시또의 《가》의 표기가 서로 다르고 그밖의 표기는 대체로 일치한다.

이러한 점을 념두에 두고 앞의 설화를 분석해보면 《오오가라국의 왕자》라는 데서 《오오》는 일본말로 크다는 뜻이므로 오오가라란 《대가라》라는 뜻을 가진다. 이것은 금관가야국과 고령대가야를 대가야라고 했다는 력사적 사실과 부합된다. 다음 쯔누가아라시또에서 《쯔누》는 뿔이라는 일본말이다. 따라서 설화의 첫머리에 나오는 《이마에 뿔이 달린 사람》이라는 말과 일치한다. 그리고 《가》라는 것은 조선말의 《갓》을 뜻한다. 삼국시기 우리나라 글에 받침이 없었다는 것을 고려할 때 《갓》은 글자로 씌여지지 못하고 불완전하게 《가》(我, 賀, 何, 加) 등으로 표기된 것으로 보인다. 결국 《쯔누가》라는 말은 《뿔이 난 갓》, 《뿔이 난 고깔》이라는 뜻이다.

아라는 가야라는 말이며 시또는 히또 즉 사람이라는 일본말이다. 시또를 변진사람들의 우두머리인 신지(臣智, 秦支)로, 아라, 아리를 신라의 《알지》, 《알》 등의 음으로 보기도 한다. 그러나 그보다도 《아라시또》를 아라사람 즉 가야사람으로 리해하는 것이 어느 모로 보나 자연스럽다. 결론적으로 고시국 게히의 포구에 왔다는 사람은 《뿔 달린 갓을 쓴 가라사람》이다. 말하자면 고유명사가 아니라 가야사람들의 류별나고 특징적인 관책(적)을 보고 일본원주민들이 오래동안 전해내려오던 것을 문자로 기록한 것이다.

이렇듯 가야사람들의 모자(관, 두건류)는 인상적으로 다른 나라 사람들에게 알려졌다.

가야의 국호가 이러한 가야사람들의 관이나 두건 또는 관 장식과 관계된 데 대해서는 김해를 수도로 한 금관국을 보아도 잘 알 수 있다.

보통 김해가야라고 부르는 가야련맹체의 맹주적 소국의 이름은 금관국(金官國), 가락국(駕洛國), 가야국이였다. 정약용이 말한 것처럼 리조 때 금부와 군현의 사령, 군노 등이 쓴 꼭대기가 삐죽한 두건을 가나(駕那) 또는 금가나(金駕那)라고 하였다. 가나는 관(冠)이며 금관은《金冠》이다. 그리고 금관은 곧 금가나이다. 김해가야를 금관국(金官國)이라고 한 것은 바로 이와 같은 력사적 배경에 바탕을 두고 있다. 또한 금관가야를《駕洛》으로 표기하였는데 가락(가라)은 가나(駕那)에서 나온 말이다. 첫 글자의 표기도 같으며《ㄹ》과《ㄴ》은 통한다. 아라가야(함안)를 다르게는 아나가야로 불렀다. 여기서 보는 것처럼 라(羅)는 나(那)로 변하고 있다. 따라서 금관가야국의 국호는 쇠가나 즉 금가나(金駕那)에 연원을 두고 있다고 말해도 무방하다.

김수로가《가락의 9촌을 바라보고》나라를 세웠다고 한 것을 보면 이 가라(駕洛, 駕那)의 연원도 아주 오래다는 것을 알 수 있다. 그리고 김해가야를《삼국사기》에 가야라고 하지 않고 흔히 금관국이라고 불렀는데 이것은 이 국호에 가야, 가라라는 뜻이 들어 있었기 때문이다.

가야라는 국호가 구야에서 나왔다고 하는 견해도 있다.

《해동역사》의 저자 한치윤은《우리나라 말에〈개〉를〈가〉라고 한다. 그러므로〈가야〉의 옮겨진 음이〈구야〉로 되고 중국의 력사책에서는〈가라〉,〈구야〉라고 하고 우리나라 력사책에서는〈가락〉,〈가야〉라고 하는데 그것은 한가지이다.》라고 하였다.(《해동역사》권16)

또한 류득공도《사군지》나《기년아람》에서 구야를 곧 가야라고 하였다.

기타 가야의 국호를 강이나 호수와 같은 의미를 담고 있는 말로 해석하면서 그 유래를 가야땅의 가운데를 가로질러 흐르는 락동강에서 찾으려는 견해도 있다. 요컨대 가라, 가야를 락동강의 락(라)에서 찾으려는 것이 바로 그것이다.

(3) 금관가야국의 건국

고조선 유민집단의 남하

문헌기록에 의하면 김수로세력은 《하늘》의 지시로 가락땅에 남하했다고 하였다.

고구려나 부여, 신라의 건국설화에 대한 분석에 의하면 《하늘》이란 《북쪽》을 가리킨다. 그러므로 설화는 북쪽에서 내려온 세력이 이미 이곳에 있던 토착세력인 9한과 결탁하여 나라를 세운 사실을 반영하고 있다.

설화는 6가야의 우두머리들이 모두 《형제》 즉 혈연적 관계에 있는 세력들로서 이들이 다 《하늘》에서 내려왔고 그 중 김해땅에 먼저 내려간 것이 금관국의 김수로라고 하였다. 그러나 6가야에 다같이 내렸다고 하는 《형제》들은 금관가야국과 사실상 아무런 관계도 없었다. 고고학적으로 보면 금관가야에 내려간 북쪽의 세력은 나무곽무덤을 장법으로 하는 집단이였다.

즉 금관가야국은 북쪽의 세력 다시 말하여 고조선 유민들이 남하하여 세운 나라였다. 이것을 고조선의 묘제의 하나인 나무곽무덤을 통하여 보기로 한다.

전반적인 가야묘제에서 볼 때 나무곽무덤은 이례적이였다.

우선 기원 전후한 시기의 나무곽무덤은 가야 전반에 퍼지지 못하고 극히 제한된 일부 지역에서만 나타났다.

잘 알려져 있는 것처럼 가야의 기본묘제는 수혈식돌곽(돌칸)무덤이다. 이 무덤형식은 가야 전 지역에 널리 분포되어 있다.

경상북도 고령과 성주, 대구 등지에는 수혈식돌곽무덤의 변형이라고 할 수 있는 수혈식의 상자식돌관무덤과 돌곽무덤(할석식돌곽무덤과 판석식돌곽무덤)이 주류를 이루며 일부 횡혈식돌칸무덤이 있다.

부산 오륜대무덤떼는 기원 전후한 시기부터 3세기경까지 축조된 것인데 수혈식돌칸무덤 28기, 고인돌무덤 1기, 독무덤 1기로서 나무곽무덤은 단 한 기도 없다. 부산 화명동무덤떼는 7기의 소형수혈식돌칸무덤들로 이루어져 있으며, 부산 반여동(해운대구)무덤떼는 16기의 수혈식돌칸무덤이 주류를 이루고 그밖에 토광나무곽무덤 2기, 독무덤 1기로 되어 있다. 그리고 김해 례안리유적은 방형[사각형]과 장방형[직사각형]의 돌칸무덤 115기가 기본이고 나머지는 움무덤(39기)과 독무담(22기 이상)으로 이루어져 있다.

이와 반면에 토광나무곽무덤은 경상북도 경산 림당동과 부산 복천동, 경상남도 합천 봉계리, 저포리, 창원 도계동, 김해 대성동, 칠산동, 례안리 등지에서 볼 수 있다.

나무곽무덤은 가야 전반에 걸쳐 널리 분포된 것이 아니라 금관가야국의 수도였던 김해를 중심으로 하여 락동강 하류 좌우안의 좁은 범위에 몰켜 있다. 합천 등지의 것은 축조시기가 늦으며 그것은 금관가야국의 쇠퇴 이후 그 지배세력이 그곳 일대에로 이동해 간 것으로 추측된다. 요컨대 나무곽무덤은 가야묘제에 시원을 둔 것이 아니며 오히려 이례적이며《특수》한 묘제로 되는 것이다.

또한 나무곽무덤의 연원과 계승성을 가야지역에서는 찾을 수 없다.

일부 학자들이 주장하는 것처럼 가야의 가장 이른 시기의 무덤구조형식이 나무곽이라면 그에 선행하는 묘제가 있어야 한다. 그리고 나무로 짜서 만든 무덤이 어떻게 되어 돌발적으로 재료가 완전히 다른 돌로 바뀌여졌는가를 밝혀야 한다.

그러나 나무곽무덤의 연원은 가야지역에서 찾을 수 없으며, 그 다음에 오는 수혈식돌곽무덤 사이에는 그 어떤 계승성도 찾아볼 수 없다. 말하자면 나무곽무덤은 가야지역에서 고립적으로 존재한 것이다.

본래 진국의 묘제 특히 가야에 앞선 변진시기의 묘제의 기본은 돌곽돌무덤, 돌관무덤, 돌돌림무덤 등 돌로 무덤칸을 구성하는 것이었다.

가야시기에 들어와서는 기본묘제가 수혈식돌곽무덤으로 전환되는데 그것은 전 시기의 돌곽(돌칸)무덤을 발전적으로 계승한 것이다.

한편 진국 동남부에 있던 변진지역에서 나무곽무덤은 B.C. 2세기경까지 하나의 묘제로서 존재하지 않았다. 그 후 B.C. 1세기경에 와서 급작스럽게 나무곽무덤이 나타나기 시작하였다.

그러면 나무곽무덤은 어떤 원인으로 갑자기 출현하였으며 그 연원은 어디에 있는가.

가야지역에서 나무곽무덤은 김해 대성동과 칠산동, 례안리 등 김해를 중심으로 한 일부 지역과 부산 복천동 등 금관가야국의 왕족을 비롯한 지배층이 쓴 무덤형식이다. 이러한 고위지배층에 한해서 쓰인 나무곽무덤이 광범한 범위에서 쓰인 돌곽(돌칸)무덤과 함께 존재한 것이다.

김해 일대에 기원을 전후한 시기 갑자기 나무곽무덤이 그 지배층 속에서 나타난 것은 《삼국유사》에 실린 《가락국기》에 나오는 《하늘》에서 내려왔다는 김수로세력과 결부되여 설명되여야 한다. 《삼국사기》 김유신전에도 가야의 지배층(김수로)은 《어디에서 왔는지 알 수 없》는 세력이었다. 바로 이 지배세력이 남하하여 김해 일대의 토착민들로 형성된 가야소국 우에 덮쳐 전체 6가야의 맹주적 지위에 올라앉은 것이었다.

나무곽무덤이 북쪽에서 내려왔다는 것은 우선 이 묘제가 고조선에 계보를 두고 있는 데서 찾아볼 수 있다. 말하자면 고조선집단의 일부가 변진-가야지역에로 이동정착하게 된 것이다.

고조선의 묘제는 돌무지무덤, 돌관무덤, 움무덤(토광나무곽)으로서 여기에는 중국 료녕성 심양시 정가와자 6,512호 무덤과 같이 이른 시기의 나무곽무덤이 있으며 고조선 중심부에 위치한 평양시 락랑구역 정백동과 남사리, 황해남도 은률군 운성리, 남포시 강서구역 태성리를 비롯한 여러 지역에도 나무곽무덤이 적지 않게 분포되어 있다. 특히 남사리 일대에서 드러난 대형 나무곽무덤은 가야묘제의 연원을 밝혀준다.

나무곽무덤이 북쪽에서 내려왔다는 것은 김해 대성동무덤떼에서 이른바 《북방유물》들이 드러난 사실을 가지고도 말할 수 있다.

대성동무덤떼에서 가장 이르다고 하는 29호무덤에서는 이른바 《스키타이》계통의 청동단지가 드러났다. 청동단지는 높이 18.8cm, 직경 12.7cm로서 흔히 북쪽지방에서 쓰는 물건으로 알려져 있다. 무덤에서는 청동단지와 함께 500여 점의 질그릇과 판모양철제품, 갑옷류 등 100여 점의 유물이 드러났다.

1992년 말에는 김해 량동리에서 청동단지가 또 드러났다. 235호무덤에서는 청동단지가 50여 점의 철기와 청동기 1점, 오랜 《북방식 굽은구슬》과 함께 드러났다. 청동단지의 직경은 18.5cm로서 남부지역에서는 가장 오랜 것이다.

청동단지는 중국 길림성 유수현 로하심유적과 내몽골자치구 이람호구, 보동구, 호북성 악성 등지에서 드러난 것이 있으나 기본은 평양을 중심으로 한 고조선 령역에서 많이 드러났다.

청동단지는 고조선사람들이 만들어 쓴 생활도구로써 다른 나라 사람들의 문화유물이 아니다. 가야지역에서 이와 같은 청동단지가 드러난 것은 바로 고조선사람들이 남하하여 진출, 정착하였기 때문이다.

1994년 초에 김해 량동리 가곡마을의 해발 90m 되는 야산에서 드러난 무덤떼에서 발굴된 유물에도 고조선의 오랜 청동단지가 포함되어 있었다. 이 무덤떼에서는 가야시기의 53기무덤에서 굽잔과 여러 질그릇 200여 점, 고리자루큰칼, 쇠망치 등의 철기류 800여 점, 청동가마와 통모양동기 8점 등 청동기류 11점, 수정목걸이를 비롯하여 1,030여 점의 유물이 발굴되였다.

청동가마는 다리가 짧고 손잡이가 2개 달려 있었으며 겉면에 15자의 명문이 씌여 있다. 이와 꼭같은 청동가마가 1980년대 말 평양시 락랑구역에서 나무곽무덤 밖 문화층에서도 수집되였다.

고대시기 고조선과 부여, 구려에서는 기원전 시기 커다란 정치정세의 변동으로 하여 일부 집단들이 남하하는 경우가 있었다. 그리하여 그 세력들은 소백산 줄기를 넘어 변진땅에 들어왔다. 이 세력들은 경주지방에 들어가 정착하기도 하였으며 경산 림당을 거쳐 곧바로 남하하기도 하였다. 경산과 경주, 김해와 부산 복천동에 나무곽무덤이 집중되어 있는 것은 바로 이 때문이며 그들의 남하 진출 로정과 정착지를 밝혀준다.3

남하집단은 기원 전후시기에 경주와 김해 일대에 들어왔는데 그들은 다같이 나무곽무덤을 사용하였다.

1세기는 고조선의 유민들이 변한과 진한 땅에 많이 들어갔을 때이다. 《삼국사기》(권1 신라본기)에는 B.C. 1세기 이전에 고조선 유민들이 경주의 산골짜기에 나누어 살아 6촌(6부)을 이루었다고 하였다. 또《삼국지》(위서 한전)에 실린 《위략》의 글에 의하면 고조선의 상인 력계경이 우거왕과 맞지 않아 진국에 갔는데 2,000여 호의 백성들이 그를 따라 남쪽으로 갔다고 하였다.

이와 같은 옛 기록들은 고조선과 부여, 구려의 일정한 주민집단들이 남부지역에 이동하였다는 것을 보여준다.

이것은 또한 고고학적 자료들과도 맞는 것이다.

김해의 북구지와 가까운 애(아이)구지에 위치한 대성동무덤떼에서 드러난 나무곽무덤은 규모와 발굴된 유물의 풍부성으로 하여 분명 왕자의 품격을 갖추고 있어 왕릉 또는 왕족의 무덤으로 짐작된다. 특히 2호무덤은 8.45m의 길이와 4.36m의 너비 1.55m의 높이를 가진 주곽과 그보다 좀 작은 부곽으로 이루어진 것으로써 현재로서는 우리나라에서 가장 큰 나무곽무덤의 하나이다. 1호무덤 역시 그에 못지 않은 규모의 나무곽무덤이다.

가야의 나무곽무덤은 금관가야국의 수도가 있던 김해의 구지봉(북구지와 애구지)을 중심으로 일부 한정된 지역에 널려 있다. 그것은 지배층의 무덤에 한할 뿐 가야 전반에 퍼진 것은 아니었다. 같은 김해일지라도

---

3 경산 림당동무덤떼에는 1~3세기에 축조했다고 하는 23기의 대형나무곽무덤을 비롯하여 180여 기의 나무곽무덤이 있다. 그 중 동서너비 5.1m, 남북너비 2.2m이고 무덤무지 아래 길이 3.75m, 너비 1.05m의 큰 주곽도 존재하였다.

구지봉과 떨어진 례안리 같은 데는 나무곽무덤이 얼마 없고 수혈식돌칸무덤이 많은 비중을 차지한다.

이상의 사실들은 나무곽무덤을 기본 무덤풍습으로 하던 김수로세력 즉 고조선 유민들이 남쪽으로 내려와 이미 있던 가야의 토착세력과 융합되어 지배세력으로 되였으며 그 후 전체 6가야의 맹주국으로 되였다는 것을 보여준다.

금관가야국의 건국

건국설화에서 보여주는 바와 같이 1세기 중엽경 김수로를 우두머리로 하는 북방세력에 의하여 금관국이 세워졌다. 당시의 금관가야국은 봉건국가로서 진국-변한의 통제를 벗어난 독자적인 국가였다.

금관가야국의 전신은 구야국(또는 구야9촌)이다.

조선반도 중남부지역에서는 노예소유자국가인 진국이 존재하였다.

진국은 변한, 진한, 마한으로 분립되여 있었는데 그 중 변한 12국의 소국들 가운데서 구야-가야국 등에서는 B.C. 2~B.C. 1세기경에 이르러 봉건적 관계가 싹트고 장성하고 있었다.

B.C. 1세기에 구야(가야, 가락)국이 있었다는 것은 다음과 같은 사실로써 확인할 수 있다.

우선 《삼국지》(위서 동이 왜인전)에 의하면 대방으로부터 왜인국으로 가는 데는 《해안을 돌아 배길로 (한)국을 지나 남동쪽으로 내려가 그 북안인 구야한국에 이르는데 7,000여 리이고 처음으로 바다를 건너 가는데 1,000여 리를 가면 대해 (마)국에 이른다.》고 하였다.

여기서 말하는 구야한국은 분명 구야-가야국일 것이다.

    지난 시기 우리나라의 실학파들은 거의 모두가 일치하게 변한의 구야국은 후세의 가락국을 가리키는 것이라고 하였다. 특히 신채호는 《〈구야〉는 〈가라〉로 읽어야 할 것이니 큰 못이라는 뜻으로 지금의 김해》라고 하였다.(《조선사연구초》 전후삼한고) 따라서 구야국은 후세의 가야국(가락국)으로서 그 위치는 오늘의 경상남도 김해지방이였다.

    《삼국사기》(권41 김유신전)에 의하면 《김유신의 12대 조상인 김수로는 어떤 사람인지 알 수 없는데 42년에 구봉(龜峰-구지봉)이란 산에 올라서 가락의 아홉 마을을 바라보고 드디여 그곳으로 가서 나라를 세우고 국호를 가야라고 하였다가 후에 금관국으로 개칭하였다.》고 하였다.

    한편 《삼국유사》(권2 기이 가락국기)에는 9명의 우두머리(9한)들이 있었는데 하늘에서 내려온 김수로왕이 왕위에 올라 나라(대가야)를 세운 것으로 썼다. 그리고 9한이 다스리던 9촌의 호구는 100호에 7만 5,000명이였다고 하였다.

    기원전 시기의 남부지역의 형편을 전하는 《삼국지》(권30 위서 한전)에 의하면 변한과 진한에는 각각 12개, 합치면 24개의 소국이 있었는데 그 중 큰 나라는 4,000호이고 소국은 600~700호, 총 4만~5만호라고 하였다.

    《가락국기》에 전하는 호는 평균 750명이므로 호당 인구수가 지나치게 많다. 한 호의 인구수를 후기 신라 때의 장적에서 보는 것처럼 평균 10명 정도로 잡으면 7만 5,000명은 7,500호로 된다. 이것을 《삼국지》 한전의 기사와 대비해 보면 김수로 출현 이전에 이곳에 일정한 정치조직, 집단이 있었으며 그것이 바로 구야(가야)소국을 이루고 있었다고 볼 수 있게 한다.

《가락국기》에서는 김수로가 이미 있던 9한들을 그대로 두고 이름만 고쳐가지고 통치기구를 정비하였다고 하였다. 이것은 바로 김수로가 대표하는 새로운 정치세력이 9촌(구야소국)의 종전세력들의 지위를 기본적으로 인정하고 그와 결탁하였다는 것을 보여준다.

B.C. 1세기경에 이미 가야소국이 있었다는 것은 고고학적 자료를 통해서도 알 수 있다.

철기문화의 유적들인 웅천조개무지, 김해조개무지, 동래 민락동조개 무지, 량산조개무지, 창원 다호리유적 등은 B.C. 1세기의 유적으로서 변한지방에 이미 가야소국이 형성되여 있었다는 것을 보여준다.

진국 특히 령남지역에서는 B.C. 4~B.C. 3세기경에 철기가 출현하기 시작하였다. 그러나 B.C. 3~B.C. 2세기경까지는 기본적으로 청동기문화 가 지배적 자리를 차지하고 있었다. 그러한 대표적 유적으로는 김해 회현동 D지구유적, 량동리유적, 부산 사직동유적, 민락동유적, 대구 비산동유적, 만촌동유적 등을 꼽을 수 있다. 이 유적들에서 청동기가 위주로 되면서도 철제품도 발굴되였다. 실례로 김해 량동리유적에서 청동검, 청동창과 함께 철검, 철창 등이 나왔다.

B.C. 1세기경에 철기의 비중이 커져 금속기의 주류가 청동기로부터 철기로 교체된 것은 봉건적 관계가 발전하고 있었다는 것을 보여준다.

B.C. 1세기경의 가야지역을 대표하는 유적은 창원 다호리유적(1호무 덤)이다.

다호리 1호무덤은 먼저 무덤구뎅이를 길이 2.8m, 너비 1m, 깊이 2m 정도 되게 판 다음 다시 무덤구뎅이의 중심부 바닥을 또 길이 70~80cm,

너비 50~60cm, 깊이 20cm 정도의 장방형구뎅이를 팠다. 이 작은 구뎅이에는 껴묻거리[부장품]를 넣기 위해 따로 만든 65×55cm 규모의 대바구니 채롱을 안치하였다. 그 우에 나무관을 두었다.

나무관은 직경 1m 정도(길이 2.4m, 너비 85cm)의 참나무를 세로 켠 다음 구유통처럼 속을 도려낸 할죽형나무관이다. 다시 말하여 다호리 1호무덤은 먼저 움구뎅이를 깊이 판 다음 바닥 가운데에 요항(관중심부 위에 또 하나의 구뎅이를 판 것)을 설치하고 껴묻거리를 가득 채운 채롱을 놓고 그 우에 나무관을 안치한 것이다. 껴묻거리는 채롱뿐 아니라 나무관 주위의 빈자리에도 벌려 놓았으며 구뎅이를 파내였던 흙을 다시 채워 무덤무지를 쌓았다.

껴묻거리는 청동기와 철기 등 26종 69점에 달한다.

다호리 1호무덤의 유물들 가운데서 주목할 만한 것은 쇠도끼를 비롯한 각종 철기가 지배적이라는 사실이다. 그 중 판모양쇠도끼는 가장 긴 것이 27.5cm이다. 여기에 81cm 되는 긴 나무자루를 끼우게 되어 있다. 그리고 나무자루가 달린 쇠괭이는 괭이 길이 21cm, 나무자루 길이 27cm 정도이다.

다호리유적에서 이와 같은 쇠도끼와 쇠괭이 등 많은 량의 철제품이 나왔다는 것은 이 무덤이 축조되던 시기가 철기가 널리 보급되던 시기였고 농업도 높은 수준에 이르렀음을 말해준다. 유적에서 보게 되는 생산력과 문화발전 수준은 이 지역에서 봉건적 생산관계의 존재를 시사해준다.

유적(1호무덤)은 전한경(거울)인 성운문경(구리거울)과 오수전의 발굴로 하여 B.C. 1세기경의 축조로 추측되고 있다.

· 다호리유적은 바로 김수로가 세웠다는 가락국의 중심지인 김해(금관)

에서 서쪽으로 50여 리 되는 곳에 있다. 그러므로 다호리 1호무덤의 피장자는 바로 《가락국기》에 보이는 일정한 지역을 지배한 《한》 또는 그 다음 급의 인물이였다고 볼 수 있는 것이다.

이상과 같이 문헌 및 고고학적 자료는 김해 일대에서 봉건적인 생산관계가 발생하고 있었으며 B. C. 1세기경에는 구야(가야) 봉건소국이 형성되였다고 볼 수 있게 한다.

봉건소국으로 형성된 구야소국은 진국-변한의 테두리에서 벗어나 독자적으로 행동하게 되였다. 특히 1세기 초엽경에는 북쪽에서 남하한 김수로를 우두머리로 하는 정치세력이 구야(가야)땅을 비롯한 몇몇 나라들에 와서 이미 있던 지배세력과 결탁하여 자기의 지배권을 확립하고 1세기 중엽경에는 금관국을 중심으로 하는 가야봉건국가들의 련합체를 형성하게 되였다.

금관국의 우두머리(통치자)가 된 김수로는 이 땅에 먼저 나타났다고 하여 이름을 《首露》[수로]라고 하였다.

봉건금관가야국이 형성된 시기는 《가락국기》에 의하면 42년이다. 이 시기는 금관가야국이 가야봉건국가 즉 련합체의 맹주국으로 출현한 때이다. 《삼국사기》(권4 신라본기 법흥왕 19년)에는 532년에 금관가야국이 신라에 의하여 병합되였다고 하였다. 봉건가야국이 42년에 세워진 것은 대체로 사실에 가까운 것이고 또 532년에 금관가야국이 망한 것도 사실이였다. 그러므로 금관가야국은 약 490년간 존재한 것으로 된다.

그런데 금관가야국 건국년대 문제와 관련해서는 김수로왕의 통치년간이 지나치게 길어서 글자 그대로는 인정하기 어렵다는 문제가 제기된다.

《삼국유사》(년표 및 가락국기)에는 김수로가 42년에 나서 199년에 죽은 것으로 즉 158년간이나 나라를 통치한 것으로 되여 있다. 사람이 태여나자마자 어른이 될 수도 없고 또 그렇게 오래 통치할 수도 없다.

고구려, 백제의 초기 력사에서 보는 것처럼 김수로왕 이후의 몇 대 임금들의 사적이 없었고 력사기록에서 빠짐으로써 거등왕이 김수로왕의 아들인 것처럼 전승되게 되였다고 보인다.

금관가야국이 10대 490년간 존속하였다는 《삼국유사》(가락국기)의 기록과 대가야(경상북도 고령)가 16대 520년간 존속하였다는 《동국여지승람》(권29 고령현 건치연혁)의 기록을 대비 고찰할 때 그러한 결론을 끌어낼 수 있다. 즉 6가야의 하나인 대가야국은 562년에 멸망하였으므로 520년간 존재한 것으로 되는데 그 왕대는 16대였다. 또한 《동국여지승람》에는 먼저 《삼국사기》 지리지 고령조에 실린 《본래 대가야국인데 시조 이진아시왕부터 시작하여 도설지왕에 이르기까지 무릇 16대 520년이다.》를 게재하였다.

금관가야국과 비슷한 시기에 건국된 대가야국의 왕대가 16대였다면 금관가야국도 그와 가까운 왕대를 가지고 있었다고 보는 것이 합리적이다. 금관가야국 490년간과 대가야국 520년간의 차이는 불과 30년간인데 왕대에서는 6대가 차이날 수 없다. 그러므로 적어도 금관가야국에서는 김수로왕과 거등왕 사이에 2~3대의 왕들이 빠졌다고 볼 수 있는 것이다.

김수로왕 다음에 2~3대의 왕이 루락되였다고 보게 되는 다른 하나의 리유는 이웃나라인 신라봉건국가의 성립시기와 김수로왕과 탈해니사금, 파사니사금 사이의 호상관계를 볼 때 수로왕의 활동시기도 1세기 중엽~2세기 초엽으로 보지 않을 수 없다는 데 있다.

김수로는 북쪽에서 남하한 후 나라이름을 금관가야국 또는 대가락으로 불렀다. 이외에 남가야(《삼국사기》 김유신전) 또는 아래가라라고도 불렀다.(《삼국사기》 권32 악지 가야금) 여기서 남가야는 후에 련합체의 맹주적 지위를 차지한 고령대가야의 남쪽에 있다고 하여 붙여진 이름이고 아래가라 역시 고령대가야에 비해 금관가야국이 아래에 있다고 하여 명명한 것이다.

봉건국가로서 금관국이 형성된 후에도 그 중심지 즉 수도는 김해지방이였다.

오늘의 김해시의 김수로왕릉이 있던 주변은 금관가야국사람들이 아주 신성시하던 곳으로 보인다.

《삼국유사》에 실린 《가락국기》에 의하면 김수로는 금관국을 세운 후 림시 대궐을 짓게 하고 거기에 잠시 들었으나 다만 검소한 것을 바란다고 하면서 집이영도 자르지 않고 흙으로 된 섬돌층대가 석자 높이밖에 안 되였다고 한다. 하지만 그것은 봉건국왕을 내세우기 위해 꾸민 것으로 보아진다.

43년 봄 정월에 김수로는 림시로 지은 대궐 남쪽 신답평으로 행차하여 사방 산악을 둘러보고 서울을 정하였다고 한다. 그리고 둘레가 1,500보 되는 외성(라성)에 궁궐과 일반 관청들, 무기고와 낟알창고들이 자리를 잡았다. 일을 마치고 대궐로 돌아와서 국내의 장정역부들과 쟁인바치들을 두루 징발하여 그 달 20일부터 견고한 성터를 닦기 시작하여 3월 10일에 역사를 마쳤다고 하였다.

이 기록을 통하여 알 수 있는 것처럼 금관가야국에는 크고 화려한 궁전과 둘레가 1,500보나 되는 외성 그리고 일반 관청건물들과 무기고, 날알창고 등이 있었음을 알 수 있다.

《세종실록》(권150 지리지 경상도 김해도호부)에 의하면 왕궁터는 김해도호부 내에 있었다.

그러나 궁전터와 건축유지는 발견되지 않았다. 다만 김수로왕릉과 왕비릉 뒤에 분산성이 알려져 있을 뿐이다.

김해지방에는 김수로왕릉과 왕비릉을 중심으로 구지봉과 분산성이 있고 주변에 부원동유적, 구산동무덤떼 그리고 왕릉급 무덤들이 몰켜 있는 대성동무덤떼와 례안리, 칠산동 등의 유적이 전개되어 있다. 이로 보아 《가락국기》에 나오는 왕궁과 외성도 분산성 아래의 분지와 구릉지대에 위치해 있었을 가능성이 크다.

금관가야국은 가야련맹체의 첫 맹주국으로서 600여 년의 가야력사에서 선도적이고 중심적인 역할을 놀았다.

2. 가야(금관)련맹체의 형성과 흥망성쇠

(1) 가야(금관)련맹체의 형성과 발전

가야련맹체의 형성

1세기 중엽 조선반도 중남부지역에서는 가야국이라는 봉건국가련맹체가 형성되였다. 그 련맹체의 첫 맹주국은 금관가야국이였다.

《가락국기》의 건국설화는 금관가야국을 주도세력으로 하는 가야봉건국가(련맹체)의 형성을 보여주는 설화이기도 하다.

가야련맹체의 형성시기는 《가락국기》에서 보는 것처럼 42년이다.

《가락국기》에서 42년에 가야련합체(가야)가 성립되였다고 한 데는 그럴 만한 력사적 배경이 있었던 것으로 추측된다. 그 하나는 김수로세력이 금관가야국의 왕권에 들어앉은 것이고 또 대체로 이 시기가 가야땅에서 전 시기의 낡은 변한과 다른 정치, 경제적 체제가 확립되여간 때라는 것이다.

1세기경에 들어와서 가야땅에는 새로운 봉건적 관계가 지배하였다.

그것은 문화면에서 청동기 대신 철기가 지배적 지위를 차지하게 된 데서 찾아볼 수 있다.

봉건적 생산관계를 보여주는 철기의 생산과 보급은 이미 B.C. 3~B.C. 2세기에는 활발한 것으로 되였으며 A.D. 1세기에 와서 완전히 지배적인 것으로 되였다.

경상남도 창원 웅천유적(A.D. 1세기로 추측), 김해조개무지, 량산조개무지, 성산조개무지, 창원 삼동동유적, 부산 민락동유적 등 여러 유적들에서는 많은 량의 철제품들이 발굴되였다.

특히 웅천유적에서는 토기와 철기, 골각기, 장식품 등 4만 점에 달하는 많은 유물이 나왔는데 주목할 만한 것은 여기서 단 한 점의 청동기도 나오지 않았으며 대신 철의 1차가공품인 철정이 드러난 것이다. 이것은 이 유적을 남긴 사람들(집단)이 청동기를 사용하지 않았으며 이 일대가 완전히 철기시대에 들어섰다는 것을 보여주는 것이다. 그리고 이 유적의 년대가 가야봉건국가의 건립년대와 일치하다는 것은 대단히 주목할 만한 사실이다.

이러한 높은 수준의 철기문화에 안받침된 경제력에 의해서 6가야가 형성되였고 그 가운데서 가장 발전한 지대였던 금관가야국이 맹주적 지위를 차지하게 된 것으로 보인다.

그러면 금관가야국이 다른 지역(나라)에 비해 앞서 발전할 수 있었던 주객관적 조건은 무엇인가 하는 것이다.

그것은 첫째로, 이곳에 농업생산에 유리한 자연기후적 조건이 주어져 있다는 것이다.

가야나라들의 중심을 흐르고 있는 락동강은 여러 가지 흐름을 합쳐 김해근방에서 삼각주를 이루어 바다에 들어간다. 락동강의 본류역과 가지류역에는 비옥한 충적지대가 펼쳐져 있다. 특히 락동강 하류류역은 온화한 기온과 풍부한 강수량에 의해 논벼 생산에 매우 유리하였다. 《삼국지》에도 《토지는 기름지고 오곡과 벼를 심으며 잠상을 알고 겸포를 짠다.》고 하였다.(《삼국지》 권30 위서 한전)

후세의 기록이지만 15세기에 편찬된 《세종실록》 지리지에도 금관가야국의 수도였던 김해에서는 《토지가 비옥하고 날씨도 온화》하여 밭갈이 하는 땅이 7,809결에 달하였다고 하였다. 그리고 그 곳 땅은 벼와 조, 메밀, 보리, 뽕, 삼 등의 농사에 적합하며 토산물로는 꿀, 황랍(누른밀), 사슴포육(얇게 저며 말린 고기), 마른조개, 미역, 갖풀(아교), 종이, 대나무 등과 각종 약재가 난다고 하였다.(《세종실록》 권150 지리지 경상도 김해도호부)

다호리 1호무덤에서 발굴된 유물들에서 보는 바와 같이 락동강 하류지역에서는 각종 철제농기구들이 있어 그곳 주민들이 여러 가지 철기를 사용하여 새 땅을 개간하고 농사를 지었다는 것을 알 수 있다.

이처럼 락동강 하류지역은 기후가 온화하고 땅이 기름져 각종 농토산물이 풍부한 것이 특징이다.

둘째로, 락동강 하류지역에는 사철이 풍부히 매장되어 있어 철 생산과 가공이 높은 수준에 올라설 수 있는 유리한 조건을 지어주었다는 것이다.

지금까지 알려진 데 의하면 가야무덤에서 드러난 철기는 많은 경우 사철이었다고 한다. 이에 대해서는 《세종실록》 지리지(김해도호부)에도 《토산으로 사철이 난다.》고 하면서 그 (사철채취장) 위치를 김해도호부의 동쪽 감물촌이라고 밝혔다.《동국여지승람》(권32 김해, 창원)에 의하더라도 김해토산물의 첫 항목이 철(사철)이며 창원 역시 첫 번째로 꼽는 토산물이 철로서 그것은 불모산에서 난다고 하였다.

셋째로, 금관가야국은 운수에 유리한 조건을 가지고 있었다. 후세의 기록이지만 《택리지》 복거총론(18세기)에도 김해지방의 운수가 좋다고 하였다.

김해는 바다가에 위치해 있으면서 락동강과 조선 남해를 통한 물자운반과 교역을 널리 진행하였다. 《삼국지》 한전에 《한, 예, 왜가 모두 변진의 철을 무역한다. 두 군에 쇠를 공급한다.》고 한 것은 김해지방에 위치한 금관가야국 일대에서 바다운수를 리용하여 왜 땅과 《락랑군》과 《대방군》 등지와 교역한 사실을 반영한 것이라고 할 수 있다.

이러한 여러 가지 유리한 조건으로 하여 김해지방은 6가야 가운데서 제일 먼저 봉건소국이 형성될 수 있었다.

이렇게 금관가야국은 당시로서는 고도로 발전된 농업과 운수, 수공업에 기초한 생산의 발전 그리고 보다 중요하게는 강력한 정치세력의 출현 등으로 하여 전체 가야나라들 중에서 중심적인 자리를 차지함으로써 주도세력으로 될 수 있었던 것이다.

금관가야국을 맹주국으로 삼은 가야련맹체를 보통 6가야라고 부른다.

6가야를 이루는 나라들은 문헌마다 조금씩 차이가 있다.

《삼국유사》(권1 기이 5가야)에 의하면 금관가야를 제외한 가야나라들의 명칭과 위치는 아래와 같다.

① 아라가야 : 함안(경상남도 함안 일대)

② 고녕가야 : 함녕(경상북도 상주시 함창읍 일대)

③ 대가야 : 고령(경상북도 고령군 일대)

④ 성산가야 : 경산(벽진-경상북도 성주군 일대)

⑤ 소가야 : 고성(경상남도 고성군 일대)

한편《삼국유사》에 인용된《본조사략》에는 다음과 같이 씌여 있다.

① 금관가야(김해부-경상남도 김해시 일대)

② 고녕가야(가리현-경상북도 고령군 성산면 일대)

③ 비화가야(지금의 창녕이란 것은 아마도 고령의 잘못인 것 같다)

④ 아라가야

⑤ 성산가야(벽진가야라고도 한다)

《삼국유사》의 5가야조에 실린 기사와《본조사략》의 기사에는 일정한 차이가 있다. 5가야조에는 금관가야가 보이지 않는다. 이것은 금관가야가 맹주적 지위를 차지하였으므로 5가야에 꼽지 않은 것이다.

한편《본조사략》에서는 대가야가 보이지 않고 대신 비화가야가 있다. 이것은 금관가야국의 맹주적 지위를 고령가야가 차지한 후의 5가야이다.

《삼국지》 한전에는 변진에 구야국이나 안야국 외에 많은 나라들이 보인다. 그런데 이러한 변진의 여러 나라들이 같은 변진의 계통을 이으면서도 가야련합체에 속하지 않은 것은 여러 소국들의 각이한 리해관계와 정치적 동향에서 온 것으로 보인다. 그것은 변진 계통 소국들의 무덤들에서 나오는 질그릇을 비롯한 문화유물들이 가야의 문물과 비슷한 것은 같은 변진 태내에서 나왔기 때문이다.

진국-변한에서는 봉건적 제 관계에 기초하여 12개의 소국들이 출현하였는데 그 중 변한의 중부에 위치하였던 주요 소국들을 중심으로 하나의 봉건소국련맹체가 이루어졌다. 그 중에는 낡은 생산관계에 기초한 경제적 및 사회적 관계를 유지한 소국들도 있었을 것이나 전체적으로는 새로운 봉건적 생산관계를 지향한 것으로 보아진다.

령역

가야의 령역을 밝히는 것은 가야사를 정확히 정립하는 데서 중요한 문제로 제기된다.

지난날 일제어용사가들은 고대시기 남부조선 일대가 일본(야마또)의 《식민지》였다는 것을 조작하고 가야의 령역을 혹심하게 외곡날조하였다. 그들은 가야의 령역을 《일본서기》 임나관계 기사에 나오는 지명들에 《기초》한다고 하면서 가야의 령역을 오늘의 전라도와 지어는 충청도까지를 포괄한다고 하면서 억지주장을 하였다. 그것은 가야의 령역이 넓어야 일본의 이른바 《식민지》 지배령역이 넓어진다는 지배주의적 관점에 바탕을 둔 궤변이었다.

따라서 가야의 령역을 정확히 해명하는 것은 지난날 일제가 조작해낸 반동적인 《임나일본부》설의 허황한 궤변을 짓부시는 데서 매우 중요한 의의를 가진다.

가야의 령역을 밝히는 것은 또한 가야력사 발전 자체를 정확히 해명하는 데서도 아주 중요하다.

가야의 령역은 시기마다 달랐다. 가야가 한창 번성할 때의 령역은 넓었다. 그러나 문헌의 상실로 하여 가야 령역은 명백치 않다.

이것을 기화로 지난날 일제어용사가들은 가야의 령역을 혹심하게 외곡하였다. 따라서 가야의 령역을 력사적 사실에 맞게 정확히 해명하여야 한다.

여기서는 문헌적 자료와 가야계통 지명의 분포, 가야토기를 비롯한 고고학적 자료를 통하여 령역을 밝혀보려고 한다.

가야는 진국의 한 부분을 이루고 있던 변한 령역 내에서 형성된 나라이다. 따라서 가야는 기본적으로는 변한땅을 계승하였다고 말할 수 있다. 그러나 가야봉건국가가 형성될 때 옛 변한의 소국들 가운데서 련합체에 속하지 않고 떨어져나간 소국들도 있었다.

가야의 령역은 시기에 따라 달랐다. 그것은 동쪽으로 고구려의 도움을 받아 강성하는 신라가 있었기 때문이다. 신라는 진한의 여러 소국들을 통합하는 한편 락동강 좌안의 가야땅을 점차 자기의 땅으로 만들었다.

가야의 령역은 5세기 초를 계기로 큰 변화를 가져왔다. 가야는 4세기 말~5세기 초 국토통합을 위한 고구려의 남진정책에 말려들어가 크게 패하였다. 이것은 광개토왕릉비에 그대로 반영되어 있다. 가야는 이 전쟁을 계기로 락동강 중하류 좌안에 대한 통제능력을 점차 신라에게 빼앗기고 말았다.

그러나 한때 가야 령역이였던 것만큼 락동강 좌안에는 오래동안 가야계통 지명들이 고착되어 여러 기록들에 남아 있게 되였다.

가야계통 지명의 존재는 특수한 경우를 내놓고는 한때 가야땅이였다는 것을 보여준다. 물론 그 가야계통 지명들이 다같이 같은 시기에 존재한 것은 아니였다. 경상남도 고성군과 사천시 일대에 있던 소가야는 가야 초기에 가야(련합체)에 속하지 않고 오히려 가야(가라)를 공격하기도 하였던 것이다. 그러나 가야계통 지명의 분포는 가야봉건국가(련합체)가 넓은 지역이였을 가능성을 보여준다.

가야계통 지명의 분포를 보면 아래와 같다.

① 경상도 거제현의 가라산(加羅山), 가라섬(唐島, 加羅島)(《세종실록》 지리지 권150 경상도 거제현 옥포)

② 경상도 김해의 가락, 가야(《삼국사기》 권34 지리지 김해, 《동국여지승람》 권32 경상도 김해도호부)

③ 부산 가야리(伽倻里)

④ 량산 아야사산(阿耶斯山)(《삼국유사》 권3 탑과 불상 어산의 부처 그림자)

⑤ 량산 가야진(伽倻津)(《동국여지승람》 권22 량산군, 《세종실록》 지리지 권150 경상도 량산군)

⑥ 성주의 가야산 벽진가야(《세종실록》 지리지 권150 경상도 성주, 《삼국유사》 권2 기이 5가야, 《동국여지승람》 권28 경상도 성주목)

⑦ 상주의 가라부곡(《동국여지승람》 권28 경상도 성주목 고적)

⑧ 상주 가야진(《동국여지승람》 권28 경상도 상주목 산천)

⑨ 상주(함창) 고녕가야(《동국여지승람》 권28 경상도 상주목 봉수, 인물, 함창현 〈촌〉 〈상주에서 8리 지점〉)

⑩ 함안 아시량국, 아나가야, 가야동(伽倻洞), 가야현(伽倻峴)(《세종실록》 지리지 권150 경상도 함안, 《삼국유사》 권1 기이 5가야, 《삼국사기》 권34 지리지 함안, 《함주지》)

⑪ 고성 소가야(《세종실록》 지리지 권150 경상도 고성현, 《삼국유사》 권1 기이 5가야)

⑫ 합천 가야산(우두산) 가야리(《동국여지승람》 권30 경상도 합천군)

⑬ 고령대가야(《삼국사기》 권34 지리지 고령군)

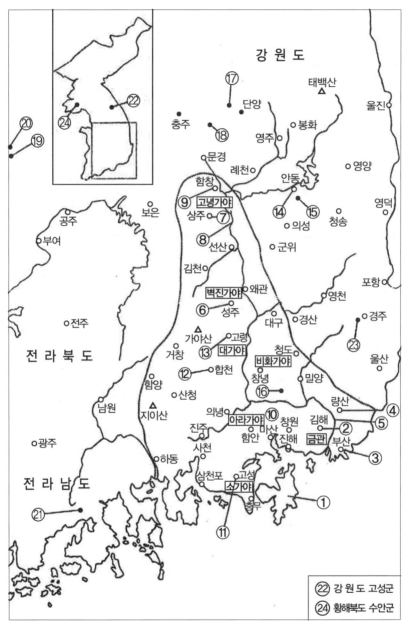

가야지명 본포도.

⑭ 안동 가라연원(加羅淵院) 가라(가량〈加良〉) (《동국여지승람》 권24 경상도 안동도호부 역원, 성씨)

⑮ 춘양 가야(加也)향(《동국여지승람》 권24 경상도 안동도호부 춘양현 건치연혁)

⑯ 령산 지음강(옛 가야진)(《동국여지승람》 권27 경상도 령산현 산천)

⑰ 영춘 가라산(加羅山)(《동국여지승람》 권14 충청도 영춘현 산천)

⑱ 청풍 가라현(加羅峴)(《동국여지승람》 권14 충청도 청풍군 산천)

⑲ 덕산 가야산(伽倻山), 가야사(伽倻寺), 가야갑사(伽倻岬祠)((동국여지승람》 권19 충청도 덕산현 산천, 불우, 사묘)

⑳ 해미 가야산(《동국여지승람》 권20 충청도 해미현)

㉑ 보성 가야산((동국여지승람》 권40 전라도 보성군 불우, 산천)

㉒ 간성 가라홀(加羅忽)(《동국여지승람》 권45 강원도 간성군 건치연혁)

㉓ 아라지정(阿良支停)(《삼국사기》 권34 지리지 막야정)

㉔ 수안 가라읍산(加羅邑山)(《동국여지승람》 권42 황해도 수안군 산천)

우에서 보는 바와 같이 가야(가라)계통 지명은 오늘의 경상남북도 일대 즉 락동강 중하류지역을 중심으로 좌우강안에 널리 분포되어 있다. 그것은 락동강이라는 이름 자체가 가야, 가락의 동쪽을 흐르는 강이라는 뜻이기 때문이다. 이외에도 웅천의 가야협(峽) 울산의 가리산(加里山) 등 가야와 관련되는 지명들이 많다.

락동강 줄기를 따라 가야계통 지명이 널리 분포된 것은 가야사람들이 락동강을 생산활동(농업)과 수상운수에 적극 리용하면서 살았기 때문이다.

이렇게 놓고 볼 때 가야의 최대령역은 대체적으로 동쪽으로는 경상남도 량산 일대의 가야, 북쪽으로는 경상북도 상주의 가라(부곡), 남으로는 남해가의 김해와 거제도의 가라, 서쪽으로는 소백산 일대의 가야산계선이라고 볼 수 있다.

앞에서 본 수안 가라읍산, 간성의 가라홀(고을)을 비롯한 ⑭~㉔의 가야지명들은 가야의 령역과 관계없다고 할 수 있다. 왜냐하면 충청도와 강원도, 황해도 등지의 지명들은 6가야의 기본중심지로부터 너무도 멀리 벗어나기 때문이다.

이러한 가야계통 지명들은 가야의 멸망과 함께 가야사람들이 본 고장을 떠나 집단적으로 이동하여 그 땅에 정착한 데서 생긴 력사적 현상이다. 즉 이러한 현상을 두 가지 경우로 갈라 볼 수 있다.

첫째 경우에는 부득이하게 《자발적》으로 집단이주하는 경우이다.

4세기 말~5세기 초에 금관가야는 고구려군에 의해 수도성까지 함락당할 뻔 하였다. 그 후 금관가야는 급속히 쇠약해졌는데 그때 적지 않은 주민들이 고령대가야와 일본땅에 건너갔다. 일본땅에 가야지명이 많이 남아 있는 것은 이 때문이다.

둘째 경우는 정복자들에게 강제이주 당하여 부곡민으로 전락된 데로부터 발생한 현상이다. 상주에는 가라부곡이 있고 안동에는 가라연원과 성씨로서의 가라씨가 있었다. 이것들은 부곡과 관계되는 명칭으로 추측된다. 상주의 가라부곡은 상주 일대가 신라땅으로 되면서 그곳 집단 전체를 부곡으로 만든 것이다. 안동의 춘양현은 본시 가야향이였는데 1284년(충렬왕 10년)에 그곳 출신 호군 김인궤가 공을 세웠기 때문에 현으로 승격한 고장이라고 한다.(《동국여지승람》 권24 안동 〈건치연혁〉 춘양현)

《삼국사기》(권44 사다함전)에서 보는 것처럼 삼국시기에는 어떤 나라를 정복하면 우선 공로 있는 장수들에게 표창으로 토지와 노비를 주었는데 노비는 정복지의 사람들로 충당하였다. 그 노비들은 곧 포로노비들이었다. 그리고 나머지 대부분 사람들은 향민, 부곡민으로 만든 경우가 적지 않았다. 《삼국사기》(권34 지리지1 신라)에 《방언으로 말하던 향, 부곡 등 복잡한 것은 여기에 적지 않는다.》고 하였는데 이것은 삼국시기에 상당한 수의 향, 부곡들이 있었다는 것을 말해준다.

신라는 령토팽창 과정에 복속시킨 땅을 거의 다 자기의 군현으로 만들었다.

그러나 안동 일대와 상주 일대에는 가라 이름을 가진 향, 부곡을 설치하였다. 그것은 저들의 침략을 반대하여 견결히 싸운 집단(성 또는 부락)에게 징벌조치로 취한 것이다.

그리고 주민들을 원래 살던 곳에 있게 하면서 향, 부곡으로 만드는 경우도 있었고, 주민들을 다른 고장으로 이주시키기도 하였다. 압독국은 한때 신라에 통합되어 신라왕이 직접 다녀가면서 위문하였음에도 불구하고 다시 신라를 반대하여 들고일어난 적이 있다.(《삼국사기》 신라본기 권1 파사니사금 23년, 27년, 권1 일성니사금 13년) 이렇게 되자 신라는 군사를 동원하여 그들을 무자비하게 진압하는 한편 남은 사람들을 모두 남쪽으로 옮겨 살게 하였다. 주민들을 다른 고장에 강제이주 시킨 것은 그들의 생활터전을 깡그리 빼앗고 다시는 들고일어나거나 세력을 이루지 못하게 하기 위해서였다.

이처럼 상주의 가라부곡은 신라가 상주를 저들의 군현으로 만들 때 특별히 저들의 침입을 반대하여 완강히 싸운 주민집단의 일부에게 가해진

보복조치였던 것으로 보인다. 또 안동의 가라부곡은 강제이주당한 가라주민(부곡민)들이 새롭게 정착하여 생긴 부곡일 것이다. 그리고 백제땅이였던 충청도와 전라도 등지에 가야지명이 있게 된 것은 백제-가야와의 력사적 유대 속에서 가야사람들이 집단이주하여 생겨났을 것이다.

금관가야련맹체가 초기부터 넓은 령역을 차지하고 있었다고는 볼 수 없다.

그러나 3~4세기 금관가야련맹체의 최대령역을 북쪽으로는 락동강의 상류지역인 상주와 선산 일대, 서쪽으로는 소백산줄기와 섬진강계선, 동쪽으로는 락동강 건너의 좁은 지역으로 볼 수 있다.

련맹체는 3~4세기에 가장 넓은 지역을 차지하고 있었다. 이 시기는 가야련맹체에 있어서 일대 전성기였다. 그러나 4세기 말~5세기 초의 전쟁으로 말미암아 가야산 북쪽일대와 락동강 동쪽지역에 대한 통제권을 잃게 되였다.

4세기 말~5세기 초 신라는 고구려의 힘을 빌어 락동강 동쪽, 구체적으로는 부산 동래 일대의 가야땅을 침범하였다. 가야는 이 전쟁에 일본 규슈의 최북단 이또지마반도 일대에 진출 정착하여 소국을 이루고 있던 가야계통《왜》소국을 동원하였다. 이리하여 이 전쟁은 고구려와 신라를 일방으로 하고 백제-가야-《왜》를 다른 편으로 하는 대전쟁으로 번져졌다.

그러나 가야는 장기화된 이 전쟁에서 고구려에 의해 큰 타격을 받게 되였다. 이 전쟁으로 말미암아 가야는 락동강 좌안지역에 대한 통제권을 신라에게 빼앗겼다.

5세기 중엽 이후에 부산, 량산, 대구, 창녕, 성주 등지가 이른바《신라문화권》에 들어갔다.

이 시기 신라적 색채를 띠는 무덤떼로서는 부산 당감동, 복천동(1호), 학소대, 불로동, 성주 성산동, 창녕 교동(116호, 7호, 89호무덤 등), 대구 내당동, 비산동, 의성 탑리리, 안동 마동, 조탑리, 칠곡 구암동무덤떼 등이다. 의성과 칠곡, 안동 등지는 변진계통 소국의 령역이였는데 가야와 별개의 나라들로서 이 시기 신라의 완전한 통제 밑에 들어간 것으로 보인다.[4]

그리고 상주, 함창 일대에 있던 고녕가야도 신라의 공격을 받아 성주 일대에 옮겨와 있다가 5세기 중엽 이후 신라의 세력 밑에 들어간 것 같다.

락동강 동쪽지역이 《신라문화권》으로 들어간 데 대하여 묘제, 질그릇, 마구류, 금관 등으로 나누어 보기로 한다.

가야의 기본적인 묘제는 수혈식돌곽(돌칸)무덤이다. 그런데 이 시기에 들어와서 의성, 안동, 대구, 경산, 창녕, 량산, 성주 등지에는 신라적 영향을 받은 수혈계횡구식돌칸무덤이 널리 분포되게 되였다. 더우기 가야땅인 창녕 교동과 부산 복천동, 학소대 등지의 무덤떼에는 신라의 적석나무곽무덤이 드문히 보인다. 이것은 이 일대에 신라세력이 침투되였다는 것을 말해주는 것이라고 볼 수 있다. 물론 무덤의 립지조건과 그밖의 것은 가야무덤을 방불케하나 유물과 질그릇에서는 신라적 요소, 신라적 색채가 다분히 남아 있다.[5]

---

4 의성, 칠곡, 안동 등지는 본래 변진(변한)계통 나라들이여서 묘제와 문화유물 등에서 가야나라들과 공통성이 많았다. 그러나 그들은 6가야에 속하지 않은 나라들로서, 독자적인 길을 걸었다. 그러므로 가야와는 문화면에서 공통성을 찾아볼 수 있으나 정치적으로는 별개의 나라였다.

5 부산지구 적석나무곽무덤의 대표적 실례로서는 복천동 2호, 3호가 있다. 복천동 2호, 3호는 1호의 수혈식돌곽무덤과 함께 같은 돌칸무덤무지 안에 축조되여 있다. 무덤무지의

신라적 유물의 뚜렷한 실례는 금동관이다.

이 시기에 들어와서 대구, 량산, 성주, 부산(동래) 등지에서는 적지 않은 금동관이 드러났다. 그러나 그 금동관들은 가야 재래의 고유한 금동관이 아니라 전형적인 신라금동관이다. 례컨대 《出》자 형식의 금동관을 들 수 있다. 물론 이것들의 형태는 서로 비슷하나 재료와 질에서는 경주의 것보다 못하다.

신라적 유물로는 또한 행엽이 있다.

행엽은 마구류의 하나로서 말띠 장식을 위한 말띠드리우개이다. 행엽은 모양에 따라 나라마다 문화적 양상이 다르다.

가야의 전형적인 행엽은 검릉형이였다. 그런데 5세기 후반기에 들어서면서 부산(동래)과 량산, 창녕 등지에는 물고기꼬리모양 행엽이 출현하였다.

본래 물고기꼬리모양 행엽은 경주, 월성 등지가 기본중심지인데 이와 같은 신라특유의 마구류가 신라의 금동관과 함께 이 지역들에서 나타난 것이다.

질그릇은 인간생활의 직접적 반영이며 정치문화생활을 가장 민감하게 나타내는 문화유물의 하나이다.

가야에는 가야의 특유한 질그릇이 있었으며 그것은 신라토기와 엄연히 구분되였다.

가야토기는 지난날 신라(경주)토기라고 해오던 질그릇이다.

최대 직경은 14m 정도인데, 모양은 타원형이다. 수혈식돌곽과 나무곽이 함께 들어있다. 1~3호의 무덤곽은 서로 친연적 가족관계에 있다고 말할 수 있다. 신라의 나무곽무덤이 여기에 축조되였다는 것은 5세기 이후에 신라세력이 부산지역에 침투하였다는 것을 보여준다.

그러나 가야토기는 자체의 고유한 특색으로 하여 신라토기와는 구별된다. 질적 측면에서 보면 연질붉은색토기, 와질토기, 경질재빛밤색(푸른재색)토기 등으로 구분되며 형태상으로 보면 경질토기(도질토기)단계에서 구워진 것이 다종다양하다.

가야무덤들에서는 음식을 담는 사발, 잔, 굽 높은 잔 등과 함께 독, 단지, 병 그리고 단지를 받치는 기대, 조리용시루, 제기로 보이는 이형(물형)도기 등이 드러났다.

가야토기는 락동강을 계선으로 서안형과 동안형으로 나눌 수 있다. 락동강동안형은 신라적 요소를 많이 띠고 있는 가야토기이고 락동강서안형은 가야고유의 특색을 가지고 있는 토기이다. 지역적으로 보면 성주형, 창녕형, 함안형, 사천형, 고령형으로 구분할 수 있는데 여기서 전형적인 가야토기는 고령형의 단지이다.

이와 같은 것을 념두에 두면서 락동강동안의 신라토기의 분포를 보기로 하자.

신라적 요소를 가진 질그릇은 대다리의 뚫음구멍이 2단이고 뚜껑이 있는 굽잔이다. 이와 같은 신라토기는 경주를 중심으로 안동, 창녕, 대구 등지에서 많이 드러났다. 이것들의 제작방법과 형식은 서로 비슷하다.

창녕, 대구 등지가 고령과 지리적으로 아주 가까운 곳에 있으면서도 5세기 이후에 와서 이렇게 가야토기 문화와 심하게 차이나게 된 것은 문화 분야뿐 아니라 정치적 세력권에 이르기까지 큰 변동이 있었다는 것을 말해준다. 이와 반면에 고령을 비롯한 합천, 의창, 함양, 함안, 사천, 김해, 남원 일부 등지의 굽잔은 그 형식이 차이나면서도 일련의 공통성도 가지고 있었다.

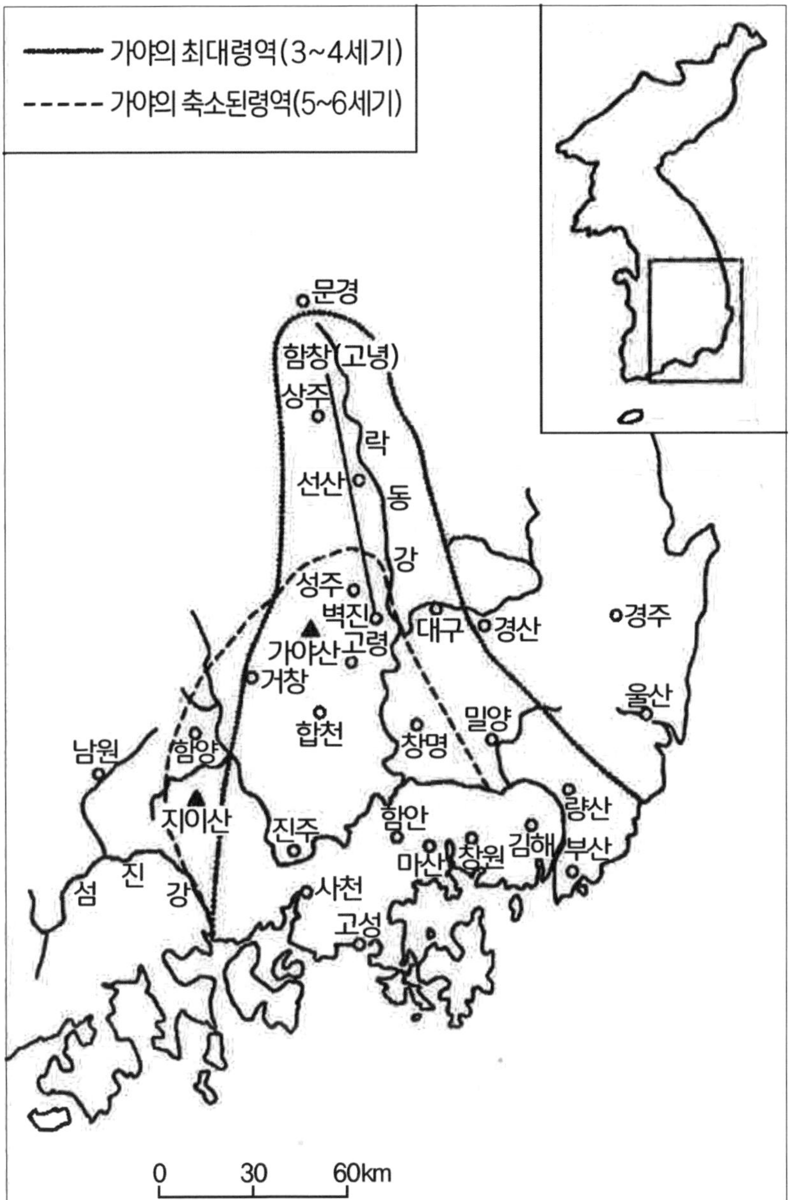
가야의 최대령역(3~4세기)
가야의 축소된령역(5~6세기)
문경
함창(고녕)
상주
락
선산
동
강
성주
벽진
대구
경산
경주
가야산
고령
거창
울산
합천
밀양
창명
남원
함양
량산
지이산
함안
진주
김해
부산
마산
창원
진
섬
강
사천
고성
0
30
60km

가야의 령역.

단지 차이점은 뚜껑 꼭지의 모양이 완전히 다르고 굽잔의 대다리뚫음 구멍에서도 가야의 것은 신라의 것과는 달리 2단직렬로 나있거나 혹은 1단인 경우에는 좁고 긴 형태로 구멍이 뚫려 있는 것이다.

이상에서 본 바와 같이 금관가야련맹체의 령역은 그 단계에 따라 얼마간의 류동이 있었다. 즉 가야는 처음에 락동강을 중심으로 발생발전하여 3~4세기에 이르러서는 가장 넓은 령역을 차지하게 되였다. 그러다가 남쪽과 서쪽으로 세력을 넓히려는 신라에 의해 가야는 락동강 좌안의 많은 땅을 빼앗겼다. 결과 금관가야는 타격을 받고 맹주적 지위를 내놓게 되였다.

그 후 맹주적 지위는 고령대가야가 이어받았으며 고령대가야는 서남쪽으로 얼마간 령역을 확장하였다.

봉건적 정치관계의 수립

가야의 정치관계는 봉건관계에 기초하여 맺어지고 수립되였다. 물론 가야가 처음부터 완전한 봉건관계를 수립한 것은 아니며 발전과정에 그 면모가 점차 갖추어지게 된 것이다.

가야련합체에 속한 매 나라들의 정치관계에 대한 자료는 문헌에 기록된 것이 없다. 다만 금관가야국에 대해서만 기록에 보일 뿐이다.

금관가야국이 가야련합체의 맹주국이라는 사실을 중시하여 여기에서는 주로 금관가야국을 통해서 가야련합체의 정치관계를 서술하기로 한다.

- 봉건통치기구

금관가야국의 통치기구는 국왕을 최고통치자로 하여 편성된 반인민적 독재기구였다.

국왕은 인민들을 억압착취하기 위하여 중앙과 지방 통치기구를 편성하고 거기에 관리들을 배치하였다. 6가야의 매개 나라들에도 해당한 권력기구와 관리들이 있었다.

가야국의 국왕은 여러 가야나라들의 우두머리들을 통제하여 련합체를 형성하였으나 가야나라들의 우두머리들은 상당한 정도로 독자성을 가지고 있었다.

가야나라들의 이웃에 있던 변진계통의 소국들도 점차 가야나라들에 통합되였으나 그 가운데는 가야의 속국-제후국으로 남아 있으면서 일정한 독자성을 계속 유지하고 있는 소국들도 있었다. 이 경우 그에 대한 직접적 통치는 본래의 지배세력이 맡아 하였을 것이다.

금관가야국 국왕의 아래에는 9한들이 모여서 중요한 정치적 문제들을 토의하는 평의기구와 통치기구가 있었으며 통치기구에는 해당한 관리들이 배속되여 있었다.

김수로의 천강설화에서 보는 바와 같이 9한은 아도한, 여도한, 피도한, 오도한, 류수한, 류천한, 신천한, 오천한, 신귀한 등 9명으로 되여 있었는데 본래는 9촌 즉 아홉 마을의 추장-귀족세력이였다. 후에 김수로가 왕이 된 후 9한들의 이름을 고쳐 아국한, 여해한, 피장한, 오상한, 류공한, 류덕한, 신도한, 오능한, 신귀한으로 하였다.

건국 초기 9한은 국왕을 선출하는 권한을 가지고 있었다. 그러나 국왕의 세습권이 확립된 후에 그들은 다만 국가의 중요정치에 참가하고 국왕의 지시에 따라 국가정치를 집행하였다.

《가락국기》에는 수로왕이 왕후를 맞이하기 위하여 9한들에게 지시한 내용이 실려 있다. 즉 《김수로는 류천한을 시켜 경쾌한 배에 좋은 말을 싣고 망산도에 가서 기다리게 하고 또 신귀한을 시켜 승점(망산도는 수도의 남쪽섬이요. 승점은 바로 턱 아래에 있다)으로 가도록 하였다. … 신귀한이 이것을 바라보고 대궐에 달려와 이 사실을 보고하였다. 김수로는 보고를 듣고 기뻐하면서 9한들을 시켜 찬란하게 꾸민 배로서 이를 맞이하게 하였다.》고 하였다.

이 설화는 평의기구의 성원들인 9한들이 국왕의 통제와 지시 밑에 보통관리들처럼 국왕정치에 참가한 사실을 반영하고 있다.

국왕은 9한의 평의기구성원들을 정권유지에 끌어들이는 것과 함께 상설적인 중앙통치기구를 설치하여 금관가야국의 직할지에 사는 인민들과 한때 6가야 인민들도 통치하였다. 왕후를 맞이하기 위해 승점에 9한들을 보낸 것을 보면 금관가야에 직속한 땅도 지배통제하였다는 것을 알 수 있다.

《가락국기》에는 천부경, 사농경, 종정감의 3개의 중앙관청 관리들에 대한 기사가 실려 있다. 그 가운데서 천부경과 사농경은 모두 후날의 호조 또는 호부에 해당하는 중앙관청 관리들의 벼슬이름이며 종정감은 왕실계통의 일을 맡아 보는 관청의 관리였다.

또한 왕실창고인 내고가 있었는데 이것은 국가재정을 관리하는 관청과 왕실재정을 관할하는 관청이 분리되어 있었던 사실을 보여주고 있다. 재정수탈을 맡은 중앙관청이 하나가 아니라 두 개로 갈라져 있었다는 것은 당시의 중앙관료기구가 세분화되고 째여져 있었다는 것을 보여준다. 이 사실로 미루어 보면 그밖의 중앙관료기구도 세분화되어 있었다는 것을 알 수 있다.

당시 가야에는 군사관계를 맡은 통치기구도 정비되어 있었다. 금관가야국의 국왕 김수로가 수도를 건설할 때 무기고를 지었으며 또 수군과 수백 척의 배를 보유하고 있었던 사실이 그것을 잘 말해주고 있다.

- 봉건적 계층제와 계급신분관계

금관가야국을 비롯하여 가야련맹체의 나라들에서는 다른 봉건국가들에서와 같이 봉건관료집단을 신분에 따라 구분하는 벼슬등급으로서의 계층제, 위계제를 제정하였다. 물론 이와 같은 계층제는 가야국가가 성립된 다음 점차 실행된 것으로 보인다.

《가락국기》에서는 《신라의 제도를 본받아 각간(한), 아질간(한), 급간(한)의 벼슬등급을 두었다.》고 하였다. 또 가야의 거등왕 이후의 서술에 대아간, 사간(사찬) 등의 벼슬등급이 보인다. 이것은 가야국에 각간, 아질간, 급간(급찬), 대아간, 사간(사천) 등의 벼슬등급이 있었고 그것이 일정하게 신라의 것을 본받았다는 것을 알 수 있게 한다.

금관가야국의 벼슬등급이 신라의 것을 본받았다는 것은 《량서》에 보이는 신라 초기의 벼슬등급 이름 례컨대 자분한지, 제한지, 알한지, 기패한지 등의 마지막 두 글자인 한지(干支, 旱支)와 당시 일본에 있었던 가야계통 소국의 지배층들의 신분칭호인 한지(한기)와 같은 데서도 나타나고 있다.

이와 같이 가야의 벼슬등급이 모두 신라의 것과 같다는 것은 가야에서도 신라에서와 같이 고구려 벼슬등급의 기본골격을 그대로 이어받았다는 것을 말해주는 것이다.

9한들은 모두 각간 또는 대아간 등의 벼슬등급을 가진 제1관료층에 해당하며 중앙관청의 높은 관리들은 아간(아찬)급의 벼슬등급을 받았는데 그들은 제2관료층을 형성하였으며 기타 관리들이 제3관료층을 이루었다.

가야의 제1관료층은 고구려나 신라에서처럼 나라의 실권을 독차지한 지배층으로서 평의기구를 운영하고 관리기구를 통하여 인민들을 통치하였다.

가야봉건국가에는 후세의 량반에 해당하는 지배계급의 신분이 있었으며 이에 대립하여 피지배계급의 신분이 있었다.

가야의 지배층은 무덤을 비롯한 여러 유적들에서 나오는 껴묻거리를 통하여 알 수 있는 바와 같이 인민들을 가혹하게 착취하면서 사치한 생활을 하였다.

피지배계급으로서는 량인과 노비가 있었다.

왕후인 허황옥을 따라왔다는 사람들을 대우하는 데서 김수로가 《일반사람들은 각각 한 방씩 주어서 쉬게 하고 그 아래 노비들은 한 방에 대여섯 명씩 들게 하라.》고 지시하였다는 기사를 통하여 노비들은 일반사람들과는 구별되는 차별대우를 받고 있었다고 보인다.(《삼국유사》권2 기이 가락국기)

여기에서 말하는 일반사람들은 량인이였다.

《삼국사기》(신라본기 진흥왕 23년조)에는 562년에 대가야와의 전투에서 이긴 신라의 장수 사다함이 포로 200명을 노비로 받았으나 놓아보내여 량인으로 만들었다고 하였다. 이 기록은 가야에 노비와는 구별되는 일반사람들 즉 량인들이 많이 있었다는 것을 말해주는 것이다.

사다함은 량인신분을 새로 만들어낸 것이 아니라 포로를 노비로 만들지 않고 전쟁에 동원되던 당시의 신분으로 되돌려 보냈던 것이다. 삼국시기 군인들의 신분은 기본적으로 량인이였다.

노비들은 그 신분적 처지가 량인에 비해 헤아릴 수 없이 비참하였다. 《가락국기》는 허황옥을 따라왔다는 노비들의 처지에 대하여 이렇게 쓰고 있다.

《… 노비들은 온지 7~8년이 되도록 자식을 낳지 못하고 다만 고향을 그리는 시름만 품고 지내다가 모두 고향 쪽으로 머리를 두고 죽었다.》

노비들은 고된 로동을 강요당하였을 뿐 아니라 독자적인 가정도 이루지 못하고 살다가 죽을 정도로 가혹한 신분적 학대를 받았다.

김수로가 신라의 초청을 받고 갔을 때 남자종을 시켜 신라의 6부 가운데 하나인 한기부의 우두머리를 쳐죽인 사실을 보면 가야에서는 농사하는 외거노비와 함께 솔거노비 등 각종 노비가 적지 않은 비중을 차지하였다는 것을 알 수 있다.

가야에서 량인과 노비는 봉건지배계급의 주되는 착취대상으로서 그들의 처지는 매우 비참하였다.

(2) 6가야의 흥망성쇠

금관가야(金官伽耶)

앞에서도 본 바와 같이 초기 가야련맹체에서 금관가야국은 맹주국의 자리를 차지하고 있었다. 금관가야국은 한때 6가야를 강하게 통제하고 있었으므로 그의 령역은 다른 가야나라들에 비해 비교적 넓었다. 그 범위는 오늘의 김해를 중심으로 락동강을 끼고 좌우에 뻗은 지역이였을 것이다. 구체적으로는 오늘의 김해시와 창원시 일대, 부산시, 량산시의 일부를 포함한 지역이였을 것이다.

그것은 서쪽으로 아라가야(함안)가 있고 북쪽으로는 락동강이 가로놓여 있어 마산 일대가 금관가야와 아라가야와의 경계선으로 추측되기 때문이다. 그런데 금관가야국의 동쪽계선은 신라의 령토 확장으로 말미암아 점차 줄어들었다. 따라서 금관가야국의 동쪽계선은 곧 6가야의 동부계선으로 되였다.

금관가야가 최전성기에 있을 때의 동쪽계선은 량산 일대였을 것이라고 보인다.

량산의 옛 이름은 삽라이고 신라 경덕왕 때 량주(良州)로 고쳤다가 고려 태조 때 량주(梁州)로 리조 건국 초기에 량산(梁山)으로 고쳐 오늘에 이르렀다.

문헌적으로 보면 15세기에 편찬된 《세종실록》 지리지와 《동국여지승람》에는 황산강의 상류에 가야진(나루)이 있다고 하였다. 량산에 오래전부터 가야지명이 있다는 것은 이 일대가 한때 가야땅이였기 때문이다.

또한 《삼국유사》(권3 탑과 불상 어산의 부처그림자)에는 《고기》의 기록이라고 하면서 량주(량산)에 아야사산(阿耶斯山)이라는 산이 있고 바로 그 곁에 김수로가 세운 가라국(加羅國)이 있다고 하였다. 이것은 금관가야국의 세력이 량산에까지 미쳤다는 것을 보여준다. 《고기》가 어떠한 《고기》였는지 알 수 없지만 《삼국유사》에 실린 아야사산의 곁에 《가라국이란 나라가 있어 옛날 하늘로부터 알이 해변가에 내려와

사람이 되여 나라를 다스리니 이가 곧 수로왕이다.》고 한 것을 보면 여기서 말하는 가라국이 금관가야국을 가리킨 것이라고 볼 수 있다.

금관가야국의 세력(령역)이 량산에까지 미쳤다고 보는 것은 《삼국사기》 신라본기의 기사에 신라가 가야와 남으로 접경하였다는 기록을 통해서도 알 수 있다.

《삼국사기》에는 87년(파사니사금 8년)과 96년(파사니사금 17년) 그리고 115년(지마니사금 4년)에 신라의 남쪽과 가야가 경계를 접하였다고 하였다. 신라의 수도 경주와 금관가야국의 수도 김해는 거의 남북으로 놓여 있다. 신라는 경주를 중심으로 가야와 접하였기 때문에 《남으로 경계를 접하였다.》는 기록이 나오게 된 것이고 또 실지로 가야가 량산지방에까지 세력을 뻗쳤기 때문에 그와 같은 기사가 나오게 된 것으로 보인다.

물론 기사의 해석에 따라 탈해니사금 21년(77년) 신라군이 가야군사와 황산나루 어구에서 싸웠다느니 115년(지마니사금 4년)에 가야가 남변을 치니 가야를 친정[임금이 몸소 나아가 정벌함]하는데 보병과 기병을 거느리고 황산강을 건넜다는 등의 것을 가지고 신라가 벌써 가야와 1~2세기경에는 락동강을 경계로 삼았다고 볼 수 있다. 그러나 고고학적 자료는 그렇게 일찍부터 신라가 량산 아래의 락동강 하류 동쪽까지 항시적으로 타고앉았다고 볼 수 없게 한다.

그리고 또 《삼국사기》(권44 거도전)에 의하면 탈해니사금 때(57~80년)의 사람 거도는 우시산국(울산)과 거칠산국(동래)을 멸망시켰다고 하였다.

《삼국사기》의 이 기사를 그대로 믿는다면 1세기 후반기에는 신라가

량산뿐 아니라 부산까지 세력을 뻗쳤다고 보아야 하는데. 그 년대는 고고학적 자료와는 다르므로 그대로 믿을 수가 없다.

신라가 량산과 부산 일대에 세력을 뻗친 것은 5세기 이후에 들어서서부터이다.

량산 일대는 5세기 초경에 신라의 령역으로 된 것으로 보인다. 그것은 《삼국사기》(권45 박제상전)에 박제상이 벼슬하여 삽량주의 한(간)이 되였다고 하기 때문이다. 삽량주는 곧 량산이다. 말하자면 4세기 말~5세기 초에 량산이 신라의 령역에 들어갔음을 알 수 있다. 절대년도는 찍을 수 없으나 5세기 초경에는 량산 일대가 가야에서 떨어져 나왔다고 보아진다.

부산(동래 포함)지구는 5세기 전반기에 이르러 신라의 령역으로 된 것으로 보인다. 그것은 이 시기 부산지구에 신라의 영향이 강하게 미친 것과 관련된다. 이 지구에서는 신라양식의 토기와 마구류 그리고 신라 경주지구의 왕릉급 무덤들에서 흔히 보는 삼루고리자루큰칼 등이 드러난다. 이것은 부산(동래)지구가 가야의 통제에서 차츰 떨어져나와 신라의 직접적 통제 밑에 들어갔다는 것을 보여주는 것이다.

부산지구가 신라의 령역으로 들어가게 됨으로써 금관가야국은 동쪽으로 락동강을 경계로 삼게되였다. 락동강 동쪽기슭의 땅을 잃음으로써 금관가야국은 급속히 약화되였으며 맹주국으로서의 지위를 유지할 수 없게 되였다.

5세기 초를 기점으로 금관가야국의 령역은 훨씬 줄어들었다.

금관가야국의 령역 특히 동쪽계선에 대하여서는 문헌기록(《삼국사기》 신라본기)과 고고학적 자료가 일치하지 않는다.

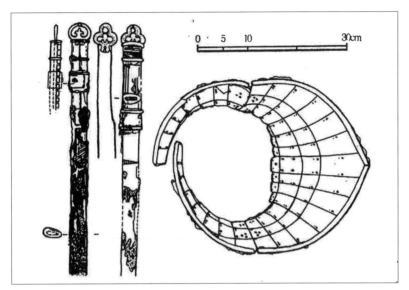

부산 복천동 11호무덤의 경(나무)갑과 고리자루큰칼.

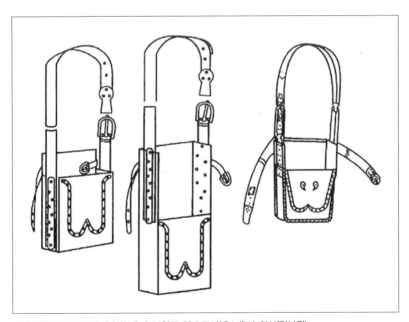

부산 복천동 11호무덤의 (좌2개)과 복천동 22호무덤(우1개)의 화살통(복원).

《삼국사기》(신라본기)에 의하면 동래(부산)에 있던 거칠산국은 탈해 니사금 때(57~80년) 신라에 통합되였으며 다벌국(대구?)은 108년에 통합되였고 261년에는 나마 극종이 달벌(대구)성 우두머리로 되였다고 한다. 그러나 우에서 본 바와 같이 고고학적 자료는 《삼국사기》의 기록과 맞지 않는다.

이것은 한때 신라의 세력권으로 되여 있던 량산, 부산 일대에 다시금 금관가야국의 세력이 뻗어나간 결과 산생된 현상으로 설명할 수 있다.

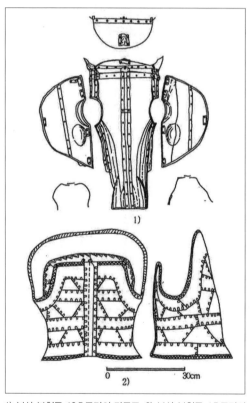

3~4세기의 금관가 야국의 동쪽 령역을 전 하는 문헌자료는 거의 없다. 《삼국사기》 신 라본기에 전하는 가야 관계 기사도 매우 단편 적이고 미흡한 측면이 많다. 이러한 조건에 서 금관가야국이 한창 강성할 때인 3~4세기 경에 량산, 부산 일대 에 세력을 뻗쳐 자기 의 완전한 령역으로 삼았다고 볼 수 있는 것이다.

금관가야국은 당시

1) 부산 복천동 10호무덤의 말투구. 2) 부산 복천동 4호무덤의 삼각판가죽엮음단갑(복원).

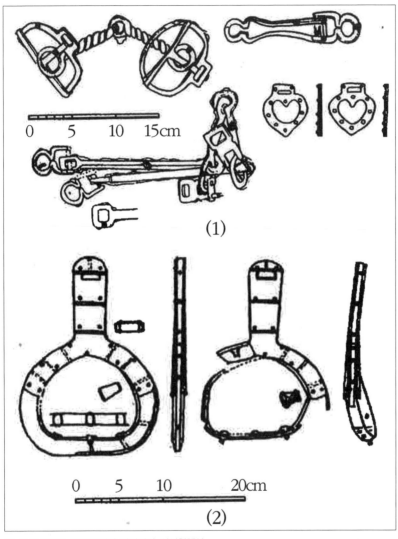

(1) 부산 복천동 10호무덤의 말자갈과 십엽형행엽,

(2) 부산 복천동 10호무덤의 나무판에 철판을 씌운 둥근 등자.

로서는 상당한 정도로 강한 국력을 소유하고 있었으며 문화수준도 매우

높았다.

금관가야국의 발전모습은 우선 발전된 경제력에 의거한 군사력이 있었다는 것을 통해서 잘 알 수 있다.

　《삼국사기》 신라본기에 가야에 대한 첫 기사가 나오는 것은 황산강에서 진행된 전투부터였다. 그것은 《삼국사기》의 기년대로 하면 77년부터 212년까지의 단편적 기록들이다. 14~15차에 걸쳐 나온 이 가야는 황산강이 신라의 남변이라는 데서 알 수 있는 것처럼 금관가야국을 가리킴이 틀림없다.

　그런데 여기서 신라가 가야를 치기 위해 용사 5,000명, 정병 1만의 군사를 동원시켰다고 한 것으로 보아 당시의 가야(금관가야국)도 만만치 않은 적수로서 그에 못지 않은 군사로 대항하였을 것으로 짐작된다. 이때의 기사가 좀 우로 올라가 있다고 보더라도 2~3세기경의 가야 역시 상당한 정도의 철기문화를 소유하고 있었던 것으로 보인다.

　다음으로 금관가야국의 발전모습은 무덤과 거기서 발굴된 유물들을 통해서 알 수 있다.

　부산 오륜대무덤떼와 마산 현동유적, 창원 도계동유적은 2~3세기의 금관가야의 발전모습을 보여준다.

　부산 오륜대무덤떼에는 수혈식돌칸무덤이 28기, 독무덤이 1기, 고인돌무덤이 1기 있는데 무덤의 구조와 립지조건 등으로 보아 전형적인 가야무덤떼이다. 자료에 의하면 28기의 수혈식돌칸무덤에서는 모두 104점의 질그릇과 88점의 철기가 나왔다고 한다.(《임나와 일본》〈일문〉, 소학관, 1977년 92~98페지) 여기서 주목되는 것은 철기의 비중이다. 철기가 유물총수에서 차지하는 비중은 약 46%나 된다. 이것은 이웃지역인 신라 경주 미추왕릉지구의 무덤떼에서 드러난 철기의 비중(11.5%)에

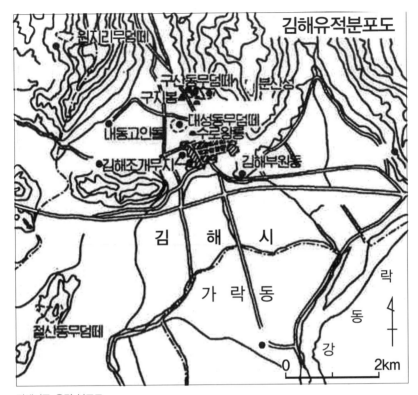

김해지구 유적 분포도.

비하면 아주 대조적이다. 그러므로 당시 가야의 철기 생산수준과 2~3세기의 발전정도를 어느 정도 가늠할 수 있다.

마산 현동유적에서는 고리자루큰칼을 비롯하여 51점의 철기류가 드러났다.

창원 도계동유적에서는 움무덤 24기, 돌곽무덤 17기, 독무덤 5기 등모두 46기의 무덤이 확인되였는데 움무덤에서만도 민고리자루큰칼, 검, 손칼, 활촉 같은 철제무기와 도끼, 낫, 끌, 주조도끼모양 철제품의 농공구와 유극리기(18호무덤), 마구류(19호움무덤), 전통(19호움무덤)

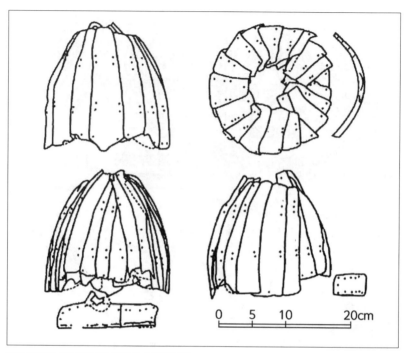

김해 례안리 150호무덤의 종신판가죽엮음투구.

등 많은 유물이 드러났다.

4~5세기의 금관가야국의 발전상을 보여주는 유적(무덤)으로서 김해 례안리, 칠산동, 대성동 등지의 무덤유적들이 있다. 이 무덤떼들은 금관 가야국의 왕궁이 있었다고 보아지는 수도의 중심부에 자리잡고 있다.

특히 대성동유적은 가야의 건국전설이 깃든 북쪽의 구지봉과 김수로 왕릉 사이에 자리잡고 있는데 지금의 김해시의 거의 중심부에 해당되는 곳이다. 주변에는 구산동무덤떼, 분산성, 김해조개무지, 내동고인돌무 덤, 부원동유적, 지내동유적, 량동리유적, 칠산동무덤떼, 례안리무덤떼 등 가야와 그 전 시기의 무덤들이 수많이 집중되어 있다.

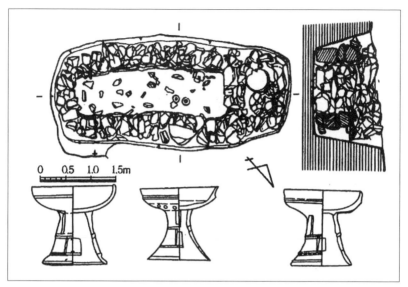

김해 칠산동 33호무덤의 실측도와 질그릇.

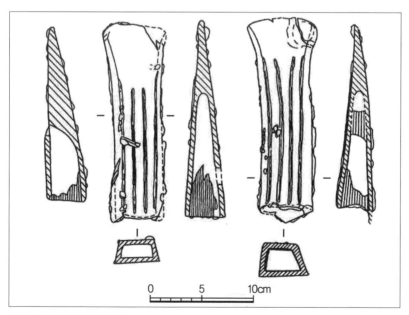

김해 칠산동무덤떼의 쇠도끼.

대성동유적은 작은 구지봉이란 뜻인 애구지로 불리우는 22.6m의
야산과 그 주변의 평지에 축조되였다.

대성동무덤떼의 기본적인 무덤 구조형식은 나무곽이다. 이러한 나무
곽무덤은 고조선이나 부여 등에 그 연원을 두고 있다.

대성동무덤떼에서 드러난 유물을 몇 가지로 나누어 고찰하면 다음과
같다.

첫째로, 대성동무덤떼에서는 많은 량의 무기와 투구, 갑옷 및 마구류
가 드러났다.

1호무덤에서는 전투전용의 철제말투구, 금동제안교(1쌍), 나무판에
철판을 씌운 둥근 등자(1쌍), 청동고리(6개), 행엽(2개)이 나왔고, 2호무
덤의 주곽에서는 청동제 및 철제말자갈경판 각각 1개, 나무판에 철판씌
운 둥근 등자(1쌍), 청동제운주(1개) 등이 드러났다. 나무판에 철판 씌운
둥근 등자는 2호무덤의 부곽에서도 1쌍이 더 나왔다.

2호무덤에서는 또한 기마용갑옷은 괘갑과 목(경)갑 등 각종 갑옷부속
구일식, 보병용갑옷인 장방판단갑, 세장판가죽엮음투구일식 그리고 철
제투구갑옷 5점이 나왔다. 그리고 3호무덤에서는 온전한 괘갑과 투구류,
은으로 된 행엽이 나왔으며 39호무덤 주곽에서는 철제자갈과 징박이식
단갑이 나왔다.

이와 같은 사실은 가야가 이른 시기부터 매우 발전된 기마군단을
소유하고 있었다는 것을 보여주고 있다.

대성동무덤떼의 전투전용마구류와 금동제말안장(안교), 청동제자갈
경판, 호화로운 은행엽, 철제투구갑옷류 등은 무덤 피장자들이 금관가야
국의 지배층에 속하는 인물들이였다는 것을 보여준다. 이 유물들은

그들의 막강한 정치적 및 군사적 실력을 반영하고 있다.

둘째로, 대성동무덤떼에서는 많은 량의 철정이 드러났다.

2호무덤의 주곽에서는 대형 철정이 10겹 정도로 포갠 채 한 줄로 널려 있었고 23호무덤의 바닥에는 약 80매(60매?) 정도의 철정이 깔려 있었다. 철정은 다른 가야철정의 크기와는 달리 길이가 31cm, 너비가 9cm라고 할 정도로 매우 큰 대형 철정이다.

이와 같이 대량 매납된 철정들과 그 매납 방식은 우리나라 무덤에서는 좀 특이한 감을 준다. 그러나 이것은 철로 상징되는 금관가야국의 경제 및 군사적 실력을 그대로 반영한 것으로 인정된다.

셋째로, 대성동무덤떼에서는 통모양동기도 여러 개 드러났다.

통모양동기는 종교적 권위를 나타내는 물품으로서 권력의 상징이며, 일정한 세력집단의 우두머리의 독점적 소유물로 되여 있었다.

통모양동기는 모두 16점이 드러났다. 통모양동기는 지금까지 흔히 4세기의 일본무덤들에서 나온 것으로 하여 일본의 것으로 알려져왔다. 그러나 우리나라의 무덤들에서 드러난 통모양동기는 종전의 이러한 기성개념을 부정하고 있다. 즉 일본에서는 100여 년간의 고고학적 발굴을 통하여 기내지방을 중심으로 모두 60여 개 가량 발견되였다면 우리나라에서는 몇 해 어간에 30여 개(김해 량동리에서 17개, 사천시에서 2개, 함안 사도리에서 3개, 대성동에서 16개 등)나 발견되였다. 다시 말하여 일본에서 드러난 통모양동기는 일본 고유의 것이 아니라 초기 일본의 고분문화와 더불어 우리나라 특히 가야에서 건너간 것이다.

넷째로, 대성동무덤떼에서는 거울과 띠고리 등의 오랜 전세품이 적지 않게 드러났다.

23호무덤과 14호무덤에서는 방격규거사신경(직경 16.7cm)과 내행화문경(깨진 상태)이 나왔고 2호무덤에서는 구리거울이 드러났다. 대형 나무곽무덤인 2호와 23호무덤에서는 온전한 거울이 나왔고 소형나무곽무덤인 14호무덤에서는 깨진 거울이 나왔다.

거울은 중국의 후한(25~220년)시대의 것으로서 금관가야국의 지배층이 구입하여 사용하다가 무덤 주인공이 죽으면서 함께 껴묻은 것으로 추측된다. 거울은 종교적 권위를 나타내는 특수한 유물로서 국왕의 지위를 보증, 보장하는 징표의 하나였다

대성동무덤떼에서는 범모양띠고리도 드러났다.

대성동무덤떼 11호무덤에서 드러난 범모양띠고리는 이미 다른 곳에서도 나타났다. 범모양띠고리는 영천 금호면 어은동유적과 대구 비산동유적에서 각각 1개씩 드러났는데 서로 비슷하다. 어은동유적의 것은 웅크리고 앉은 범의 가슴에 갈구리가 나와있어서 띠고리임을 알 수 있으며 비산동유적의 것은 갈구리에 청동고리가 걸려 있었다.

어은동유적의 범띠고리와 대성동무덤떼 11호무덤에서 나온 범띠고리는 웅크리고 앉은 범의 모습은 서로 같으나 자세히 보면 약간 차이난다. 대성동유적의 것은 꼬리가 길고 도드라져 나왔을 뿐 아니라 귀까지 달려있다면 어은동의 것은 낯판대기까지 섬세하게 새겨부었다. 이것은 변한-가야지역에서 드러난 3개의 범모양띠고리가 각기 다른 주조형타에 부어 만들면서도 거의 같은 시기에 만들었음을 보여주고 있다.

변한-가야지역에서는 범모양띠고리와 함께 말모양띠고리도 드러났다.

말모양띠고리는 모두 대가리와 꼬리는 옹근[본디 있는 그대로의]

모습대로 만들었고 몸뚱이는 한 면만을 부어 만들었다.

범과 말의 청동띠고리는 슬기와 용맹을 과시하고 위용을 돋구는 장식품의 하나로서 군사력을 배경으로 하는 왕자의 관록을 보여준다. 따라서 그것은 전세[傳世]될 경우가 많았다.

다섯째로, 대성동무덤떼에서는 고령형단지의 조형을 이루는 목긴단지가 수많이 드러났다.

지금까지 고령형단지는 고령대가야의 고유한 것으로 알려져왔다. 그러나 여기서 고령형단지의 조형(祖型)적 단지가 많이 드러남으로써 결국 토기문화를 비롯한 대가야문화의 기반도 금관가야에 계보가 이어진다는 것이 시사되었다. 고령대가야가 5~6세기에 6가야(련합체)의 맹주적 지위를 차지할 수 있게 되는 것은 4세기 말~5세기 초의 전쟁으로 인한 금관가야국의 쇠퇴에 따르는 고령가야에로의 사람들 특히 기술집단의 이동과 밀접히 관계된다. 다시 말하여 고령에서 고령형단지로 불리우는 목긴 단지가 제작된 것은 본래 금관가야국의 일정한 도기제작집단이 고령가야에로 이동, 정착하여 발생하였다고 보아진다.

이상에서 금관가야국의 발전모습을 주로 1~2세기경의 유적유물을 통하여 살펴보았다.

금관가야국은 비록 령토가 큰 나라는 아니였으나 비교적 발전된 제철제강업에 기초한 높은 경제력과 군사력을 가진 나라였으며 그렇기 때문에 한때(1세기~4세기 말)는 전체 가야국을 대표하는 맹주국으로 될 수 있었다.

그러나 한때 강성을 떨쳤던 금관가야국은 5세기 초에 이르러 갑자기 약화되었다. 그 직접적 계기는 고구려-신라 련합세력과의 전쟁에서 큰 타격을 받았기 때문이다.

3~4세기에 이르러 신라는 령토확장 전쟁을 벌리면서 가야나라들을 압박하고 그 일부지역을 빼앗았다.

이 무렵 백제의 영향력도 강화되여 동남부 일대에로 미쳤다. 이리하여 신라와 리해관계가 상반되였던 가야나라들은 급속히 백제와 접근하게 되였다.(《일본서기》 권19 흠명기 2년 4월, 7월) 4세기 중엽에 이르러 백제가 강화되여 동남쪽으로 세력을 확장하여 가야나라들과 동맹관계를 맺은 후 가야나라들은 일본 북규슈의 《왜》국과 함께 백제 편에 서서 고구려-신라와 대립하게 되였다.6

391년 백제와 가야는 자기의 손아래 동맹자인 《왜》의 군사들을 끌어 들여 신라를 공격하였다. 이리하여 고구려와 신라를 한 편으로 하고 백제와 가야, 《왜》를 다른 편으로 하는 대규모의 전쟁이 조선반도 남부를 중심으로 벌어지게 되였다.

광개토왕릉비에는 다음과 같은 내용이 적혀 있다.

《396년(영락6년) 광개토왕은 친히 군사를 거느려 백제를 성과적으로 치고 한강 일대를 통제하게 되였다. 고구려군은 전과를 확대하면서 백제 수도를 압박하여 국왕의 항복을 받아내였다. 급해맞은 백제국왕은 남녀노예 1,000명과 가는 포 1,000필을 바치면서 맹세하기를 《이제부터 영원히 (고구려왕의) 노객으로 되겠다.》고 하였다. 광개토왕은 수백 개의 마을(촌)을 차지하고 백제왕의 동생과 대신 10명을 잡아가지고

---

6 《일본서기》에 씌여진 백제와 가야의 접근 기사는 서부일본 기비지방에 있었던 백제소국과 가야소국 사이에 있었던 사실이다. 그러나 그것은 본국 가야의 동향을 민감하게 반영한 기사이다. 북규슈의 《왜》국이란 일찍부터 북규슈 이또지마반도 일대에 진출 정착하여 고을과 나라(소국)를 세우고 있던 가야계통 (왜)소국을 말한다.

유유히 개선하였다.

그런데 399년(영락 9년)에 백제는 맹세를 어기고 〈왜〉와 공모하였다. 광개토왕은 대노하여 남쪽으로 평양까지 순행하였다. 이때 신라왕은 사신을 보내여 광개토왕에게 보고하였다.

〈왜인들이 국경에 차고 넘쳐 그곳 성지(요새)를 파괴하고 있습니다. 노객인 저는 당신의 가신으로서 왕에게 (군사를) 청원하는 바입니다.〉

광개토왕은 신라의 충성을 기특히 여겨 칭찬하였다.

이리하여 광개토왕은 보병과 기병으로 무어진 5만 군사를 남쪽으로 출동시켜 신라를 구원하게 하였다. 고구려군의 드센 공격에 의해 신라땅에 있던 〈왜〉는 관병(고구려군)이 들이닥치자 곧 퇴각하고 말았다. 고구려군은 후퇴하는 〈왜〉군을 추격하여 임나가라의 종발성에 이르렀다. 성은 곧 항복하였다. 이 싸움에서 일단 가야와 가야계통 〈왜〉의 군사력을 물리친 신라는 고구려에 대하며 매우 감지덕지하며 신라국왕 자신이 직접 고구려에 래왕하여 조공을 바치게 되었다.7》

---

7 고구려는 자신을 천자(天子)로 자칭하고 온 천하가 고구려를 중심으로 움직이는 것으로 여겼다. 년호를 제정한 것은 바로 그의 뚜렷한 발현이다. 그리하여 고구려 이외의 나라는 비록 동족의 나라일지라도 《오랑캐》로 여겼다. 신라국왕을 《동이매금》으로 표현하거나 고구려군을 관군(官軍)으로 표현한 것 등은 다 이와 같은 데서 출발한 것이다. 물론 이러한 것은 고구려에만 있었던 것이 아니라 백제, 신라에도 있었고 가야에도 있었다. 가야의 김수로왕이 자기를 부르는 호칭에 황제만이 쓰는 짐(朕)이라고 한 것 등은 그것을 잘 보여준다.
광개토왕릉비에 나오는 고구려가 추격했다는 임나가라를 임나(금관 가야)와 가라(고령대가야)로 나누어보려는 견해도 있으나 그보다도 임나가라를 하나의 국호로 보는 것이 옳다고 본다. 고구려군은 신라의 령역을 거쳐 가야를 쳤기 때문에 가야의 내륙 깊이에 있는 고령에까지 쳐들어갔다고는 보기 어렵다. 이때의 신라성, 종발성, 남거성 등의 성들과 바다 건너 《왜》가 참가한 사실 등의 사실들로 미루어보아 전투는 락동강 하류의 남해안 일대에서 벌어졌던 것으로 짐작된다.
이러한 사실들은 고구려가 포위하여 항복받은 종발성이란 고령가야의 성이 아니라 금관가야국의 락동강 하류에 있었던 성이였음을 보여준다. 그리고 또 《삼국사기》 권46 강수전이

4세기 말~5세기 초의 이 고구려-신라 대 백제-가야-《왜》의 대결전은 금관가야국에 있어서 일대 시련의 시기였으며 국가의 운명과 직접 관계된 싸움이였다.

407년 (고구려 광개토왕 17년) 싸움에는 또 고구려의 5만 명 군사가 동원되였는데 백제와 동맹한 가야-《왜》의 군사들은 고구려군에 의해 몽땅 전멸되였다. 이때 고구려군이 로획한 투구, 갑옷이 1만여 개에 이르렀고 무기와 군사기재, 물자는 이루 헤아릴 수 없이 많았다고 하였다.

금관가야는 이 전쟁에 자기 나라뿐 아니라 다른 가야소국, 례하면 이웃에 있던 아라가야(함안)를 비롯한 여러 가야나라들을 동원시켰다. 금관가야가 이렇게 한 것은 고구려를 등에 업고 야금야금 침략해오는 신라의 공세를 막아내기 위한 데 있었다.

금관가야국은 오랜 기간에 걸친 전쟁으로 하여 국력이 소모되였으며 신라의 압박으로 령토도 빼앗기게 되였다. 이 전쟁을 계기로 락동강 하류 동쪽지역은 점차 신라세력의 통제 밑에 들어가게 되였다.8

이리하여 가야련합체에서의 금관가야국의 맹주적 지위는 저락되였고 그 대신 한때 락동강하류 일대에서는 금관가야국 대신 아라가야가

나 진경대사함비에서 금관가야국을 임나가라라고 한 것은 당시 금관가야국을 다르게는 임나가라라고도 불렀기 때문일 것이다.

8 금관가야국의 쇠퇴원인은 비단 고구려와의 전쟁에만 국한되지 않는다. 장기간에 걸치는 전쟁으로 인한 과중한 부담은 그대로 인민들에게 들씌워졌다. 좌지왕 때 《하늘이 무너지고 땅이 꺼지는》 소동이 국내에서 자주 일어났다.
봉건사가들은 이러한 사실을 인민대중이 봉건적 착취와 압박을 반대하여 들고일어난 결과 산생된 것으로 보지 않고 《왕이 미천한 계집을 왕비로 맞아들이고 그 친정패거리들이 득세한 탓》이라고 묘사하였다. 그러나 이것은 인민대중의 투쟁에 의하여 봉건통치 질서가 혼란에 빠진 틈을 리용하여 국왕의 외가족속들이 판을 치게 된 것이다. 어쨌든 5세기 초의 이러저러한 사건들과 국력의 약화는 《나라 안이 소란하더니 계림국(신라)이 이 틈을 타서 우리(금관가야국)를 징벌하려는 계획까지 세우게 만들었다.

두각을 나타냈으며 궁극적으로는 고령대가야가 대가야국을 칭하면서 가야련합체의 맹주적 지위를 차지하게 되였다.

전쟁을 겪은 금관가야국은 세 가지 세력으로 갈라지게 되였다. 한 세력은 고령대가야에 옮겨갔으며 다른 한 세력은 그냥 눌러있으면서 잔명을 유지하였고 또 한 세력은 바다 건너 일본렬도에 있는 가야나라(소국)들에 옮겨갔다.

금관가야국은 고구려, 신라와의 전쟁으로 말미암아 심대한 타격을 입었지만 종전의 맹주적 지위와 자체의 강한 국력을 가지고 있었으므로 그 후 한 세기 동안이나 나라를 유지하였다. 그동안 몇 번씩이나 부흥을 위한 시도가 있었으나 고구려의 지원으로 급작스럽게 발전한 신라에 의해 눌리워 끝내 532년(신라 법흥왕 19년)에 통합되고 말았다.

《삼국사기》(권4 신라본기 법흥왕 19년)에는 이때의 사실을 다음과 같이 전하고 있다.

《금관국주(왕) 구해(구형)는 왕비와 노종, 무덕, 무력의 세 아들과 나라의 보물을 가지고 와서 항복하였다. 왕으로 례절있게 대우하고 높은 벼슬을 주고 본국(금관가야)을 식읍으로 주었다.》

김구해의 막내아들 김무력은 신라에 투항한 후 신라 편에 서서 고령대가야를 중심으로 집결된 가야(련합체)를 배신적으로 공격하곤 하였다. 7세기 외세를 끌어들인 사대주의자 김유신은 바로 김무력의 손자이다.

결국 금관가야국은 6가야들 가운데서 처음 세운 나라로서 600여 년간 존속하다가 신라에 의해 먹히우고 말았다.[9]

---

9 금관가야국 왕세계표(《가락국기》에 의거함)
  김수로왕(42~199년)→거등왕(居登王, 199~253년)→마품왕(麻品王, 253~291년)→

아라가야(阿羅伽耶), 비화가야(非火伽耶)

- 아라가야(阿羅伽耶)

아라가야는 경상남도 함안에 있었다.

문헌사료에는 아라가야라는 나라이름이 여러 가지로 표기되었다.

安耶(《삼국지》권30 위서 한전), 阿羅(《삼국사기》권2 신라본기 나해니사금 14년 권48 물계자전), 安羅(광개토왕릉비), 阿那加耶, 阿尸良(《삼국사기》권34 지리지 함안), 阿羅伽耶(《삼국유사》권1 기이 5가야) 등으로 표기되어 있다.

《세종실록》 지리지에 의하면 함안에는 금라(金羅)라는 딴 이름이 있었다고 하는데 그것은 금관(金官), 가나(駕那), 가야(伽倻)와 통하는 가라에서 나왔다고 인정된다.

함안 아라가야는 금관가야국과 함께 6가야 가운데서 가장 일찍기 소국으로 일떠선 나라였다. 《삼국지》위서 한전에 실린 변진 12개국 가운데는 안야국(安耶國)으로 되여 있다.

아라가야는 남해안에 위치하고 있어 기후가 온화하고 땅이 기름져 농사에 적합한 곳이였다.

함안의 지형을 보면 북쪽 6km쯤에 남강이 흘러들어 함안읍에서 남강까지 너비 2km 정도의 충적평지대가 펼쳐져 있다. 농경지는 가야읍(가야리)과 함안면 등지에 있으며 관개용수로는 남강과 덕천의 지류, 광정

거즐미왕(居叱彌王, 291~346년)→이시품왕(伊尸品王, 346~407년)→좌지왕(坐知王, 407~421년)→취희왕(吹希王, 421~451년)→질지왕(銍知王, 451~492년)→감지왕(紺知王, 492~521년)→구형왕(仇衡王, 521~532년) 무력 무덕 노종서현 유신

천 그리고 여러 계곡의 시내물들이 리용되였다.

아라가야는 함안을 중심으로 진해, 아산, 철원, 진주지방과 린접해 있었다. 남으로는 남해안 산줄기가 가로 놓여있고 동남으로는 광당산, 생음산이 경계를 이루며 서쪽은 방어산, 북쪽은 진주방면으로부터 흘러내리는 남강이 락동강에 들어가 경계를 이룬다.

이처럼 함안땅은 남으로는 산, 북으로는 남강, 락동강을 끼고 산이 좌우에 둘러 있어 천험의 요새를 이루고 있다. 더우기 남해안 산줄기로부터 갈라져 나온 여러 강물들이 강기슭에 옥답을 조성하였으며 또 그 강물들은 분지의 기름진 땅을 적시며 락동강에 흘러들어 마지막에는 남해바다에 들어간다.

아라가야에 관한 문헌자료는 거의 없다. 그러나 고고학적 자료를 통하여 아라가야의 발전모습을 어느 정도 찾아볼 수 있다.

함안의 무덤떼는 산성과 밀접히 결부되면서 파천(巴川) 류역의 구릉지대에 분포되여 있다.

함안의 무덤떼는 크게 5개 구획으로 나뉘여져 있다.

가장 큰 무덤떼는 말이산무덤떼이다.

말이산무덤떼는 가야(함안)읍의 북쪽 남북으로 길게 뻗어 있는 그리 높지 않는 구릉 우에 분포되여 있다. 여기에는 약 40기의 대형무덤들이 있다. 이에 대하여《함주지》(1587년)에는《소골(牛谷)의 동서 언덕 우에 무덤이 있어 높고 큰 것이 구릉 같고 40여 기나 된다고 하며 전해오기를 옛 국왕의 무덤이라고 한다.》고 씌여 있다. 말이산의《마리》는《머리》즉 우두머리라는 뜻이다. 사실상 말산리구릉 우에는 크고 작은 700기 가량의 무덤이 떼를 이루고 있다.

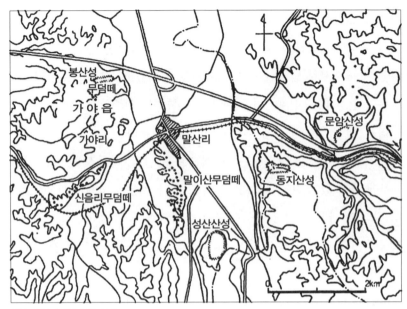

함안의 무덤떼와 산성 분포도.

1917년 말이산무덤떼의 5호와 34호 무덤이 조사발굴되였다.

34호무덤은 직경 39m, 높이 10m나 되는 대형무덤이며 그 축조시기는 5세기 후반기경으로 보고 있다.

무덤칸은 땅 겉면으로부터 약 90cm 정도 파놓은 무덤구뎅이에 설치한 규모가 큰 수혈식돌칸이다. 무덤칸은 깬 돌로 네 벽을 수직으로 올려쌓았는데 그 크기는 길이 약 9.67m, 너비 약 1.73m, 높이 약 1.66m이다

무덤칸의 특징은 네 벽 가운데서 남쪽 벽의 바깥쪽만 깬 돌을 두껍게 올려쌓고 벽면 전체에 진흙을 발랐으며 동서 량벽에 각각 2개, 북쪽벽에 1개의 감실을 설치한 것이다. 감실은 판석을 써서 네모나게 만들었다.

천정에는 뚜껑돌로 일부 가공한 13장의 판돌을 가로 걸었다. 뚜껑돌의 짬 사이에는 진흙을 메웠고 그 우에 또 12cm 두께로 진흙을 덮었다 무덤에서는 많은 량의 유물이 드러났다.

유물은 민고리자루큰칼(잔결), 칼자루모서리가 둥근 큰칼, 직호무늬가 들어간 사슴뿔로 만든 칼자루장식칼, 쇠창, 쇠활촉, 쇠갑, 채양 달린 투구와 사발모양투구, 안교, 둥근 등자, 행엽 등의 무기와 마구류, 은색과 검은색으로 무늬를 그린 칠기(잔결)와 굽잔, 큰 독, 수레모양토기, 오리모양토기, 기대 등의 질그릇류이다.

현재까지 함안 일대의 무덤들을 조사한 데 의하면 아라가야의 무덤 특히 내부시설은 수혈식돌칸으로서 나무곽을 쓰지 않았다. 말하자면 아라가야의 지배세력은 금관가야국처럼 나무곽무덤을 쓰지 않았다는 것이다.

유물에서 주목되는 것은 통모양도기와 함안형이라고 부르는 질그릇이 많이 드러난 것이다.

함안을 중심으로 한 지역에는 불꽃모양뚫음구멍굽잔이 분포되어 있는데 이 질그릇은 아라가야의 고유하고 전형적인 함안형 토기로서 아주 독특한 것이다. 이렇게 같은 가야토기이면서 자기의 특색 있는 토기문화를 창조하고 발전시켰다는 것은 아라가야가 6가야(련합체)에 속하면서도 독자적 문화를 창조한 세력이였다는 것을 말해준다.

말산리와 도항리 구릉에는 예로부터 왕릉이라고 불리우면서 제사를 지내오던 국왕급무덤이 적지 않게 있다. 이밖에도 도항리와 신음리, 가야리로부터 봉산리에 이르는 구릉 우에 각기 비교적 큰 규모의 무덤떼가 형성되어 있다.

함안에는 함안분지를 둘러싸고 사방에 산성이 있다. 산성은 무덤떼, 분지와 함께 일체를 이루고 있다. 봉산성과 봉산성무덤떼(가야리) 성산산성과 말이산무덤떼, 문암산성과 함안분지를 들 수 있다.

아라가야에서 가장 큰 산성은 조남산(139.4m)에 있는 성산산성이다. 일명 조남산성이라고도 부른다.

산성 벽은 돌로 축조하였는데 산 릉선을 따라 산꼭대기를 에워싸듯 성벽이 축성되였으며 동쪽은 계곡을 둘러쌌다. 성벽의 길이는 약 4.1km 이다.

성의 동쪽과 서쪽에는 문자리가 있으며 성 안의 동문쪽에는 4~5개의 렬석이 있다.

아라가야의 산성으로 주목되는 것은 봉산산성이다. 봉산산성은 일명 삼봉산성이라고도 부른다. 봉산산성은 함안읍의 서북쪽 약 2리 지점 진주방향으로 뻗은 길쪽에 있다.

산성벽은 석축으로서 두 개의 내성과 외성으로 이루어져 있다. 내성은 동서에 각각 솟은 두 개의 봉우리를 둘러싸고 서로 대치되여 있는데 서쪽 내성이 동쪽 내성보다 봉우리가 좀 높다. 외성은 산의 배허리쯤의 급경사면으로부터 아래쪽의 완만한 경사면을 따라 남쪽면과 동쪽면에 쌓았으며 북쪽면은 산세가 험하고 급하므로 성벽을 쌓지 않은 것으로 짐작된다.

문안산성은 함안평지대의 동쪽 변두리에 위치해 있으면서 봉산산성과 동서로 마주하고 있다. 산성은 두 개의 봉우리가 련결되여 이루어진 쌍성식산성이다. 성벽은 돌로 쌓았다.

이밖에도 아라가야에는 동지산성, 대산면산성, 방어산성(일명 확산성), 성참산성, 포덕산성 등 여러 산성이 있었다.

이상에서 본 바와 같이 아라가야는 다른 가야소국에 비해볼 때 상대적으로 산성이 많은 소국이였다. 이것은 아라가야가 비록 령역이 작은 소국이였으나 비교적 강력한 방어력량과 수단을 가진, 그리고 정연한 국가체계를 갖춘 나라였음을 말해준다.

아라가야의 산성에 대해 론의할 때 놓치지 말아야 할 것은 그 축성법이다.

아라가야의 산성축성법은 같은 가야나라들은 물론이고 바다 건너 일본땅에도 큰 영향을 주었다. 현재 일본 서부에 있는 조선식산성, 특히 가야계통 소국으로 비정하는 이또지마의 라이산산성, 시고꾸 사누끼의 기야마산성, 기비 기노죠산성 등의 축성법이 아라가야의 산성축성법과 신통히도 꼭 같다. 이것은 가야사람들이 일본서부의 여러 곳에 진출할 때 기술집단과 함께 이 나라의 축성집단도 함께 건너갔다는 것을 보여준다.

아라가야의 왕궁터는 아직 확정되지 못하였다.

현재 가야읍 가야동의 북쪽과 성산산성터 그리고 함안읍내, 말이산 동쪽의 들판, 가야읍 신음리 관동, 봉산성 아래의 땅, 동지산성 남쪽, 대산리의 대지 등 여러 곳을 지목하고 있다.

1587년에 편찬된 《함주지》에 의하면 가야리(백산리?)에 가장 유력한 아라가야의 왕궁터가 있다고 하였다. 거기에는 고대국가의 유적지가 있는데 1,606자의 토성자리가 있어 지금(16세기)도 완연하다고 하면서 《대대로 전해오기를 가야국의 옛 터》라고 하였다.

또한 가야리의 북쪽 500m 지점에 선왕부락이라는 지명이 있는데 가야왕궁과의 관계를 시사하여 준다.

아라가야는 금관가야국에 못지 않는 국력을 가지고 있었다.

4세기 말~5세기 초의 전쟁 때 아라가야는 임나가라 즉 금관가야국과 함께 고구려-신라를 반대하여 싸웠다.

광개토왕릉비에 의하면 광개토왕 10년(400년)에 고구려는 보병과 기병으로 이루어진 5만 명의 군사를 가야-신라전선에 출동시켰다. 이때 고구려군은 남거성으로부터 신라성에 이르기까지 꽉 찼던 《왜》군(이또 지마 가야소국의 《왜》)을 쫓아 임나가라(금관가야국)의 종발성에까지 갔다.

성은 곧 함락되였으나 아라가야의 수병(변방수비군)이 반격에로 넘어 가 신라성을 타고앉았다. 이렇게 되자 고구려군은 신라 령역까지 철수하여 신라왕성을 차지하게 되였다.

릉비에는 모를 글자들이 많아서 그 후의 전투행동에 대하여서는 잘 알 수 없다. 그러나 《… 안라인수병(安羅人戍兵)》이 여러 군데 나오는 것으로 보아 고구려군이 아라가야의 변방군과 여러 차례 격전을 벌렸다는 것을 알 수 있다.

이렇게 아라가야군은 금관가야국도 대적하기 힘들어하는 고구려군과 싸워 일시 신라성도 타고앉는 일정한 승리를 거두었다. 이것은 아라가야가 당시로서는 비교적 발전된 무기무장을 갖춘 군대를 가지고 있었기 때문이였다.

아라가야는 4세기 말부터 5세기 초에 걸친 전쟁에서 금관가야국과 련합하여 고구려-신라와 싸웠으나 한때는 신라의 도움을 받기도 하였다.

《삼국사기》권48 물계자전에 의하면 3세기 초엽경에 포상8국이 공모하여 아라국(아라가야)을 치니 아라가야는 신라에 사신을 파견하여 원병을 청하게 하였다고 한다. 신라는 왕의 손자 나음을 비롯하여 부근 고을과 6부의 군사를 동원하여 포상8국 군사들을 물리치게 하였다. 이 싸움에서 아라가야는 신라군사와 함께 8국의 장군을 쳐죽이고 사로잡혀간 6,000명의 사람들을 다시 데려왔다고 한다.

아라가야는 4세기 말~5세기 초의 대전란을 겪은 후에도 자기의 지위를 얼마간 보존하였다. 그것은 질그릇에 잘 반영되어 있다.

5세기 초 이후 부산 동래지구에는 신라토기와 함께 아라가야의 함안형 토기가 나타났다. 이와 같은 현상은 부산 동래지구에 신라세력뿐 아니라 아라가야도 자기 세력을 뻗쳤다는 것을 알 수 있다.

5세기 중엽 이후 락동강하류 동쪽기슭 지역에 대한 신라토기의 영향이 절대적인 것으로 되면서 함안형 토기는 점차 없어졌다. 그러나 아라가야의 중심지가 있던 함안 일대는 김해 일대에 신라의 토기형식이 침투해 들어온 이후에도 의연 자기의 독자적 세력을 유지하였다. 아라가야의 판도에는 마지막까지 그의 독특한 함안형 토기가 계승발전되였다.

아라가야는 6세기 중엽 신라에 의해 통합되고 말았다.

이에 대하여 《삼국사기》(권34 지리지 함안군)에는 《법흥왕이 많은 병력으로서 아시량국(아라가야)을 멸망시켜 그 땅을 고을로 만들었다.》고 하였다.

《삼국사기》신라본기에 의하면 신라가 《남으로 국경을 넓히고》 524년(법흥왕 11년)에 가야국왕이 와서 신라국왕과 만난 것으로 되여 있다. 그 후 532년 금관가야국왕이 신라에 투항하였다.

함안 아라가야는 금관가야국보다 서쪽에 있었으므로 신라에 의해 나라가 망했다면 그 시기는 532년부터 540년 사이일 것이다.

결국 한때 강대국 고구려와도 당당히 맞서 싸웠던 아라가야는 6세기 중엽에 이르러 근 600년의 력사를 마치고 말았다.[10]

– 비화가야(非火伽耶)

《삼국유사》에 실린 《5가야》에는 금관가야국을 빼고 아라가야, 고녕가야, 대가야, 성산가야, 소가야를 꼽고 있다. 그런데 《본조사략》에서는 금관가야, 고녕가야, 비화가야, 아라가야, 성산(벽진)가야를 들고 있다.

《삼국유사》의 저자 일연은 5가야를 쓰면서 주석에 《… 금관국을 5가야에 꼽지 않은 것은 당연하다. 〈본조사략〉에는 금관국도 함께 꼽았을 뿐 아니라 창녕도 허투루 기록한 것은 잘못이다.》고 하면서 동시에 비화가야를 《지금의 창녕이다. 아마도 고령의 잘못이다》고 하였다.

《가락국기》에서 5가야를 꼽을 때 금관가야국을 넣지 않은 것은 저자 일연이 말한 것처럼 금관가야국이 6가야의 맹주적 지위에 있었고 《본조사략》에서 5가야를 꼽을 때 고령가야를 뺀 것 역시 이 나라가 맹주적 지위에 있었기 때문이다.

---

10 한기(旱岐, 또는 한지) : 아라가야 지배층의 우두머리 즉 소국왕은 처음에 왕이라고 부르지 않고 한기(한지)라고 부른 것 같다. 그렇게 보는 것은 《일본서기》 흠명기 등에 《아라의 한지》라고 씌여 있기 때문이다. 물론 《일본서기》에 나오는 아라(安羅)는 일본서부 기비지방에 있던 가라국 내의 작은 소국이였지만 이것 역시 본국 아라가야의 복사판이다. 가야나라들에서 왕을 한기라고 부른 것은 비단 아라가야에만 국한되지 않았을 것이다. 금관가야국이나 고령대가야도 본래 나라의 우두머리를 재래의 고유한 칭호로 불렀을 가능성이 크다. 백제도 처음에는 왕을 어라하라고 불렀다. 금관가야국도 한지라고 불러오던 것을 한자가 들어오고 고려시기 《가락국기》를 편찬할 때 왕으로 고쳤을 수 있다.

《본조사략》이 소가야 대신 창녕 비화가야를 꼽은 것은 5세기 이후 고성 소가야가 국력이 약하여 린접의 아라가야에 흡수되였든지 아니면 고령대가야의 세력 밑에 들어가 자체 소멸했든지 둘 중 하나일 것이다. 그 대신 창녕 비화가야가 6가야의 당당한 성원으로 들어오게 된 것 같다.

비화(非火)는 리두식 한자표기로서 고유 조선말로는 빛불, 빛벌이라고 부른다. 비화가야는 비화 외에 비자화(比自火), 비사벌(比斯伐)(《삼국사기》 권34 지리지 화왕군), 비자벌(比子伐)이라고도 불렀다. 이밖에도 비지국(比只國)(《삼국사기》 권1 신라본기 파사니사금 29년), 불사국(不斯國)(《삼국지》 권30 위서 한전), 비지(費智)(《일본서기》 권17 계체 23년 4월), 비자본(《일본서기》 권9 신공황후 섭정 49년) 등이 있으나 그것이 꼭 우리나라의 창녕에 있던 비화가야였는지에 대해서는 앞으로 더 연구해야 할 것이다.

비화가야는 락동강의 동쪽에 산으로 빙 둘러싸인 오늘의 창녕분지에 자리잡고 있었다.

《가락국기》에 의하면 금관가야국의 왕뿐 아니라 5가야의 왕들도 함께 하늘에서 내려온 것으로 되여 있다. 비화가야도 《삼국지》에 나오는 불사(부사, 비사)와 같을 수도 있는 것으로 보아 이 나라의 력사도 아주 오래다는 것을 알 수 있다.

비화가야의 력사는 문헌에 거의 나타나지 않는다. 더우기 창녕무덤에 대한 일제의 가혹한 파괴와 략탈의 결과 비화가야에 대한 물질적 자료는 거의 찾아보기 힘들다. 그러나 얼마 남지 않은 고고학적 자료를 가지고서도 비화가야의 력사를 어느 정도 고증할 수 있다.

먼저 비화가야의 무덤떼를 보기로 하자.

비화가야의 무덤떼는 크게 창녕 교동무덤떼와 송현동무덤떼, 계성리무덤떼로 나누어 볼 수 있다.

창녕 교동무덤떼와 송현동무덤떼는 창녕읍에 있는 목마산 기슭의 낮은 구릉과 고지 우에 있다. 그 가운데서 읍 북쪽의 교동의 고지에는 왕릉이라고 불리우는 큰 무덤이 있고 이것을 중심으로 주위에 작은 무덤들이 널려져 있다.

계성리무덤떼는 창녕읍으로부터 남쪽으로 10km 정도 떨어진 구릉지대에 있다. 무덤떼는 세 지구로 갈라져 조사되었다.

그런데 창녕의 교동, 송현동 및 계성리무덤떼를 꼭 가야의 무덤, 가야의 유적으로 보기는 어렵다. 그것은 이 무덤떼들에서 신라적 요소가 보이기 때문이다.

4세기 말~5세기 초의 대동란의 결과 5세기 중엽 이후 락동강 동쪽의 가야땅이 신라적 영향을 많이 받았다. 락동강 동쪽기슭에 위치한 비화가야도 물론 례외로 될 수 없었다. 그러나 비화가야가 5세기 이후 곧 신라의 통제권 안에 들어갔다고 볼 수는 없다.

비화가야는 6세기 중엽까지 금관가야국처럼 독자성을 유지하였던 것이다. 비화가야에 우두머리급 무덤이 계속 축조된 것은 그것을 잘 보여준다.

5세기 후반기부터 비화가야는 신라의 공격을 받았다. 그것은 5세기 후반기 이후의 교동무덤떼 등에서 드러난 유물들, 특히 질그릇에 민감하게 반영되어 있다.

5세기 말까지도 비화가야는 신라의 완전한 통제권에 들어갔다고는 볼 수 없다. 그것은 비화가야의 질그릇에 신라의 토기와 함께 고령대가야의 독특한 고령형 토기도 보이기 때문이다.

교동무덤떼에서는 고령 지산동무덤떼(6세기 전반기)에서 나온 토기양식과 류사한 질그릇이 발굴되었다. 즉 아래우 2단직렬뚫음구멍뚜껑이 있는 굽잔과 단추모양뚜껑이 있는 질그릇이 대표적이다. 한편 창녕지구의 도질토기는 5세기 중엽경부터 지역적 독자성을 띠게 된다. 이것을 창녕형 토기라고 하는데 창녕의 지역적 특색이 짙고 가야적 요소가 많다. 창녕형 토기는 그 형태가 세련되고 아주 견고하며 탄탄할 뿐 아니라 종류도 매우 다양하다. 그 중 뚜껑있는 굽잔(교동 31호무덤), 목짧은 단지(교동 8호무덤), 뚜껑있는 목긴 단지(교동 31호무덤), 각종 합(교동 10호, 31호무덤) 등이 대표적이며 무늬 역시 여러 가지인데 톱날삼각무늬, 동그라미이음띠무늬, 봉합무늬 등을 들 수 있다.

5세기 중엽 이후의 비화가야는 고령대가야와 신라라는 두 세력의 영향을 받는 절충지대, 완충지대였던 것으로 보인다. 그러나 비화가야는 자기의 문화창조에서 독특한 지역적 특색을 유지하였다.

창녕의 무덤유물 가운데서 일부 유물들이 신라의 것이라 하더라도 전반적으로 놓고 볼 때 가야적인 것이 기본으로 되고 있다.

창녕 교동떼무덤의 무덤 총수는 170기 이상에 달한다. 대표적 무덤으로는 7호, 10호, 11호, 31호, 89호무덤 등을 들 수 있는데 여기서 드러난 유물들은 고구려, 백제, 신라의 왕릉무덤에서 나온 것과 견줄 정도로 정교하고 화려하다.

특히 A지구의 7호무덤에서는 금동관 2개, 팔찌, 금동신발 한 쌍, 금, 은, 동팔찌, 금귀걸이 한 쌍, 은가락지 2개, 나무판에 금동 씌운

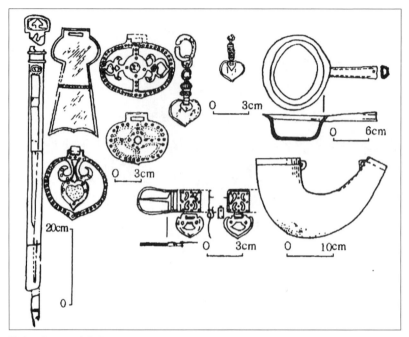

창녕 교동 7호무덤의 유물.

등자, 철제갑옷 한 쌍, 말자갈, 쇠판에 금 씌운 행엽 8개, 금동 운주모양 장식쇠붙이 60개, 금동안장, 쇠활촉 80개, 손칼 37개 등 700여 점의 유물이 드러났다.

7호무덤의 이웃에 위치한 10호무덤의 유물의 질도 대단히 높다. 실례로 금동장식쌍룡고

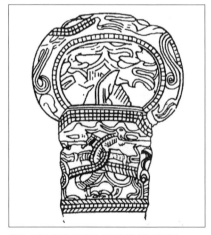

창녕 교동 21호무덤의 쌍룡봉황식고리자루.

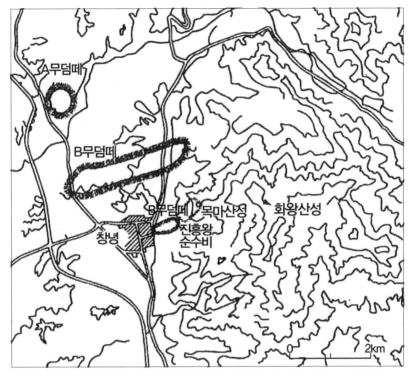

창녕무덤떼와 산성 분포도.

리자루큰칼은 왕자의 표징으로 될 수 있는 칼로서 백제에서는 무녕왕릉, 신촌리 9호무덤 등에서만 볼 수 있고 신라에서는 식리무덤, 호우무덤, 천마무덤 그리고 같은 가야나라로서는 고령 지산동 39호무덤 등 왕릉급 무덤에 한해서 볼 수 있다.

계성리무덤떼에서도 철제농공구, 쇠활촉, 질그릇 등 많은 종류의 껴묻거리가 나왔다.

이와 같이 창녕의 무덤떼는 수적으로 많고 유물자체의 양상도 대단히 풍부하다.

다음으로 산성에 대하여 보기로 한다.

비화가야에는 화왕산성과 목마산성이 있다.

화왕산성은 화왕산(739m)의 산꼭대기를 휘감을 듯 축조한 돌성인데 그 길이는 1.8km이다. 《세종실록》 지리지에 의하면 산성의 둘레는 1,217 보이고 성 안에는 여러 개의 못이 있다고 하였다. 화왕산성은 남북의 봉우리 사이의 비교적 넓고 경사가 완만한 곳을 둘러쌌다.

목마산성은 화왕산의 북쪽봉우리로부터 서쪽으로 뻗는 가지줄기의 서쪽에 돌로 축조되었다. 산성은 창녕읍으로 향하는 계곡을 끼고 그 강쪽을 마주하고 있다. 말하자면 강(계곡)쪽이 산성의 정면으로 된 셈이다. 따라서 강쪽 방어성벽이 든든하게 덧쌓여졌는데 그것이 비교적 온전하게 남아 있다. 문터는 산기슭의 평지에 있다. 여기에 수문(守門)을 설치한 것 같다.

두 산성은 다같이 분지에 위치하여 비화가야를 지키기 위한 방어성으로 축조되고 보강된 것으로 인정된다.

비화가야는 그 후 점차적으로 신라쪽으로 기울어져갔다.

앞에서 본 것처럼 5세기 후반기 이후의 창녕 비화가야의 무덤들에서는 신라계통 유물들이 적지 않게 나온다.

당시 비화가야의 지배층의 움직임에 대해서는 문헌의 부족으로 하여 전혀 알 수 없다. 하지만 고령대가야와 신라 사이에 끼여 있으면서 한 세기 이상이나 자기의 독자성을 유지해왔다는 것은 이 나라 지배층이 비교적 능란한 대외사업을 벌렸다는 것을 의미한다.

그러다가 차츰 신라의 힘이 더 강화되자 두 세력의 균형이 파괴되면서 비화가야는 완전히 신라쪽에 기울어지게 되었다.

신라는 지증왕 때(500~514년) 장수 이사부로 하여금 옛날 거도가변관(국경지대사령관)이 되어 우시산국과 거칠산국을 쳤을 때처럼 국경지대에서 군마를 훈련시키는 련습을 자주 반복하다가 불의에 쳐들어가 비화가야를 타고앉았다. 《삼국사기》에는 이에 대하여 《거도의 술책을 본따서 말놀이로서 가야(혹은 가라라고도 한다.)국을 속여서 이를 빼앗았다.》고 씌여 있다.(《삼국사기》권44 이사부전)

그 후 신라는 진흥왕 16년(555년)에 비화가야가 있던 비사벌 즉 창녕에 완산주를 두었으며 진흥왕 22년(561년)에는 진흥왕순수비를 세웠다.

고녕가야(古寧伽耶), 소가야(小伽耶), 성산가야(星山伽耶)

- 고녕가야(古寧伽耶)

고녕가야는 문헌기록에 거의 나타나지 않는다.

《삼국유사》에 실린 《5가야》에는 6가야의 하나로서 고녕가야에 대하여 밝히고 있으며 또 《본조사략》 역시 고녕가야를 6가야의 하나로 꼽았다.

그런데 고녕가야의 위치에 대하여서는 각기 다르게 서술하였다. 고녕가야의 위치에 대하여 《5가야》의 주석에서는 《지금의 함녕》이라고 하였고 《본조사략》의 주석에서는 《가리현으로 되였다.》고 하였다.

같은 고녕가야를 가리킴에 있어서 책에 따라 그 위치가 서로 다른 것은 고녕가야가 자기의 중심지(수도)를 옳겼다는 것을 말해준다.

《삼국사기》(권34 지리지 고녕군)에 의하면 고녕군은 《본래 고녕가야국인데 신라가 빼앗아 고등람군〈고릉현이라고도 한다.〉으로 만들고 경덕왕 때 고녕군으로 고쳤는데 지금의 함녕군이다.》라고 하였다. (여기에서 지금이란 《삼국사기》가 편찬된 고려 중엽을 말한다.) 일연이 《삼국유사》의 5가야를 쓰면서 《지금의 함녕》이라고 한 것은 바로 이러한 사정을 반영한 것이다.

함녕군은 리조시기에 들어와 함창현이 되였다. 동쪽으로 상주가 8리, 북쪽으로는 문경이 7리 지점에 있었다. 고녕을 함녕으로 고친 것은 고려초(광종 때)의 일이다. 함녕은 상주가 커지면서 그에 속하게 되였다.

이러한 고녕가야가 성주의 속현인 가리현에 있게 된 것은 신라에 의해 고녕가야가 공격을 받게 되여 그곳에서 쫓겨났기 때문이다.

고녕가야는 신라의 공격에 의해 망한 것이 아니라 비록 땅을 떼우긴 하였으나 그 나라의 기본집단은 보존되여 성산(벽진)가야 주변에 자리를 옮기게 된 것이다. 그래서 《본조사략》에서 고녕가야가 《가리현으로 되였다.》고 한 것이다. 가리현은 오늘의 경상북도 고령군 성산면 일대이다.

고녕가야가 가리현에 이동한 시기는 3세기 후반기경이라고 볼 수 있다.

《삼국사기》에는 《점해왕 때 사벌국을 빼앗아 주로 만들었다.》고 하였다. (《삼국사기》 권34 지리지 상주) 또 《삼국사기》에는 《점해왕이 왕위에 있을 때에 신라의 속국이였던 사벌량국이 갑자기 백제에 붙으므로 우로가 군사를 거느리고 가서 그를 쳐서 없애버렸다.》고 하였다.(《삼국사기》 권45 석우로전)

《삼국사기》에서 말하는 점해니사금(247~261년)은 3세기 중엽에 활동한 사람으로서 석우로는 그 아래에 있던 장군이였다.

사벌국은 사량벌국이며 사량벌국은 곧 사도벌국이였다. (《梁[량]》은 가야의 말투로서 《도》라고도 읽는다.) 사도벌국은 가야국에 속한 나라였으며 고녕가야는 바로 사도벌국이 있는 상주의 지척에 있었다. 고녕가야와 사도벌국은 불과 7리 지점에 있었다. 《삼국사기》 석우로전에 사도벌국이 《본래 신라의 속국》이였다고 한 것은 이 나라를 빼앗기 위한 전제조건을 만들기 위한 구실에 지나지 않는다.

고녕가야는 신라가 상주에 있던 사도벌국을 치던 시기에 공격을 받게 되였던 것 같다. 신라가 북쪽에로 세력을 뻗치게 되자 더는 버틸 수 없게 된 고녕가야는 고령대가야의 이웃인 가리현에 옮겨간 것으로 추측된다. 그런 경우 상주-선산-성주-가리현의 로정을 거쳤을 것이다.

이와 같이 고녕가야의 위치에 대해서는 대체로 처음에 함녕(함창)이였다가 후에 신라의 공격에 의해 남쪽으로 옮겨갔다는 것이 있을 뿐 구체적으로 소국의 중심지가 어디였는지 잘 알 수 없다. 따라서 고녕가야 사람들이 남긴 유적유물이 어디에 어떻게 있는지 명백치 않다. 그러므로 가야나라들이 락동강을 끼고 발생발전한 력사적 사실들을 참작해서 고녕가야가 있었다고 짐작되는 상주와 선산 일대의 무덤떼와 산성을 통해서 고녕가야의 모습을 찾아보기로 한다.

상주는 대구의 서부에 위치해 있고 남쪽으로는 선산과 잇닿아 있다. 북쪽으로는 새재(조령)에 린접한 교통의 요충지이다.

상주에는 량촌동무덤떼, 지천동무덤떼를 비롯하여 거동동, 서곡동, 월로리, 청하리 등 40개소에서 무덤떼가 확인되였다. 무덤떼는 대부분 수혈식돌칸으로 이루어져 있다. 여기에는 사도벌국의 주민들이 남긴 것뿐 아니라 고녕가야의 주민들이 남긴 무덤들도 적지 않을 것으로 보인다.

상주시의 사벌면 화달리 둔진산 남쪽기슭에는 사벌국왕릉으로 불리워오는 큰 원분이 있다. 그 뒤산에는 30기 가량되는 화달리무덤떼가 있다. 이에 대하여 《동국여지승람》에는 《사벌국의 옛성이 병풍산 아래에 있다. … 성의 곁에 구릉이 있는데 대대로 전해오기를 사벌국왕릉이라고 한다.》고 하였다.(《동국여지승람》 권28 상주 고적)

《동국여지승람》에서 말하는 사벌국의 옛 성터는 상주(함창)읍에서 동쪽으로 뻗어나간 병풍산 아래의 병성리에 있다.

병풍산성 안에는 옛 샘터 1개, 문터자리 2개, 집터 3개가 있다. 성벽은 석축으로 주위 약 600간 정도이며 높이 3~6자, 너비 1~3간이나 된다. 보존상태는 비교적 괜찮다.

사벌면 화달리에는 병풍산성 외에 또 하나의 옛 성터가 있다. 그 옛 성터는 문헌에는 전하지 않지만 현지답사에 의해 확인되였다.

화달리에는 토성이 하나 있는데 이것이 사벌국의 중심으로 추측되고 있다.

토성은 화달리 3층석탑이 서 있는 뒤산(둔진산)에 있다. 토성릉선은 동쪽을 따라 내려가면서 락동강변으로 이어진 토성산의 산꼭대기로 이어진다. 토성릉선의 형태는 경주의 월성과 같고 곳곳에 돌각담이 널려있다.

둔진산과 토성산이 이어진 릉선이 옛 토성터이며 이곳 남쪽의 건너편 병풍산에 또 하나의 옛 성터가 있어 이 두 성터의 안쪽이 《성내》로 불리우는 옛 사도벌국의 중심이였을 것이다.

상주에는 이밖에도 일명 견훤산성이라고 불리우는 또 하나의 산성이 있다. 병풍산성과 토성이 현재 상주의 동쪽에 치우쳐 있다면 견훤산성이라고 부르는 성산산성은 상주의 서쪽에 위치하고 있다. 산성은 화북면 장암리에 있다.

《상주목읍지》 관애조에는 《성산산성은 주의 서쪽 50리에 있는데 옛날에 견훤이 쌓은 것이다. 폐지한 지 오래나 천험의 요새이다.》고 씌여 있다.

산성벽은 지형에 따라 다르다. 계곡을 막은 곳은 15m 이상 되게 높이 쌓았는데 자연암반 우에 쌓은 성벽은 불과 4~5m 밖에 되지 않았다. 성벽의 너비는 대체로 4~6m이다. 완전한 성벽 폭이 6m인 것으로 보아 처음에는 6m 너비로 축성한 것 같다. 성곽길이는 약 1km 정도로 얼마 크지 않다. 성 안은 굴곡이 많고 그 안에는 널직한 평지도 있다. 평지한 구석에는 샘물이 흐르고 있다.

성산산성을 견훤산성이라고 부르게 된 것은 견훤이라는 인물이 이 일대에서 나왔기 때문이다.

견훤은 문경고을의 가은현이라는 곳에서 태여난 사람이였다.(《삼국사기》 권50 견훤전) 그러나 그는 가은현에서 태여났을 뿐 상주를 자기의 세력 지반으로 닦지 못하고 옛 백제땅을 세력 지반으로 꾸렸다. 견훤이 한때 성산산성을 리용했을 수는 있으나 그가 첫 축조자일 수는 없다.

그보다도 오히려 고녕가야의 산성으로 보는 것이 더 타당하다.

그렇게 보는 근거는 우선 산성이 삼국시기의 가야산성을 그대로 보여주고 있다는 것이다. 산봉우리를 에워싸듯 쌓은 것이라든가, 안성맞춤한 소국 방어규모의 산성벽의 조성, 산성 안이 밋밋한 분지로 이루어져 있고 샘물이 있는 것 등은 가야산성의 특징을 그대로 보여주는 것으로서 신라 말기의 산성은 아니다.

또한 성산산성은 고녕가야가 있던 고장의 산성이라는 것이다.

본래 함녕(함창)은 고려와 리조시기에 상주의 속현이였으며 리조시기에는 상주고을의 한 개 마을이였다. 《동국여지승람》(권28 상주 봉수)에 의하면 성산은 함창에 있다고 하였다. 말하자면 성산산성은 함창 즉 옛 고녕가야가 있던 고장에 축성된 산성이였던 것이다.

선산 일대도 가야땅에 속한다. 선산은 15세기에 부침땅이 9만 1,170결(그 중 논이 1/3을 차지함)이나 되였다. 땅은 기름지고 기온은 온화하여 물산이 많이 난다고 하였다.

선산지역에는 신림동무덤떼, 락산동무덤떼, 월곡동무덤떼, 산양동무덤떼, 송곡동무덤떼, 금호동무덤떼, 생곡동무덤떼 등 9개의 무덤떼가 있다. 이 무덤떼들은 락동강을 가운데 끼고 분포되여 있다. 그 가운데서 락동강 동쪽 산기슭과 구릉지대에 널리 분포된 락산동무덤떼가 제일 크다. 이 무덤떼만 해도 500기에 달한다.

선산의 무덤떼는 지난날 일제에 의해 무참히 파괴략탈되여 본래의 모습을 찾아보기 어렵게 되였다.

파괴되여 얼마 남지 않은 선산의 무덤떼에서는 금귀걸이와 금고리 그리고 각종 구슬과 검대가리 등 유물들이 일부 나왔다. 특히 청동제말모양띠걸이는 상주지방의 것과 마찬가지로 전세품으로서 가야 특유의 물건이다.

락산동무덤떼를 비롯한 선산의 무덤떼 내부구조의 기본은 수혈식돌칸이며 그밖에 수혈식횡구돌칸무덤, 움(토광)무덤, 독무덤 등이 있어 가야묘제를 계승하고 있음을 알 수 있다..

선산읍에는 둘레 456보 정도의 토성이 있다. 그리고 금오산에는 천험의 요새지에 축성된 둘레 1,440보 규모의 돌성이 있다. 성 안에는 3개의 작은 못과 하나의 계곡, 4개의 샘이 있다. 돌성과 토성은 가야 때의 것으로 보인다.

성산 가리현의 이웃에 위치한 고령가야는 성산(벽진)가야가 신라에 통합될 때를 전후하여 망한 것으로 보인다.

- 소가야(小伽耶)

《삼국유사》에 의하면 소가야는 경상남도 고성군 일대에 있었다.(《삼국유사》 권1 기이 5가야)

고성군은 신라가 소가야를 통합한 후 제정한 것인데 본래 이름은 고자(古自)이다.(《삼국사기》 권34 지리지 고성군) 고자는 포상8국의 하나인 고사포(古史浦)로,《삼국지》 권30 위서 동이전에 나오는 고자(古資)미동국으로 추정되고 있다.

《일본서기》(흠명기 5년, 23년)에 나오는 구차(久蹉), 고차(古蹉)를 소가야로 보는 견해도 있는데 이것은 더 따져보아야 한다.

고성은 땅이 비옥하고 기온이 온화하여 농사에 유리하였다. 특히 벼와 조, 보리 등이 잘 되고 토산물이 많았다.

소가야의 주민들이 남긴 무덤떼로서는 고성읍 가까이에 있는 송학동 무덤떼를 중심으로 한 고성읍 무량리, 률대리와 대가면 송계리, 동해면 장촌리, 내산리, 거류면 거산리 등지의 것을 들 수 있다.

소가야의 무덤으로 주목되는 것은 일명 무기산무덤이라고 부르는 송학동 1호무덤이다. 이 무덤은 전방후원분으로서 길이는 66m이다.

후원부분은 직경이 37.5m인데 내부에는 수혈식돌칸이 있다. 무덤무지에서는 괘갑 등 철기를 비롯하여 5세기 때의 질그릇이 나타났다. 주위에는 6기의 원분이 배총처럼 빙 둘러쌌다.

소가야의 전신국은 고자국이였다. 고자국은 3세기 초 포상8국이라고 부르는 작은 나라들과 련합하여 아라가야를 공격하였다. 이때 아라가야를 협공한 포상8국이란 보라국, 사물국(사천), 골포국(합포), 철포국, 고사포국 그리고 고자국 등이였다. 이 소국들은 본래 변진에 속하였다.

소가야는 동북으로 아라가야와 경계를 접하면서 사천 일대까지를 자기의 령역으로 삼았다. 한때 6가야를 구성하는 가야련합체의 하나로 되였으나 《본조사략》에 고성 소가야가 없는 것으로 보아 아라가야에 흡수되였든지 혹은 고령대가야를 맹주로 하는 가야련합체에 흡수된 것으로 보아진다.

소가야란 국호는 대가야에 대칭한 칭호로 볼 수 있다. 김해 금관대가야에 대한 소가야였는지 아니면 고령대가야에 대한 소가야였는지 잘 알 수 없지만 대가야에 대한 대칭칭호로 쓰인 것만은 틀림없다.

소가야세력이 사천 일대까지 뻗어 있었다고 보는 것은 지형상 그 가능성이 크기 때문이다. 력사적으로 보아 가야 멸망 이후 신라땅으로 된 소가야는 사물현 즉 사천을 속(령)현으로 삼았던 것이다.

소가야세력이 사천 일대까지 뻗었다는 것은 또한 사천시 정동면 례수리에서 드러난 고성-사천형이라고 부르는 장방형1단뚫음구멍뚜껑있는 굽잔이 두 지대에서 많이 나오기 때문이다. 사천과 고성에서 드러난 토기가 같은 계렬의 것이라는 사실은 두 지역이 어느 한 시기 또는 오래동안 같은 생활단위 즉 하나의 령역이였을 가능성을 시사해준다.

사천이 리조시기에 들어와 진주 등에 속하게 된 것으로 보아도 삼국시기에는 소가야가 사천까지 자기의 령역으로 삼았을 수 있다는 것이다.

정약용의 《여유당전서》에 실린 《아방강역고》에는 《소가야란 것은 곧 변진고자국을 말하는 것인데 지금의 고성현이다. 신라 지증왕이 멸망시켰다.》고 하였다. 《삼국사기》(권34 지리지)에는 소가야가 신라에 병합되었다고 할 뿐 어느 왕대에 통합되였다는 기록은 없다. 정약용이 어느 자료에 근거하여 신라 지증왕대에 멸망시켰다고 했는지는 잘 알수 없다. 다만 6세기에 들어와서 신라에 의해 멸망한 것만은 틀림없다.

– 성산가야(星山伽耶)

성산가야는 후세의 지명을 따서 일명 경산(京山)가야 혹은 벽진(碧珍)가야라고도 하였다.

먼저 성산가야를 론하기에 앞서 성주와 성산에 대하여 보기로 한다. 왜냐하면 량자는 서로 혼동하기 쉽기 때문이다.

리조 때(태종시기)의 성산은 성주의 속현이였다. 그러나 그 이전 시기 즉 리조 이전 시기의 성산은 얼마간 차이난다.

성산은 본래 신라와 고려 때까지만 해도 일리군 또는 리산군이라고 하였는데 고려시기의 가리현이였다. 함녕에 있던 고녕가야가 나라의 간판을 들고 이 성산-가리현으로 왔었다.

성주는 본래 신라의 본피현이다. 신라 경덕왕 때 신안현으로 고치면서 성산군(가리현)에 속하였다가 후에 다시 벽진군으로 고쳤다. 고려 태조(왕건) 때 경산부가 되였다. 성주를 본피현이라고 한 데서 그 이웃에 있는 고령을 본피로 보는 견해도 있다.

성산(벽진)가야

성주읍

고녕가야

성산면

고령대가야

고령읍

0   5   10km

고령 및 성산가야 위치도.

성산과 성주는 이름
이 엇비슷하면서도 서
로 린접해 있었기 때문
에 드문히 삭갈릴[헛갈
릴] 경우가 적지 않았
다. 그러나 성산과 성주
는 엄연히 구분된다.

성주는 벽진가야(성
산가야,   경산가야)가
있던 곳이다. 성주에 가
야소국이 있었던 것은
틀림없고 신라 말에 성
주를 벽진이라고 고쳤기 때문에 벽진가야라고도 부르는 것이다.

락동강 연안인 고령(읍 주변 즉 지산동이 있는 주변)과 오늘의 고령군
성산면 일대(옛 가리현) 그리고 성주 일대의 좁은 지역에 이 작은 세
가야나라들이 한 곳에 몰킨 셈이다. 다시 말하여 고령에는 고령대가야
가, 성주에는 성산가야가, 가리현 성산면 일대에는 고녕가야가 있었다.
얼핏 보면 고령과 성산면의 고녕가야는 합쳐 있었을 듯한 느낌이 들지만
사실은 그렇지 않다. 무덤떼가 확연히 갈라지며 서로마다 중심지(분지-
생산과 생활단위)가 다르다.

고령가야와 고녕가야가 있던 고령군 성산면은 서로 두 소국의 지경이
갈라져 있었다. 성산면에는 오늘날까지도 지경동(땅을 가른다는 뜻)이
라는 지명이 있어 지난날의 두 나라(소국) 지경을 엿볼 수 있다.

고령과 성주를 하나의 정치세력으로 보려는 견해도 있으나 그것은 부당하다. 왜냐하면 고령과 성주의 유적유물은 같은 가야나라라 하더라도 성격이 아주 다르기 때문이다.

　고령의 지산동무덤떼(례컨대 33호, 44호, 45호무덤)에서 드러난 뚜껑 있는 굽잔은 고령형이라고 부르는 독특한 것이며 가야 특유의 특징들을 계승하였다면 성산동 1호무덤의 유물들, 례하면 금귀걸이, 금띠고리, 관장식 등은 경주(신라)의 영향을 받았다는 것이 명백한 것들이다. 전체적으로 보아 성주는 신라적 영향이 농후한 락동강동안 문화권에 속함으로써 정치문화적으로 가야의 전통을 계승한 고령과 대조적으로 차이난다. 요컨대 성주와 고령은 각기 다른 세력권을 형성하고 있었다. 따라서 량자는 서로 긴밀하면서도 확연히 갈라지는 두 지대였다.

　다음으로 성산가야의 무덤떼를 보기로 하자.

　성산가야의 무덤떼로서는 성주 성산동무덤떼와 금수면 명천동무덤떼, 월항면 룡각동무덤떼, 수죽동무덤떼가 있다.

　무덤떼는 룡상동의 구릉 우와 신정동 그리고 성주-고령 길을 향한 성현(星峴)을 중심으로 사방에 집중적으로 펼쳐져 있다. 그리고 월항면 수죽동무덤떼와 룡각동무덤떼가 있는데 수죽동무덤떼는 남북 두 군데에 갈라져 있다.

　무덤떼로 보아 성산가야는 3개의 집단으로 이루어져 있었다는 것을 알 수 있다. 다시 말하여 3개의 유력한 세력이 통치집단을 이루고 나라를 통치하였다는 것을 알 수 있다.

　성산가야 최대의 무덤떼는 성주 성산동무덤떼이다. 성산동무덤떼에는 성주읍의 동남쪽 1리 지점에 있는 성산 386m 릉선에 분포되여 있다.

성산동무덤떼는 거의 조사되지 않았는데 단지 해방전 일제에 의하여 성산동 팔도무덤과 큰무덤, 1호, 2호, 6호무덤이 조사되였을 뿐이다. 그리고 해방 후에 59호, 38호, 57호무덤 등이 조사되였다.

성산동무덤떼의 기본은 수혈식돌칸무덤이고 일부 거기서 발전한 수혈계횡구식, 횡혈식돌칸무덤이 있다. 특수하게는 판석식돌곽무덤과 할석식돌곽무덤이 있다.

대표적으로 성산동 1호무덤을 보기로 하자.

1호무덤은 구릉 끝머리에 축조되였다. 무덤무지의 바닥 직경은 약 13.64m이며 높이는 3.64m이다. 무덤칸(3.64×1.36m×1.57m)은 장방형으로서 무덤무지의 거의 가운데에 있다. 수혈식돌칸의 네 벽은 깬돌로 올려쌓고 뚜껑으로는 4장의 큰 판돌을 옆으로 걸었다.

유물로는 은으로 된 관장식 1개, 금으로 된 드림장식 달린 귀걸이 1개, 금고리 2개, 구리고리 10개, 은고리 1개, 은띠고리 1조 34개, 쇠창끝형무기, 세잎무늬 고리자루큰칼, 세잎무늬 고리단도, 쇠솔칼 3개 이상, 쇠도끼 3개, 대 달린 목긴 단지 2개, 뚜껑 달린 굽잔 11개, 목긴 단지 1개, 기대 등이 나왔다.

무덤에서는 드림장식 있는 금귀걸이가 드러났는데 금귀걸이에는 얇은 황금판을 심엽형으로 도려내서 만든 드림장식을 매달았다. 이와 같이 아름다운 금귀걸이와 엇비슷한 것이 창녕 교동 7호무덤에서도 나왔다고 하며 류사한 것으로는 교동 6호무덤과 량산 북정리무덤(부부무덤?)에서도 드러났다고 한다.

은으로 된 띠고리(한 조)는 장방형 박판에 겨우살이(인동) 당초의 세 잎 무늬를 돋우새겨 만들었다. 그러면서 아래쪽에 심엽형의 드림은판을 붙이였다. 이러한 띠는 분명 왕자의 자격을 갖춘 자가 사용하였을 것이다.

은으로 된 관장식은 얇은 은판을 도려내서 만든 것이다. 모양은 화살깃 아니면 새 날개를 편 것 같이 가운데가 꺾어지면서 한 쪽 끝이 새부리처럼 되였다. 피장자의 머리 부위에서 드러났기 때문에 관장식으로 인정되고 있다. 이 관장식과 같은 것이 창녕 교동의 다른 무덤에서도 드러났다.

세잎고리자루 큰칼은 왕자의 상징적 물건이다.

이처럼 성산동 1호무덤을 비롯한 성산동무덤떼에서 드러난 문화유물들은 창녕 비화가야의 무덤들에서 나온 것과 같으며 그것은 나아가서 경주 신라의 문화유물과 계보가 이어진다. 전체적으로 보아 성산가야의 문화유물들은 락동강동안 문화권에 속한다고 말할 수 있다.

이러한 사실은 질그릇의 성격을 통하여 더욱 뚜렷하게 나타난다.

성주의 질그릇으로서는 목긴 단지, 짧은목 단지, 대 달린 목긴 단지, 뚜껑있는 굽잔, 대 달린 사발, 손잡이 달린 잔, 기대 등이 있다.

성주의 질그릇은 크게는 락동강 동쪽기슭의 신라양식을 취하고 있다. 목긴 단지에서 뚜껑의 높이가 높고 아가리 부위가 바깥으로 해바라진 것, 동체의 어깨가 네모난 것, 굽잔의 잔 몸이 깊고 높으며 직선적으로 퍼진 대다리에 네모난 뚫음구멍을 아래 우에 교차해서 낸 것 등의 형식이 나타나 있다.

그러나 한편으로 승석무늬짧은목 단지, 손잡이 달린 잔, 대 달린 사발 등 경주지역에서는 볼 수 없는 질그릇들이 큰 비중을 차지하고 있다. 이것은 이 지역이 문화면에서 신라양식을 섭취하면서도 자기의 독특한 지역성을 유지해왔다는 것을 보여준다.

다음으로 성산가야의 산성과 왕궁터에 대하여 보기로 하자.

성산가야의 무덤떼는 산성과 일체를 이루면서 존재한다.

성산동무덤떼와 성산산성, 명천동무덤떼와 로고산성(광산동), 룡각동, 수죽동무덤떼와 룡각동산성 등이 성주 성산가야를 구성한 3개의 큰 정치집단이 남긴 무덤떼와 산성이였다고 보아진다.

성산산성은 성산동무덤떼와 일체를 이룬 산성으로서 성주지역에서는 최대 규모를 가진다. 산성 벽은 비교적 평탄한 산꼭대기를 둘러쌌으므로 성 안은 널직하다. 산성 안에서 삼국시기의 가야토기가 나왔다.

성주에는 가야산의 가야산성이 있다. 이 산성은 지리상 성주보다 고령에 더 가까운 곳에 위치해 있어 고령대가야의 산성으로 리용되였을 수 있다.

이밖에도 성주에는 독옹산성과 대동산성 등 아직 조사하지 못한 산성이 많다.

성산가야의 왕궁터는 아직 확인되지 않았다. 《경산읍지》에 의하면 명암의 나무마을이라는 곳에 벽진북터가 있다고 전해내려온다고 하였다. 또한 영봉산 아래가 벽진가야국의 옛 수도 즉 왕궁터가 있던 곳이라고 한다.

명암의 나무마을은 지금의 벽진면 해평동이라고 하며 영봉산은 성주읍에서 이천평지대를 2리쯤 거슬러 오른 강변 끝머리에 있다고 한다. 산은 두 봉우리를 이루었는데 산세와 위치가 마치도 함안의 봉산, 고령의 운라산을 방불케 한다. 바로 성산가야국의 옛 수도가 있었다고 하는 영봉산 아래(남쪽)가 명암의 나무마을이며 오늘의 벽진면 해평동에 해당하는 것이다.

또한《경산읍지》에는 가야태자가 벽진국에 볼모로 잡혀와서 놀았거나 벽진태자도 놀았다는 바위(태자바위)가 있다고 하였다. 그 위치는 성주읍의 서쪽 12리쯤에 있다고 하였다.(《동국여지승람》권28 성주 산천) 세 층으로 된 둥근 큰 바위인 태자암은 높이가 9척이나 되며 직경이 13척이나 되는 자못 기괴한 돌이라고 한다.

성주의《경산읍지》등에 전하는 성산가야국의 옛 수도자리, 태자암 전설 등으로 보아 벽진면 해평동 일대가 성산가야의 옛 수도일 가능성이 크다.

다만 현재 성주읍의 북쪽 경상동과 례산동 일대가 지리적 위치로 보나 또 1~3세기경의 와질토기가 드러난 것으로 보나 여기에 성산가야 사람들이 일찍부터 자기의 생활터전을 잡았음을 알 수 있다.

성산가야는 5세기 이후 신라와 고령대가야의 중간에 위치해 있으면서 문화적으로 신라의 영향을 많이 받았다. 질그릇을 분석한 데 의하면 성주성산동의 가야토기가 신라양식을 띠게 된 것은 6세기의 일이다. 다시 말하여 5세기 후반기까지는 신라의 영향을 많이 받으면서도 신라의 통제권 안에는 들어가지 않았다. 그러다가 신라의 공세가 강화되자 6세기 초엽경에 그에 완전히 통합되고 말았다.11

---

11 성산가야-본피(本彼)와 반파(伴跛)-고령대가야 : 여기에서는 본피와 관련한 몇 가지 문제에 대하여 보기로 한다. 성산가야와 고령대가야를 하나의 세력으로 보면서 성산의 대호인 본피를 고령대가야로 보는 견해가 있다. 앞에서도 본 바와 같이 성주는 본래 본피현이였다. 이런 데로부터 본피를 반파로 보며 고령대가야의 대명사처럼 쓰이던 반파를 본피와 동일시하는 견해가 나오게 되었다. 나아가서 성산가야와 고령대가야를 하나의 정치세력으로 보게 되었다. 그러나 성산가야와 고령대가야가 엄연히 다르다는 데 대해서는 이미 보았다. 문화적 측면에서 론할 때 같은 가야문화권에 속한다는 점에서는 통하지만 세분할 때는 다르다. 성산가야는 락동강 동안 즉 신라문화의 영향을 많이 받았다는 것이 명백하다. 그뿐 아니라 성주는《삼국유사》등의 문헌에 고령대가야와

다른 하나의 독자적 소국-정치권을 형성해 있는 것이 명문으로 밝혀져 있는 이상 그것을 부정하기는 어렵다. 물론 지리적으로 가까운 성산가야가 맹주적 지위에 있던 고령대가야와 련합제휴 할 수도 있으나 정치집단, 정치세력으로서 같이 보는 것은 무리하다고 본다. 이미 본 바와 같이 성산가야는 그들대로의 산성과 그밖의 국가운영 기구를 가지고 있었던 것이다.

성주 성산가야와 고령대가야를 동일한 하나의 세력으로 보려는 견해의 출발점은 성주가 신라의 본피현이라는 기록과 함께 반파가 고령대가야의 별명처럼 인식되여온 사정과 관련된다. 말하자면 본피와 반파의 음운상 공통성에 출발점을 두고 있다. 그러나 본피와 반파는 비슷은 하지만 따져놓고 보면 확연히 다르다. 자세히 살펴보면 본피와 반파는 음운적으로도 서로 다르다는 것을 알 수 있다.

반파는 실재한 나라였다. 중국 베이징력사박물관에 소장된《량직공도》의《백제국사도》에 밝혀져 있는 글에 의하면 백제 주변에는 반파(叛波), 탁(卓), 다라(多羅), 전라(前羅), 사라(斯羅), 지미(止迷), 마련(麻連), 상기문(上己文), 하침라(下枕羅) 등 여러 소국이 있었다.

《일본서기》(계체기 7년)에 가라를 반파라고 하였는데 어떠한 력사적 근원으로 그렇게 불렀는지 잘 알 수 없다. 그런데《삼국지》위서 한전에는 변진 반로국(半路國)이 있다. 叛과 半은 뜻과 음이 통하며 路[로]를 跛[파]의 오기로 보면 반로국이 아니라 반파국이 된다. 글자로 보나 앞뒤관계로 따져보나 반파는 삼국지에 반로로 표기되였던 나라로서 가야, 아야와 함께 변진 태내에서 발생한 오랜 소국일 가능성이 크다.

성산가야가 고령대가야와 별개의 나라였다는 것은 진흥왕순수비를 보아도 알 수 있다. 561년에 세워진 진흥왕순수비에는《본피의 말ㅁ지》라는 사람이 이미 신라의 관직을 받은 것으로 되어 있다. 말하자면 본피-성산가야는 561년 이전에 신라에 통합되고 그 지배층은 신라의 귀족 반렬에 흡수되여 있었다는 것을 말해준다. 그와는 반면에 고령대가야는 562년에 멸망하였다. 이 한 가지 사실만 놓고 보아도 성주와 고령은 하나의 정치세력, 하나의 국가가 아니였음을 알 수 있다.

2장

대가야(고령) 련맹체의 발전과 쇠퇴멸망

1. 고령대가야의 형성, 맹주적 지위의 교체

(1) 고령대가야의 형성

대가야는 경상북도 고령군을 중심으로 한 지역에 있었다.

대가야라는 칭호는 이 나라(고령가야)가 6가야 가운데서 마지막 시기에 주도적 지위에 있은 데로부터 붙여진 것이다. 그 시기는 5세기 중엽경으로부터 6가야가 망할 때까지의 약 한 세기이다.

대가야는 금관가야국과 함께 6가야에서 맹주적 지위를 차지한 나라였다. 대가야는 5세기 초 금관가야국이 약화되면서 그 맹주적 지위를 계승한 나라였다.

금관가야국도 처음 맹주적 지위에 있을 때 대가야(대가락국)로 불리웠으나 력사에서 보통 대가야라고 할 때는 고령가야를 가리킨다. 그것은 금관가야국이 신라에 통합되면서 그저 금관군으로만 되였으나 고령가야는 《대가야군》이 되였기 때문이다. 이것은 처음 6가야의 맹주국은 금관가야국이였으나 후에는 고령가야가 대가야의 칭호를 계승하면서 맹주국이 되였다는 것을 보여준다. 결국 대가야라는 것은 6가야 가운데서 맹주적 지위에 있던 이른바 《주도적 역할》을 한 나라를 높여 부른 호칭이였다고 해야 할 것이다.

고령대가야가 금관가야국과 대등한 위치에 있었다는 것은 신라의 최치원이 쓴 《석리정전》에 가야산신이 두 아들인 대가야왕과 금관가야왕을 낳았다고 한 데서도 알 수 있다. 가야산신인 정견모주와 천신인 이비가 사이에 생긴 뇌질주일과 뇌질청예가 바로 대가야왕과 금관가야왕이라고 한다.

주로 금관가야국의 력사를 중심으로 서술한 《가락국기》에도 6가야가 다같이 형제의 나라라는 것을 강조하고 있지만 고령대가야의 건국설화에서도 이 나라가 6가야의 하나일 뿐 아니라 전 맹주국인 금관가야국을 형제들 중에서도 아주 가까운 사이로 묘사하고 있다.

그러나 금관가야국과 고령대가야의 통치배들은 같은 혈통의 형제가 각기 갈라져 나간 나라가 아니였다. 그것은 두 나라가 묘제에서 서로 다르기 때문이다. 금관가야국의 지배층들이 묻혔던 김해 대성동무덤떼를 비롯한 여러 무덤들은 움목관(토광목관)무덤이였다. 이 묘제는 고조선의 나무관무덤 등 북방의 무덤풍습과 통하는 것이였고 또 그것은 《가락국기》의 문헌전승 즉 북방을 상징하는 《하늘》에서 금관가야국의 통치배(김수로집단)들이 내려왔다는 내용과 통하는 것이였다.

그와 반면에 6가야의 대부분의 묘제는 수혈식돌칸(돌곽)무덤이며 거기서 발전적으로 파생한 수혈계횡구식돌칸무덤이 지배적이였다. 그리고 고령대가야의 묘제는 나무곽무덤이 아니라 대체로 여러 종의 수혈식돌곽(돌칸)무덤이였다. 대가야국 내에서 일부 나무곽무덤을 찾아볼 수 있으나 고령대가야 지배층의 무덤이라고 할 수 있는 고령 지산동무덤 떼를 조사한 데 의하면 나무곽무덤이란 전혀 찾아볼 수 없고 오직 수혈식돌곽무덤만이 있을 뿐이다.

매장풍습이란 아주 보수적이며 조상전래의 오랜 전통을 유지하기 마련이다. 같은 민족이라 하더라도 종족과 집단마다 매장풍습이 조금씩 다르다. 나무로 곽을 짜서 무덤칸을 구성하는 집단과 돌로 무덤칸을 구성하는 집단 사이에는 일정한 차이가 있다. 이와 같은 사실은 량자가 가야신이 낳은 형제가 아니라 서로 계통이 다른 집단이라는 것을 보여준다.

금관가야국과 고령대가야가 서로마다 자기들을 형제의 나라라고 주장한 것은 한마디로 말하여 고령대가야와 금관가야가 서로 자기의 맹주적 지위를 보존 유지하기 위한 목적을 추구하였기 때문이다.

금관가야국은 다른 5가야를 형제로, 동생으로 묘사함으로써 5가야를 종속적 지위에 놓이게 하였다. 고령대가야는 금관가야국(통치배)과 형제라고 함으로써 금관가야국의 뒤를 이어 맹주적 지위를 차지하게 된 자기의 격을 높이였던 것이다. 뒤늦게 발전한 고령대가야는 금관가야국의 맹주적 지위를 계승하고 공고화할 필요성으로부터 그와 같은 건국설화를 조작하고 퍼뜨린 것이다.

고령대가야는 지리적 위치상 웃가라라고 불렀다.

이에 대해서는 우륵이 작곡했다는 12곡의 곡명에 잘 나타나고 있다. 우륵이 지은 12곡명의 태반이 지명이라는 데 대하여서는 거의 의심할 여지가 없다. 그 속에 《下加羅都[하가라도]》, 《上加羅都》라는 것이 있는데 《下加羅都》는 금관가야국을, 《上加羅都》는 고령대가야를 가리킨 것이 틀림없다. 락동강 흐름을 타고 남북으로 길게 뻗은 가야나라들을 그 지리적 및 맹주적 지위를 참고하여 상, 하가라라고 부른 것은 자연스럽고 타당하다고 본다.

그러면 고령대가야의 형성시기는 언제인가 하는 것이다.

5세기 초중엽에 금관가야국이 쇠약해지고 금관가야국의 일부 집단이 고령대가야에로 옮겨간 다음 6가야 내에서는 일정한 조정사업이 진행된 것으로 보아진다. 신라세력이 락동강 계선까지 내려온 조건에서 력량을 축적하고 앞으로의 대책을 도모하였을 것이다. 그리하여 내륙에 위치해 있으면서 여러모로 조건이 괜찮게 갖추어진 고령대가야가 두각을 나타내여 맹주적 역할을 하게 된 것으로 보인다. 즉 고령대가야의 형성시기는 무덤 유적유물의 내용과 문헌자료의 종합분석 등을 통하여 대체로 5세기 중엽경이라고 볼 수 있다.[12]

(2) 고령대가야의 령역

5세기 중엽 이후 고령대가야는 상당한 정도의 넓은 령역을 차지하고 있었다.

고령대가야가 다스리는 령역에는 합천과 진주 등과 같이 강유력한

---

12 금관가야를 남가라(南加羅)라고 하였다는 데 대하여서는 《삼국사기》 권41 김유신전에 밝혀져 있다. 《남》은 《하》(아래)와 통한다. 실지로 《일본서기》에는 남가라라고 한자로 쓰고 《아래가라》라고 훈을 달았다.

정치집단의 령역도 포함되여 있었다. 이러한 세력집단들이 고령대가야에 소속된 집단이였는지 아니면 대가야에 포함되는 소국이였는지는 잘 알 수 없다. 그러나 이러저러한 세력들이 대가야를 맹주국으로 내세우고 그가 통제하는 령역 안에서 주종관계를 유지하였다는 것은 의심할 바 없다.

대가야의 령역을 론하기에 앞서 먼저 고령 일대의 지형지세를 살펴보기로 한다.

고령은 락동강 중류의 서쪽에 위치해 있다.

고령은 대가천의 흐름에 따라 낮은 산들에 빙 둘러싸여 있어 남북으로 길죽하게 생긴 분지를 이루었다. 뒤쪽에 주봉인 주산(이산)이 솟고 앞쪽에 가야산으로부터 흘러나온 대가천이 흐른다. 대가천은 가야산의 서북쪽을 돌면서 성주를 에돌아 고령분지를 북으로부터 아래(남)로 흐른다. 또한 같은 가야산의 남쪽에서 흐르는 룡암천(소가천)과 합쳐져 락동강에 흘러든다.

주산은 고령대가야의 배경을 병풍처럼 둘러쳤으며 대가천은 자연해자를 이루었다. 그리고 가야산과 지리산의 산줄기는 백제와의 경계를 이루면서 대가야의 자연외성-라성의 역할을 수행하였다. 락동강은 신라와의 경계를 이루었다.

이렇듯 산줄기와 강으로 둘러싸인 고령은 난공의 자연요새를 이루었다. 고령에로 들어가기 위해서는 북쪽은 성주, 동쪽은 창녕, 남쪽은 합천 방면에서 들어가야 한다. 그러나 사방 산줄기에 의한 령길과 대가천에 의한 해자가 가로막혀 있어 대가야의 정치, 경제, 군사의 중심지인 고령분지에 들어가기가 쉽지 않았다. 다시 말하여 고령분지에로 들어가

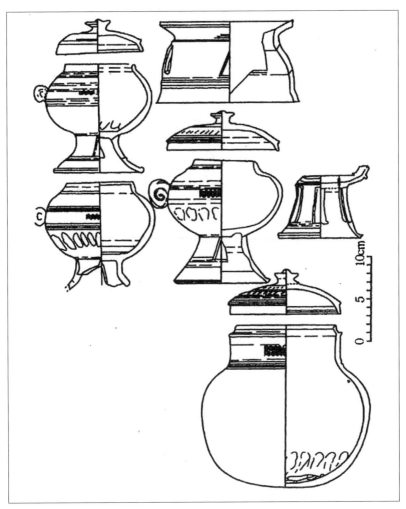

고령 지산동 45호무덤의 질그릇.

기 위한 령길과 락동강, 대가천 나루들을 봉쇄하기만 하면 그야말로 일부당관 만부막개(한 사람이 막아도 만 사람이 당할 수 없다는 뜻)인 것이다.

대가야에는 사방에 주산(이산)성, 망산성, 운라산성, 미숭산성 등 견고한 산성이 여러 개 있어 나라의 방어를 굳건히 하는 데 이바지하였다.

대가야는 자연지리적 조건이 방어에 유리하고 락동강과 대가천, 소가천이 그 연안에 기름진 전야를 펼쳐놓아 농사가 잘 되고 기후도 온화하여 여러 가지 물산이 났다.(《택리지》 생리 고령)

그러나 이러한 고령대가야는 다른 가야나라와 마찬가지로 자기의 력사를 문헌에 얼마 남기지 못하였다. 따라서 대가야의 령역이 어디까지 였는지 직접 밝힌 것은 없다. 그러나 질그릇(고령단지)의 분포를 통하여 대가야의 대체적인 세력규모를 짐작할 수 있다.

고령형단지는 5세기 중엽 이후 고령 지산동무덤떼에서 집중적으로 드러난 가야토기로서 대가야에서 구워진 형태가 독특한 단지의 일종이다.

단지의 종류로는 뚜껑있는 굽잔, 뚜껑있는 목긴 단지, 사발모양 기대, 아가리가 밖으로 해바라진 목짧은 단지, 뚜껑없는 목긴 단지, 대 달린 귀단지, 원통형기대 등이 있다. 그밖에도 독을 비롯한 특수한 모양의 단지도 있다.

고령형단지는 곳에 따라서는 약간씩 차이나지만 대체적으로 모양이 비슷하다. 질은 기본적으로 도질토기이며 어떤 것은 소성도가 낮은 와질토기도 있다. 그 가운데서도 뚜껑있는 굽잔, 목긴 단지, 손잡이 달린 목짧은 단지가 일식[(一式)한 벌, 전부]으로 나온 경우가 적지 않다. 이러한 단지는 같은 가야토기라 해도 성주나 창녕과 얼마간 차이나는 것이다.13

고령형단지가 제일 많이 드러난 곳은 고령지방이다.

대가야 지배층들이 묻혔다고 보이는 고령 지산동무덤떼에서 고령형 단지가 일식으로 나온 것은 이곳이 거점으로 되여 주변으로 퍼져나갔다는 것을 보여준다. 다시 말하여 합천 삼가 1호무덤 A유구, 2호무덤 A유구, 5호무덤, 거창 말흘리무덤떼, 함양 상백리무덤떼, 백천리무덤떼, 산청 중촌리무덤떼, 아영, 하동, 사천 등지에서 고령형단지를 볼 수 있다.

그밖에도 사천 례수리, 창원 신촌리무덤떼 Ⅱ지구, Ⅲ지구 4호, 6호, 김해 례안리무덤떼, 함안 말이산무덤떼 등에서도 고령형 단지가 드러났다. 특수하게는 백제와의 지경으로 보이는 남원 월산리무덤떼 등에서도 얼마간 볼 수 있다.

단지의 분포를 좀 더 자세히 고찰해 보면 뚜껑있는 목긴 단지는 합천군 삼가면 량전리에 있는 삼가무덤떼에서 드러났다. 1호무덤 A유구

---

13 고령형의 목긴 단지는 뚜껑있는 것과 뚜껑없는 것의 두 종류가 있다.
　뚜껑있는 목긴 단지는 바닥이 둥근 공모양 단지의 몸체에 원통형의 목이 붙어 있고 아가리가 안쪽으로 약간 기울어진 상태이며 그 우에 꼭지 달린 뚜껑을 씌웠다. 덧띠가 있는 것도 있고 없는 것도 있다.
　뚜껑없는 목긴 단지는 바닥이 둥근 공모양단지의 몸체에 아가리부분이 밖으로 해바라진 목이 달린 형태이다. 덧띠가 달려 있고 물결무늬가 음각되였다.
　목짧은 단지는 대가 달린 것이 보통인데 손잡이가 하나 달린 것이 제일 많다. 대체로는 짧은 목을 가진 단지의 몸체에 뚜껑이 덮이고 A자형 대다리가 붙은 형태이다. 손잡이는 고사리 모양이다. 대 달린 목짧은 단지는 현재로서는 지산동무덤떼에서 발굴한 것밖에 다른 데는 없는 아주 독특한 것이다.
　뚜껑있는 굽잔은 뚜껑있는 목긴 단지와 함께 대가야의 가장 특징적인 토기이다. 둥글납작한 잔에 꼭지 달린 납작한 뚜껑이 덮였다. 다리는 A자형으로 곡선을 그리며 붙어 있다. 보통 다리부위에 장방형뚫음구멍이 수직으로 2단에 나 있다. 그밖에도 1단으로 구멍이 뚫린 것, 자그마한 둥근 구멍이 뚫린 것, 구멍이 없는 것, 장방형구멍이 가늘게 뚫린 것, 2단으로 교차되여 뚫린 것, 3각형으로 뚫린 것 등 여러 가지이다.
　사발모양 기대는 입이 넓은 작은단지나 목긴 단지의 둥근바닥의 토기를 받치기 위한 것이다.

에서는 높이 25.1cm의 뚜껑있는 목긴 단지가 고령형단지들인 뚜껑있는 잔(높이 3.7cm)과 손잡이가 달린 사발(높이 10.7cm), 굽잔모양기대(높이 14.7cm), 소형기대 등과 함께 드러났다. 2호무덤과 5호무덤에서도 소형통모양기대(높이 10.5cm), 뚜껑있는 굽잔(높이 8.5cm) 등이 각각 드러났다.(《동아시아의 고고와 력사》 상권 〈일문〉, 교또 도호사, 1987년, 412~413페지)

목긴 단지는 함양군 수동면 상백리무덤떼와 백천리무덤떼에서도 나왔는데 특히 백천리무덤떼의 것은 지산동 44호, 45호무덤의 단지와 아주 가깝다. 상백리무덤떼에서는 목긴 단지뿐 아니라 1단뚫음구멍의 뚜껑있는 굽잔과 손잡이 달린 사발, 소형통모양기대, 손잡이 달린 목긴 단지, 뚜껑잔 등이 함께 나왔다. 이것들은 고령형단지와 형태, 재질이 아주 류사하다.

거창군 마리면 말흘리무덤떼 1호무덤에서도 고령형단지가 나왔다. 아가리부위가 밖으로 크게 해바라진 목긴 단지(높이 24.6cm)가 손잡이 달린 목짧은 단지(높이 10.7cm), 뚜껑(높이 7.49cm) 등과 함께 드러났다.

전라북도 남원시 아영면 월산리무덤떼 M1-A호돌칸무덤에서도 뚜껑있는 목긴 단지(높이 43.8cm)가 굽잔형기대와 함께 나왔으며 전라북도 임실군 관천면 금성리 A호무덤에서도 목긴 단지가 드러났다. 이밖에도 목긴 단지는 경상북도 경주시 황남동 109호무덤 주곽과 경산군 남산면 련하동무덤떼 등에서 나온 것이 있다.

뚜껑있는 굽잔(2단직렬뚫음구멍)은 뚜껑있는 목긴 단지와 함께 고령대가야의 대표적 단지이다. 합천 삼가무덤떼 5호무덤, 진주 수정봉 2호, 3호무덤과 남원 월산리 M1-A호돌곽무덤 등에서 뚜껑있는 굽잔이 많이 나왔고 창녕 교동무덤떼, 창녕 계성B지구 13호무덤에서도 드러났다.

이렇게 고령형단지의 분포정형을 보면 대가야의 비교적 넓은 지역에 있었다는 것을 알 수 있다. 즉 고령을 중심으로 그 분포는 합천, 삼가, 산청, 함양, 진주, 아영 등에 걸쳐 있었다. 이것은 고령대가야의 세력범위를 보여주는 것이다.

이 범위를 벗어난 지역에서도 고령형단지가 드문히 드러났다. 김해 례안리 35호무덤의 뚜껑잔, 큰단지, 36호무덤의 2단직렬뚫음구멍의 뚜껑있는 굽잔(3개), 39호무덤의 1단뚫음구멍뚜껑있는 굽잔, 62호무덤의 단지, 창원 도계동 4호무덤, 19호움무덤 등에서 2단직렬뚫음구멍굽잔이 나왔다. 물론 창녕, 김해, 창원 심지어 임실군 금성리와 경주지방에까지 나타난 고령형단지는 대가야의 세력 확장의 표현이라고 할 수 있으나 특수하게는 교역을 비롯한 여러 경로를 통해서 전해졌을 것이라고 보아진다. 특히 경주에서 드러난 고령형단지는 고령과 경주가 혼인관계를 맺음으로써 사람들의 래왕을 통해서 발생한 현상으로 해석할 수 있을 것이다. 금성리 역시 특수한 례로서 그곳까지 가야세력이 뻗어갔다고는 볼 수 없다.

토기의 분포로 미루어보아 대가야의 서쪽 령역은 고령에서 서쪽으로 넓어져 지리산 북쪽에까지 미쳤다고 할 수 있다. 고령형단지의 분포범위가 넓어진 것은 곧 그대로 대가야세력권의 확대를 보여준다.

결국 대가야의 서쪽, 백제와의 경계선은 아모산성과 교룡산성 사이에 있었다고 보인다. 다시 말하여 소백산 줄기와 지리산이 자연적 경계를 이룬 대가야와 백제 사이의 지경이였다고 말할 수 있다. 즉 고령대가야의 령역은 북으로는 성주 가야산계선, 서쪽으로는 지리산과 소백산줄기와 섬진강계선으로 볼 수 있다.

일부는 락동강 중류 동부지역도 포함한다. 례하면 창녕 비화가야, 고녕가야, 성산가야 등이 그에 속하지만 성산가야와 비화가야 일대는 가야(련합체)와 신라 두 세력 사이의 절충지대, 완충지대였을 것이다.

대가야를 맹주로 하는 가야련맹체의 존재기간은 5세기 중엽으로부터 6세기 중엽까지의 한 세기 기간이였다. 이 기간은 흔히 《후기가야시대》라고 말한다. 이 후기가야(련합체)가 포괄하는 령역은 고령과 성주, 거창, 합천, 함양, 산청, 진주, 사천, 함안, 김해를 포괄하는 지역이였다. 또한 이 지역은 《가락국기》에서 말하는 《동쪽은 황산강(락동강)이요 서남은 창해, 서북은 지리산, 동북은 가야산》이라고 한 기록과 맞아떨어지는 것이다. 다시 말하여 《삼국유사》에 실린 《가락국기》의 가야 령역이란 약화축소된 가야(련합체)의 령역이며 그것은 곧 고령대가야가 주도하는 6가야세력의 령역이였다.

(3) 고령대가야의 발전과 강성

대가야의 발전과 강성은 력사기록의 갈피 속에 조금씩 전해져 내려왔다. 또한 무덤떼와 산성 등 유적유물의 면모를 통해서 그의 한 측면을 엿볼 수 있다.

대가야는 신라의 공세에 맞서는 한편 신라에 통합되지 않은 서남부의 가야나라들을 자기 주위에 결속시켜 나갔다. 이것은 서남부 일대에 대한 개척과 이 일대에 대한 세력권을 확립하는 과정이기도 하였다.

4세기 말경까지 고령가야는 6가야를 이루는 한 개 소국에 불과하였다.

고고학적으로 볼 때 성산가야가 있던 성주읍의 토성자리에서 와질토기와 손잡이 달린 단지, 쇠도끼 등이 나온 것은 고령 일대도 일정하게 개척되였음을 말해준다.

그러나 발굴조사가 잘 진행되지 못한 것도 있지만 지산동무덤떼의 조사를 통하여 알 수 있는 것처럼 고령 일대에서 4세기 이전 시기의 주목할 만한 유적유물을 찾아보기 힘들다. 이것은 고령가야가 4세기 이전에는 6가야 속에서 별로 두각을 나타내는 존재가 못 되였다는 것을 말해준다.

4세기 말~5세기 초의 전쟁은 금관가야국의 급속한 쇠퇴를 가져왔다. 이를 계기로 발전된 철기문화를 소유한 금관가야국의 일부 주민들이 고령가야에로 이주하여 살게 되였다. 이주민들 속에는 지배층에 속한 사람도 있었을 것이며 그에 종속된 쇠부리[제철작업]를 업으로 하는 집단과 그밖의 장공인 집단도 있었을 것이다. 고령형단지라고 부르는 고령의 독특한 단지의 시원이 김해 대성동무덤에서 나왔다는 것을 념두에 둘 때 이것은 고령대가야의 생산기반(특히 기술집단)이 김해 대가야(금관가야)의 것을 계승하였다는 것을 알 수 있다.

다음으로 대가야의 철 생산에 대하여 보기로 하자.

고령 일대는 농업생산에 유리한 자연지리적 조건을 갖추고 있었다. 농업생산은 로동도구와 유기적으로 결합되여 발전한다. 고령대가야에서 선진적 농기구와 공구 등 철기의 도입과 보급은 농업뿐 아니라 수공업 그리고 군사력도 한층 발전시켰다.

5세기 이후 고령대가야가 먼저 힘을 넣은 것은 철 생산이였다.

《삼국사기》에 의하면 옛 대가야인 고령군의 령현으로 야로현이라는 곳이 있다.(《삼국사기》 권34 지리지 고령군) 이 현은 본래 대가야 때 적화현이였는데 신라 때 야로[풀무] 즉 야장가마현으로 고쳤다. 이것은 고령대가야가 오래전부터 유력한 철 생산기지를 가지고 있었다는 것을 보여준다.

야로현은 지금의 합천군에 속한다. 신라 경덕왕 때 고령군에 속하였던 야로현은 1018년(현종 9년)에 와서 합천에 소속되였다.

《세종실록》에 의하면 합천의 토산으로는 은어와 송이버섯 그리고 사철이 난다고 하였다. 그러면서 사철은 《야로현 남쪽 심묘리에 철장이 있어 해마다 나라에 바치는 쇠가 9,500근》이라고 하였다.(《세종실록》 지리지 합천) 9,500근이라는 량은 봉건사회에서는 대단한 것으로서 야로는 당시 우리나라 3대 철산의 하나로 알려졌다.

1980년대에 들어와 합천군 야로면 금평리의 미숭산 기슭에 있는 풀무골에서는 대가야 때의 야장터가 드러났다. 야장터는 500여 평을 넘는 넓은 부지를 차지하고 있었다. 풀무골 주변의 높지 않은 야산 중간에는 고령에로 통하는 고개가 있는데 이곳을 《쇠재》라고 부른다. 그 근처에는 군기제조창이 있었다는 옛이야기도 전해지고 있다.

야로 일대의 땅은 지금도 빨간색을 띠고 있으며 도처에 철광석이 녹아 엉킨 것들이 뒹굴고 있다. 500여 평에 달하는 대규모 야장터가 있었다는 것은 그만큼 대가야의 철 생산능력과 수준이 높았다는 것을 말해준다.

대가야의 철 생산기지는 이밖에도 삼가를 비롯한 여러 곳에 있었다.

실례로 《세종실록》 지리지에 의하면 삼가(삼지현)에는 물산으로 사철이 난다고 하였으며 《동국여지승람》(권31 삼가현 산천)에는 현의 서쪽 47리에 있는 황산에서 철이 난다고 하였다.

옛 대가야 령역이였던 야로와 삼가 등에 대규모의 철장이 개발운영되게 된 것은 철을 다루는 데 숙달된 금관가야국의 장공인집단이 고령에 옮겨옴으로써 가능했던 것으로 보인다. 왜냐하면 4세기 이전의 무덤들에서는 이렇다 할 철 생산품이 나오지 않기 때문이다.

대가야는 이러한 사철과 철광산개발에 기초하여 여러 가지 무기와 무장, 농공구, 생활필수품 등을 제작 리용하였다. 이러한 철가공품에는 대가야의 발전된 모습이 그대로 반영되여 있다.

다음으로 지구별로 된 무덤유적과 유물을 보기로 하자.

대가야의 무덤유적과 유물을 고령지구, 합천지구, 함양지구, 진주지구 등으로 나누어 거기에 비낀 대가야의 발전모습을 보기로 한다.

우선 고령지구의 무덤떼로는 크게 본관동 쾌빈동무덤떼, 금산무덤떼, 월산동무덤떼, 도진동무덤떼, 박곡동무덤떼 등이 있는데 이것들은 각각 산성과 일체를 이루고 있다.

이 지구의 대표적 무덤떼는 주산의 남쪽 산릉선에 위치한 지산동무덤떼이다.

이 무덤떼는 고령지구에서 가장 큰 무덤떼로서 대가야 지배층의 무덤구역으로 인정된다. 지산동무덤떼의 묘제는 한마디로 말하여 수혈식돌칸무덤이 기본을 이루며 후기에 와서 횡혈식돌칸무덤이 보급되였다.

수혈식돌칸무덤에서 기본은 할석식돌곽무덤이다. 할석식무덤이란 네 벽을 깬 돌로 쌓아올려 무덤칸을 만든 것을 말한다.

지산동무덤떼를 포함한 고령지구의 돌곽무덤은 할석식이 지배적이다. 할석식은 크기에 따라 대형과 소형으로 나눈다.

대형돌곽무덤은 돌곽(돌칸)의 규모가 길이 5~10m, 너비 0.8~1.8m, 깊이 1.2~2.1m 정도이다. 평면구조는 길죽한 장방형으로서 곽이라고 하기보다 수혈식돌칸이라고 해야 옳다.

이와 반면에 소형돌곽무덤은 길이가 1~3.6m, 너비가 0.4~0.9m이고 깊이가 0.4~0.9m 정도로 아주 작다. 평면구조는 대형돌곽무덤과 엇비슷하다. 소형돌곽무덤은 단독으로 있는 것과 중형, 대형무덤의 순장 혹은 부곽으로 있는 경우가 적지 않다. 단독무덤은 소형무덤치고는 큰 것도 있으며 내부에는 나무관이나 상자식 돌관을 안치한 것도 있다.

소형돌곽무덤은 다곽무덤으로 존재할 때가 많은데 그것은 순장용으로 쓰이였기 때문이다. 그러한 실례를 지산동 44호, 45호무덤에서 볼 수 있다.

지산동 44호무덤은 무덤무지의 바깥둘레를 호석으로 둘러쳤다. 직경은 27m×25m이고 높이는 2~6m의 타원형 무덤이다. 3기의 대형돌곽무덤을 중심으로 소형돌곽이 동시에 매장되였다. 소형돌곽은 무려 32기에 달한다. 소형돌곽은 순장으로 인정된다.

주곽은 9.4m×1.75m×2.1m로서 아주 크다. 나머지 2기의 돌곽은 주곽에 평행이거나 직각으로 배치되였다. 주곽에도 주인공 이외에 순장인골이 드러났으며 2개의 부설돌곽에도 순장 인골과 질그릇이 나왔다. 32기의 소형돌곽은 이 3개의 돌곽을 빙 둘러싼 위치에 배치되였다. 이것은 주곽과 두 부설돌곽에 종사하는 형태로 순장된 것으로서 대가야의 신분위계제의 형편을 대체로 짐작할 수 있다.

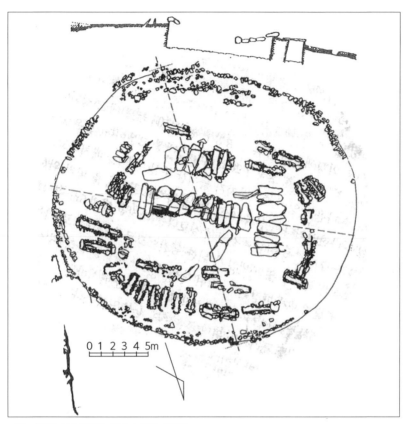

고령 지산동 44호무덤의 돌칸과 돌곽 평면도.

지산동 45호무덤은 44호무덤보다 규모가 약간 작다.

45호무덤 역시 가운데에 주곽과 부곽의 두 돌곽을 중심으로 주변에 11기의 소형돌곽(순장곽)을 원형으로 배치하였다. 주곽의 크기는 7.15m ×1.64m×1.85m이고 부곽은 4.88m×1.5m×1.77m이다. 이 두 대형무덤 주위 는 다같이 호석으로 둘러싸여 있다.

이밖에도 지산동 32호, 34호, 39호, 갑호무덤 등을 비롯한 무덤떼의 상당한 수가 적어도 1기 이상의 돌곽을 동반하는 다곽식무덤이라는 것이 확인되었다.

요컨대 지산동무덤떼의 묘제는 주로 길면서도 좁은 장방형의 할석식 돌곽무덤이라는 것과 대형과 중형무덤인 경우 적어도 1기 이상의 소형돌곽을 동반하는 다곽무덤이라는 것이다.

한편 주각의 규모는 주목할 만한 것이다. 지산동 44호(길이 9m 이상), 45호(길이 7m 이상), 39호(돌칸크기 9.8m×1.8m) 등은 풍부하면서도 호화로운 유물의 성격으로 보아 그리고 자리잡은 곳의 지리적 위치와 조건 및 돌칸 규모로 보아 상당한 권력을 행사하던 인물들이 묻힌 무덤으로 추측된다.

이러한 묘제의 특징은 비단 지산동무덤떼뿐 아니라 본관동무덤떼(34호, 35호, 36호무덤 등), 월산동무덤떼를 비롯한 고령지구무덤떼의 공통되는 일반적 특징이라고 말할 수 있다.

지산동무덤떼는 할석식수혈돌곽이 기본묘제로 되고 있지만 일부 상자식돌곽무덤도 있다. 다시 말하여 지산동 44호무덤의 32기의 소형돌곽들 중 10기, 45호무덤의 11기의 소형돌곽들 중 4기가 상자식돌곽무덤이다.

또한 지산동무덤떼에는 횡혈식돌칸무덤도 있다. 그러나 이것 역시 량적으로 많지 않으며 극히 제한되어 있을 뿐이다.

지산동무덤떼에서는 금관가야국 지배층의 묘제처럼 토광나무곽무덤을 찾아볼 수 없다. 이것은 대가야가 오래전부터 토착세력에 의해 통치운영되어 왔으며 또 5세기 초 이후 금관가야국에서 이주해 온 집단들도 대가야의 정치적 세력권 안에 들어서지 못 하였다는 것을 보여준다.

지산동무덤떼에서는 장신구, 무기무장, 마구류, 질그릇 등 많은 유물이 드러났다.

지산동무덤떼의 유물에서 주목되는 것은 장신구이다. 장신구로는 왕관과 금귀걸이, 목걸이와 팔걸이 등이 있다.

지산동 45호무덤과 32호무덤에서는 가야 특유의 왕관이 드러났다. 가야의 왕관은 《出》자형을 한 신라계통의 금동관과는 달리 꽃모양과 새날개모양을 한 것이 특징인데 여기에서 나온 금동관은 꽃을 형상하였다.

특히 32호무덤에서 드러난 금동관은 높이가 20cm 되는 타원형판을 절반으로 쪼갠 듯한 금동판을 앞면에 세운 것이다. 웃 끝의 보주형장식과 그 아래 우, 좌우대칭의 갈구리모양 그리고 세움장식 좌우의 가지친 나무가지세움장식판면의 교차선무늬 등 그 구도는 선과 모양의 대칭미를 정교하게 표현한 것으로 하여 아주 독특하다.

지산동 44호, 45호무덤에서는 귀걸이와 목걸이, 팔걸이가 나왔다.

지산동무덤떼에서 드러난 유물 가운데서 적지 않은 비중을 차지한 것은 무기와 무장이다.

지산동 45호무덤에서는 세잎무늬은장식큰칼(고리의 너비 5.4cm)이 나왔고 32호, NE-1호무덤에서는 봉황당초무늬은상감은장식큰칼이 드러났다. 또한 39호무덤에서는 세워진 상태에 있는 금동장식봉황고리자루큰칼과 쇠활촉을 넣는 화살통이 나왔다.

지산동무덤떼에서는 여러 가지 큰칼과 함께 투구갑옷도 드러났는데 지산동 44호무덤에서는 사발모양투구가 그리고 45호무덤에서는 많은 량의 쇠찰갑이 나왔다.

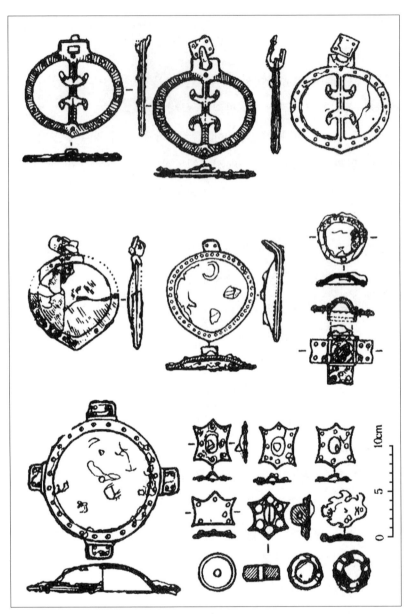

고령 지산동 45호무덤 1호돌칸의 마구류.

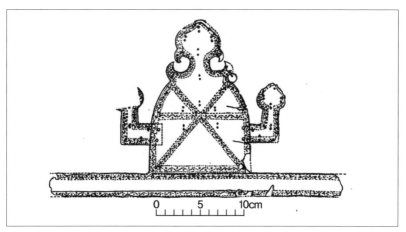

고령 지산동 32호무덤의 금동관.

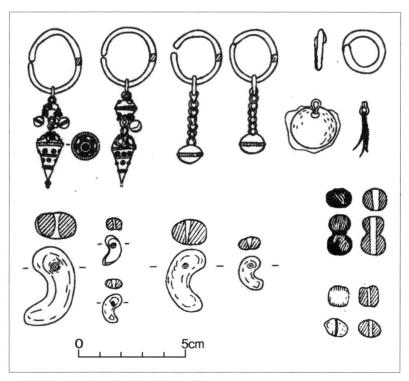

고령 지산동 45호무덤 1호돌칸의 귀걸이와 굽은 구슬.

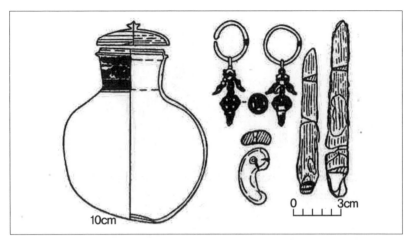

고령 지산동 45호무덤 2호돌칸의 뚜껑있는 목긴 단지와 장신구.

또한 철제말자갈, 둥근고리자갈, 타원형의 경판 달린 자갈 등 마구류
도 드러났다.

우에서 본 대가야지배층의 대표적 무덤의 묘제와 발굴된 유물을 통해
서 지산동무덤떼의 일부 무덤들의 피장자는 수십 명을 단꺼번에 순장할
정도의 많은 재산을 가지고 있었으며 따라서 이들은 높은 귀족들이거나
왕족에 속하는 인물들이었음을 알 수 있다.

지산동무덤떼의 주요 무덤(32호, 34호, 35호, 39호, 44호, 45호 그리고
구〈舊〉 2호, 3호 등)들의 축조년대는 질그릇과 기타 유물을 비교연구한
데 의하면 대체로 430~540년대의 것이라고 한다. 이 년대가 절대적인
것으로 될 수는 없겠지만 여하튼 5세기 중엽으로부터 6세기 중엽까지
즉 대가야가 형성되고 멸망할 때까지의 한 세기 동안에 축조된 것이
틀림없다고 말할 수 있다.(《동북아시아의 고고학》〈일문〉 롯꼬, 1990년,
192페지)

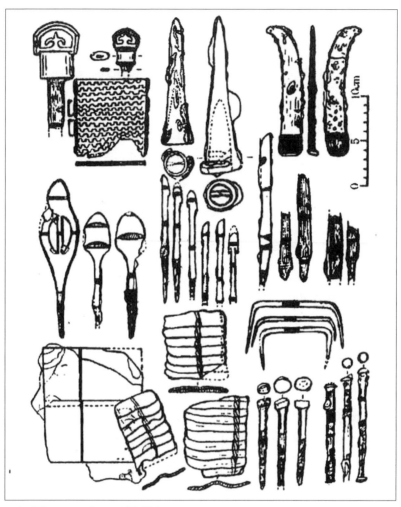

고령 지산동 45호무덤 1호돌칸의 철기류.

합천지구의 대표적인 무덤떼로서 쌍책면 성산리 옥전무덤떼, 삼가무덤떼, 봉산면 반계제무덤떼, 봉계리무덤떼, 오림동무덤떼, 저포리무덤떼, 창리무덤떼 등이 있다. 이 무덤떼들에서는 강력한 기병대의 존재를 시사해주거나 대가야의 소국왕을 방불케 하는 귀중한 유물들이 드러났다. 특히 옥전무덤떼의 M3호무덤은 가야의 독특한 수혈식돌곽으로서 여기에서는 쇠도끼를 비롯한 철제품들과 장식용큰칼들, 호화로운 투구 갑옷과 마구류 등이 많이 발굴되였다.

함양지구에서는 백천리무덤떼와 상백리무덤떼가 유명하며 진주지구에서도 가야의 횡혈식돌칸무덤들에서 여러 가지 유물들이 발굴되였다.

이상에서 본 대가야의 지구별 무덤떼를 통해서 다음과 같은 몇 가지 사실을 알 수 있다.

첫째, 대가야의 기본묘제는 가야의 전통적인 수혈식돌칸(돌곽)무덤이다.

둘째, 유물에서 철제품이 차지하는 비중이 큰 것으로 보아 가야의 발전된 제철, 제강기술 수준을 엿볼 수 있다.

셋째, 유물에서 금은가공품이 차지하는 비중이 크다. 가야의 특유한 세환식금귀걸이를 비롯하여 룡봉무늬고리자루칼 등 상당한 수준의 금은가공품은 가야의 금은세공술의 발전 모습을 그대로 보여준다.

넷째, 유물을 통하여 고구려의 영향을 엿볼 수 있다.

합천 옥전지구무덤떼에서 나온 사발모양투구와 말투구, 말갑옷, 고리자루큰칼, 기발꽂이(사행모양철기), 안교의 거북등이음무늬 등은 다 고구려적 색채를 띤 것이다.

5세기 후반기에 들어와서 고구려의 남하에 의해 고구려와 대가야의 지경은 가까워지고 또 직접 대상하는 경우가 적지 않았다. 이것은 대가야로 하여금 이 나라로부터 선진문화와 기술 등을 받아들이게 하였다.

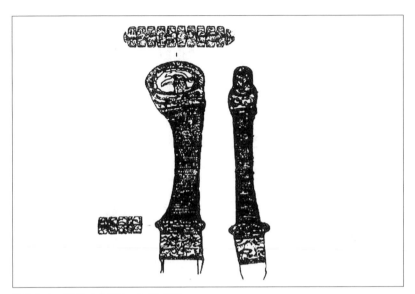

합천 옥전 M3호무덤의 룡봉고리자루 큰칼.

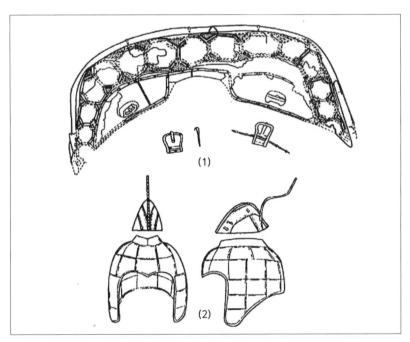

(1) 합천 M3호무덤의 거북등이음무늬장식. (2) 합천 반계제무덤의 방형판가죽엮음투구(복원).

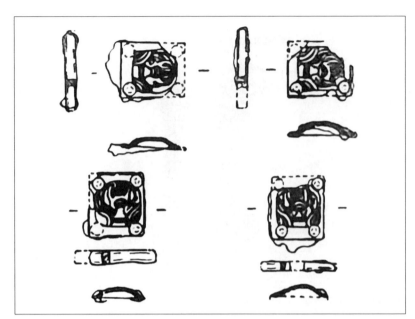

합천 옥전 M3호무덤의 괴면무늬장식 마구류.

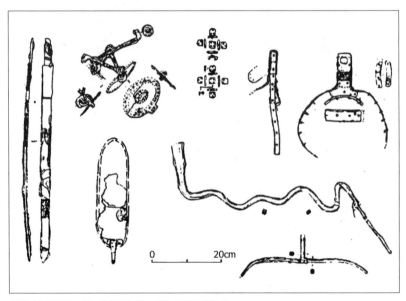

합천 A호무덤의 마구류(등자와 칼, 자갈, 사행모양철기).

다음으로 대가야의 산성을 보기로 하자.

고령대가야의 무덤떼는 다른 모든 가야나라들과 마찬가지로 산성과 일체를 이루었다. 즉 하나의 큰 무덤떼가 하나의 산성 아래에 뻗어간 구릉릉선에 축조되는 경우가 드문하였다.

대가야의 산성으로는 주산(이산)성과 망산성, 운라산성, 미숭산성, 가야산성 등이 있다.

대가야의 주요산성은 주산성이다. 주산성은 2개의 내성과 한 개의 외성으로 구성되여 있다. 산릉선을 따라 지산동무덤떼가 련주처럼 축조되였다. 주산의 주봉꼭대기를 둘러싼 내성(제1내성)과 바깥을 에워싼 외성 그리고 낮은 봉우리를 둘러싼 내성(제2내성)은 아주 견고하게 축성되였다. 두 내성은 돌로 쌓은 성인데 뒤면은 깎아지른 듯한 절벽이므로 따로 성벽을 쌓지 않았다.

대가야의 대표적 산성의 하나인 가야산성은 소백산 줄기의 동북쪽에 위치한 가야산에 축성되였다. 산성은 가야산의 계곡을 끼고 빙 둘러 막혀 있다. 산성의 규모에 대하여 《가야산돌성은 주(성주목)의 서남 40리에 있다. 주위가 2,730보이다. 산성 안에는 6개의 계곡이 있어 물이 늘 흐르며 또 6개의 샘이 있다.》라고 기록되여 있다.(《세종실록》 지리지 경상도 성주) 가야산성은 후에 성주에 속하였으나 대가야에 의해 축성되고 방어성으로 리용되였을 것이다.

이밖에도 대가야에는 풍곡산성, 옥산성(토성), 외봉산성, 독용산성 등 수많은 산성이 있었다.

대가야의 왕궁터는 아직 확보하지 못하였다.

《동국여지승람》(권29 고령현 고적)에 《현의 남쪽 1리에 대가야국의

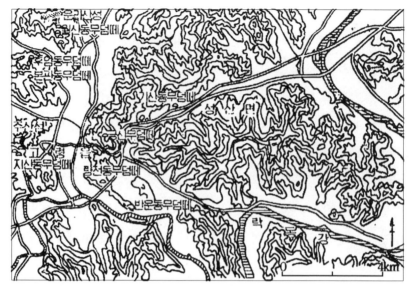

고령지역의 무덤떼와 산성 분포도.

궁궐터가 있고 그 곁에 돌우물이 있어 〈왕궁의 우물〉이라고 한다.》고
하였다.

현재로서는 왕궁터가 구체적으로 어느 위치에 해당되는지 알 수 없다.
다만 주산 동쪽 기슭의 높은 대지에서 삼국시기의 기와가 나오고 지리적
으로 아래를 부감할 수 있으므로 이곳이 대가야의 왕궁터가 아닌가고
추측된다. 대가야의 왕은 평시에 평지대의 왕궁에서 살다가 유사시에는
주산성 안의 별궁에 들어가 살았던 것으로 보인다.

대가야의 발전과 강성은 신축성 있는 대외관계에도 반영되였다.

대가야는 멀리 바다 건너 중국 남제(479~502년)에 사신을 파견함으로
써 맹주국으로서의 지위를 공고화하려고 하였다.

중국의 력사책인 《남제서》에는 다음과 같이 기록되여 있다.

《가라국은 삼한의 종류이다. 건원원년(479년) 국왕 하지가 사신을 보내여 왔다. … 보국장군, 본국왕(가라국왕)을 제수한다.》(《남제서》 권 58 렬전 39 동남이전 가라국)

여기서 보는 바와 같이 가라국왕은 남제왕조가 수립된 해인 479년에 중국에 사신을 파견하였다.

보국장군, 본국왕을 제수받은 가라국왕은 당시 6가야의 형편으로 보아 고령대가야로 인정된다.

남제에 사신을 보낸 가라국을 금관가야국이나 아라가야로 보는 견해도 있으나 그것은 맞지 않는다. 왜냐하면 5세기 후반기경의 금관가야국은 이미 쇠퇴일로를 걷고 있었으며 고고학적으로 보아도 본래의 가야토기보다 신라양식의 토기가 큰 비중을 차지하고 있기 때문이다. 이것은 금관가야국이 4세기 말~5세기 초의 고구려-신라를 상대로 한 전쟁에서 막대한 피해를 입었으며 상당한 정도로 쇠퇴해졌음을 보여준다. 또한 이때로 말하면 금관가야국이 종전에 차지했던 련합체의 맹주적 지위를 상실당하던 때였다. 이러한 형편에서 금관가야국이 남제에 사신을 보낼 조건과 명분이 없었다.

아라가야 역시 한때 금관가야국을 대신할 정도로 강성을 떨친 적은 있으나 6가야의 맹주적 지위를 차지한 적이 없는 조건에서 남제에 사신을 보냈다고 보기가 힘들다.

그리고 479년에 남제에 사신을 보냈다는 가라국왕의 이름이 하지인데 금관가야국에는 하지왕이 없다.

《삼국유사》에 실린 가락국기의 금관가야국의 국왕명에 의하면 479년에 해당되는 왕으로 질지왕이 있는데 하지와 질지는 한자의 뜻과 음에서 거리가 멀다. 하지와 음이 가까운 것으로서 좌지왕(407~421년)이 있는데 이것은 년대가 맞지 않는다.

이와 같은 사실들을 놓고 볼 때 남제에 사신을 보낸 가라국이란 대가야였을 것이다.

5세기 후반기 6가야를 대표하는 맹주국이 대가야 칭호를 받고 있던 고령대가야였다는 사실은 이 나라가 당시 중국에 사신을 보낼 수 있었던 유일한 나라였음을 추측하게 한다.

대가야가 신라와는 달리 독자적으로 남제에 사신을 파견한 것은 대가야의 발전에서 큰 의의를 가졌다. 그것은 남제에 사신을 보냄으로써 6가야의 맹주국으로서의 지위를 대내외적으로 확립하고 명성을 크게 떨치게 하였다는 데 있다.14

6가야의 맹주로 등장한 대가야는 자기 지위를 확고히 차지하기 위한 대외활동을 맹렬히 벌리면서 전 맹주국인 금관가야국과 동족관계에 있다는 건국설화를 내돌리여 맹주국으로서의 계승성과 정통성을 강조하였다. 그뿐 아니라 신라왕실과 사돈관계를 맺는 등 신축성 있는 대외활동을 진행하였다.

《삼국사기》에 《가야국이 사신을 보내여 청혼하였는데 왕이 이찬 비조부의 누이동생을 시집보냈다》고 하였다.(《삼국사기》권4 신라본기 법흥왕 9년) 여기서 말하는 가야국은 앞뒤의 사실들로 미루어보아 고령

---

14 대가야가 받은 보국장군의 벼슬등급은 3품이다. 백제가 받은 벼슬등급인 룡양장군, 건위장군, 선위장군 등은 다같이 행직으로서 3~4품에 불과하다. 대가야가 남제와의 관계에서 형식적이기는 하지만 제수받은 벼슬등급이 백제와 동등한 것으로 보아 남제에서도 대가야 사신을 허술히 대하지 않았으며 가야를 백제와 같은 급으로 대우하였다는 것을 알 수 있다.

대가야를 가리킨 것이 틀림없다.

그리고 거기에 이어지는 법흥왕 11년 9월의 기사《왕이 남쪽국경으로 나가 순행하면서 땅을 넓혔는데 가야국왕이 와서 만났다.》고 하는 기사의 가야국왕은 고령대가야왕과는 다를 것이다. 왜냐하면 가야왕은《남으로 령토를 넓힌》신라왕과 만난 것이므로 금관가야국왕을 가리킨 것으로 보인다.

《삼국사기》(권4 신라본기 법흥왕 9년)에 대응하는 기사로서는《동국여지승람》(권29 고령현 건치연혁)과 최치원이 쓴《석리정전》이 있다. 여기에는《대가야국의 월광태자는 곧 정견의 10세손이다. 아버지를 이뇌왕이라고 하는데 신라와 혼인을 청하여 이찬 비지배의 딸을 맞이해서 태자를 낳았다.》라고 하였다.

이찬 비조부는 이찬 비지배와 같은 인물로 보이며 누이동생과 딸과의 차이는 있으나 같은 사실을 전한 것으로 생각된다.

이찬은 신라의 벼슬 17등급에서 이벌찬 다음 가는 등급으로서 상당히 높은 귀족이다. 이벌찬으로부터 5등급인 대아찬까지는 진골만이 할 수 있었던 고위귀족 반렬이였기 때문에 신라가 대가야의 청혼을 허술히 대하지 않았다는 것을 알 수 있다.

이 사실 하나만 놓고 보아도 신라가 대가야를 낮추본 것이 아니라 상당한 정도로 대우하고 견제하였다는 것을 알 수 있다.

대가야가 신라에 청혼하여 사돈이라는 인척관계를 맺게 된 것은 단순히 가야가 신라의 공격을 눅잦히려는[진정시키려는] 데만 있지 않았다고 본다. 그것은 당시 첨예하게 제기된 삼국시기 나라들 호상 간의 정치군사 정세와 주요하게 관련된다.

5세기 후반기(장수왕시기)에 들어와 고구려는 삼국통일을 다그치기 위하여 백제뿐 아니라 손아래 동맹국이였던 신라까지도 공격하면서 남쪽으로 크게 진출하였다. 이러한 정세 속에서 고구려에 비해 국력과 군사력이 약한 백제는 이웃나라들인 신라, 가야와도 힘을 합쳐 싸울 필요를 느끼게 되였다. 신라도 사정은 마찬가지였다. 이리하여 리해관계의 공통성으로부터 백제, 신라, 가야는 일시 싸움을 그만두고 고구려의 남방진출을 저지시키는 삼국련합에 합세한 것이였다. 이러한 정략결혼은 그리 오래가지 못 하였으나 두 나라 사이의 화해와 시간을 얻기 위해서는 호상 필요하였던 것이다.

이에 앞서 백제는 신라와 인척관계를 맺었다.

493년 백제는 주동적으로 신라에 청혼을 하였다. 이에 대하여 신라는 이찬 비지의 딸을 시집보냈다. 여기서 보는 비지가 29년 후에 대가야에 딸이나 누이동생을 시집보낸 이찬 비조부와 동일한 사람이라는 것은 신라 2등급인 진골 출신 이찬이라는 사실과 첫 글자의 비(比)가 일치하다는 것 등으로 미루어보아 틀림없을 것이다. 신라는 백제와 대가야와의 정략결혼에 일정한 가문, 대상자를 선정해 놓았다고 말할 수 있다.

대가야는 고구려의 남방진출에 대처하여 백제처럼 서둘러 사돈관계를 맺지 않았으나 우호의 표시로 꼬리가 5자나 되는 희귀한 꿩을 신라에 보내는(496년) 등 신라관계에서 융통성 있게 처신하였으며 그 후 신라와 사돈관계를 맺게 된 것이다

고구려의 남방진출에 백제, 신라, 가야는 비록 일시적이지만 힘을 합쳤으며 그것은 큰 힘을 나타내게 하였다. 실지로 이 세 나라는 5세기 후반기인 455년 10월, 475년 7월, 481년 3월, 484년 7월, 494년 7월,

495년 5월 등 여러 전투들에서 고구려의 공격을 좌절시켰다.

이상에서 본 바와 같이 대가야는 중국을 비롯한 여러 나라들과 신라와의 능란한 외교활동을 통하여 맹주국으로서의 지위를 높여나갔다.

2. 대가야련맹체의 멸망

  고구려와 대항하기 위해 무어진 백제, 가야, 신라의 삼국련합은 오래 가지 못하였다. 그것은 일시적인 리해관계로부터 맺어진 동맹인데다가 특히 신라의 배신적 령토팽창 행위로 말미암아 인차[이내] 깨지고 말았다.

  신라는 고구려의 공격을 저지하기 위해 백제, 가야와 동맹을 맺었으나 가야를 통합하기 위한 야욕에는 변함이 없었다. 신라의 가야에 대한 정책은 비록 대가야와는 관계를 좋게 가지면서도 나머지 작은 가야나라들은 침식해서 대가야의 날개를 꺾어놓은 다음 힘을 축적하였다가 일격에 집어삼키자는 것이었다.

  신라는 고구려의 공격을 받을 때마다 백제와 가야의 군사적 지원을 받으면서도 6세기에 들어와서는 신라와 지경을 맞대고 있고 점차 쇠약해진 가야나라들을 각개격파해 나갔다. 신라 지증왕 때인 6세기 초 신라와 그전부터 린접해 있으면서 대가야의 영향을 많이 받던 비화가야가 통합되었다.

  가야나라들에 대한 신라의 공세는 그 후 더욱더 강화되었다.

신라는 남으로 령역을 내민 다음 532년에 최종적으로 금관가야국을 통합하였으며 련이어 금관가야국의 이웃에 있던 아라가야마저도 법흥왕(514~540년) 말년에 멸망시켰다.

여러 가야나라들이 신라에 통합된 것은 대가야에 있어서 큰 타격으로 되였다. 가야의 령역은 축소되였으며 국력은 약화되였다. 얼마 안 되는 짧은 기간에 벌어진 비화가야와 금관가야, 아라가야, 성산가야의 멸망은 사실상 가야련합체의 해체로서 맹주국으로서의 대가야의 존재를 크게 위협하였다.

신라에 대한 결정적 반격을 노리고 있던 대가야는 드디여 신라통치배들이 한강 하류지역을 차지(533년)한 데 격분한 백제가 554년 관산성(충청북도 옥천군)을 들이친 것을 계기로 그에 합세하였다.

이때의 싸움에서 처음에는 백제-가야련합군이 우세하였다.

백제-가야군의 드센 공격을 신라의 각간 우덕, 이찬 탐지 등이 맞받아 나섰다. 그러나 신라는 백제-가야군의 세력을 당해낼 수 없었다. 그런데 얼마 안 가서 싸움은 역전되였다. 그것은 이전의 금관가야국왕의 아들 김무력이 배신적으로 대가야를 공격해 나왔기 때문이다. 김무력은 신라의 동북부국경지대에 신설된 신주의 군주가 되여 자기 무력을 동원하여 백제-가야군을 공격하였던 것이다. 김무력의 비장 삼년산군 고간 도도란자는 야밤에 얼마 안 되는 군사로 구천을 건느는 백제성왕(부여명농)을 복병했다가 죽이였다. 이를 계기로 신라는 즉시 총공세에로 넘어갔다.

이 싸움에서 백제-가야군은 대참패를 당하였다. 기록에 의하면 이때 백제 측에서는 4명의 좌평과 2만 9,600명의 군사가 죽었다고 하였다.

결국 이 싸움에서 백제는 국왕과 대부분의 좌평(좌평은 1품이며 정원수는 5명)을 잃었다.

가야의 피해는 자료의 인멸로 하여 전하는 것이 없으나 상당한 정도로 타격이 컸다고 보아진다.

관산성 싸움이 있은 다음 대가야는 급속히 약화되였다.

이와 때를 같이하여 555년 신라는 옛 비화가야(창녕) 땅에 완산주(하주)를 설치하여 이곳을 대가야 공격의 전초기지, 교두보로 삼고 침공 준비를 서둘렀다. 뒤이어 신라는 561년 창녕에 순수비를 세워 비화가야 땅이 완전히 신라땅이라는 것을 선포하였다.

또한 대가야 내에서도 과중한 군사적 부담 외에 봉건통치배들의 착취와 압박이 더해져 인민들의 처지는 비참하였다.

대가야에서는 사회계급적 모순이 격화되였다. 대가야의 음악가 우륵이 《나라가 어지러워져서》 신라에 투항하였다는 사실과 신라 진흥왕이 《가야왕이 음란해서 자멸하였다.》고 한 사실을 통하여 대가야 내의 심각한 사회계급적 모순을 짐작할 수 있다.

그리하여 560년대에 들어와서 대가야는 신라의 공세에 더는 대항할 수 없어 명목상 복속하게 되였다.

562년 9월 대가야는 마지막 힘을 모아 신라에 반기를 들고 싸움을 걸었다.

신라는 대군을 동원하여 이사부를 사령관으로 삼고 사다함을 선봉장으로 내세웠다. 이때 신라가 대가야를 치는데 얼마만한 무력을 동원하였는지 잘 알 수 없다. 그러나 당시 신라의 최고위급 인물인 이사부가 원수가 되고 대군이 동원되였다는 기록과 사다함이 선봉대 5,000명을 거느리고 돌입한 사실을 통하여 수만 명의 군사가 움직인 것으로 보인다.

대가야는 마지막 힘을 다해 싸웠으나 사다함이 이끄는 선봉대가 틈을 노리고 있다가 갑자기 들이치는 바람에 항복하고 말았다. 이렇게 대가야는 신라군의 결정적 공격에 의해 최종적으로 망하고 말았다.

대가야의 멸망으로 우리나라 삼국시기의 오랜 기간에 걸쳐 존재한 6가야는 종말을 고하고 말았다. 그 존속기간은 소국시기부터 계산하면 약 600년간이며 련맹체 형성 이후는 약 500년 동안이였다.

3장

경제와 문화

1. 제철수공업의 발전

　가야의 경제와 문화는 선행한 변진의 경제와 문화를 이어받고 같은 겨레의 나라인 고구려와 백제의 앞선 경제와 문화의 영향을 받으면서 빨리 발전하게 되였다. 진국 때부터 변한과 진한의 경제와 문화는 서로 공통적인 것이 많았기 때문에 가야 초기의 경제, 문화는 신라의 경제, 문화와 비슷한 측면이 많았다. 그러나 가야사람들은 자기의 고유한 특징도 적지 않게 가지고 있었으며 그것은 우리나라 봉건시대의 경제와 문화를 더욱 풍부히 하는 데 이바지하였다.

　가야의 수공업은 당시로서는 상당한 정도의 높은 수준에 달하였다. 특히 제철제강술과 철가공술은 령토의 크기에 비해볼 때 놀랄 만큼 발전하였다. 가야의 발전된 수공업은 농업발전에 큰 작용을 하여 농업생산을 한층 촉진시켰다. 하지만 자료의 인멸로 하여 가야의 농업발전 형편에 대하여서는 거의 알 수 없게 되었다. 그리하여 가야사람들이 무엇을 어떻게 심고 먹었으며 생산과 수확, 분배를 어떻게 하였는가 하는 것을 전혀 알 수 없게 되었다. 하지만 가야사람들이 남긴 수공업적

유물(고고학적 자료)은 가야의 발전된 경제와 문화수준을 일정하게 보여주고 있다. 그 중에서도 가야의 여러 유적들에서 드러난 철제품들은 가야의 경제와 문화를 대표한다고 해도 과언이 아니다. 따라서 여기서는 제한된 자료 가운데서 수공업적인 제철가공 유물을 통해 본 가야의 제철제강 형편을 살펴보기로 한다.

(1) 제철제강의 발전

철기생산은 가야의 경제와 문화를 특징짓는 대표적 기술분야의 하나이다. 가야의 철은 력사가 오래고 다른 나라에까지 널리 알려져 있었다.

가야의 철이 다른 나라에까지 알려져 있었다는 것은 《삼국지》 위서 한전에 《나라에서 철이 난다. 한, 예, 왜가 모두 변진의 철을 무역한다. 저자에서 물품을 사고팔 때 모두 철을 사용하였다. 또한 두 군에 철을 공급한다.》는 기록을 통해서도 잘 알 수 있다. 여기서 말하는 변진이란 곧 가야지방을 가리킨 것이다.

가야사람들은 일찍부터 쇠돌캐기와 사철채취, 제철, 제강 및 철기가공을 발전시켰다.

본래 가야에는 제철과 금속가공을 발전시킬 수 있는 유리한 자연지리적 조건이 갖추어져 있었다. 남해안 일대에는 자철광과 적철광이 풍부하게 매장되어 있었으며 내륙지방에도 사철이 많았다. 《세종실록》 지리지에 의하면 경상도 일대에는 룡궁을 비롯하여 철 생산지가 많았다. 그 가운데서도 합천의 삼가(삼지)와 산음, 야로 그리고 창원, 김해 등지의 사철은 량적으로도 많고 또한 질이 좋아 조선의 3대 철산지로 꼽힐 정도로 유명하였다. 바로 가야사람들은 창조적 활동으로 자연을 적극 개조하여 쇠를 뽑고 여러 가지 철제품들을 만들어 쓴 것이다.[15]

가야의 제철업이 발전해 있었다는 것은 가야사람들이 철을 권력과 재부의 상징으로 여기고 무덤에 철정(철의 제1차 가공품으로서 일정한 형태로 부어낸 쇠덩이)을 껴묻은 사실을 통해서도 알 수 있다. 철정의 형태는 흔히 장방형에 바오래기로 묶을 수 있게 가운데가 좁아진 것이 기본이다. 특수하게는 쇠도끼 모양, 쇠판대기(철판) 모양의 것도 있다.

가야의 철정은 보통 길이가 20cm 안팎으로서 운반에 편리하며 신라의 철정처럼 큰 것은 얼마 없다.

지금까지 알려진 삼국시기의 철정은 고구려, 백제, 신라까지 합해 보아도 가야가 제일 많다. 철정을 껴묻은 가야고분을 보면 다음과 같다.

가야철정 출토 정형

무덤 이름	시기와 량	비고
창원시 다호리 1호무덤	길이 30.4cm, 너비 4.6~29cm. B.C. 1세기경	관 주위에서 판모양 철제품 다수 출토
삼천포시 록도유적	기원 전후시기	판모양 철제품
창원시 성산유적	기원 전후시기	판모양 철제품
웅천 조개무지유적	1세기경	장방형의 철정
부산시 로포동유적	3세기경	주조도끼모양 철제품
부산시 북천동 1호무덤	5세기 후반기 철정 100개	관 주위를 둘러싸듯 즐비하게 벌려놓음

---

15 산음의 사철은 현 소재지 북쪽 마연동산에서 났다. 리조 때 산음에서의 세납량은 정철(잘 불려서 단련한 시우쇠)이 7,794근이였다고 한다. 김해에서도《세종실록》지리지에 의하면《토산으로 사철이 난다.》고 하였다.

무덤 이름	시기와 량	비고
부산시 북천동 8호무덤	5세기	
부산시 북천동 10호무덤 (11호)	5세기 중엽 철정 97개	바닥면에 세 줄로 중형철정 을 깔고 그 우에 나무관 안치
부산시 북천동 22호무덤	5세기 전반기 철정(단철) 20개	대형 철정을 즐비하게 깔아 놓은 우에 나무관 안치
부산시 오륜대 3호무덤	2~3세기 철정 10개	
부산시 오륜대 17호무덤	철정 1개	
부산시 반여동무덤		
김해시 례안리 52호무덤	4세기 말	
김해시 철산동 1지구 2호무덤(나무곽)		
김해시 철산동 3지구 20호무덤(나무곽)		
김해시 대성동 2호, 3호무덤	철정 150여 개	
김해시 대성동 23호무덤	철정 60여 개	주조도끼모양 철제품
창원시 도계동무덤(토광)		대형 철정
창원시 다호리유적 파괴무덤		판모양 철제품
창원시 대평리유적		
창녕군 교동 31호무덤	철정 7개와 10여 개의 쪼각	
대구시 내당동 55호무덤	철정 1개	
합천군 성산리 옥전M지구 3호무덤	121개의 쇠도끼를 철정 대신 관대로 사용	
합천군 성산리 옥전M지구 4호무덤	쇠도끼 6개	
합천군 성산리 옥전M지구 7호무덤		

이 표를 통하여 알 수 있는 바와 같이 가야에서는 1차가공품인 철정을 많이 뽑았다. 철정을 분석한 결과 주철도 있지만 단철도 있었다는 것을 알 수 있고 또한 광산에서 직접 캐낸 쇠돌보다 사철을 녹여 만든 것이 많았음을 알 수 있다. 실례로 창녕 교동 31호무덤의 철정은 동이 전혀 포함되어 있지 않고 티탄이 0.61% 정도 들어 있었다. 이것을 보면 사철을

녹여 덩어리로 만든 다음 다시 일정한 형타에 부어 철정을 만들어 썼음을 알 수 있다.[16]

가야고분에서도 각종 철제품이 수많이 드러났으며 철제품의 소재인 철정과 여러 가지 덩이쇠가 드러났다.

가야에서는 기원을 전후한 시기의 제철로가 창원의 성산유적 등에서 많이 드러났다. 일찍부터 발전한 제철업은 가야 전반에 걸쳐 보급되였었다.

가야에서의 제철업의 발전은 그대로 국력의 강화와 발전된 문화를 위한 밑바탕이 되였다.

가야의 철과 관련하여 반드시 언급하고 넘어가야 할 문제로서 《왜에 의한 조선반도 남부의 철 쟁탈전》이라는 판에 박은 궤변이 있다.

지난날 반동적인 《임나일본부》설이 그러하였던 것처럼 오늘날 일본 학자들도 이 설을 붙들고 늘어지고 있다. 그들은 《임나》설이 붕괴되자 어떻게 하나 이 학설을 유지하기 위해 《왜 정권이 조선반도에 군사진출을 한 것만은 사실》이라고 우겨대고 있다. 그리고 그 근거로서 광개토왕릉비에 4세기 때의 고구려, 백제와 신라, 왜의 싸움기록이 나온다고 하면서 이것은 《왜 정권이 조선반도에서 철자원과 선진적인 기술, 문화의 획득을 목적으로 한 출병》이였다고 력설하였다.(《가야와 고대동아시아》 신인물왕래사, 1993년 73페지)

---

16 1990년에 경주의 북쪽 교외인 황성동에서 제철유적터가 드러난 적이 있다. 이 제철유적은 신라뿐 아니라 가야에서의 철생산정형을 아는 데 참고로 된다. 황성동제철유적은 자철광인 철광석을 녹여 선철을 얻는 제련단계로부터 주조쇠도끼를 만드는 공정, 단조용 소재(쇠덩이 등)를 만드는 단야공정까지 있었다. 그뿐 아니라 여기에는 철기가공을 위한 일련의 공정단계가 갖추어져 있었다. 이것은 같은 자철광을 많이 썼던 가야에서의 제철 생산공정을 알 수 있게 한다.

광개토왕릉비에 나오는 왜는 어디까지나 북규슈의 이또지마반도 일
대에 있던 가야계통 왜소국의 군사력이였다. 일본학자들은 이제는 릉비
에 나오는 왜를 공공연히 야마또정권이라고 부르지 못하게 되자 어쨌든
왜의 군사력이 조선반도에서 종횡무진의 장정을 진행한 것으로 그 목적
을 가야지방의 철을 획득하기 위한 것으로 설명하려고 하고 있다. 이것은
황당무계한 《왜의 조선진출》 구실에 지나지 않는다.

가야의 철이 왜와 아무런 상관도 없으며 릉비의 왜가 기내지방 야마또
정권이 아니였다는 데 대해서는 구태여 설명을 하지 않아도 자명한
사실이다.

(2) 금속가공의 발전

농기구와 공구

농기구의 제작과 그 발전은 농업의 발전과 밀접히 련관되여 있다.

락동강을 끼고 있는 비옥한 충적벌을 알곡 생산기지로 삼았던 가야에
서는 농업생산이 발전하였다. 이미 변한시기부터 농사가 잘 되였다는
것은 《삼국지》에 《토지는 기름지고 아름다워 오곡과 벼에 맞춤하다.》고
한 사실을 통해서도 알 수 있다.(《삼국지》 권30 위서 한전)

이처럼 가야는 농업에 적합한 지대로서 농업이 발전하였던 것만큼
그에 따르는 농기구도 발전되였다.

지금까지 알려진 가야의 농기구로는 낫, 호미, 보습 등이 있다.

가야의 호미는 손으로 땅을 일구는 개간용 농기구였다. 가장 이른 시기의 호미는 창원 다호리 1호무덤에서 드러났다. 여기서는 호미와 함께 쇠가래, 따비 등이 나왔다. 이밖에도 창녕 교동 89호무덤에서 늦은 시기의 호미가 드러난 것이 있다. U자형의 날을 가진 이 호미는 안쪽에 홈을 내고 나무자루를 끼울 수 있게 만들었다. 비교적 큰 이 호미는 길이가 21cm이고 너비는 16.54cm이다.

이밖에 복천동 21호무덤(움무덤)에서도 쇠호미날이 나왔고 창원 대평리유적에서도 비교적 이른 시기의 호미가 드러났다. 그 형태로 보아 가야의 호미가 당시로서는 상당히 발전한 것이였음을 알 수 있다.

보습은 소나 말에 메워 땅을 일구는 개간용 및 경작용 농기구였다. 가야보습으로서 대표적인 것은 진주 옥봉 7호무덤에서 드러난 보습이다. 이것은 30cm 정도의 너비를 가진 보습이였다. 가야사람들은 이러한 쇠보습을 가지고 논을 풀거나 밭을 일구어 농사를 지었다.

이밖에 쇠보습으로는 창녕 교동 1호무덤과 3호무덤에서 드러난 것이 있다. 1호무덤의 쇠보습은 길이는 14.2cm, 너비는 13.5cm이며 날이 가장 넓은 부분은 7.3cm이다.

쇠낫은 처음 농기구로 만들어 쓰인 것이 후에 무기로도 쓰이였다. 지금까지의 가야고분에서 드러난 것을 보면 대부분 단조품으로서 농업생산에만 쓰인 것이 아니라 싸움마당에서 적을 찍거나 목을 걸어 베는 무기로 사용한 것으로도 보인다.

가야의 공구로는 도끼, 자귀, 창대패, 손칼, 끌 그리고 야장도구들이 알려졌다.

쇠도끼는 공구들 중 제일 많이 쓰이는 로동도구의 하나였다. 도끼

역시 살상무기로 쓰일 경우가 적지 않았다.

가야사람들은 철정을 다시 녹여 쇠도끼를 제작하여 썼다. 용도에 따라 제작방법이 서로 달랐는데 주조품과 단조품이 있었다. 도끼는 나무를 찍거나 패는 데 쓰이였을 뿐 아니라 특수하게는 무기로도 쓰이였다. 또 공구를 만드는 데도 쓰이였다.

가야도끼로서 가장 오랜 것은 다호리 1호무덤에서 드러난 자루 달린 쇠도끼이다. 도끼의 길이는 37.5cm이고 나무자루 길이는 81cm이다. 이밖에도 판모양쇠도끼가 8개 정도 나왔다. 가장 큰 판모양쇠도끼의 길이는 27.5cm이다. 모두 나무를 찍어내는 개간용 도끼로 인정된다. 이러한 도끼는 가야의 많은 고분들에서 드러났다.

쇠도끼는 자루를 도끼대가리에 어떤 형식으로 어떻게 끼우는가에 따라 주머니식도끼대가리와 구멍식도끼대가리로 나뉘여진다. 구멍식 도끼대가리는 오늘 우리가 흔히 쓰는 도끼대가리이다. 도끼대가리 웃부분에 원형, 장방형, 정4각형 등의 자루구멍을 내는 것이 보통이다. 주머니식도끼대가리는 자루를 끼울 수 있는 주머니를 자루대가리 웃부분에 설치하였다. 가야고분에서 주머니식도끼대가리가 많이 드러난 것을 보면 든든하고 견고한 이 형태의 쇠도끼가 가장 많이 제작된 것으로 보인다.

가야도끼의 크기는 대체로 길이 6.5~21cm 안팎이다.

가야고분에서 드러난 쇠도끼출토정형(일부)을 보면 김해 칠산동 1호무덤 량동리 162호무덤, 창녕 계남리 1호무덤과 4호무덤, 교동 1호무덤과 4호무덤(주조 및 단조쇠도끼), 성주 선산동 1호무덤, 부산 복천동 1호무덤, 11호무덤, 함양 상백리무덤, 진주 옥봉 7호무덤, 고령 지산동 2호무덤,

32호무덤, 25호무덤, 33호무덤, 35호무덤, 창원 도계동무덤떼, 창원 대평리유적, 오림동무덤떼, 거창 말흘리 1호무덤, 창원 마산 현동유적, 합천 옥전 M3호, M4호, M7호무덤 등이다. 이 무덤들에서는 단꺼번에 쇠도끼가 6개, 9개, 19개, 20개, 24개 등 무더기로 나오는 경우가 적지 않았다. 특히 합천 옥전 M3호무덤(주곽)에서는 하나의 무덤에서 136개(그 중 주조품 121개, 단조품 15개)의 쇠도끼가 드러났다. M4호무덤에서는 15개, M7호무덤에서는 6개의 주조쇠도끼가 드러났으며 김해 량동리 162호무덤에서도 판모양쇠도끼가 수십 개씩이나 드러났다.

이와 같은 사실들은 가야의 제철제강 및 금속가공술의 규모가 크고 질이 아주 좋았다는 것을 말해주고 있다. 또한 그것은 가야에서 쇠도끼를 아주 중요시하고 권력과 재부의 수단으로 여겼다는 것을 알 수 있게 한다.

자귀는 도끼로 찍어넘긴 통나무의 가지를 치거나 나무 겉면을 매끈하게 다듬는 공구이다. 보통 날선에서 직각방향으로 나무자루를 달았다. 대표적으로 창녕 계남리무덤, 창녕 교동 89호무덤, 고령 가륜동무덤 등에서 나온 것을 들 수 있다.

끌은 나무에 구멍을 내거나 홈을 내는 공구인데 나무자루를 맞추어 썼다. 현재 남은 것은 철기뿐이다. 끌의 길이는 보통 14.5~21.9cm 정도이다. 끌 역시 쇠창처럼 찌르는 무기로 쓰이였을 가능성이 크다. 가야의 대표적인 끌은 고령 지산동 32호무덤, 35호무덤, 부산 복천동 19호(11호)무덤에서 출토된 것을 들 수 있다. 고령 본관동무덤떼와 창원 도계현무덤떼(18호움무덤)들에서도 끌이 나왔다. 합천 옥전 M3호무덤에서는 단꺼번에 38개의 쇠끌이 드러났다.

이밖에도 가야의
공구로서는 못뽑이,
쇠가위, 쇠못, 꺾쇠,
손칼, 창대패 등이
있다.17

다음으로 철제공
구, 농기구, 무기 등
을 만드는 데 쓰이던
생산도구인 야장도
구에 대해서 보자.

야장도구로는 쇠
집게와 망치, 숫돌,
쇠모태 등이 있으며
그밖에 송풍장치가

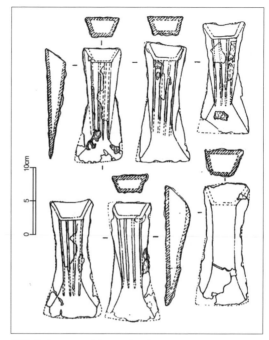

합천 옥전 M7호무덤의 주조쇠도끼.

있다. 가야의 야장도구로 부산 복천동 35호무덤, 36호무덤, 주곽과 합천
옥전 M3호무덤 등에서 쇠망치와 쇠집게 등이 나왔고 숫돌로는 김해
칠산동 22호무덤, 창원 도계동 19호무덤, 김해 례안리 36호무덤, 합천
옥전 M3호무덤(모두 6개, 그 중 대형은 5개, 1개는 차고다니는 장식용

---

17 합천 옥전 M3호무덤에서는 15개의 창대패가 드러났다. 이 무덤에서 드러난 창대패의
특징은 모두 사슴뿔손잡이를 한 것이다. 창대패는 나무에 홈을 파거나 목공 세부작업을
하는 데 쓰이는 목수도구였다. 옥전무덤에서 드러나기 전까지는 그리 흔하게 나오는
공구가 아니었다. 일본의 고분에서 이러한 가야계통 창대패가 많이 드러났다. 고분시기
의 고분에서 드러나는 일본의 창대패는 가야계통 공구라고 말할 수 있다. 창대패는
나무에 홈을 파는 데 쓰이는 쇠로 된 예새(질그릇을 만들 때 쓰는 넙죽한 나무칼)라고
말할 수 있다.

작은 숫돌)에서 드러났다. 일본렬도의 가야사람들의 정착지역의 고분들에서도 가야계통 야장도구가 적지 않게 드러났다.

창원 대평리유적에서 드러난 쇠망치는 쇠를 부리는 도구였으며 창녕 계성리 B지구의 무덤떼에서 드러난 쇠집게는 야장작업에서 쓰이는 가장 보편적인 도구였다.

일본렬도의 가야사람들의 정착지들에서도 이와 같은 야장도구가 여러 곳에서 발견되었다.

북규슈 아마기시 이께노우에 6호무덤에서 드러난 쇠집게(가위)와 끌을 겸한 쇠망치 2개, 세또내해 연안에 있는 즈이안고분의 쇠집게, 쇠망치, 쇠모루, 숫돌, 나라현 신죠의 오시누미 12호무덤의 쇠집게와 쇠망치, 고죠 네꼬즈까고분의 쇠집게, 망치, 끌, 쇠모루 등이 그것이다. 이것들은 다같이 가야적 성격을 띠었다. 가야사람들은 일본렬도에 진출하면서 새 땅을 개척하는 데 절실히 필요한 야장도구들도 함께 가져갔던 것이다.

무기류

가야의 무기는 공격무기와 방어무기로 나뉘여진다.

일반적으로 공격용 무기란 적의 유생력량과 전투기재를 파괴소멸하는 데 쓰는 수단을 말한다. 방어무기는 적의 공격으로부터 자신과 자기병력을 보존하는 데 쓰인다. 례하면 방패는 방어가 기본이지만 때로는 적병을 타격하고 살상하는 데 쓰이는 위력한 무기로도 되는 경우가 있다. 또한 검차는 방어무기이자 곧 공격무기로 쓰이기도 한다.

가야의 무기에서 기본은 활과 화살이였다.

고대로부터 중세에 이르기까지 활과 화살은 기본무기의 하나였다. 활과 화살은 원거리 사격무기에 속한다. 그러나 예로부터 조선사람들은 활과 화살을 원거리 살상무기로서만 쓴 것이 아니라 근거리 무기로도 리용하였다.

활은 보통 활채와 시위(활줄)로 이루어져 있다. 활채는 대나무, 뼈, 뿔 등 유기질 재료로 만들었기 때문에 썩어 없어져 지금까지 전해오는 것이 거의 없다. 활줄 역시 소나 말 등 짐승의 힘줄을 뽑아서 말리워 썼기 때문에 남은 것이 거의 없다.

가야의 활에 대하여서는 단편적으로 전하는 유물과 고구려벽화자료를 통하여 그 대체적 륜곽을 알 수 있다.

가야의 활과 화살유물로 가장 오랜 것은 B.C. 1세기경의 창원 다호리유적에서 드러났다. 여기에서는 보병용화살통이 나왔다. 이밖에도 아라가야가 있던 함안고분에서는 사슴뿔로 만든 활들이 나왔다. 고구려벽화의 활과 같은 것으로 보아 만궁의 뿔활꽂이임을 알 수 있다. 고령 지산동 39호무덤에서는 수직으로 된 쇠활꽂이가 나왔다.

화살은 크게 활촉, 화살대, 화살깃의 세 가지로 구성되어 있다. 화살깃은 새깃을 썼을 것이고 화살대는 가야지방에 흔한 대나무를 쓴 것으로 보인다.

가야의 활에는 보병용활과 기병용활이 있었다.

보병용활은 완만한 곡선을 가진 큰(긴) 활이며 화살 역시 길었다. 다호리 1호무덤에서 드러난 화살통은 길이가 약 90cm이고 직경은 약 7cm 정도의 나무로 된 원통형화살통이다. 통 안에는 8~9개의 쇠활촉이 아래로 꽂혀 있었다. 이것으로 보아 보병용화살대는 길이가 적어도

1m가 훨씬 넘는 긴 것이였음을 알 수 있다.

기병용활은 구부림도가 세고 활줄의 길이가 짧은 만궁이였다.

고구려의 짧은 활의 화살대 역시 보병용화살보다 짧았던 것으로 보인다. 활(굽은 활)은 대체로 사람 키의 절반쯤 되였다. 이와 같은 굽은 활은 본래의 굽은 활채를 반대쪽으로 강하게 굽혀서 활줄을 건 것으로서 활채의 탄력이 매우 센 활이였다. 굽은 활의 화살대 역시 보병용 화살보다 짧았던 것으로 보인다. 고구려 춤무덤벽화에 그려진 사냥하는 기마무사들을 보면 오른팔은 량껏 폈지만 화살대의 깃을 잡은 손은 기껏해야 손쪽에 있는 귀아래까지 뻗쳐 있다. 이것으로 보아 화살대는 길어서 70~80cm 정도였을 것이다.

가야고분에서는 많은 량의 쇠활촉이 드러났다.

활촉은 기본적으로 쇠활촉인데 특수하게는 뼈를 가공하여 만든 소리활촉도 있다. 가야활촉은 형태적으로 보면 앞이 삼각형이고 뿌리쪽이 좁아진 활촉, 5각형 활촉, 버들잎모양 활촉, 외날칼모양 활촉, 끌모양 활촉, 소리 활촉, 부채모양 활촉 등 다양하다. 이것은 가야수공업자들이 용도와 살상방도 등을 가늠하여 여러 가지 활촉을 만들었다는 것을 알 수 있다. 창원 도계동 19호움무덤에서는 독사모양 활촉, 끌모양 활촉, 외날칼(손칼)모양 활촉 등 4가지 형태를 일식으로 갖춘 화살촉 24개가 세 겹으로 쌓여 있는 것이 나왔다. 이것은 가야에서의 쇠활촉 생산이 규격화되어 있었음을 보여준다. 쇠활촉의 길이는 각이하지만 큰 것은 14cm 정도로 비교적 길다.

이밖에도 김해 칠산동 24호무덤에서 나온 것처럼 독사머리 모양의 쇠활촉도 있다. 지산동 32호, 33호무덤과 김해 대성동 11호무덤(200여

점)에서는 쇠활촉 일식이 드러났고 합천 옥전 M3호무덤(10개의 떼에 400여 점)과 M1호무덤(300여 점) 부산 복천동 11호무덤(5개의 떼에 101점)에서는 화살통에 넣은 활촉 일식이 드러났다.

화살통은 보병용과 기병용에 따라 길이가 서로 다르다. 그것은 화살 (대)의 길이가 다른 데로부터 오는 차이이다. 보병용 화살통은 어깨로부터 허리까지 잔등에 지는 식으로 달았다면 기병용 화살통은 승마에 편리하게 허리에 차게 되여 있다.

보병용 화살통으로는 의창 다호리 1호무덤에서 나온 것이 가장 이른 시기의 것이다.

기병용 화살통으로는 부산 복천동 11호무덤에서 드러난 것(5개)과 고령 지산동무덤떼, 합천 옥전무덤떼(M1호, M3호 등)에서 드러난 것이 있다.

고령 지산동 39호무덤에서는 금동제화살통이 나왔는데 그것은 원통을 절반으로 세로 쪼갠 것과 같은 모양이다. 크기는 길이가 16.6cm, 너비는 직경이 약 17cm 정도의 비교적 큰 화살통이다. 금동박판에 가는 새김으로 룡무늬 모양의 뚫음새김무늬를 하였고 좌우 각각 1개의 굽은 구슬모양의 장식쇠붙이를 달아맸다. 반원면에도 같은 쌍룡무늬를 하였다.

이밖에도 굽은 활의 화살통은 창원 도계동 19호움무덤(철제화살통), 합천 옥전 5호무덤, 함양 백천리 3호돌칸무덤, 합천 봉산면 반계A호무덤 (금동제화살통) 등에서 드러났다. 그리고 합천 옥전 M1호무덤에서는 금동제화살통이 5개, 31호무덤에서는 철제화살통, 부산 복천동 39호돌 곽무덤에서는 철제화살통이 드러났다.

창도 옛날에는 위력한 무기의 하나였다. 창은 손에 쥐고 대상을 찌르거나 던져 찌르는 공격용 무기이다.

가야사람들은 쇠를 녹여 쇠창도 많이 만들어 썼다.

창은 보통 창대(자루)를 나무로 하였기 때문에 창날과 창다리만 쇠로 만들었다. 고다리는 구리로 하는 경우도 있었다.

가야고분에서 드러난 창날은 크게 형태에 따라 4~5개 모양으로 나뉘여진다. 1형태는 관이 전혀 없이 날이 뾰족하고 밋밋한 것이고 2형태는 검(날) 모양으로 관이 약간 도드라져 나와 있다. 3형태는 주머니 바닥부위에 원반모양의 창코(창마구리)가 붙어 있고 창 모양이 검 비슷이 생긴 것이 특징이다. 4형태는 창날이 두 가닥 또는 세 가닥 심지어 네 가닥으로 갈라져 있는 2지창, 3지창, 4지창이다.

가야수공업자들은 이렇게 창을 용도(보병용과 기병용)와 살상효과에 따라 여러 가지로 만들어 썼다. 그러기 위하여 그들은 여러 가지 형태로 창날의 주물형타를 만들고 거기에 쇠를 녹여 부었으며 일정한 모양이 된 다음에는 두드려 벼렸다. 창날은 자루를 끼울 수 있게 구멍을 냈고 신분이 높은 자가 쓰는 창은 장식적 효과를 높이기 위하여 창녕 교동 11호무덤의 창에서 보는 바와 같이 창날 끝머리에 은판을 감았다. 귀족들은 창날집에도 은판 또는 금동판을 감을 때가 많았다.

가야고분들에서 창이 나온 정형을 보면 다음과 같다.

창날모양	무덤 이름
1형태 (관이 없는 뾰족한 모양)	창녕 교동 11호무덤, 성주 성산동 1호, 2호무덤, 고령 지산동 3호무덤, 부산 복천동 1호무덤, 함양 상백리무덤, 진주 수정동 3호무덤, 진주 옥봉 7호무덤
2형태 (관이 약간 도드라져 나온 모양)	진주 성산동 1호, 2호무덤, 고령 지산동 2호무덤, 함안 말이산 34호무덤, 함양 상백리무덤, 창녕 제남리 1호무덤, 동래 칠산동 1호무덤

창날모양	무덤 이름
3형태 (창코가 있는 것)	창녕 교동 8호무덤
4형태 (여러 개의 가 지날이 있는 것)	창녕 계남리 1호무덤(길이 15.5cm, 3지창), 창녕 계남리 4호무덤 (길이 35cm), 부산 복천동 10호무덤, 합천 옥전 M3호무덤(4지창)

이밖에도 부산 복천동 11호무덤에서는 쇠창이 단꺼번에 13개가 나왔고, 고령 지산동 32호, 35호무덤에서는 각각 2개씩 나왔다. 김해 례안리, 합천 옥전 M3호, 마산 현동, 김해 량동리 등지에서도 여러 가지 창이 드러났다. 특히 합천 옥전 M3호무덤에서는 지금까지 보지 못했던 4지창이 나왔다. 가야의 4지창은 가야사람들이 진출한 일본렬도의 나라현 고죠네꼬즈가고분에서도 드러났다.

가야사람들의 무기에서 또한 중요한 것은 칼과 검이다.

검과 칼은 먼저 잘 녹인 철물을 주물형타(거푸집)에 부어 넣어 성형한 다음 다시 여러 번 벼림질을 하여 자루를 맞추어 완성하였다.

칼(검)자루에는 사회적 직위와 재산 정도에 따라 여러 가지로 장식을 하였는데 사슴뿔로 자루를 맞춘 것이 제일 많이 보급되었고 금은장식, 금동장식을 한 것도 있었다.

사슴뿔로 칼자루를 맞추는 것은 가야의 고유한 칼(검)자루 장식수법이였다. 그 력사는 매우 오래며 1세기경의 웅천조개무지에서 그 실례를 찾아볼 수 있다. 창녕 교동 89호무덤의 사슴뿔(록각)단검을 비롯하여 함안 말이산 34호무덤, 복천동 10호무덤, 김해 례안리무덤떼들에서 사슴뿔자루장식손칼이 많이 나왔다.

가야수공업자들은 칼을 다양하게 만들었다. 가야의 칼은 어떻게 꾸미는가에 따라 여러 가지로 갈라졌다. 그 종류를 보면 칼자루 끝이 둥근

원두대도와 자루 끝에 둥근고리가 있는 고리자루큰칼(환두대도) 등이다.

원두대도(큰칼)는 가야의 이른 시기의 칼이며 어떤 의미에서는 가야의 고유하고 전통적인 칼자루형식이라고 말할 수 있다.

고리자루큰(긴)칼은 고리 안에 아무런 장식도 없는 것(민고리자리칼)과 장식을 한 칼로 구분된다. 고리 안에 어떤 장식을 하는가에 따라 세 잎사귀의 모양을 딴 세잎고리자루칼, 세 개의 C자모양 고리를 련결한 삼루(三累)고리자루칼, 하나의 봉황(주작)을 새겨 넣은 단봉고리자루칼, 한 마리의 룡을 새겨 넣은 단룡고리자루칼, 두 마리의 룡 대가리를 새겨 넣은 쌍룡고리자루칼, 두 마리의 봉황을 새겨 넣은 쌍봉고리자루칼, 봉황과 룡을 각각 한 마리씩 새겨 넣은 룡봉고리자루칼이 있었다.

조선의 고리자루칼은 원래 고구려에서 발생발전하였다. 고리자루칼은 손에서 칼이 떨어지지 않게 고리에 끈을 매고 손목과 련결시킨데로부터 시작되였다. 그 이후 발전적으로 고리 안에 여러 가지 장식을 하게 된 것이다. 그것이 남쪽 나라들에 전파되였다. 고리 안에 여러 가지 장식을 한 고리자루칼은 백제나 신라로부터 가야에 들어온 것도 있었고 자체로 만든 것도 적지 않았다. 물론 이러한 칼이 실전용보다도 장식적 효과를 노려서 품들여 제작된 세공품이라는 것은 두말할 것 없다. 그것은 권력과 재부를 시위하거나 위장용으로 사용되였다.

가야지역에서 여러 가지 장식을 한 고리자루칼이 수많이 드러났을 뿐 아니라 백제와 신라에서도 가야의 것과 비슷한 것들이 나온 것을 보면 이러한 장식칼이 당시 남쪽 세 나라의 지배귀족들 속에 크게 류행되였던 것으로 보인다. 특히 룡봉고리자루칼은 국왕 또는 왕족들의 것으로 보아진다. 이러한 칼이 껴묻히는 고분에서는 의례히 금동관이 함께 나왔다.

고리자루칼의 출토 정형을 보면 다음과 같다.

유물	무덤 이름
민고리자루칼	창원 도계동무덤떼, 합천 옥전 M1호무덤(3), 부산 오륜대 9호, 26호무덤, 합천 옥전 71호무덤, 부산 복천동 11호, 22호무덤(3), 합천 옥전 M3호무덤, 28호무덤(6)
세잎고리자루칼	창녕 교동 7호, 11호, 89호무덤, 성주 성산동 1호, 2호무덤, 부산 복천동 11호무덤, 부산 두구동 3호무덤, 고령 지산동 45호무덤, 창녕 계성리 1호무덤
세고리이음무늬 고리자루칼(삼루)	부산 복천동 8호, 11호무덤
단봉고리자루칼	고령 지산동 32호무덤, NE-1호무덤, 39호무덤[18], 전 창녕고분[19], 합천 옥전 M3호무덤[20], M4호무덤(상감구갑무늬와 금장식의 두 자루), 산청 중촌리 3호무덤, 합천 옥전 M6호무덤
단룡고리자루칼	전 창녕고분[21], 전 선산고분, 합천 옥전 M3호무덤
쌍룡고리자루칼	창녕 교동 10호무덤[22]
도깨비무늬(귀문) 고리자루칼	전 창녕고분[23]
룡봉고리자루칼	합천 옥전 M3호무덤(2)

---

18 지산동 39호무덤에서 나온 칼은 현재 길이 29.4cm이며 자루고리의 가로 직경은 5cm이다.

19 전 창녕고분의 《전》(傳)은 《오구라코렉션》의 등록품을 의미한다. 여기서 전하는 칼은 모두 두 자루인데 하나는 전체 길이가 80.8cm이며 자루고리의 가로 직경은 5cm이다. 또 한 자루는 전체 길이가 92.3cm이며 고리자루의 가로 직경은 4.7cm이다.

20 옥전 M3호무덤의 것은 은상감한 봉황무늬고리자루큰칼인데 파장무늬민고리자루칼과 함께 나왔다.

21 칼은 현재 길이 28cm이며 자루고리의 가로 직경은 7.2cm이다.

22 쌍룡고리자루칼은 전체 길이 91.8cm이고 자루길이 16.8cm, 칼집 길이 75cm, 자루고리의 가로 직경이 5.6cm이다.

23 칼은 전체 길이 93.5cm이며 고리자루의 가로 직경은 5.5cm이다.

이밖에도 가야사람들은 손칼을 많이 만들어 썼다. 크기는 오늘의 손칼만한 것으로부터 20cm 되는 것도 있었다. 20cm 되는 큰 손칼은 칼끝이 날 바깥쪽으로 몹시 휘였는데 무기적 성격도 띄었다.

이렇게 날이 몹시 휜 손칼을 굽은손칼이라고 한다. 이런 칼이 껴묻혀 나온 고분은 부산 복천동 21호, 22호, 11호, 1호무덤들인데 이 무덤들은 다 대형고분들이다.

작은 손칼은 고령 지산동 2호무덤, 복천동 10호, 11호무덤을 비롯하여 적지 않은 가야고분에서 드러났다. 특히 옥전 M3호무덤에서는 손칼이 60~70개나 드러났다.

쇠도끼는 공구이기도 하지만 위력한 무기로도 쓰이였다. 고구려의 고국원왕릉의 벽화에서 보는 것처럼 도끼는 보병들이 주로 메고 다닌 것으로 보인다. 말하자면 보병(부월수)용과 의장용으로 쓰이였을 것이다.

끌모양무기는 날몸이 창날처럼 끝머리가 뾰족하지 않고 주머니 모양을 이루어 자루를 끼울 수 있게 하였다. 본래는 공구였던 것이 무기로 쓰인 것으로 추측된다. 끌모양무기는 창녕 교동 7호무덤, 복천동 10호무덤, 11호무덤, 성주 성산동 2호무덤, 김해 례안리무덤떼, 고령 지산동 32호무덤, 35호무덤, 합천 옥전 M1호무덤 등에서 나온 것이 있다.

가지극은 종전에 가시 있는 이형리기라고 불리우던 철기(미늘쇠, 미늘창)이다. 보병들이 기병을 말에서 끌어내리는 데 쓰인 무기로 보인다. 가야를 비롯하여 삼국시기에는 이러한 가지극부대가 하나의 병종으로 독립해 있었다. 그것은 신라에 부대가 있었던 것으로 보아 틀림없을 것이다.

가지극은 장방형의 철판 량쪽을 끊어 2~3개의 가시(가지)모양을 만든 것이다. 바닥부분은 자루를 끼워 맞출 수 있게 통모양의 주머니를 형성하였다.

가지극은 가지의 생김새와 몸체형태에 따라 크게 두 가지로 나눌 수 있다. 하나는 몸 웃쪽이 일직선이면서 끌대가리모양을 하고 가지모양은 앞을 향해 있는 것이다. 또 하나는 몸체 웃쪽이 삼각형 또는 끌대가리 모양을 하고 가지는 다같이 뒤쪽을 향하여 구부러져 있다. 이러한 가지극은 창녕 계남리 4호무덤, 부산 복천동 1호무덤, 부산 오륜대무덤(5개), 합천 옥전 M3호무덤 등에서 드러났다. 출토량은 령남지역에서 약 60개 가량이다.

이것으로 보아 가지극이 삼국시기의 일반적인 보병무기였음을 알 수 있다.

이밖에도 의기용 장식도구로서의 가지극이 있다. 삽이나 창날에 나무 자루를 끼는 것처럼 철판에 나무자루끼우개를 한 의기용 가지극은 여러 가지 형태를 가졌다. 그것은 좌우에 각각 하나씩 철판을 구부려 고사리모양 장식을 한 것(창원 동계동 18호무덤, 길이 19.2cm), 좌우에 각각 4개(김해 례안리 150호무덤, 길이 21.4cm)의 장식물이 붙은 것 등이다. 고사리모양 장식은 아니지만 갈구리 같은 가지를 만든 것(대구 비산동 37호무덤, 1호돌칸무덤, 길이 13.5cm), 아무런 장식도 없는 것(합천 저포 리 E2호무덤, 길이 25.5cm) 등도 있다. 이러한 의기용 가지극으로는 합천 옥전 M1호, M2호, M3호, M6호무덤에서도 드러났다.

쇠낫은 본래 벼를 비롯한 곡식들을 베는 농기구였으나 싸움판에서 적들의 목을 걸어 당겨 베거나 찍는 데 위력한 무기로 쓰이였다.

쇠낫은 날몸이 강쇠로 되었고 날몸을 나무자루에 끼울 수 있게 통모양 주머니가 나 있다.

가야의 쇠낫은 날선이 가볍게 안쪽으로 구부러져 있고 날끝이 갈구리 모양으로 휘였다. 자루는 못으로 고정시킨 것, 쇠줄로 맨 것 등 여러 가지이다. 이러한 쇠낫이 나온 유적은 창원 도계동무덤떼, 대평리유적, 합천 오림동무덤떼, 옥전 M3호무덤, 거창 말흘리 1호무덤, 창녕 교동 7호무덤, 계남리 1호무덤, 고령 지산동 2호, 3호, 33호, 35호(5개), 가룬동 무덤, 함양 상백리무덤, 부산 복천동 11호무덤, 합천 옥전 81호(단조쇠낫), 83호무덤, 창녕 교동 1호, 3호, 4호무덤 등이다.

쇠낫이 농구로뿐 아니라 무기로 쓰이였다는 것은 창녕 교동 89호무덤에서 나온 쇠낫과 같이 칼집처럼 나무에 칠한 낫집이 나온 것을 보아도 잘 알 수 있다.

장구류

장구류는 전투 시에 사람들의 육체를 보호하는 수단이다.

이러한 수단으로는 방패와 투구, 갑옷이 있다. 그밖에 어깨갑, 목갑, 정강이갑 등이 있다. 여기서 기본을 이루는 것은 투구와 갑옷이다. 가장 위력한 투구와 갑옷은 철갑으로 만들었다.

가야수공업자들은 좋은 강쇠로 단조한 철판을 가지고 여러 가지 모양의 투구를 만들었다.

가야의 투구는 형태에 따라 크게 세 가지로 나뉘여져 있다. 하나는 배머리모양을 한 투구이고 다른 하나는 채양 달린 투구이며 또 다른 하나는 사발모양 투구이다.

가야수공업자들은 투구와 한 조를 이루는 갑옷도 잘 만들었다.

갑옷은 크게 보병용과 기병용갑옷으로 나누는데 보병용갑옷은 주로 웃몸을 가리는 단갑이며 기병의 것은 쇠찰갑을 엮어 만든 괘갑이다. 괘갑은 말에 오르내리기 쉽고 상반신만이 아니라 하반신까지도 가리웠다.

단갑은 고구려를 비롯하여 삼국시기 보병들이 즐겨 입은 갑옷의 일종이다. 고국원왕릉벽화에 그것이 잘 반영되어 있다. 그런데 유물로서의 단갑은 가야고분에서만 나왔다. 가야의 단갑은 재료에 따라 가죽을 엮어 만든 가죽단갑과 강철강판을 엮어 만든 철단갑으로 나뉘어진다. 그리고 엮음방법에 따라 가죽엮음식과 징박이식이 있다.

가야의 단갑은 처음 가죽엮음식으로 된 가죽단갑이던 것이 철이 널리 보급됨에 따라 차츰 철판식으로 된 단갑으로 발전하였다. 엮음식도 가죽엮음식으로부터 쇠못을 달구어 박는 징박이식엮음법으로 발전하였다.

단갑의 기본재료는 철판이다. 특수하게는 금동판이 있고 또 철판에 금을 씌운 것도 있다. 이러한 것은 지배계급 상층의 요구에 의해 장식품으로 만들어졌다.

가야수공업자들은 철판을 각이하게 잘라내였는데 형태에 따라 짧은 장방형판, 세로 가늘고 긴 철판(수신판), 가로 긴 철판(횡신판), 삼각형의 네 가지 형식으로 만들어 엮었다.

단갑의 크기는 대체로 뒤부분이 46cm 정도이고, 앞부분이 약 33cm 정도이다. 좌우너비는 47cm이다.

가야단갑은 목도리가 없는 것과 있는 것이 있다. 김해 덕산리에서 나왔다고 하는 기마인물형도기를 보면 단갑에 목을 보호하는 목도리가 달려 있다. 고령 지산동 32호무덤에서 나온 단갑을 보면 어깨갑보다 목갑으로 보이는 목도리 비슷한 갑이 있다.

가야수공업자들은 단갑의 착용도 여러 가지로 할 수 있게 하였다. 그것은 머리부터 통채로 뒤집어쓰는 것과 옆구리부위에 접철을 붙여 여닫기를 하게 된 것이다.

가야수공업자들은 단갑의 철판 자체에 고사리모양 무늬를 돋치기도 하였다.

괘갑은 가늘고 긴 쇠찰갑을 물고기 비늘처럼 즐비하게 엮어 만든 갑옷이다. 괘갑은 배머리모양투구와 한 조를 이루면서 어깨갑, 목갑, 손등갑 등 부속찰갑이 많다. 괘갑은 단갑보다 움직이기에 더 편리하며 말에 오르내리기 쉬운 데로부터 흔히 기병들이 쓰는 것으로 알려져 있다.

함양 상백리무덤에서 드러난 가야괘갑의 쇠패 쪽은 길이 7.5cm, 너비 2.5cm의 장방형 철판이다. 대체로 이 정도의 크기로 강철판을 잘라 엮어 만든 것으로 보인다.

가야고분에서 드러난 투구갑옷을 보면 5세기를 전후한 시기를 하나의 전환점으로 하여 엮음기법이 달라진다. 다시 말하여 5세기를 전후한 시기에 종래 철판을 가죽끈으로 엮어내던 것을 징박이엮음식으로 전환하게 되는 것이다. 이것은 투구갑옷 제작기술에서 하나의 혁신이라고 할 수 있다. 왜냐하면 가죽끈은 무거운 철판의 중량에 잘 견디지 못하는 반면에 쇠못에 의한 징박이기법에 의한 엮음법은 반영구적이기 때문이다. 또한 그것은 기술발전사적 견지에서 보더라도 대단히 혁신적인 것이였다.

그러면 이러한 기술이 가야 자체 내부의 기술적 혁신인가 아니면 외부에서 들어온 기술인가 하는 것이다.

가야의 이러한 기술은 고구려의 것을 도입하였다고 볼 수 있다.

앞에서 이야기된 것처럼 가야는 고구려의 남방진출과 관련하여 직접 고구려 군사들과 겨루어보았다. 전투는 가야의 대참패로 끝났으나 전쟁을 겪는 사이 가야는 고구려의 우수한 군사 무장장비에 대하여 알게 되였던 것이다.

고구려는 무덤벽화들에서 보는 것처럼 벌써 4세기 중엽에는 발전된 투구와 갑옷이 있어 군사들과 말까지도 괘갑을 입고 무장하였다. 고구려에서는 괘갑을 입은 무사가 마면갑을 쓰고 쇠갑옷을 입었는데 이러한 무사를 개마무사라고 불렀다.

이 시기의 고구려의 투구, 갑옷은 무거운 쇠찰갑의 중량을 감당하기 위하여 가죽끈이 아니라 징박이로 쇠찰갑을 엮어내였다. 바로 이와 같은 고구려의 징박이식철편엮음법이 전쟁을 통하여 가야에도 전래되였던 것이다. 가야사람들이 진출한 일본렬도에서 징박이식엮음법이 5세기 중엽경에 나타나기 시작하며 또 부산 복천동 10호무덤(5세기 초중엽)에서 종신판징박이단갑의 첫 출현 등은 그것을 잘 보여준다. 지금까지 남조선 일대에서 14개 정도의 징박이단갑이 드러났다. 5세기 초엽경부터 징박이철편엮음법과 함께 고구려식 투구인 사발모양투구가 가야지방에 전해져 나타나기 시작한다. 그 시기는 부산 복천동 34호무덤과 21호무덤에서 보는 바와 같이 5세기 초에 시작된다.

지금까지 가야지역에서는 78기의 무덤에서 투구, 갑옷이 드러났다.

그 중 40기가 락동강류역인 부산과 김해지방에 집중되여 있다. 부산 복천동무덤떼에서 22기, 김해 대성동무덤떼에서 12기 정도이다. 이것은 투구, 갑옷을 드러낸 전체 가야지역 고분들에서 많은 몫을 차지한다. 이 수자는 앞으로 더 늘어날 것이 예견된다.

가야지역에서 확인된 투구, 갑옷은 단갑 31개, 수신판 투구 40개, 채양 달린 투구 2개, 배머리모양 투구 3개, 괘갑(쇠찰갑) 24개 등이다. 이밖에 괘갑의 부속품으로서 나팔모양경(목)갑 16개, 꽹(다리)갑 2개, 단갑의 부속품으로서 경갑 4개, 어깨갑 2개가 있다. 그리고 형식이 규정되여 있지 않은 투구가 12개, 그밖의 투구 5개가 있다. 이것은 사람이 쓰는 장구류이다. 말의 장구류로서의 말투구 9개, 말갑옷 5개가 있다.

마구류

가야고분에서는 마구류도 적지 않게 드러났다.

가야고분에서 많은 량의 마구류가 드러난 사실은 가야에 강력한 기마대가 존재한 증거이며 가야 철생산과 그 가공술 발전의 한 측면을 엿보게 한다.

가야에서는 마구류 제작이 발전하였고 기마술도 능하였다. 《삼국사기》 거도전에는 가야와 린접해 있는 신라(탈해니사금시기)의 기마에 대한 기록이 나온다. 거도라는 신라의 변경수비군이 우산국과 칠산국을 병탄하기 위하여 기마놀이를 자주 벌렸는데 신라사람들은 그를 말아저씨라고 불렀다고 한다. 이것은 신라가 일찍부터 말타기를 하였다는 것을 보여준다.

신라에 이웃한 가야 역시 말타기가 성행하였다는 것은 자명한 것이다.

김해 대성동유적 등에서 말모양띠고리가 나온 것은 가야에서 일찍부터 기마에 남다른 관심이 있었기 때문이다.

고고학적으로 볼 때 우리나라에서 가장 이른 시기의 마구류는 돌곽무덤과 움무덤들에서 나온다. 마구류는 평양시 석암리유적(움무덤, 나무곽), 부조예군무덤, 대동군 상리유적, 경주 내남면 탑리유적, 평양시 토성동 4호무덤은 은률군 운성리 5호무덤, 대전시 괴정동 돌곽무덤 등에서 나왔다. 이 무덤들에서는 청동제마면갑, 말자갈, 마탁, 가죽띠고리 등이 드러났다. 가야의 마구류는 바로 이와 같은 마구류 제작의 오랜 전통에 기초하였다.

가야의 마구는 크게 사람이 말에 오르기 위한 기구와 말을 부리기 위한 기구 그리고 치레거리로 구성되었다. 특수하게는 군마인 경우 말투구(마면갑)와 말갑옷이 있다.

마구류의 기본은 어디까지나 철을 녹여서 만든 것이다. 귀족상층들은 재부와 권력의 과시로 금을 쓰는 경우가 적지 않았는데 그것은 철판에 금을 씌우거나 구리판에 금을 씌우는 것(금동)이다. 그러한 것은 장식적 효과를 노리기 위한 것으로서 실용적 가치는 얼마 없었다.

말에 오르기 위한 기구로서는 안장과 등자, 그것들을 장치하기 위한 말띠와 띠고리로 되여 있다.

안장은 안교(전안교, 후안교)와 안교깔개, 말다래(장니)로 이루어져 있었다.

가야고분에서 나온 안장을 보면 안교 앞뒤에 붙었던 철제복륜과 등자만 남고 나머지 안교깔개 등은 다 썩어 없어졌다. 복륜과 등자가 남을 수 있었던 것은 이것들이 철판 또는 금동으로 제작되었기 때문이다.

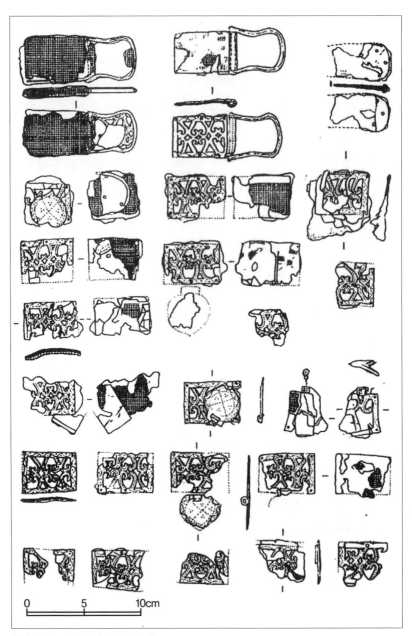

합천 옥전 M1호무덤의 각종 띠고리.

복륜은 먼저 실용적인 것으로 만들어졌다가 후에 장식적인 화려한 금동제품으로 제작되었다. 철로 된 복륜은 많은 경우 나무안교에 붙여진 것이다. 지산동 35호무덤에서 그러한 것이 나왔다. 철판에 은을 씌운 징박이안교는 함양 상백리무덤에서, 금동제품은 고령에서 나온 것(웃너비 56.5cm)이 있다. 고령에서 나온 금동복륜은 당초무늬화한 룡무늬로 뚫음새김한 아주 호화로운 것이다. 합천 옥전 M3호무덤에서는 특이하게 8각형의 거북등(구갑)이음무늬를 한 금동안교(복륜)가 나왔다. 이밖에도 합천 옥전 M1호, M2호, M6호무덤 등지에서 말안장이 나왔다. 안교의 기본은 나무였으며 나무 우에 각종 문양을 한 철판 또는 금동을 씌웠다. 함안 말이산 34호무덤의 것은 나무안교에 철판을 씌운 것이다. 그밖에 철판에 금, 은을 씌운 것 등도 있다.

등자(발걸이)는 안장 량쪽에 하나씩 드리워 말타는 사람이 오르내리거나 말을 몰고 갈 때 안전을 유지하며 말의 행동을 지지시키거나 조종하는 것이다. 가장 오래다고 하는 등자가 4세기를 거슬러 오르지 못한 것은 등자의 출현이 그만큼 늦어졌다는 것을 보여준다.

등자는 고구려에서 처음 나왔다가 그 후 백제와 신라, 가야에도 전해졌으며 지어 중국에까지 전파되었다.

가야의 등자는 재료와 형태에 따라 여러 가지로 구분된다. 등자는 가장 오랜 것이 나무판의 테두리를 철판으로 감싼 것이다. 다음 철판으로 만든 등자가 제작되었다. 철판 우에 금을 씌운 것과 철판 대신 금동판을 씌운 등자도 있다. 좀 특수한 것으로는 지산동 45호무덤 주곽에서 엷은 쇠띠로 ㄱ자형으로 구부려 만든 등자가 드러났다.

등자의 모양(형태)은 륜등 즉 둥근 등자가 기본이다. 일부 호등 즉

단지모양 등자도 더러 있다.[24]

　가야의 등자가 드러난 유적으로는 진주 수정 2호무덤, 옥봉 7호무덤, 복천동 35호, 21호, 22호, 1호(2쌍), 36호무덤, 고령 지산동 32호, 33호, 35호무덤, 함양 백천리 3호돌칸무덤, 함양 상백리무덤, 합천 옥전 5호, M3호(3쌍), 반계제《아》A호, 《우》A호무덤, 거창 말흘리 2호무덤 등이다. 그 가운데서 복천동 35호, 36호무덤에서 드러난 나무판에 철판을 씌운 둥근 등자가 가장 오래며 10호무덤의 것이 그보다 시기적으로 좀 늦다. 합천 옥전 M3호무덤의 등자는 2쌍이 철제 등자이며 다른 하나가 나무판에 철판을 씌운 등자이다. 고령 지산동의 것은 5세기 중엽경의 것으로 보이며 진주 수정봉과 옥봉의 것은 묘제와 질그릇의 편년으로 보아 6세기에 들어와 제작된 것으로 보인다. 그밖의 등자로서는 합천 옥전 M1호(3쌍), 82호, M6호, M2호무덤 등에 나온 것이 있다.

　가야마구류에서 주목되는 것은 말투구(마면갑)와 말갑옷 및 구불구불한 사행모양 철기이다.

　말투구는 말대가리(연부 포함)의 생김새에 맞게 철판을 두드려 만든 것이다. 눈구멍을 내고 귀가리개를 댔다. 말갑옷은 네 다리의 발목 가까이까지 온통 쇠찰갑이 뒤덮게끔 만들었다. 이렇게 한 것은 군사들뿐 아니라 말까지도 잘 보호함으로써 기마부대의 전투력을 높이고 적으로 하여금 위협을 받게 하는 등 여러 가지로 의의가 있었다.

　지금까지 옛 가야지방에서 드러난 말투구는 모두 9개 정도이다. 그것들은 부산 복천동 35호, 36호, 10호무덤, 부산 학소대1지구 3호무덤,

---

24 합천 반계제 《우》A호무덤에서는 단지모양 등자가 드러났다. 6세기 초의 것으로서 우리나라와 일본 특히 북규슈에서 드러난 단지모양 등자는 가야의 대표적인 것이다.

합천 옥전 28호, M1호, M3호(2점), 23호무덤, 김해 대성동 11호무덤 등에서 나왔다.

가야 말투구의 구체적 생김새는 합천 옥전 M3호무덤에서 나온 것을 대표적으로 들 수 있다.

옥전 M3호무덤에서는 피장자의 머리와 발부위에서 각각 1개씩 말투구가 드러났다.

먼저 첫 번째의 말투구를 보면 그것은 얼굴덮개와 뒤 끝에 거의 수직으로 붙인 얼굴가리우개로 구성되어 있다. 얼굴부분의 량쪽에 있는 볼가리개는 발견되지 않았으나 얼굴덮개의 량측면 하단에 좌우 2개씩(4개)의 접철 비슷한 쇠붙이가 붙어 있는 것으로 보아 본래는 볼가리개가 있었던 것으로 추측된다. 얼굴가리개의 웃부분은 납작하지만 눈구멍을 경계로 코쪽이 부풀어올랐으며 말의 코구멍과 같은 모습으로 량끝이 Ω 모양으로 크게 벌어졌다.

얼굴가리개는 가운데의 넓은 철판을 중심으로 좌우에 대칭되게 보다 작은 철판(귀가리개)을 붙여서 가볍게 하였다.

말투구의 제작을 보면 먼저 두께 0.2cm의 얇은 철판 8장을 리용하여 얼굴덮개를 만들었다. 그것은 철판에 코와 눈의 위치를 정하고 전체적인 형태를 만든 후 얼굴부분의 좌우에 각기 2장씩 4장의 철판을 오려서 웃철판의 안쪽에 붙인 다음 작은 대갈못을 박아 고정시켰다. 이때 코부분의 철판은 말의 코와 비슷한 형태가 되도록 가공하였다. 얼굴덮개의 철판을 고정시킨 대갈못(징)은 직경 0.3cm 정도로 아주 작은 것으로서 웃부분의 한쪽에 31개씩 모두 62개를 사용하였으며 측면의 철판을 고정시키기 위해 한쪽에 3개씩 모두 6개를 사용하였다.

얼굴덮개의 크기는 길이 49.5cm이고 뒤부분 너비는 25.5cm이다. 코 부분의 너비는 19cm, 가운데의 가장 높은 곳의 높이는 11.4cm, 코끝 가장 낮은 곳의 높이는 5.8cm이다. 얼굴가리개는 1장의 넓은 철판을 리용하여 만들었다. 귀가리개는 보다 작은 철판을 낮가리개의 안쪽에 붙여서 각각 7개의 징을 박아 결합시켰다. 얼굴가리개와 얼굴덮개는 25개의 징으로 결합고정시켰다. 얼굴가리개와 얼굴덮개의 겹치는 부분을 모두 L자 모양으로 접어서 서로 겹치게 하여 징으로 고정시킨 것은 견고성을 높여줄 뿐 아니라 발전된 가야의 단조기술을 보여주고 있다. 그리고 얼굴가리개와 얼굴덮개부의 웃면과 측면이 겹치는 곳에는 3장의 철판을 1개의 징으로 결합시키는 높은 수준의 기법을 적용하였다.

얼굴가리개의 높이는 14.2cm이며 최대너비는 27cm이다. 귀가리개의 높이는 12cm이며 너비는 9.1cm이다.

말투구의 앞면과 뒤면에는 모두 옻칠을 하여 철판이 산화되지 않도록 하였으며 뒤면에 가죽결이 얼마간 붙어 있는 것으로 보아 말의 얼굴에 철판이 닿는 것을 방지하여 말이 상하지 않도록 하였음을 알 수 있다.

두 번째의 말투구는 두께가 2mm인 철판 6장을 리용하여 만들었다.

얼굴덮개는 눈과 코에 해당되는 부분을 갈라내여 웃면을 만들고 량쪽 측면에 해당되는 철판도 역시 잘라냈다. 다음 얼굴가리개로는 눈의 형태에 맞추어 다소 불룩하게 만들어 웃면 철판의 아래에 붙여 27개의 징으로 박아 고정시켰다. 징의 크기는 직경 4mm 정도이다.

얼굴덮개의 길이는 36.5cm이고 너비는 27.2cm이며 코끝부분은 15cm 이다. 낮가리개의 높이는 15cm이고 코부분 높이는 11cm이다.

얼굴가리개는 1장의 넓은 철판을 리용하여 만들었다. 얼굴가리개와 얼굴덮개부의 결합은 얼굴덮개의 웃면 전체와 량측면 철판의 일부를 겹치는 식으로 하였다. 얼굴덮개 우에 낯가리개의 아래쪽 부분을 ㄴ자형으로 접어서 서로 겹치게 하여 고정시켰다. 결합시킨 징은 모두 13개이다. 첫 번째 말투구와 마찬가지로 얼굴가리개와 얼굴덮개의 웃면과 측면판이 겹치는 부분에는 1개의 징으로 3장의 철판을 동시에 고정시켰다.

낯가리개의 높이는 10cm이고 최대너비는 38.6cm이다. 두 번째 말투구에서는 볼가리개도 나왔는데 길이는 22.7cm이고 너비는 14.6cm이다.

말투구 철판의 앞뒤면에는 첫 번째 말투구와 마찬가지로 모두 옻칠을 하여 철판이 삭는 것을 방지하게 하였다.

말투구는 말갑옷과 한 조를 이루고 있다.

김해 덕산리에서 드러났다고 전하는 기마인물상 도기의 말은 비록 말투구는 쓰지 않았으나 쇠찰갑을 온몸에 뒤집어쓴 개마를 형상하였다. 이 한 가지만 보아도 가야에는 고구려에서처럼 개마무사들이 많았다는 것을 알 수 있다. 다만 가야무사가 괘갑 대신 나무갑을 겸한 높은 목도리 달린 단갑을 입고 방패를 든 것이 이채를 띤다.

말갑옷은 괘갑과 마찬가지로 수십 개 지어는 100개가 넘는 쇠찰갑을 엮어 만들어야 하므로 많은 강철판이 있어야 하였다. 말갑옷의 쇠패쪽은 사람이 쓰는 갑옷(괘갑)과 달리 크다는 데 차이가 있다. 합천 옥전 M1호 무덤에서 말갑옷찰갑이 드러난 것이 있다.

이상에서 간단히 가야의 말투구와 갑옷을 살펴보았다. 지금까지 고구려무덤벽화를 통하여서만 볼 수 있었던 말투구와 갑옷의 유물이 가야고분에서 드러났으므로 피상적으로 알고 있던 고구려를 비롯한 삼국시기

나라들의 말투구와 말갑옷의 구체적 생김새를 알 수 있게 되였다.

구불구불한 사행(뱀이 기여간다는 뜻)모양 철기는 말궁둥이에 달아매는 가야의 군마장식품이다.

사행모양철기는 쇠자루 부분에 나무자루를 끼울 수 있게 주머니모양을 하였다. 그리고 구불구불한 쇠대의 끝머리에는 ㄱ자형으로 벌린 쇠막대기를 달았다. 다시 말하여 사행모양철기는 2개의 부분으로 구성되여 있는데 하나는 한쪽 끝에 무엇을 끼울 수 있게 주머니(자루)모양을 한 구불구불한 철봉(쇠막대기)이고 다른 하나는 량 끝에 구멍을 낸 U자 모양의 철봉이다. 이 두 철봉을 맞추어 하나의 마구장식물로 사용하였다. 말궁둥이에는 U형의 반원철봉을 매달고 웃 끝에 구불구불한 철기를 맞춘 다음 철기의 구멍에 장식용 기발이나 댕기를 꽂게 하여 위용을 돋구었다. 이러한 마구장식은 고구려무덤벽화들인 룡강 쌍기둥무덤의 개마무사, 집안 세칸무덤의 개마무사 등에서 엿볼 수 있다.

가야고분에서 드러난 사행모양철기는 약 10개 정도이다. 그것은 진주 옥봉 7호, 수정봉 2호, 합천 반계제《우》A호무덤, 옥전 M3호(2점), 23호무덤, 함양 상백리 중생원 1호무덤, 합천 송림리무덤, 남원 두락리 1호무덤 등지에서 나왔다.

가야의 사행모양철기는 이웃한 신라에서도 드러났는데 경주 금관무덤(3개), 금방울무덤, 천마무덤, 량산 부부무덤, 칠곡 약목무덤 등에서 나왔으며 경주에서는 수집품이 4개 나왔다.

일본에서 드러난 것으로는 나라현 아스까사 옛터의 것을 포함하여 8개 정도가 알려졌다.(《사까끼야마고분군》 교따시교육위원회, 1988년, 88페지, 이까루가 《후지노끼고분》 제1차 조사보고서, 1990년, 417~418

페지)

사행모양철기는 유물에 따라 구부림 정도가 각이하다. 대체로 6~8굽 정도이다. 합천 옥전 M3호무덤의 것은 8굽 정도이며 진주 수정봉 2호무덤과 옥봉 7호무덤의 것은 각기 6굽 정도이다. 함양 상백리무덤의 것은 7굽 정도이다. 이것은 가야수공업자들이 철봉을 천편일률식으로 만든 것이 아니라 여러 가지로 만들었다는 것을 말해주며 그러한 수공업장들이 도처에 있었다는 것을 보여준다. 철기의 길이는 그리 길지 않은데 보통 50cm 안팎이다. 사행모양철기의 용도는 기본이 하나의 기발을 꽂는 것이였지만 경우에 따라서는 여러 가지로 쓰이였다고 생각된다. 다시 말하여 하나의 기발뿐 아니라 경우에 따라 여러 개의 기발도 꽂을 수 있게 하였다는 것이다. 또한 댕기를 비롯한 여러 가지 장식을 하며 때에 따라서는 던질 수 있는 여러 개의 짧은 창까지도 꽂을 수 있었다는 것을 보여준다. 규슈 후꾸오까현 무나가따군 후까마정의 슈꼬난 2호무덤에서 드러난 사행모양철기는 우로 향한 끝머리에 4개의 구멍 달린 철기를 달았다. 이와 같이 현존하는 유물자료는 사행모양철기가 비단 기발꽂이 하나를 위해 제작된 것이 아님을 보여준다. 그러나 사행모양철기는 고구려무덤벽화가 보여주는 바와 같이 기본용도는 기발꽂이였을 것이다.

가야의 마구류로서는 말띠장식인 운주(말띠꾸미개), 행엽(말띠드리개), 말방울, 이음쇠 등이 있다. 이것들은 말자갈, 등자와 함께 한 조를 이루었다.

행엽의 모양은 심엽형, 물고기꼬리모양, 종모양 등 여러 가지이지만 가야의 고유하고 전형적인 그리고 가장 보편적이고 특징적인 것은 검릉형행엽이다. 행엽의 기본재료는 철이다. 신분이 높은 자에 한하여 철판으로 만든 행엽 우에 금이나 은, 금동을 씌우기도 하였다.

합천 옥전 M3호무덤에서는 검릉형행엽이 6점이나 드러났다. 그 가운데서 거북등(구갑)이음무늬를 한 실례를 들어보면 다음과 같다.

먼저 3mm 되는 엷은 철판을 오려서 기본형태를 만든 다음 웃면에만 은도금을 하고 다시 두께 15mm의 은판을 기본형태와 꼭같이 오려서 붙인다. 이 경우 안면에 6각형의 거북등이음무늬를 뚫음새김한다. 그 다음 변두리에 20개의 작은 징을 박고 징대가리에도 은을 씌워 완성한다. 크기는 전체 길이 11cm이고 타원부 너비 5.1cm 그리고 검릉부의 최대너비는 4.9cm이다. 검릉의 각도는 40°, 45°이다.

이밖에도 가야수공업장에서는 철을 가지고 쇠가마를 비롯하여 여러가지 생활도구들을 제작하여 널리 썼다. 쇠가마는 오늘의 쇠가마와 모양과 용도에서 거의 차이나지 않는다. 례컨대 창녕 교동 7호, 11호무덤에서 나온 쇠가마와 량산의 부부무덤에서 나온 쇠가마를 대표적으로 들 수 있다.

앞에서 본 것처럼 가야의 마구류와 밀접히 련결된 사발모양투구, 갑옷 등은 5세기 이후에 집중적으로 출현하였다. 5세기 이후 가야의 수공업장에서는 철가공제작 방법이 새 기술의 도입으로 한층 발전하기 시작하였다.

처음은 락동강하류지구(부산 복천동무덤떼)에서, 그 다음은 내륙지대인 고령지구(합천 포함)에서 투구와 갑옷, 마구류 등이 대량적으로 드러났다. 이것은 가야가 고구려의 무장과 마구류들을 직접 접하면서 자극을 받아 도입한 것으로 인정된다. 특히 합천 옥전 28호무덤에서 드러난 횡신판징박이단갑과 말투구, 갑옷, 사발모양투구 등은 한 조를 이루는 것으로서 고구려의 것 그대로이다. 이것은 가야가 고구려의 군사장비를 통채로 받아들였다는 것을 말해주는 것이다. 다른 한 측면으로는 고구려의 발전된 무장장비를 모방하여 그대로 만들 수 있는 제철, 제강 및 철가공 기술을 가야가 가지고 있었다는 것을 말해준다.

이상에서 보는 바와 같이 가야는 비록 나라는 크지 않았으나 비교적 발전된 제철제강술을 소유하고 있었다. 쇠부리(제철)업도 발전해 있었고 수공업적인 철가공술도 당시로서는 백제나 신라에 못지 않은 높은 수준에 도달해 있었다.

가야에서의 기술발전 특히 철가공술의 발전은 사회적 분업을 보다 심화시키고 나아가서 사회자체를 한층 발전시켰다. 또한 발전된 수공업기술을 가진 가야사람들이 일본렬도에 적극 진출하여 고대 일본의 사회력사 발전을 한층 더 촉진시켰다.

2. 말과 글

가야사람들은 고구려, 백제, 신라사람들과 함께 하나의 피줄, 하나의 언어를 이어받았다. 그들은 이웃한 동족의 나라들과 끊임없는 접촉을 하면서 언어분야에서도 공통성을 가지였다. 특히 가야는 신라와 함께 본래 같은 진국에서 갈라져 나왔던 것만큼 지리적으로 가까운 신라와 련계가 잦았다. 그러므로 말도 세 나라와 다를 바 없었다.

건국 초기에 가야에는 아도한, 여도한, 피도한 등의 9한이 있었다. 한이란 크다는 뜻이다. 신라에도 거서한, 머리한(마립한) 등 크다, 거룩하다는 뜻을 가진 한이 있었다. 이것 하나만 보아도 가야와 신라는 같은 말을 썼음을 알 수 있다.

가야사람들은 같은 조선말을 쓰면서도 다른 한편으로는 자기의 독특한 방언도 어울려 썼다.

《삼국사기》 (사다함전)에는 사다함이 선봉군사를 거느리고 전단량이라는 문을 뚫고 들어간 사실을 서술한 다음 《가라(야) 말에 문을 도(돌)라고 한다.》고 주석을 달았다. 가야사람들이 고구려, 백제, 신라사람들과 함께 다 같은 조선말을 썼던 것은 분명하지만 《삼국사기》 편찬자가

가라말(가야말)이라고 밝힌 것을 보면 가야사람들에게 고유하게 쓰이는 방언도 적지 않았던 것으로 보인다.25

그리고 신라에는 오래동안 가야말을 표기한 기록들도 전해져왔음을 추측할 수 있다.

가야는 건국 초기부터 표의문자인 한자를 사용하고 있었다.

B.C. 1세기 유적인 창원 다호리 1호무덤에서는 5개의 굵고 가는 붓이 나왔다. 이것은 가야에서 일찍부터 글을 쓰고 있었다는 것을 보여주는 자료이다.

《삼국유사》(가락국기)와 《삼국사기》(신라본기)에 나오는 가야에 대한 단편적인 기록들을 통하여 가야에서도 고구려, 백제, 신라와 마찬가지로 정연한 력사 편찬사업이 진행되였었다는 것을 알 수 있다. 그리고 가야는 한자의 음과 뜻을 빌어 말을 표기하였다. 《일본서기》에 가야(임나)의 우두머리를 한(한지)이라고 하였는데 이것 역시 우두머리(한, 간)를 한자의 음을 빌어 표기한 것이고 한지는 막리지(머리지), 마립간(머리한)과 통하는 말이다.

가야사람이 직접 남긴 글로는 합천군 저포리 E지구 4호무덤에서 드러난 목짧은 단지의 아구리 부위에 새겨진 글자와 창녕군 계성리무덤에서 드러난 질그릇에 새겨진 글자를 들 수 있다.26

가야사람들은 쇠칼을 비롯한 금속에도 글자를 남기였다. 대표적인 것으로는 창녕 교동 11호무덤에서 나온 큰 쇠칼과 도꾜국립박물관에

---

25 량(梁)은 돌, 도라라는 뜻을 나타내는 리두식 한자표기이다. 삼국시기에는 받침이 없었기 때문에 돌은 곧 도로 발음되였다. 일본말로 문을 도라고 한 것은 바로 가야사람들의 일본렬도에로의 대대적인 진출의 결과 가야말이 전해져 굳어진 것이다.

26 계성리무덤에서 드러난 글자는 辛[신] 또는 大干[대간]으로 읽을 수 있다.

소장되어 있는 쇠칼을 들 수 있다.

창녕 교동 11호무덤에서 드러난 쇠칼에는 7자 이상의 글이 상감되어 있다. 그리고 도꾜국립박물관에 소장되어 있는 가야의 쇠칼에는 16자의 글이 새겨져 있다.

도꾜국립박물관에 소장되어 있는 칼의 글자는 칼등 부분에 새겨져 있다. 즉 칼끝을 우로 향하게 하여 내리읽게 새겼다.

감정 결과 대체로 다음과 같이 읽을 수 있다. 즉《□畏也□令此刀主富高遷財物多也(… 이 칼을 차는 자는 부귀와 높은 벼슬과 재물들이 많을 것이다.)》라고 씌여 있는데 이것은 일본의 에다 후나야마고분의 칼명문, 백제칠지도의 명문과 비슷하다.[27]

가야사람들은 비석을 비롯한 돌에도 글을 새기였다. 1989년 고령대가야의 령역이였던 합천군 가야면 매안리의 산기슭에서 글자가 새겨진 비석이 발견되였다.

가야 비석은 높이 260cm이고 너비 55cm의 화강암으로 되어 있다.

비석에는 을해년(신해년?)이라는 간지가 새겨져 있다. 이로부터 435년(신라 눌지마립간 19년) 또는 495년(소지마립간 17년)에 건립된 것이 아닌가고 추측되고 있다. 신해년이면 531년일 수 있는 가능성이 크다.

435년 또는 495년은 5세기로서 고령대가야가 금관가야국을 대신하여

---

[27] 교동 11호무덤의 쇠칼은 1919년에 드러난 것으로서 X선으로 투시한 결과 새롭게 알려지게 되였다.

도꾜국립박물관 학예원에 오래동안 소장되어 있던 여러 개의 칼이 새로 알려지게 되였다. 칼을 X선으로 투시한 결과 단봉무늬고리자루큰칼의 칼몸에 글자가 새겨져 있었다. 조사자들은 칼의 출토지를《아마도 경상도에서 발견되였다고 추정되는 5세기의 칼》이라는 막연한 말로 굼때지만[둘러대지만] 창녕과 부산, 합천 등지의 단봉무늬고리자루칼과 대비하여 보거나 고리자루칼의 모양 등으로 보아 가야의 칼이 틀림없다.

맹주적 지위에 올라 한창 강성을 떨칠 때이므로 비석을 만들 만도 하다고 보인다.

비석에는 《辛(乙?)亥年 □月 五日□□四十干支》 등의 글자도 보이는데 이것은 40명의 한지(우두머리)가 한 곳에 모인 그 어떤 회합에서 맹세를 다졌을 가능성이 크다는 것을 보여준다. 이처럼 가야사람들이 신라에 못지 않게 우수한 금석문을 남기였다는 것을 알 수 있다.

이 글자들은 모두 고구려, 백제, 신라와 마찬가지로 한자의 음과 뜻을 빌어서 쓰는 리두였다.

가야에서의 이러한 독특한 말(방언)과 글의 사용은 일찍부터 발전된 가야의 문화수준을 그대로 반영한 것이다.

말과 글의 발전, 서사체계의 정립은 필연적으로 력사기록과 문학발전을 한층 풍부화시켰다.

《삼국유사》(권2)에 있는 《가락국기》는 가야에 대한 유일한 종합적 문헌기록이다. 《가락국기》는 력사기록이자 동시에 하나의 구전문학도서라고 할 수 있다. 특히 김수로왕의 천손강림설화 부분은 리규보의 《동국리상국집》에 실려 있는 고률시 《동명왕편》을 방불케 하는 우수한 구전문학이다.

또한 《가락국기》에는 《거부기노래》, 《홀아비노래》와 같이 시가문학에 속하는 몇 편의 시가도 올라 있다. 이것들은 가야에서도 사람들의 감정세계를 노래한 서정적인 시가문학이 발전하였다는 것을 보여주고 있다.

《가락국기》와 같은 력사문헌기록이 11세기에 편찬되였다는 것은 그 이전 시기에 벌써 우수한 력사책들이 많이 편찬되여 있었다는 것을

보여준다. 창원 다호리 1호무덤에서 드러난 5개의 붓이 이것을 실증해준
다.

3. 건축과 공예

(1) 건축

가야의 건축으로 현재까지 남아 있는 것은 얼마 없다. 왕궁터 같은 대규모 건축터는 확인된 것이 없고 집자리와 무덤, 산성 등이 일부 남아 있을 뿐이다. 이러한 형편에서 집자리와 무덤, 산성 등을 통하여 가야건축의 일단을 살펴보기로 한다.

집

가야사람들의 집 형태는 고분에서 드러난 집모양 도기들을 통하여 어느 정도 짐작할 수 있다. 가야의 집 형태에는 바닥을 기둥으로 띄운 집, 바닥을 높이지 않고 살림집용으로 쓴 집, 빗장을 찌른 집, 2층 다락이 있는 집 등 여러 가지가 있다.

《삼국지》위선 변진조에 의하면 가야사람들의 집은 《가마터가 모두 집 서쪽》모서리에 있다고 하였다. 이것은 가야사람들이 취사용과 난방을 겸한 가마터와 온돌을 설치한 집에서 살았다는 것을 보여준다.

가야의 집자리는 여러 곳에서 드러났다. 집자리유적으로는 마산 현동유적, 거창 대야리유적, 김해 부원동유적 등을 들 수 있다.

마산 현동유적에서는 1개의 집자리가 드러났다. 여기에서는 푸른재색의 경질 및 연질의 목짧은 단지와 붉은간그릇, 식기와 병, 쇠도끼 손칼, 숫돌, 돌칼 등의 생활도구들이 드러났다.

거창 대야리유적에서는 4~5개의 가야집자리가 드러났다. 황강기슭에 위치한 이 집자리는 청동기시대 집자리와 거의 동일한 문화층을 이룬 마을유적이다. 땅 겉면으로부터 25~30cm 정도 높이에 있었던 이 집자리는 평면구조가 모두 타원형이었다. 집자리에서는 붉은간그릇(병), 시루, 푸른재색 경질토기로 된 목짧은 단지 등이 드러났다.

김해 부원동유적에서는 3세기경의 가야집자리가 드러났다. 평면구조는 타원형이고 집자리 서쪽벽에는 돌로 만든 가마터가 있다. 부원동 1지구 제2호집자리에서는 로자리와 온돌이 확연히 나타났다.

집안에 가마를 거는 것은 조선사람들의 고유한 풍습이다. 그것은 《삼국지》에도 밝혀져 있고 고국원왕릉 벽화의 주방그림에서도 볼 수 있다. 이처럼 가야사람들은 타원형으로 된 집들에서 취사용과 난방용을 겸한 가마를 걸고 살았다.

지배계급들은 네모나거나 장방형의 집을 짓고 살았다고 생각된다. 국왕을 비롯한 지배세력들은 규모가 웅대하고 화려하게 꾸려진 왕궁에서 살았을 것이다. 《가락국기》에 전하는 기록에 의하면 금관가야국 수도의 규모는 상당한 정도로 컸다. 김수로는 즉위하자마자 둘레가 1,500보나 되는 외성 안에 궁궐전각과 관청건물, 무기고와 낟알창고들의 자리를 잡은 다음 나라의 장정들과 쟁인바치들을 징발하여 성터를 닦고 건물들을 지었다. 그리고 수도는 외성(라성)으로 둘러쌓았다.

김해 일대에서 당장 이와 같은 대규모의 건축물을 찾아내기는 힘들지만 어쨌든 왕궁이 있었던 것만은 틀림없을 것이다.

고령대가야의 왕궁터도 역시 알려지지 않았다. 《고령읍지》에 의하면 고령분지가 내려다보이는 주산(이산)의 구릉이 뻗어내려간 끝머리에 작은 평탄한 언덕을 이루는 곳이 있는데 여기가 대가야왕궁터라고 하였다.

지난 시기 이곳에 문묘를 세울 때 초석과 기와가 발굴되였으며 그 후 문묘가 있는 곳에서 가야시기의 기와가 수집되였다고 한다. 그리고 이곳에는 연조문에서 유래되였을 수 있는 연조동(골)이라는 지명이 있는데 여기서 얼마 멀지 않은 곳에 주산성이 있다. 성 안에는 셀 수 없을 정도의 많은 기와가 있는데 이곳은 가야왕이 유사시에 거처할 별궁자리로 추측되고 있다.(《조선의 건축과 예술》〈일문〉 이와나미서점, 1941년, 512페지)

가야건축을 리해하는 데서 일본의 기이지방 와까야마현의 나루다끼 유적을 들 수 있다. 집터는 동서 8.7m, 남북 6.8m의 건물 다섯 채(서쪽)와 ㄴ자 모양으로 된 동서 10m, 남북 8.5m 그리고 동서 10m, 남북 8m의 건물 두 채(동쪽)가 있었는데 이것은 당시로서는 큰 건물(창고)터이다.

건물은 가운데에 마루가 있고 28개의 기둥으로 받쳐지고 있다. 건물의 기둥구멍은 직경이 40cm이고 집 한 채의 면적은 대단히 큰 것이 특징이다. 이 유적을 통하여 가야의 건축물 가운데는 규모가 매우 큰 창고도 있었다는 것을 알 수 있다.

무덤

가야의 건축은 무덤에서 가장 뚜렷이 표현되고 있다. 가야의 무덤은 오랜 전통을 가지고 전승되였다. 가야사람들은 무덤을 씀에 있어서 무덤무지(봉분)를 높이 올려 쌓았다.

따라서 가야무덤은 크게 무덤무지, 무덤간, 관의 세 가지로 구성되였다고 말할 수 있다.

먼저 무덤의 립지에 대하여 본다면 가야무덤은 산 경사면이나 구릉 꼭대기에 축조된 것이 특징이다.

고구려, 백제, 신라 등의 무덤은 거의나 다 평지에 축조되는 것이 보통이라면 유독 가야만이 평지에 축조하지 않고 벌지대(평지)를 굽어볼 수 있는 구릉이나 꼭대기에 축조하였다.

무덤무지는 보통 흙과 진흙을 엇바꾸면서 다져 쌓았다. 례외적으로 합천 삼가 1호무덤처럼 뚜껑돌 우에 자갈과 진흙을 섞어 축조한 것도 있다. 작은 무덤인 경우 그저 흙을 씌워 성토하는 것이 일반적이다.

무덤무지의 외형은 기본적으로 둥근무덤 즉 원분이다. 지배계급의 우두머리급 무덤 가운데는 네모난 제사용 단(전방부)을 원분에 잇대여 축대처럼 쌓은 경우가 있다. 이것을 전방후원분이라고 한다. 현재까지 알려진 가야의 전방후원분은 소가야가 위치한 고성 송학동무덤떼의 1호무덤(일명 무기산고분) 1기뿐이다.

가야무덤의 내부구조의 기본은 수혈식돌곽(돌칸)이다.

가야에는 수혈식돌곽무덤 밖에도 수혈계횡구식돌칸무덤과 횡혈식돌칸무덤이 있고 나무곽무덤(토광-움무덤), 독무덤 등 여러 가지 구조를 가진 무덤이 있다. 그러나 가야에서 지배적인 무덤-묘제는 어디까지나 수혈식돌곽무덤이였다.

수혈식돌곽무덤의 돌곽이란 관(널)을 안치할 무덤구뎅이를 돌로 올려 쌓은 장방형의 곽을 말한다. 그러나 네 벽은 돌로 쌓았기 때문에 자연히 관을 우로부터 내려 안치하게 될 수 밖에 없다. 따라서 수혈식이라고 한다. 다시 말하여 수혈식돌곽무덤이란 네 벽을 돌로 쌓고 우로부터 관을 안치하게 되여 있는 것을 말한다. 관을 안치한 다음 뚜껑돌(또는 나무)을 씌우고 흙무지(봉분)를 만들었다. 이것이 가야무덤의 기본형태이고 주류를 이루었다.

물론 사람(피장자)에 따라 그리고 재료와 지대에 따라 돌곽을 다르게 꾸민 경우도 있었다. 깬돌로 곽을 조성하는 집단이 있었는가 하면 판돌로 곽을 조성하는 집단도 있었다. 전자는 할석식이라고 하고 후자는 판석식이라고 하였다. 그것은 어떤 돌을 쓰는가에 따라 갈라지는 것만큼 본질에 있어서는 큰 변화가 없었다.

할석식돌곽무덤은 가야의 가장 보편적인 묘제로서 고령과 성주 등지에 널리 보급되고 분포되였다. 특히 고령지구에는 할석식 일색으로 되여 있다고 해도 과언이 아닐 만큼 할석식돌곽무덤이 많다.

수혈식돌곽무덤은 신분의 차이에 따라 단곽식과 다곽식으로 갈라진다.

돌곽무덤은 횡혈식돌칸무덤과 달리 추장을 할 수 없기 때문에 추가장 또는 순장을 한 경우 한 사람을 위해 여러 개 혹은 수십 개의 돌곽을 주변에 만들고 묻는 경우가 있었다. 그런 경우 다곽식돌곽으로 된다. 단독으로 묻는 경우는 단곽식돌곽무덤으로 된다.

수혈식돌곽무덤은 보통 평면구조가 장방형이다. 특수하게는 방형의 것도 있다. 방형인 경우 부부합장 또는 순장일 경우가 많다. 시기적으로 볼 때는 장방형이 먼저 나오고 방형이 그에 뒤따른다.

곽이 관 이외에도 사람이 들어가 움직일 수 있을 정도로 큰 것 다시 말하여 크기가 곽으로부터 방(실)만큼 큰 것을 돌곽이라고 하지 않고 돌칸이라고 한다.

결국 수혈식돌곽과 수혈식돌칸은 무덤칸 크기에서의 차이이다.

수혈식돌칸과는 달리 세 벽을 먼저 쌓고 입구쪽의 문에서 관을 밀어넣게 만든 무덤을 횡구식돌곽(돌칸)이라고 한다. 관을 넣고 한쪽의 짧은 벽(문)을 마저 올려쌓은 다음 뚜껑을 하여 완성한다. 이러한 무덤을 수혈식돌곽에서 출발하였다고 하여 수혈계횡구식돌곽(돌칸)무덤이라고 한다. 그 후 연도(무덤길)가 달리여 횡혈식무덤으로 발전하였다.

가야에서의 이러한 묘제의 도입은 사람들의 사상의식의 변화와 직접적으로 관계되며 그것은 고구려, 백제 등 이웃나라들의 영향에 의한 것으로 보인다.

이렇듯 수혈식돌칸(돌곽)의 횡혈식돌칸에로의 변화는 가야묘제의 변화발전의 산물이였다. 그러나 횡혈식돌칸은 가야후기 즉 5세기 말이나 6세기에 들어와서 고령지구(3기 정도)와 진주(수정봉)지구, 성주 월항면 수죽동 일대(10여 기) 등 일부지역에 국한되여 발생할 뿐 크게 퍼지지 못하였다. 그것은 횡혈식돌칸이 한창 파급될 때 가야가 신라에 의해 통합되였기 때문이다.

가야의 무덤에서 특징적인 것은 지배계급의 무덤에 한해서 주곽과 부곽이 있는 것이다. 부곽의 설치는 부산 복천동 10호, 11호무덤처럼 순전히 유물(부장품)을 집어넣기 위한 데 목적을 둔 것과 고령 지산동무덤떼, 창리무덤떼처럼 부곽을 추가장이나 순장용으로 설정하는 경우도 있었다. 주곽과 부곽의 존재는 이웃나라들에서는 보기 힘든 가야묘제의 특색이라고 말할 수 있다.

수혈식돌곽(돌칸)무덤으로 대표적인 것은 부산 오륜대, 복천동, 련산동, 반여동, 덕천동, 김해 례안리, 칠산동, 창원 도계동, 교동, 계성리, 사천 례수리, 성주 성산동 등지의 무덤떼 그리고 거창지구, 상주지구, 선산지구 등의 무덤떼들을 들 수 있을 것이다. 가야의 수혈식돌곽(돌칸)무덤은 지역적 및 지대적 특성으로 인한 크고 작은 차이는 있어도 6가야 전체를 휩쓴 대표적 묘제라는 사실에는 변함이 없다.

가야의 수혈식돌곽(돌칸)무덤은 보통 장방형이기 때문에 뚜껑돌을 대체로 가로 거는 경우가 많았다. 김해 례안리, 창녕 계남리무덤떼 그리고 비록 가야지역은 아니지만 경주 미추왕릉지구에는 뚜껑돌 없이 통나무를 덮고 그 우에 봉분을 만든 경우도 있었다. 부산 오륜대무덤떼(28기 조사)에서도 뚜껑돌 없이 나무를 썼다는 것이 알려졌다.

1976년 김해 례안리무덤떼의 조사 때 장방형돌칸과 함께 거의 정방형의 수혈식돌칸나무곽무덤이 몇 기 나왔다. 이것은 신라세력의 이곳에 대한 침투와 밀접히 관계되는 것이다.

가야의 주목되는 묘제로서 나무곽무덤도 있다.

이미 본 바와 같이 가야의 지배적 묘제는 수혈식돌곽(돌칸)무덤이였다. 현재 경상남북도의 옛 가야지역에는 수혈식돌곽(돌칸)무덤이 널리 분포되여 있다. 그런데 가야의 일부지역에는 나무곽움무덤(토광나무곽묘)이 소규모적으로 전개되여 있다.

나무곽무덤이 전개된 곳은 김해 대성동과 량동리, 례안리의 일부

락동강하류의 제한된 지역이다. 김해 례안리와 부산 복천동무덤떼는 기본이 수혈식돌곽무덤이고 일부가 나무곽무덤이다. 말하자면 나무곽무덤은 금관가야국의 수도가 있던 김해와 그 주변에 한정되여 일부 존재하는 것이다.

나무곽무덤은 후기 대가야의 중심지였던 고령 일대에까지 퍼지지 못하였으며 다른 가야지역에도 보급되지 못하였다. 단지 금관가야국의 지배세력의 묘제로 쓰인 데 불과하다.

나무곽무덤은 김해지구 등 락동강 하류지역에 집중되여 있고 그밖에 일부 합천 저포리 A,B지구, 창원 도계동무덤떼, 합천 옥전무덤떼 등에서 조사되였다. 이것은 5세기 이후 금관가야국이 약화됨에 따라 일부 지배계급집단이 고령대가야에 옮겨진 결과 산생되였다고 보인다. 혹은 초기에 나무곽무덤을 쓰는 주민집단의 일부가 이 지역에 정착했을 수도 있는 것이다.

이미 알려져 있는 것처럼 김해 일대에 기원을 전후한 시기 갑자기 나무곽무덤이 지배층들 속에 나타나는 것은 《삼국유사》에 실린 《가락국기》에 나오는 하늘에서 내려왔다는 김수로세력과 결부하여 설명되여야 한다.

나무곽무덤은 고조선의 묘제 특히 락랑 일대의 묘제에 계보를 두고 있다. 고조선의 중심지였던 평양시 락랑구역 정백동과 남사리, 토성동 일대와 그 주변들에는 나무곽무덤과 귀틀무덤이 집중되여 있다. 바로 평양에서 드러난 귀틀무덤과 김해, 부산 일대의 나무곽무덤은 일맥상통하다.

평양 일대의 고조선세력은 남하하여 소백산 줄기를 넘어 경산, 림당을 거쳐 곧바로 남하하기도 하고 경주 일대에 정착하기도 하였다. 초기의 김해나 부산 복천동 일대의 귀틀식나무곽무덤이 경주의 귀틀식나무곽무덤과 어슷비슷하여 하나의 같은 부류에 속하는 것은 바로 이것 때문이다.

김해, 부산 일대의 나무곽무덤은 거기서 드러난 고조선계통의 여러 유물들 례하면 구리단지, 말모양띠걸이 등을 보아도 고조선의 묘제임이 틀림없다. 이러한 고조선의 묘제가 남쪽으로 전파되여 점차 가야의 돌곽식묘제에 서서히 용해되여간 것이다.

가야의 독특한 무덤(곽)으로서 점토곽이 있다.

점토곽은 가야의 수혈식돌곽무덤에서 무덤구맹이(묘광) 바닥에 진흙을 깔고 그 우에 나무곽을 놓는 풍습에서 시작되였다. 바닥의 진흙을 목관에 바른 데로부터 관은 썩어 없어지고 진흙만 남아서 결국 점토곽이 된 것이다. 가야의 점토곽은 부산 복천동무덤떼와 그밖의 무덤유적들에서 확인되였으며 현재도 계속 드러나고 있다. 일본 서부 규슈 동남부의 휴가 사도벌 일대와 기비지방, 가와찌지방(이즈미 포함)의 점토곽은 바로 가야사람들의 진출, 정착의 결과 발생하여 퍼진 것이다.

이상에서 가야의 대표적 무덤(묘제) 몇 가지를 보았다.

그러면 가야고분의 기본묘제인 수혈식돌곽(돌칸)무덤의 연원은 어디에 두고 있는가.

그것은 전 시기 때의 무덤의 지하 내부구조를 발전적으로 계승한 데 있다. 다시 말하여 고조선의 고인돌의 지하구조가 바로 수혈식돌곽 구조의 앞선 형태이다.

그 내용을 보면 창원 곡안리 1호고인돌에서처럼 큰 돌 또는 깬돌을 올려쌓고 네 벽을 축조한 다음 그 우에 몇 장의 장방형판석을 가로걸고 앞뒤에 나란히 뚜껑을 하는 장방형평면구조의 적석돌곽이다. 또는 창원 웅남면 의동리의 돌곽처럼 깬돌을 차곡차곡 올려쌓고 돌을 깔아 바닥을 이루고 네 벽 꼭대기에 뚜껑돌로 판돌을 가로놓은 장방형평면구조의 적석돌곽무덤이다. 이밖에도 네 벽을 깬돌이나 큰 판석으로 올려쌓고 돌관식으로 쌓은 것(대구 대봉정 1구 1고인돌, 2구 4고인돌) 혹은 큰 적석벽으로 둘러쌓인 돌관형돌곽(대구 대봉정 1구 2고인돌) 등 가야수혈식돌곽무덤의 연원을 밝혀주는 선행원형은 많다.

가야의 수혈식돌곽무덤이 고조선시기의 고인돌의 지하구조에 연원을 두고 있다는 것은 1~2세기경의 유적인 부산 오륜대 9호무덤, 26호무덤의 내부구조와 김해 회현리 D지구 제3돌관무덤을 보아도 잘 알 수 있다.

부산 오륜대의 내부구조는 네 벽을 깬돌로 올려쌓고 조성한 다음 몇 장의 장방형판돌을 옆으로 걸어 뚜껑돌로 삼았다. 김해 회현리 D지구 제3돌관무덤 역시 상자식돌관인데 앞선 시기의 묘제를 이어받았다.

이렇게 가야의 기본묘제는 선행 시기의 것을 그대로 계승하였다. 그것은 가야가 변진(변한)의 묘제를 기본적으로 계승하였다는 것을 말해주는 것이다. 다만 선행묘제와 다르다면 껴묻거리에서 현저한 차이가 나타난다는 사실뿐이다. 즉 껴묻거리에서 석기나 청동기 대신 당시로서는 선진유물인 철기가 무덤에 묻힌 것이다.

력사발전의 합법칙적 과정을 거쳐 순차적으로 발전해 온 우리나라는 가야의 력사에서도 봉건사회에 들어오면서 낡은 사회의 유물인 청동기 대신 철기를 사용하고 고분에도 껴묻은 것이다. 의창 다호리 1호무덤이

나 웅천조개무지, 부산 오륜대무덤떼 등은 그것을 잘 보여주고 있다.

가야의 묘제에서 주류를 이루는 것은 수혈식돌곽(돌칸)무덤이였고 일부 금관가야국의 지배층 속에서 나무곽무덤을 쓰는 집단이 있었을 뿐이다. 그것은 고조선의 영향을 받은 묘제였다.

가야에는 수혈식돌곽무덤과 나무곽무덤, 점토곽 이외에도 독무덤이 있었다.[28]

---

28 수혈식돌곽무덤이 가야의 기본묘제라고 하여 가야에만 국한된 것이 아니다. 이웃한 신라에도 수혈식돌곽무덤이 있었다. 일반적으로 신라의 묘제는 적석나무곽무덤이라고 하지만 그것은 어디까지나 3~4세기 이후의 일이다. 그 이전 시기에는 나무곽움무덤과 함께 돌곽무덤이 적지 않게 있었다. 이것은 신라의 력사발전 과정과 밀접히 관련된다.
《삼국지》 위서 변진조에도 있는 것처럼 변진(변한)은 진한과 어울려 살았으므로 서로 어슷비슷하였다. 따라서 진한을 계승한 신라가 변진을 이은 가야와 풍속과 살림집, 묘제가 서로 류사하였다는 것은 리해하기 어렵지 않다. 다시 말하여 가야의 묘제가 수혈식돌곽무덤이였던 것처럼 신라의 묘제도 수혈식돌곽무덤이였다. 경주 조양동유적에서 나무곽무덤과 함께 돌관무덤이 함께 드러난 것은 이것을 잘 보여준다. 신라는 전 시기로 오를수록 돌곽(돌관)무덤이 더 많아진다. 실례로 이른 시기의 경주 미추왕릉지구에서는 다락으로 된 적석나무곽무덤과 작은 규모의 수혈식돌칸무덤이 수많이 드러났다. 이것은 마치도 김해 례안리무덤떼를 련상시킨다. 이러한 사실들은 초기에 신라도 가야처럼 수혈식돌곽무덤이 기본이 되고 독무덤 등이 부차적으로 존재하였다가 고조선의 유민들이 남하하여 정착하면서 신라지배층 속에서 나무곽무덤이 주류를 이루게 되였던 것이 아닌가싶다. 신라는 분권적인 가야와는 달리 고구려적인 중앙집권적 정권형태를 추구하였으므로 나무곽무덤이 수도 경주를 중심으로 전체 지배계급의 묘제로 될 수 있었다. 그 후 나무곽무덤은 4~5세기에 와서 대규모적인 적석나무곽무덤으로 발전하였다. 이것이 고구려의 적석무덤이 토착나무곽무덤과 합쳐졌는지 아니면 신라의 토착세력의 묘제였던 적석(수혈식돌곽무덤도 어떻게 보면 적석무덤이다.)무덤이 나무곽무덤과 결합되여 이루어졌는지 앞으로 더 연구해보아야 할 문제이다.
가야의 독무덤은 드문히 나올 뿐 기본묘제로는 되지 못하고 돌곽무덤 안에서 어린이의 관이 나오는 등 부차적으로만 존재한다. 대표적으로 김해 지내동과 창원 삼동동, 합천 봉계리 창리무덤떼 등에서 그것을 볼 수 있다. 창원 삼동동 12호독무덤과 합천 창리 B지구 80호독무덤 등은 다같이 독과 단지를 합친 합구식옹관이다. 창원의 것은 총길이가 80.8cm이고 창리의 것은 독 높이가 52cm이다. 단지의 높이는 23cm로서 어린이의 주검을 넣었던 것으로 인정된다.

산성

가야의 건축술은 남아 있는 산성에서도 엿볼 수 있다.

《삼국지》에서는 변진(변한)에 성곽이 있다고 하였다. 삼국시기의 산성은 전 시기 발생한 마을단위의 방어유적인 고지성집락유적의 계승발전이다.

고지성집락유적은 전시대의 방어시설이다. 평안남도 숙천군 운정리, 송덕리, 평산리의 20리구역 80~100m 릉선상에 고지성집락유적이 깔려있다. 이러한 유적은 15개 이상에 달한다. 이와 같은 고지성집락유적이 서해안을 따라 조선반도 전 지역에 널리 분포되여 있다.

가야지역에도 량산조개무지, 웅천조개무지, 성산조개무지, 고성조개무지 등의 고지성집락유적이 있다. 량산조개무지에는 방어용참호가 굴설되여 있었으며 그 참호의 안쪽에는 목책이 있었다.

《삼국지》에서 말하는 변진(변한)의 성곽이 구체적으로 어떤 것인지 잘 알 수 없으나 경상남도의 웅천조개무지, 량산조개무지 등 여러 고지성집락유적으로부터 산성이 계승되였다는 것은 두말할 것 없다.

가야의 산성은 처음 토성으로 축조되였던 것이 점차 국력이 강성해지는 데 따라 돌성으로 넘어갔고 곳에 따라서는 토성과 돌성으로 되여있음을 알 수 있다.

가야산성은 토성으로 축조될 경우 목책을 쌓거나 흙담을 쌓았다. 이때 먼저 흙이 밀려나가지 않게 하기 위하여 기둥돌을 고정시키고 그 우에 흙다짐법으로 흙담을 축조하였다. 기둥돌을 쓰지 않을 경우 목책을 세우기도 하였다. 그것은 량산 순지리의 산성산(213m)에 있는 산성(토성)을 보아도 잘 알 수 있다.

순지리토성은 산턱에 흙다짐법으로 흙과 진흙을 엇바꾸어 쌓았다. 여기에서는 판축용 기둥자리와 바닥에 목책을 세웠던 기둥구멍이 드러났다. 이것은 가야시기의 오랜 산성구조 모습을 그대로 보여준 자료이다. 일본에서 흔히 말하는 《고가이시》(신롱석) 즉 조선식산성은 바로 이와 같이 바닥에 기초돌을 고정시키고 그 우에 흙을 다져 놓은 산성이다.

가야산성벽을 리해하는 데 참고가 되는 것으로서 동시대의 산성인 서리(충청남도 천원군 목천)토성이 있다. 이 토성에는 흙다짐을 한 바닥에 다듬은 기초돌을 안치하였다. 삼국시기 초기에 해당되는 서리토성은 당시의 일반적인 산성의 토성벽을 리해하는 데 참고가 된다. 가야 역시 이와 같은 흙다짐방법으로 성벽을 구축한 것으로 보인다.

가야의 산성은 대체로 시내물이나 계곡을 끼고 산허리를 감거나 안을 듯한 위치에 자리잡고 있다. 성벽은 보통 흙담과 돌담이 기본이다. 산성벽 안에는 반드시 평탄한 곳이 있으며 물 원천이 풍부한 것이 일반적이다. 산성은 평지 쪽에서는 산성 안을 내다볼 수 없게 하였고 산성 안에서는 반대로 아래를 잘 내다볼 수 있게 만들었다.

산성은 벌지대를 향한 곳이 정면이고 출입구가 되도록 하였다. 따라서 부득불 정면으로 시내물이 흐르게 되였으며 그것은 자연히 낮은 지대가 되지 않을 수 없었다. 바로 가야산성은 이러한 낮은 지대의 산성벽을 공고하게 올려쌓았다. 낮은 지대에는 수구문과 성문이 있었으며 어떤 곳은 몇 겹으로 돌담을 쌓은 것도 있다.

방어정면이 된 이 지대에는 성벽과 함께 우비를 막을 수 있는 수구문 돌담을 몇 갑절 강화하는 대책도 세웠다. 커다란 판돌에 의한 수구문

구조의 형성은 이와 같은 가야사람들의 창조적 지혜의 산물이다.

이와 반면에 급한 낭떠러지가 되는 뒤켠에는 건성으로 흙담을 둘러치든지 혹은 전혀 쌓지 않는 경우도 있었다. 가야의 산성에서 특징적인 것은 벌지대(주민지대 및 농업생산지대)와 무덤떼 그리고 산성이 일체를 이루고 있는 점이다.

벌지대는 가야소국의 생산기반이 있는 지대이며 또한 주민지대이기도 하였다. 구릉지대에는 무덤떼가 있었다. 산성은 바로 이 모든 것을 내려다 볼 수 있는 위치에 있었다.

이상에서 보는 바와 같이 묘제와 산성의 축조 등은 산턱이나 산에서 뻗어 내려간 구릉 우나 경사면에 축조되기 마련이였다.

가야의 어떤 무덤떼는 산성 바로 아래쪽 가까이까지 축조되곤 하였다. 이와 반면에 아래에서 올려다 보는 사람들은 저들의 조상이 묻혀 있는 무덤떼 우에 산성이 있음으로 하여 자기들과 조상이 믿음직하게 보위되리라고 생각하였을 것이다.

이처럼 산성과 벌지대, 무덤떼의 일체는 단순히 방어적인 목적뿐 아니라 가야사람들에게 정신적 안정을 부여하는 데도 리용되였을 것이다.

무덤떼와 산성의 관계에 대하여 정리해 보면 다음과 같다.

고령대가야-고령 지산동무덤떼와 주산성, 금산무덤떼와 망산성, 본관동 괘빈동무덤떼와 본관동산성(터), 월산동무덤떼와 운라산성, 도진동무덤떼와 도진동산성(터), 박곡동무덤떼와 무계동산성(터)

성산가야 - 성산동무덤떼와 성산산성, 명천동무덤떼와 로고산성(굉산성), 룡각, 수죽동무덤떼와 룡각동산성(터)

금관가야 - 대성동무덤떼와 분산성

비화가야 - 창녕교동무덤떼와 목마산성 및 화왕산성

아라가야 - 함안 말이산무덤떼와 성산산성, 가야리무덤떼와 봉산산성

(2) 공예

가야에서는 공예도 발전하였다.

가야사람들은 철과 옥돌, 나무, 금, 은, 동을 비롯하여 여러 가지 재료를 가지고 갖가지 우수한 공예품을 많이 만들어 사용하였다. 가야의 공예는 재료와 용도에 따라 크게 장신구와 질그릇, 라전(옻칠 및 조개박이)공예 등으로 나뉘여진다. 그밖에 일부 무기와 무장 및 마구류 등의 금동장식품 들에서 우수한 공예적 기교가 엿보인다.

장신구

가야의 장신구로서 남아 있는 것은 대부분 지배계급 상층에 속하는 귀족들이 자기의 권력과 재부를 과시하며 돋보이게 하기 위하여 몸을 꾸미는 데 쓴 물품들이다.

가야의 장신구로서 첫 자리를 차지하는 것은 관이다. 가야의 관으로는 금동관과 금관이 있다. 금관은 드물게 나타나고 대체로 금동관이 알려져 있다.

가야의 관은 지금까지 약 10개 정도 알려졌다. 그러한 대표적인 관으로

는 고령 지산동 32호무덤과 45호무덤의 금동관, 합천 옥전 23호무덤 금동관, 성주(벽진면) 가암동무덤떼 금동관(56.2cm×2.7cm), 부산 복천동 1호무덤 금동관, 합천 옥전 6호무덤의 은보관과 금동보관(하나는 出 자형 보관) 등이 있다.

가야의 금관(금동관 포함)에는 꽃과 풀, 나무가지 등을 형상한 관이 많다. 이러한 관장식은 꽃과 나무열매 등을 형상한 가야귀걸이와 일맥상통하다. 이 한 가지를 놓고 보아도 나무나 사슴뿔을 형상한 신라의 出 자형 관과 계통을 달리한다는 것을 알 수 있다. 이것은 가야의 오랜 전통을 살린 고유하고도 독특한 관장식이라고 말할 수 있다.[29]

고령출토의 것으로 전하는 금관(남조선 호암미술관 소장)은 가야의 유일한 순금관이다. 높이는 11.5cm로서 엷은 순금판을 휘여서 테두리를 만들고 앞뒤 좌우에 4개의 꽃모양세움장식을 고르롭게[한결같이 고르게] 세웠다. 그리고 흔들장식(보요)을 대띠와 세움장식 정면에 달아매여 아름답게 장식하였다. 거기에 비취색 굽은구슬을 대띠에 달았는데 금빛과 대조되여 아름다움을 한층 돋구어준다.

금관의 꽃모양장식은 백제, 신라의 꽃가지 모양과 구분되는 꽃나무잎 모양이다. 금관에 점, 톱날무늬들을 새기고 비취색 굽은 구슬과 보요를

---

29 현재 일본 도꾜국립박물관에는 일제가 략탈해간 유물들인 《창녕출토품 일괄》이라는 표제하의 가야유물이 소장되여 있는데 여기에 3개의 금동관이 있다. 옛 가야지역에서는 량산 부부무덤, 복천동 1호무덤, 창녕 교동 7호무덤 금동관, 량산 북정리의 횡혈식돌칸무덤과 대구 내당동 5호무덤 금동관잔결, 대구 달성 37호무덤 제1곽과 달성출토의 금동관이 나온 바 있다. 그러나 상기 출토품들은 하나와 같이 모두 出 자형 금동관이다. 이것은 5세기 이후 신라의 정치문화적 영향이 강화되면서 제작된 것으로서 고유한 의미에서 가야의 금동관이라고 말할 수 없다. 5세기 이후의 대구, 경산, 창녕, 부산(동래), 량산 등지의 토착세력들은 신라의 세력권에 들어가거나 그 직접적 영향을 강하게 받았기 때문에 여기서는 일단 그곳 출토의 금동관을 썼다.

여러 곳에 매단 것은 백제, 신라의 것과 공통성을 띤다. 이 가야금관은 백제 라주 신촌리 9호무덤의 금동관형식과 비슷하다. 이 금관과 함께 드러난 소뿔모양 굽은구슬을 박아넣은 금장식은 금관의 장식품일 것이다.

지산동 45호무덤의 금동관장식은 앞에서 본 금관장식을 약간 간략화한 것이다. 세움장식의 변두리를 은판으로 씌움으로써 금빛과 은빛을 고르롭게 조화시킨 특색을 나타내였다.

지산동 32호무덤의 금동관은 절반으로 쪼갠 타원형판을 앞면에 세웠다. 웃끝[위끝]의 보주형장식과 그 아래의 상, 하, 좌, 우 대칭의 갈구리모양 그리고 세움장식 좌우의 ㄴ형나무가지, 세움장식판면의 교차선분 등 그 구도는 선과 모양의 대칭미를 묘하게 표현하였다.

성주 가암동에서 드러난 금동관(길이 56.2cm, 너비 2.7cm)은 가는 대띠 우에 3개의 작은 세움장식을 세웠다. 세움장식은 웃끝의 타원형장식을 안을 것처럼 좌우에서 같은 모양의 나무가지를 뻗게 한 꽃나무잎모양이다. 세움장식과 대띠의 변두리에는 이중으로 된 점선무늬를 둘러치고 세움장식의 웃끝과 가운데 그리고 대띠의 가운데에 같은 간격으로 흔들장식을 매달아 놓았다.

부산 복천동 10호, 11호무덤의 금동관(높이 23.5cm, 직경 18.7cm)은 변두리에 점선무늬가 있는 엷은 대띠 우에 3개의 나무가지 모양의 세움장식을 세우고 저기에 수십 개의 보요를 매달았다. 그것은 마치도 가야의 금동관이 신라 出 자형 관으로 넘어가는 과도적 형태인 듯한 인상을 준다.

가야의 장신구로서 각종 귀걸이가 있다.

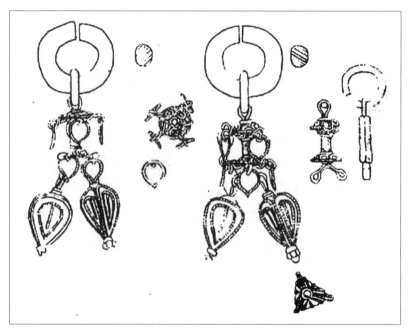

합천 옥전 M6호무덤의 귀걸이.

귀걸이는 귀족들에 한해서 남녀의 구분없이 애용되였다.

가야의 귀걸이는 재료에 따라 금귀걸이, 은귀걸이, 금동귀걸이로 나뉘여진다. 그리고 형태에 따라 드림장식이 없는 민고리귀걸이(세환식금귀걸이), 금동세환고리에 작은 고리를 단 귀걸이, 귀걸이 부분과 중간장식, 드림장식의 세 부분으로 구성되여 있는 귀걸이가 있다.

가야귀걸이의 특징은 신라와는 달리 세환식으로 관통되여 있는 것이다. 중간장식과 드림장식은 가야귀걸이의 독특한 형태이다. 즉 중간장식은 속이 빈 알모양이며 드림장식은 나무나 풀의 열매 또는 알모양, 방울모양이 많다. 그밖에 꽃바구니 모양의 드림장식도 있다. 고령 지산동 44호, 45호무덤에서는 이러한 세 가지 형식의 금귀걸이가 다 나왔다.

224

가야에서는 드림장식이 생략되어 사슬 혹은 구슬이나 심엽형 드림장식이 되는 경우가 많다. 합천 옥전 28호무덤에서는이러한 전형적인 가야귀걸이가 수많이 드러났다.

은으로 된 귀걸이로서는 지산동 45호무덤에서 보는 바와 같이 작은 고리에 중간장식이 없고 사슬로 련결된 버들잎모양 또는 심엽형 은판의 드림장식이 붙어 있는 것을 들 수 있는데 이것은 금귀걸이와 약간 다르게 꾸며졌다.

가야귀걸이가 드러난 정형을 보면 함양 백천리 1호~3호무덤, 김해 례안리 58호, 40호, 44호무덤, 성주 성산동 1호무덤, 창녕 교동 6호, 7호, 12호, 31호, 89호무덤, 합천 옥전 23호, 28호, 82호, 72호, 기호, M2호, M4호(2쌍), M6호, M3호무덤(7쌍), 고령 지산동 44호, 45호무덤 등을 들 수 있다.

이밖에도 일본 도꾜국립박물관에는 가야출토 또는 창녕출토 (6세기) 라고 명기된 세 쌍의 금귀걸이가 있다.

목걸이는 호신용 또는 장식용으로 남녀의 구별없이 쓰이였다. 가야의 목걸이는 백제나 신라와 구분할 수 있는 큰 특징이 없다.

목걸이의 끈은 썩어 없어져 그 형태를 알아보기 힘드나 가는 은줄로 펜 것이 있어 어느 정도 가늠할 수 있다.

가야의 목걸이는 형식에 따라 몇 가지로 나눌 수 있다.

우선 하나의 굽은구슬을 중심으로 여러 개의 둥근구슬로 구성되여 있는 목걸이이다. 고령 지산동 45호무덤에서는 몇 개의 목걸이가 나왔는데 하나의 굽은구슬을 중심으로 수십 개의 구슬알을 꿰였다. 그 중 제일 긴 목걸이는 105cm에 달하는 것도 있었다.

다른 하나의 목걸이는 하나의 왕구슬과 몇 개의 굽은구슬을 중심으로 수십 개의 구슬알을 뀈 것이다. 그밖에 유리나 옥구슬에 금속제 구슬을 섞어 넣은 목걸이와 작은 구슬과 둥근 구슬로 이루어진 목걸이 그리고 합천 장리 A지구 59호무덤 출토의 목걸이처럼 하나의 굽은구슬을 중심으로 20개 정도의 유리로 된 대롱구슬을 꿰맨 목걸이 등 여러 가지가 있다.

목걸이는 창녕 교동 1호, 7호, 11호, 12호, 31호, 89호무덤과 고령 지산동 39호무덤, 합천 옥전 M2호, M4호, M6호, 82호무덤 등에서 나왔다. 그밖에도 고령 지산동 32호, 34호, 35호무덤 등지에서도 적지 않게 드러났다.

가야고분에서 드러난 구슬은 굽은구슬, 대롱구슬(관옥), 둥근구슬, 납작구슬, 자름구슬, 대추구슬, 금구슬, 구리구슬 등 실로 매우 다종다양하다. 그 재료로서는 비취돌, 수정, 마노, 호박, 유리 그리고 금과 은, 동이 리용되었다.

합천 옥전 M2호와 M6호무덤의 목걸이용이라고 생각되는 유리구슬은 푸른빛을 띤 풀색으로서 매우 아름답다. 순금으로 만든 유리구슬은 머리부위에 좁쌀알과 같은 알맹이로 아름답게 장식하였으며 끈을 맬 수 있게 구멍을 꿰였다. 똑같이 생긴 순금으로 된 굽은구슬이 가야사람들의 일본렬도 진출 정착지인 기이지방 와까야마시에서도 드러났다.

기노모또무덤떼의 샤까노고시고분에서는 순금으로 된 굽은구슬이 드러났는데 크기는 길이 1.8cm이고 머리부위의 직경은 0.8cm나 된다. 머리부위에 끈을 꿸 수 있게 구멍을 냈으며 좁쌀모양무늬를 둘렀다. 합천 옥전 M4호무덤의 금으로 된 굽은구슬과 샤까노고시고분의 금으로 된 굽은구슬은 금은 세공방법에서 1명의 장공인이 만든 것처럼 똑같은데 다만 좁쌀무늬의 각도와 모양이 조금씩 다를 뿐이다.

유리구슬과 관련하여 언급해야 할 것은 유리잔으로서 가야의 유리잔은 합천 옥전 M1호무덤에서 드러났다.(《합천 옥전고분군》 III, 1992년, 106페지)

연한 초록색의 투명유리로 만든 것인데 잔그릇의 가운데 부위에 푸른색의 점박이가 있다. 웃단에 12개, 아래단에 11개로서 두 줄로 엇갈리여 붙어 있다. 그릇의 높이는 7.1cm이고 아구리[아가리] 직경은 9.7cm이다. M1호무덤의 유리잔(사발)은 기술적으로 완성된 것은 아니였다. 우선 점박이 자체가 성형화되지 못하였고 매 점박이의 방향과 간격이 각이하고 일정하지 않다. 또 바닥면에는 제작시에 생긴 원통형의 돌기가 얼마간 남아 있고 그릇잔벽에는 아직 미세하지만(0.1mm~1mm) 기포가 많다. 그리고 그릇면도 일정하지 않다.

발굴자들은 이 유리잔을 신라와의 관계에서 해석하고 있다. 즉 이 유리잔이 신라에서 들어온 것으로 보고 있다. 물론 옥전 M1호무덤에서 드러난 유리잔이 신라의 유리사발(바리)과 비슷한 것만은 사실이다. 특히 경주 금방울무덤 출토의 유리사발은 형태와 모양 등 모든 것이 M1호무덤의 것과 비슷하다. 그릇 몸 전체에 두 줄의 점박이를 둘러친 것이며 아구리 부위가 약간 해바라진 것 그리고 기포가 생긴 모양 등은 신통히도 같다.

그러나 가야사람들도 아름답고 정교한 유리구슬을 만들어 목걸이로 사용하였고 우수한 도질토기도 만들었던 조건에서 신라의 유리잔을 들여왔다고는 볼 수 없다.

다음으로 지적할 것은 합천 옥전 M1호무덤에서 드러난 유리잔이 일본렬도의 나라(야마또) 니이자와 126호무덤에서 드러난 유리잔과 비슷한 것이다.

옥전 M1호무덤의 유리잔이 연한 풀색의 투명유리라고 한다면 니이자와 126호무덤의 것은 하늘색이 감도는 유리잔이다. 그리고 그릇 몸체의 점박이는 세 줄로 둘러쳤으며 바닥의 점박이 수는 13개이다. 유리잔의 크기는 높이 약 6cm 정도이고 아구리 직경은 약 7~8cm로서 옥전 M1호무덤의 것보다 약간 작을사하다.

량자는 크기와 형태 점박이무늬의 가공 등에서도 아주 류사하다. 심지어 아구리 부위의 열처리가 잘되지 못하여 정연하지 않은 것까지 비슷하다.

이것은 야마또노아야씨의 떼무덤묘지인 니이자와무덤떼의 가야-백제적 성격(《일본에서 조선소국의 형성과 발전》 백과사전출판사, 1990년, 436페지)에 비추어볼 때 가야에서 이러한 유리잔을 자체로 제작하였으며, 가야사람들의 일본렬도에로의 진출과 함께 일본에도 널리 퍼졌다는 것을 짐작할 수 있게 한다.

바로 옥전 M1호무덤에서 드러난 유리잔은 그밖의 무덤들에서 드러난 유리구슬과 함께 가야의 유리 제작기술 수준의 일단을 보여주는 유물이다.

가야의 장신구로서 띠고리가 있는데 가죽띠나 천띠를 조여서 고정시키기 위하여 다는 금속장식물이다. 가야의 띠고리는 실용성과 장식적 효과를 나타내는 우수한 공예품이다.

띠고리는 재료에 따라 금띠고리, 은띠고리, 동띠고리로 나뉘여진다.

일부 철 우에 금, 은을 씌운 것도 있고 동 우에 금을 씌운 것도 있다. 그 가운데서 은으로 된 띠고리가 량적으로 가장 많다. 띠고리판의 형태도 여러 가지인데 보주형, 방형, 5각형 등 다양하다. 띠고리 아래 끝에는 드림장식을 달아매였다. 띠고리의 장식에는 겨우살이(인동) 당초무늬가 많으며 짐승 얼굴모양을 돋우새긴 것도 있다.

가야의 띠고리는 보통 길이가 10cm 정도이고 너비가 23cm 안팎의 장방형에 가까운 이중으로 된 박판이다.

보주형띠고리판에 둥근고리를 달아맨 것으로는 창녕 교동 7호, 11호무덤의 은띠고리와 쇠판에 은을 씌운 은철판띠고리가 있다. 방형띠고리에는 심엽형 혹은 두잎무늬, 세잎무늬, 겨우살이당초무늬를 뚫음새긴 것이 있는데 그러한 것으로는 창녕 교동 7호, 8호, 11호, 89호무덤, 성주 성산동 1호무덤에서 드러난 것이 있다. 5각형의 띠고리는 띠고리판의 웃쪽이 산모양을 이루고 아래쪽에 장방형뚫음구멍을 새겼으며 가운데는 입을 꾹 다문 짐승 얼굴모양을 돋우새겼다. 고령 지산동 39호무덤에서 그러한 금동띠고리가 드러났다.

가야지역에서 드러난 청동띠고리에는 말모양띠고리와 범모양띠고리가 있다.

말모양띠고리는 선산과 상주, 김해 대성동무덤떼, 일본의 기비 사까끼야마고분 등지에서 나온 것이 있다. 그리고 백제지역이였던 천안의 청당동 5호무덤에서도 11개가 드러났다. 범모양띠고리는 김해 대성동무덤떼와 어은동유적에서 드러났다.

이상의 말모양, 범모양띠고리는 주로 남자 무사들의 허리에 다는 과대였다. 말모양, 범모양으로 형상한 것은 용감하고 날파람[날쌘 움직임] 있는 것을 표현하기 위해서였다.

말모양띠고리는 가야의 독특한 띠고리이면서도 고조선의 오랜 전통을 계승한 생활장식품이였다. 고조선의 수도였던 평양 일대에서 6개의 청동말모양띠고리가 드러난 바 있다.[30]

가야의 청동말모양띠고리는 고조선 유민들이 가야지역으로 남하하는 과정에 전래되였다고 보아진다. 선산과 상주 등지의 말모양띠고리는 두말할 것 없고 일본렬도의 기비지방 가야소국의 사까끼야마고분에서 드러난 청동말모양띠고리도 평양의 말모양띠고리와 생김새와 크기가 신통히도 꼭 같다.

청동말모양띠고리는 평양-상주-선산-김해-일본에로 이어져 있다. 이것은 고조선 이주민들의 남하진출 로정과 같으며 나무곽무덤(귀틀무덤 포함)의 남하로정과도 맞먹는다.

이처럼 가야사람들은 고조선사람들과 융합하면서 청동으로 된 각종 말모양띠고리를 만들어 사용하였으며 이 과정에 가야의 청동 주조기술은 한층 발전하였다.

요패는 가야귀족들이 몸을 장식하는 데 즐겨 사용한 장신구의 하나이다. 가야의 요패는 은과 금동으로 만든 것이 제일 많다. 한 줄, 다섯 줄, 여섯 줄로 된 것 등 여러 가지가 있다.

요패는 여러 개의 타원형판을 작은 방형판으로 아래우를 련결하고 그 아래쪽에 여러 가지 드림장식을 매달았다. 이런 경우 타원형판은

---

30 현재 조선중앙력사박물관에는 6개의 청동말모양띠고리가 있다. 처음 남쪽지역에서 흘러온 것으로 생각하였지만 다른 유물들과의 련관 속에서 고찰해본 결과 그것은 평양 일대에서 나온 것이다.

대체로 은이나 금동으로 만들었고 작은방형판은 금동으로 만들었다.

창녕 교동 12호무덤의 것은 다섯 줄의 요패장식인데 한 줄에는 7개의 타원형은판을 방형은판으로 아래우를 련결시키고 아래쪽에는 단책형 은판을 달아매였다. 나머지 덧줄은 4개의 소형 타원형은판으로 구성하였고 아래 끝에는 물고기모양드림장식 등 여러 가지 드림장식을 매달았다.

장신구로는 이밖에 팔찌와 가락지(반지)가 있었다.

팔찌는 금과 은 그리고 구슬을 꿰여 만든 것이 있었다. 은팔찌는 고령 지산동 39호무덤(2개), 32호, 33호, 35호무덤, 합천 옥전 M2호, M6호, 82호 및 진주고분(3개) 등에서 나왔다.

진주고분의 것은 바깥 변두리에 뱀의 배모양무늬가 새겨져 있다. 가락지는 거창에서 드러난 것이 있다.

질그릇

가야의 질그릇도 일찍부터 발전하였다. 가야사람들은 600여 년간 나라를 세우고 발전시키면서 진흙으로 여러 가지 생활도구들과 공예적 성격을 띠는 도기(질그릇)들을 만들어 썼다.

가야의 질그릇은 크게 음식을 담아쓰는 식기류에 속하는 생활용품과 명기적 색채를 띠는 물형도기로 나뉘여진다.

먼저 음식을 담아 쓰는 생활용 질그릇에 대하여 보기로 한다.

기원을 전후한 시기 가야사람들은 전 시기의 갈색민그릇의 전통을 이은 연질 붉은갈색토기(붉은간그릇)와 경질 푸른재색토기를 함께 구워 리용하였다. 1세기경의 웅천조개무지에서는 연질 붉은갈색토기와 경질 푸른재색토기가 같은 문화층에서 드러났다. 이것은 벌써 가야 초기에 경질과 연질 2종의 그릇이 함께 쓰이였다는 것을 말해준다. 김해 회현리 조개무지에서도 연질 재색토기와 함께 승석무늬가 있는 경질 갈색토기가 드러났다.

가야사람들은 3~4세기경에 이르러서는 경질 토기만을 구워냈다. 그들은 한때 오랜 토기소성법이던 붉은간그릇을 구워 썼으나 철기의 급작스러운 보급과 함께 점차 없어졌다. 그것은 철의 대량생산과 더불어 소성기술이 특정한 개인 또는 집단(수공업집단)의 독점물이 아니라 넓은 범위로까지 퍼진 사정과 관련된다고 보인다.

이에 앞서 기원전 후한시기부터 3세기경까지의 약 300년 동안 가야를 비롯한 일부지역에서 와질토기라는 질그릇이 구워졌다. 이것은 토기의 강도가 무르고 물먹음도가 높아서 질이 기와와 같다고 하여 명명된 것이다.

와질토기는 돌관무덤에서 껴묻혀 나오는 검은색연마 목긴 단지에 연원을 두고 있다.

와질토기의 종류에는 손잡이 달린 그릇, 자루모양 단지, 바닥이 둥근 목짧은 단지, 기대 달린 목긴 단지, 뚜껑있는 목긴 단지, 난로모양 그릇, 굽잔 등이 있다.

그런데 문제는 현재까지 알려진 자료에 의하면 와질토기란 원칙적으로 고분유적에서만 드러나는 특수토기라는 것이다. 따라서 실용성 있는 생활도구로 구워져 쓰이였는가에 대해서는 좀 의심되는 점도 없지 않다.

일반적으로 가야토기라고 할 때 김해(회현리)조개무지에서 드러난 승석무늬가 있는 경질 재색토기인 김해식토기를 말한다. 경질토기는 가야토기의 주류를 이루는 질그릇이다.

가야토기는 지역에 따라 크게 가야 남쪽지역의 김해, 함안형과 북쪽지역의 고령형으로 나뉘어진다. 또한 6가야를 이룬 소국마다 약간씩 차이가 있어 성주형, 함안형, 창녕형, 사천형, 고령형 등으로 나뉘어진다.

가야토기는 형태와 문양에서 신라토기와는 구별되는 일련의 특징을 가진다.

가야토기는 곡선미가 있는 것이 특징이다. 목긴 단지인 경우 신라의 것은 목이 원통형으로 뻣뻣하고 어깨가 각이 지게 모났다면 가야단지는 목부위가 쌍곡선모양으로 퍼지고 몸체의 어깨선이 잘 나타나지 않으며 둥글둥글한 알모양을 이루고 있다. 굽잔 역시 신라의 것은 대다리가 직선적인 八자형이라면 가야의 것은 아래부분이 넓게 퍼지는 나팔모양이다.

가야토기는 문양에서도 신라토기와 차이난다.

가야토기의 문양은 주로 파장무늬, 렬점무늬이다. 신라토기의 문양은 직선과 원, 삼각형 등 기하학적 문양을 주된 구성요소로 하고 있다.

이밖에도 그릇의 뚜껑과 굽잔의 대다리형태에서 가야토기와 신라토기는 차이난다. 신라식은 뚜껑의 고가 높고 뚜껑꼭지가 단추식으로 되어 크다. 그리고 대다리의 뚫음구멍이 4각형과 아래우 교차배치되어 있다. 이와 반면에 가야의 것은 뚜껑이 납작하고 단추모양꼭지에 대다리의 뚫음구멍이 아래우 일치식이다. 색조에서도 가야토기는 거무스레한 푸른재색이라면 신라토기는 전반적으로 소성도가 높아 재색티가 강하게 돈다. 이렇게 가야토기와 신라토기는 대조적으로 차이난다.

5세기 이후 고령을 중심으로 하여 합천, 거창, 함양, 진주, 남원 등지에까지 퍼진 가야토기(고령형)는 뚜껑있는 목긴 단지, 짧은 목단지, 뚜껑있는 굽잔, 뚜껑있는 잔, 기대 달린 단지 등이 한 조를 이루어 널리 퍼졌다.

가야토기에는 백제와의 문화교류를 보여주는 장식용 토기도 있다.

진주 옥봉 7호무덤의 구리사발모양토기는 뚜껑 형태만 다를 뿐 몸체와 승반(받치개) 등 모든 면에서 백제 공주 무녕왕릉에서 드러난 은으로 된 사발(잔)과 형태적으로 신통히 같다. 이것은 백제와의 긴밀한 문화교류를 그대로 반영한 것으로 이목을 끈다.

물형도기는 실용적인 생활용기로 만들어 쓰인 것이 아니라 제사용 명기로 제작되었다. 오늘의 견지에서 보면 그것은 아주 우수한 공예적 성격을 띠는 창작품이다.

가야의 물형도기로는 집, 오리, 거부기, 목에 보요를 단 산양, 기마무사, 소뿔모양, 배탄 사람, 달구지, 말 등 여러 가지가 있다. 물형도기들에는 일반적으로 아래에 구멍뚫린 높고 낮은 대가 받쳐져 있다.

오리모양도기는 가야물형도기의 전형이다. 앞을 보는 모습, 뒤를 돌아보는 모습, 물고기를 물고 있는 모습 등 그 모양이 다양하다.

창녕출토(세기)로 전하는 오리모양도기는 부리로 물고기를 물어 올린 모습을 형상하였으며 함안 34호무덤에서 드러난 것은 오리다리 대신 굽잔과 같은 대가 있고 잔등에는 구멍이 뚫린 잔이 붙어있으며 꼬리부분에 구멍이 있다.

합천에서 드러난 것은 높이가 17cm, 너비가 20.7cm이다. 굽대 우에 새 한 마리가 얹혀 있는 모습으로서 속은 비어 있고 꼬리부분에 구멍이 있다. 새의 몸 량쪽에 선을 그어 날개를 표시하였고 머리에는 점을 찍어 눈과 귀를 나타내였다.

물형도기에는 창녕출토(세기)의 말모양도기 2개가 있다. 잔등에 안장을 얹은 말모양도기는 높이가 1.8cm인데 부드럽고 아름답다. 그러면서도 어딘가 모르게 가련한 느낌을 자아낸다. 다른 하나의 말모양도기는 높이가 12.4cm, 길이가 13.1cm이다. 이밖에 량산시 동면 법기리고분에서도 말모양도기가 드러났다.

가야 물형도기의 대표적인 것으로 말 탄 무사를 형상한 기마무인상이 있다.

가야의 기마무인상은 가야사람들의 소박하면서도 말과 무사가 한덩어리가 되어 초원을 막 달려가는 듯한 경쾌한 모습을 잘 형상하였다.

김해 덕산리에서 드러난 기마무인상은 꼬리깃관모(절풍같은 모자)를 쓰고 목도리 달린 단갑을 입고 방패를 든 모양을 형상하였다. 말갑옷에는 쇠찰갑이 완연하여 말다래까지 있으나 말투구는 쓰지 않았다. 말잔등으로부터 말궁둥이 사이에 2개의 소뿔모양 잔아구리가 달려 있다. 말의 네 다리는 판대기 우에 힘있게 뻗쳤는데 그 아래에 굽대가 받쳐져 있다.

가야에서는 수레모양도기도 드러났다.

일반적으로 가야의 수레모양도기는 기대 우에 2개의 수레바퀴와 V자형으로 된 2개의 뿔모양통사발을 배치하고 용기로서의 형태를 갖추었다. 고사리모양 장식이 있는 것과 없는 것도 있다.

도꾜국립박물관에는 현재 2개의 수레모양도기가 있다. 창녕출토의 것이라고 하는 도기는 높이가 15.7cm이고 그저 가야의 것이라고 하는 도기는 높이가 20.4cm이다.

수레모양도기는 수레바퀴가 달려 있고 2개의 뿔통이 있는데 아주 정교하게 만들었다. 하나는 두 뿔이 새 날개처럼 좌우켠에 벌려있으나 다른 하나는 두 뿔이 접하여 하나로 이어져 있다. 바퀴살은 18개와 19개이다. 흥미있는 것은 질그릇임에도 불구하고 금속으로 만든 것처럼 수레바퀴가 돌게 만들어진 것이다. 이것은 아주 힘든 제작기술로서 가야도기 발전수준의 일단을 보여준다.

함안 말이산 34호무덤에서 드러난 수레바퀴장식도기는 높이 14cm이고 너비 20cm 정도의 크기이다. 원통을 절반으로 쪼갠 것과 같은 용기의 좌우 량쪽에 각각 하나씩의 수레바퀴를 달았다. 본래는 두 바퀴 사이에 둥근 관이 붙어 있었던 것이 현재는 없어졌다.

의령 대의면에서 드러난 수레바퀴장식도기는 높이 18.5cm, 너비 24cm 정도이다. 뿔이 달려있고 통 좌우에 2개의 수레바퀴가 달려 있는 것은 다른 수레바퀴도기와 형태가 비슷하다.

집모양도기는 가야사람들의 건축양식과 아담하고 소박한 감정을 잘 보여준다.

가야의 집모양도기는 대체로 바닥을 띄운 창고 비슷한 것이 많은데 바닥에 기둥이 없는 것도 있다.

현재 도꾜국립박물관에 있는 집모양도기는 판 우에 8개 정도의 기둥을 세워 바닥을 띄워 만든 것이다. 지붕 우에 물을 넣을 수 있게 만든 잔이 달려있고 몸체 웃부분에 물을 쏟는 아구리가 붙어 있다. 벽면에는 간단한 문양을 새겼다. 바깥으로 2개의 빗장을 찌른 것, 사다리를 정하여 2층 다락집을 표현한 것 등 여러 가지이다.

일본의 기이지방 무소다유적에서도 가야의 집모양도기가 드러난 것이 있다.

배모양도기는 대가 있는 것과 없는 것이 있다. 대가 있는 것은 웃단에 삼각형 뚫음구멍, 아래단에 네모난 뚫음구멍을 엇바꾸어 배렬한 대다리 우에 선체를 안치한 모양이다. 배머리와 선미가 우를 향하여 뛰여오르고 배 우에는 사람이 탔다.

수레와 배모양도기는 실용적 가치가 있는 생활용기로 리용되였다고 보기보다 고구려무덤벽화를 통하여 보건대 태양숭배의 상징적 발현으로 무덤에 껴묻었다고 보아진다.

이밖에도 가야의 물형도기에는 인물장식 달린 잔, 뿔모양 잔, 거부기모양 도기, 짚신모양 도기, 목에 보요를 단 산양 등 실로 다종다양한 도기들이 있다. 이것들은 가야사람들의 풍부하고도 정서에 넘친 사상감정을 그대로 반영한 예술작품들이다.

금동 및 청동공예

가야무덤에서는 구리로 된 초두와 위두(다리미), 합굽대, 뿔모양항아리(잔), 청동거울 등이 적지 않게 드러났다.

청동초두는 일반적으로 발이 셋이고 자루가 있는 일종의 남비이다.

창녕 교동 11호무덤에서 드러난 초두는 호화로운 장식이 없고 소박하게 만들었으며 물을 쏟을 수 있게 부리가 달려 있다. 바닥부위에는 3개의 다리가 뻗쳐 있다. 직각에 가깝게 두 번 꺾어 뻗은 긴 자루 끝은 보주형을 이루었고 뚫음구멍이 나 있다. 길이는 39.7cm이고 그릇높이는 13cm이며 그릇몸의 직경은 13.4cm이다.

현재 일본 도꾜국립박물관에는 창녕출토 청동초두(길이 40.5cm), 합천출토 청동초두(길이 39.9cm) 고령출토 청동초두(높이 25.9cm) 등 여러 가지 청동초두가 있다. 이것들은 거의나 다 일제가 조선강점시기 가야지역에서 고분을 도굴하여 가져간 것이다.

위두(다리미)로는 창녕 교동 7호무덤에서 드러난 것이 있다. 몸체는 타원형이고 아구리 부위는 모서리를 이루었다. 자루는 속이 비여있어 나무자루를 끼울 수 있게 되였다. 웃끝에 직경 3mm 정도의 못박이구멍이 나 있다. 길이는 20.5cm이고 몸체의 높이는 4cm이며 아구리부위 직경은 0.5cm이다.

청동합도 창녕 교동 7호무덤에서 드러났다. 높이가 16.1cm이고 그릇 몸의 아구리 부위가 직경 15.9cm인 합은 공을 절반 쪼갠 것과 같은 모양이다. 웃 끝과 가운데의 바닥부분에 각기 두 줄의 덧띠를 둘렀다. 그릇 뚜껑은 몸체와 거의 비슷한 크기로서 가운데와 아래쪽에도 두 줄의 덧띠를 둘렀다. 꼭대기에는 세 잎으로 된 꽃봉오리 모양의 꼭지를 달아 운치를 보였다.

초두와 위두 외에도 청동뚜껑 달린 사발(진주 수정봉 2호무덤), 은박판으로 만든 굽잔, 청동소뿔모양 항아리(창녕 교동 7호무덤, 길이 29.4cm, 아구리 직경 10cm, 두께 2.4mm) 등 청동으로 만든 그릇들이 많다. 여기서 특징적인 것은 가야의 청동그릇들이 백제의 것과 아주 류사한 것이다. 특히 고령 지산동 44호무덤과 합천 옥전 M3호무덤, 진주 수정봉 2호무덤 등에서 드러난 청동합과 위두 등 청동그릇들은 백제 무녕왕릉에서 드러난 것과 매우 비슷하다. 이것은 백제-가야가 호상접촉과 교류과정에 생긴 공통성이다.

가야의 청동제품으로 구리가마가 있다.

가야지역에서 구리가마는 김해 대성동 29호무덤, 량동리 235호무덤,

대성동 47호무덤 등에서 드러났다.

구리가마 역시 청동말모양띠고리와 마찬가지로 처음부터 가야 고유의 제작품이 아니었다. 그것은 기원을 전후한 시기 고조선의 독특한 구리가마가 김수로세력의 남하와 함께 변진-가야지역에 전개되었다고 보아진다. 다시 말하여 김수로세력과 함께 남하한 청동장공인들이나 그 후손들에 의하여 가야지역에서도 구리가마가 만들어져 사용되었다.

가야의 구리가마가 고조선에 연원을 두고 있다는 것은 고조선의 중심지였던 평양 일대에서 여러 점의 구리가마가 드러났고 이밖에 옛 고조선 땅이였던 길림시와 유수로하심유적에서 구리가마가 나온 것을 통해서 알 수 있다.

평양에서 드러난 구리가마와 가야의 김해지역에서 발굴된 구리가마는 배부른 형태 등 생김새가 기본적으로 같다. 다만 아구리 부분의 귀(손잡이)가 얼마간 차이난다.

구리가마는 당시로서는 값비싼 것이었으므로 지배계급들만이 사용하였다. 그것은 구리가마가 주로 가야 지배계급의 무덤들에서만 드러난 것을 통해서 알 수 있다. 구리가마가 드러난 무덤들은 다같이 이른 시기의 귀틀무덤을 비롯한 나무곽무덤이였다.

청동공예로서 청동거울이 있다. 이것 역시 거푸집에 부어서 만든 것이다. 김해 량동리 162호무덤에서 10개의 구리거울이 드러난데 이어 55호무덤에서는 1개의 구리거울이 드러났다. 그리고 김해 대성동 23호무덤과 14호무덤에서는 방격규거사신경과 내행화문경이 나왔고 2호무덤에서도 구리거울이 나왔다. 이러한 사실들은 가야에서도 구리거울이 많이 제작되었다는 것을 보여준다.

가야의 구리제품으로는 통모양동기도 있다.

일반적으로 통모양동기는 권력의 상징이라고 한다. 특히 종교행사 때 소리를 낼 수 있게 되어 있어 주권자의 권위를 나타낸다.

김해 대성동유적에서는 한 개 무덤터에서만도 23개의 통모양 동기가 드러났다. 이밖에도 김해 량동리에서 17개, 사천에서 2개, 함안 사도리에서 3개 그리고 복천동무덤터에서 10개가 드러났다.

가야의 공예품으로서는 고리자루칼과 마구류 등에 금동 및 청동장식을 한 것도 있다. 고리 안에 봉황, 룡, 룡과 봉황을 새겨넣은 것, 칼자루에 금실과 은실을 감거나 두어 마리의 룡이 서로 휘감은 룡무늬를 새겨넣은 것 등이 그것이다.

지금까지의 고고학적 자료에 의하면 창녕지구와 고령지구, 함천지구 등지에서 이와 같은 고리자루칼이 많이 드러났다. 룡무늬, 봉황무늬 밖에도 거북등이음무늬, 넝쿨무늬, 겨우살이(인동)무늬, 국화무늬 등을 새겨넣은 금은상감기법이 잘 반영된 적지 않은 칼장식과 공예품들이 드러났다.

가야의 고리자루칼에 얼마나 우수한 루금세공이 반영되었는가 하는 것은 합천 옥전 M3호무덤에서 나온 것을 가지고 말할 수 있다. 여기서 드러난 4개의 고리자루칼 가운데서 단봉무늬고리자루칼은 호화롭고 재치 있는 루금세공술을 한 우수한 공예품이다.

이 칼은 길이가 113.1cm인데 그 중 칼몸 길이 90.8cm, 칼몸의 너비 3.9cm, 자루부분의 길이 22.3cm, 자루의 너비 2.6cm이다. 고리의 바깥직경은 6cm×4.5cm이다.

고리자루에는 한 마리의 봉황을 새겨넣었다. 부리는 굳게 다물고 부리 끝은 날카롭게 아래로 향하였다. 눈은 웃쪽에 빛나는 태양처럼 밝게 하였다. 눈 아래에는 짧은 빗금이 새겨진 귀가 길게 뒤쪽으로 뻗었고 머리 우에는 커다란 뿔이 길다랗게 얹혔는데 뒤쪽의 끝은 우로 말려서 작은 원을 이루었다. 그리고 뿔의 웃부분은 도드라져 고리와 붙어 있다. 목에는 비늘과 같은 느낌을 주는 깃털이 있으며 부리에는 떨어지는 물방울 모양의 무늬가 새겨져 있다. 고리는 굵으며 단면이 반원형이다. 평면은 거의 원형을 이루며 고리의 표면에는 달려가는 룡무늬를 새겼다.

손잡이에는 량쪽에 상징화된 룡무늬장식이 각각 새겨 있다. 손잡이장식은 고리쪽에 치우쳐서 고리를 감싸듯 둘러쳤으며 한 마리의 룡이 옆으로 길게 새겨졌다. 룡의 입은 크게 벌어졌으며 끝에는 여의구슬이 있다. 그런데 이 여의구슬은 룡이 완전히 입에 문 것이 아니라 분리되여 있다. 눈과 뿔은 작게 묘사되였는데 귀가 없는 것이 눈에 띄운다. 볼에 난 입가의 주름은 길다란 두 줄의 침선에 의해 나타난다. 몸체는 가늘고 길며 배와 등의 두 부분으로 나뉘여졌다. 등에는 짧은 빗금, 배에는 빗금에 가까운 작은 손톱자국과 같은 문양으로 비늘이 표현되여 있다.

룡의 목 우에 아지랑이 같은 것이 묘사된 것도 매우 섬세한 기법이다.

칼집머리장식에는 상징적인 두 마리의 룡이 몸체부를 X자형으로 겹치면서 대칭되게 묘사되였다.

룡은 입을 크게 벌리고 있으며 귀는 길고 끝부분에 귀구멍이 있다. 뿔 역시 길면서 귀와 X자형으로 겹치고 있는데 눈은 있는지 없는지 잘 알 수 없다. 몸체는 가늘고 길며 등과 배의 두 부분으로 나뉘여졌다. 등에는 짧은 빗금을 조밀하게 그리고 배에는 긴 빗금을 등보다 띠엄띠엄

새겨 비늘을 표현하였다. 량쪽에는 세 줄의 사선무늬 띠가 둘러 있다.

칼집머리장식과 손잡이 사이에는 특이하게도 칼코등이 불룩하게 솟은 테처럼 둘러쳤다. 이 칼코등의 가운데 접합부를 중심으로 두 줄의 선무늬가 감기고 그 아래우에 달리는 룡 비슷한 무늬가 새겨졌다.

칼집은 띠장식에 의해 두 부분으로 나뉘여지며 칼끝에는 칼장식이 붙어 있다. 띠장식은 일곱 줄로 된 물결무늬와 그 사이에 점을 중심으로 동심원을 그리는 선무늬로 장식하였다. 그리고 량쪽에는 두 줄의 사선무늬 띠가 둘러 있다.

칼집끝장식은 평면방형에 가까운 장방형을 이루며 너비 0.8mm의 얇은 금테가 둘러 있다. 이 금테는 가운데에 작은 마름모 끝의 문양을 일직선으로 배치하고 량 끝에 한 줄의 사선무늬 띠를 둘렀다.

이 단봉무늬고리자루큰칼은 고리와 고리자루를 별도로 먼저 만들어서 손잡이에 홈을 판 다음 끼워넣는 식으로 제작하였다. 량자는 못으로 고정시켰다. 봉황의 고리자루가 떨어지는 것을 막기 위하여 봉황의 뿔을 고리와 련결시켜서 견고하게 고정시켰다. 봉황은 금동이고 고리는 청동주조품이다. 손잡이는 철에 나무를 끼우고 다시 은실로 감았다.

전반적으로 칼은 동판 우에 금판을 씌운 것(칼집머리장식)이 많은데 얇은 금판으로 만든 것(손잡이장식)도 있다. 칼몸부분에 마모가 심한 것을 보면 단순한 위장용 칼이 아니라 실전용으로도 많이 사용한 것임을 알 수 있다.

이밖에도 칼의 고리자루에 룡이나 봉황을 가공한 것으로는 창녕 교동 10호무덤, 고령 지산동 32호, 39호무덤, 합천 옥전 4호무덤(단봉상감무늬 및 금장식단봉무늬고리자루큰칼), 35호무덤, 산청 중촌리 3호무덤 등이있다.

　가야의 칼장식수법으로서 다른 하나는 상감기법이다.

　고령 지산동 32호무덤의 고리자루에는 당초무늬의 상감이 보이며 창녕 교동 11호무덤의 칼이나 가야의 것으로 보이는 단풍무늬고리자루 큰칼(일본 도꾜국립박물관 소장)에는 칼몸에 상감수법으로 명문이 새겨져 있다. 그리고 옥전 4호무덤에서도 고리에 상감무늬를 한 단봉환두큰칼이 드러났다. 이것은 가야에서 일찍부터 상감수법이 발전하였다는 것을 그대로 보여주는 것이다.

　가야의 우수한 금동 및 청동공예술은 말방울과 말안장 등의 마구류에서도 찾아볼 수 있다.

　가야의 마구류는 철과 함께 청동으로 만든 것이 적지 않았다. 방울과 띠고리의 경우 청동으로 주조할 때가 많았다. 청동으로 만들 때 적지 않게 귀면무늬를 돋우새겼는데 이것은 가야 마구류의 특징의 하나이기도 하다.

　김해 례안리 6호돌곽무덤에서는 철로 된 十자형운주, 심엽형행엽, 띠고리와 함께 청동방울이 드러났다. 이것은 직경 6.6cm의 말모양이다. 웃끝에는 U자형을 거꾸로 한 꼭지가 있고 웃부분에는 여덟 잎을 가진 련꽃무늬가 있다. 아래부분에는 귀면무늬를 부어냈고 속안에는 작은 쇠알을 넣어 방울소리를 내게 하였다.[31]

　옥천 12호무덤에서 드러난 손칼자루의 아구리에는 고구려무덤벽화에

---

31 가야사람들은 귀면무늬를 띠고리를 비롯한 말방울 등에도 장식하였으나 그밖에도 여러 곳에 돋우새기기도 하였다. 그러한 실례로서 복천동 21호, 22호무덤 출토의 화살통의 고리, 옥전 M3호무덤 출토의 띠고리와 12호무덤에서 드러난 손칼자루장식, 합천 반계제 《가》호무덤의 말방울 등을 들 수 있다.

서 볼 수 있는 두꺼비모양이 생동하게 묘사되여 있어 가야장식물에 비낀 고구려적 영향을 느낄 수 있다.

합천 옥전 M3호무덤에서 드러난 금동장식안교는 가야의 정교한 금동 및 청동공예술이 유감없이 발휘된 걸작품의 하나이다. 이 무덤에서 드러난 안교는 전안교와 후안교 등으로 구성되여 있다.

가야수공업자들이 얼마나 섬세하게 그리고 예술적 가치가 나게 말안장을 꾸몄는가 하는 것은 거북등이음무늬 하나만 보아도 잘 알 수 있다. 다시 말하여 말안장을 아름답게 장식할 뿐 아니라 드팀없이[틈이 없이] 고정시킨 데서 엿볼 수 있는 것이다. 즉 거북등무늬의 금동띠 우에 다시 두께 0.1cm, 너비 0.4cm 정도의 가는 금동띠를 덧붙이고 거북등무늬의 각이 지는 모서리마다에 직경 0.4cm 가량의 대갈못을 박아서 아래와 나무판에 고정시켰다. 거북등무늬의 사이사이에 조성된 자그마한 3각형의 공간에는 새로운 조밀한 침선을 넣고 붉은 칠을 하여 장식적 효과를 더하고 있다. 그리고 거북등무늬의 공간에도 복판 우에 붉은 선으로 여러 가지 문양을 넣어 장식적 효과와 화려함을 더하였으나 오랜 세월이 지남에 따라 그것이 지워졌다. 또한 거북등무늬를 이루는 8각형의 짧은 변 다시 말하여 3각형의 공간을 이루는 변에는 안쪽으로 납작한 반원형의 금동판을 붙여서 장식함으로써 공예적 가치를 한층 돋구었다.

이상의 금동 및 청동공예품들은 가야사람들의 슬기와 재능을 그대로 잘 보여준다.

옻칠공예

가야에서는 옻칠공예도 상당한 정도로 발전하였다.

가야의 옻칠공예품으로 가장 오랜 것은 창원 다호리 1호무덤에서 드러난 각종 칠기들이다.

다호리유적(1호무덤)에서는 피장자가 찼던 나무칼(검)집에 옻칠을 진하게 하였다. 그리고 유적에서는 옻칠을 한 각종 굽잔과 네다리그릇, 뚜껑있는 통모양그릇, 뚜껑있는 함 등이 온전한 모습으로 드러났다. 굽잔에는 둥근 것뿐 아니라 방형의 네모난 그릇도 있다. 여기서 드러난 칠기들은 기본적으로 옻나무에서 추출된 옻을 기본으로 하고 있으며 이 옻칠바탕 우에 다시 붉은 칠로 3각톱날무늬, 격자무늬, 4각무늬 등의 문양을 그려넣었다.

가야에서는 다호리유적 밖에도 부산 로포동 31호무덤 나무곽 동쪽부분에서 드러난 유물과 같이 3각무늬 등 여러 가지 무늬를 음각한 다음 검은 칠을 바르는 경우도 있었다.

다호리유적의 칠기는 평양지방에서 드러나는 붉은색을 띠는 락랑칠기와는 성격이 다르다. 다호리의 것은 검은색이 감도는 것이 기본인 가야의 고유하고 독특한 칠기이다.

칠기는 보통 썩어 없어질 수 있는 나무에 칠함으로써 남은 것이 얼마 없는 것이 일반적인데 이렇게 칠기가 한 곳에서 한꺼번에 많이 나온 것은 아주 희귀하며 귀중하다. 이 칠기들은 5개의 붓과 함께 가야의 발전된 문화수준의 생산발전 수준을 그대로 보여주는 자료들이다.

이밖에도 성주 성산동 6호무덤에서 나온 옻칠한 목관쪼각과 함안 말이산 34호무덤에서 나온 칠기의 쪼각 등에서도 가야 옻칠공예의 흔적을 얼마간 엿볼 수 있다. 특히 합천 옥전 M3호무덤에서 드러난 전후안교와 말투구, 철판 등에 그것들이 부식되지 않도록 각종 옻칠을 한 것을 보면 가야에서의 옻채취 형편을 일정하게 가늠할 수 있다. 바로 이와 같이 발전된 옻칠공예에 토대하여 우수한 수공예품들이 제작 사용되었던 것이다.

이상 가야미술의 종류와 기교를 몇 가지 측면에서 살펴보았다.

가야의 미술은 고구려의 발전된 문화를 섭취하면서도 자기의 독자적이고 독특한 경지를 개척해나갔다. 그리하여 그 수준은 이웃한 백제와 신라에 견줄 만큼 높은 수준에 이를 수 있었다.

가야의 미술에는 이밖에도 그림(회화)이 있었다. 가야의 그림은 고령 고아동벽화무덤을 제외하고는 현재까지 남아 있는 것이 얼마 없다.

4. 음악과 무용 및 정신문화생활

(1) 음악과 무용

가야의 음악과 무용은 오늘날의 악기와 노래가락에 융합되어 남아 전한다. 그리고 《삼국사기》(악지)와 《삼국유사》(가락국기) 등에 가야의 음악과 무용에 관한 기록이 극히 단편적으로 전해온다.

가야에서는 여러 가지 노래들이 시가문학의 발전과 함께 수많이 창작되고 널리 보급되었다.

가야(금관가야국)의 건국천강설화에 나오는 《거부기노래》는 가사와 함께 오래동안 가야사람들에게 전해온 노래이다.

　거북아 거북아

　머리를 내밀어라

　만약 아니 내놓으면

　불에 구워먹겠다

노래는 소박하면서도 매우 우습강스럽게 되어 있어 가야사람들의 락천적인 감정을 잘 표현하였다. 가야사람들은 이 노래와 함께 기쁨을 나타내는 춤을 추었다. 이《거부기노래》는 시조왕의 출현과 관련되어 가야 전 기간 즐겨 불리웠다.

이밖에도 가야에는 김수로가 불렀다는《홀아비노래》와 우륵이 신라사람들에게 배워주었다는 11곡의 노래를 비롯하여 많은 노래가 있었다.

그러나 이 노래들은 가야가 멸망하면서 없어지고 제목만이 얼마 있을 뿐 그 가사와 곡이 전하는 것은 없다.

가야의 유일한 악기로 오늘까지 남아 있는 것은 가야금이다.

《삼국지》(권30 위서 한전)에는 이미 변진에 슬이라는 단현금이 있고 해당한 음곡도 있다고 하였다. 이것은 가야에 오래전부터 현악기가 있었다는 것을 보여준다.

《삼국사기》에 의하면 가야금은 가야국(고령대가야) 가실왕이 12줄의 고(금)를 만들어 12달의 음률을 상징하게 하였는데 우륵을 시켜 그 곡조를 짓도록 하였다고 한다.(《삼국사기》권32 악지)

가야에는 우륵, 니문을 비롯하여 예술적 기량이 높은 음악가들이 있었다.

우륵은 가야음악가를 대표하는 사람으로서 악기(가야금)뿐 아니라 노래와 춤까지도 아는 당시 예술의 대가였다. 그것은 우륵이 나라가 어지러워지면서 신라로 넘어간 다음에 신라 제자들의 능력에 따라 가야금과 노래, 춤을 각기 배워주었다고(《삼국사기》권4 신라본기 진흥왕 13년) 한 사실을 통하여 잘 알 수 있다.

가야음악이 다양하였다는 것은 우륵이 제자들에게 11곡의 곡조를 배워주었다고 한 데서와 12곡의 가야금곡을 지었다고(《삼국사기》 권32 악지 가야금) 한 데서도 알 수 있다. 또한 가야금에는 두 개의 조(調)가 있는데 하나는 하림조이고 다른 하나는 눈죽조이며 모두 15곡이나 된다고 한 데서도 잘 알 수 있다.

우륵이 지었다는 12곡의 가야금곡조는 아래가라도, 웃가라도, 보기, 달사(기), 사물, 물혜, 하기물, 사지기, 거렬, 사팔혜, 이사, 상기물 등이 있었다.(《삼국사기》 권32 악지 가야금)

여기에 렬거한 12개 곡 이름들은 모두 우륵이 살던 고령대가야를 중심으로 한 6가야의 지명으로 보인다. 즉 아래가라도란 아래가라인 금관가야국이란 뜻이며 도(都)는 수도라는 뜻이다. 웃가라도는 아래가라에 비한 웃쪽의 가라라는 뜻이므로 고령대가야이며 그 수도라는 뜻이다. 사물이란 강주, 고성(군)의 령현인 사수현(지금의 사천)으로서 대가야에 속하는 고장의 하나이다. 거렬은 강주의 거창(군)의 옛 지명이다. 사팔혜는 강양군의 령현 팔계현(오늘의 초계의 옛 지명인 초팔혜현)에 비정된다. 그밖에 상기물과 하기물의 기물은 역시 《삼국사기》 지리지에 있는 기문(己汶), 금물(今勿)로 보아도 큰 무리가 없을 것이다. 《한원》에 인용한 《괄지지》에 보이는 가야의 기문강(基汶河)의 기물은 기물(奇物), 기문(己汶)과 통한다. 그밖의 보기, 달사, 물혜, 사지기, 이사도 지명으로 보인다. 말하자면 우륵은 대가야를 중심으로 하여 6가야의 전체 지역을 포괄한 명승지들을 가야금곡조에 담았던 것으로 리해된다.[32]

---

32 《삼국사기》 악지에는 우륵이 지은 곡과 함께 그의 제자인 니문이 지은 가야금곡명도 밝히였는데 첫째는 까마귀, 둘째는 쥐, 셋째는 메추리라고 하였다. 니문이 지은 곡이 모두 짐승의 이름이라는 사실은 우륵이 지은 12곡 가운데의 하나인 사지기도 지명이라고만 볼 수 없게 한다.

가야의 춤으로는 시조 김수로왕을 맞이하는 환희의 춤을 비롯하여 여러 가지 춤이 있었다.

우륵이 신라 제자들에게 배워준 춤이 어떠한 것이였는지 잘 알 수 없으나 가야의 춤가락은 지금까지 전해져오는 춤가락들에 융합되여 전해진다. 신라에서는 오래동안 가야춤을 추는 사람이 있었다.(《삼국사기》 권10 신라본기 문무왕 8년)

이처럼 가야에는 구성지고 흥겨운 다양한 노래곡조와 격동적이고 우아한 춤가락 등이 발전보급되였다. 이러한 노래와 춤은 가야금을 비롯한 여러 가지 기악과 기악곡에 의하여 반주되고 담보되였다.

가야의 음악은 신라의 왕까지도 감탄할 정도로 우수하였으며 그가 신라의 예술가들을 우륵에게 붙여 기악과 노래, 춤을 배우게 하였다는 사실을 통하여 가야의 음악과 무용이 신라에 큰 영향을 주었다는 것을 알 수 있다.

(2) 정신문화생활 및 풍습

가야사람들의 정신생활을 말해주는 자료는 현재는 거의 없다. 다만 단편적으로 전하는 자료를 통하여 가야사람들의 정신생활의 일단을 엿볼 수 있다.

가야사람들의 정신생활의 하나는 천신숭배였으며 이것은 조상숭배와 련관되여 있다.

《삼국유사》(권2)에 실린 《가락국기》에는 가야의 모든 조상이 하늘에서 내려온 아들(천자)이라고 밝혀져 있다. 하늘이 가야사람들의 조상이며 매 소가야의 조상은 바로 하늘의 아들 즉 천자라는 정신이 가야사람들을 지배하고 있었다.

최치원이 편찬한 《석리정전》에는 가야산의 신인 정견모주가 천신인 이비가와 결합하여 금관가야와 고령대가야의 시조왕을 낳았다고 하였다. 이 설화를 통하여 알 수 있는 것처럼 가야사람들은 가야를 상징하는 가야신(녀자)과 천신이 혼인하여 생긴 것이 바로 가야국이며 가야의 시조왕이라고 함으로써 사람들로 하여금 하늘(천)과 땅(지)의 아들이라는 긍지와 자부심을 가지고 있었다.

가야통치배들은 자기들이 천자의 아들이라고 자처한 데로부터 오로지 자기를 중심으로 모든 것이 움직이는 것으로 생각하였다. 이것은 삼국시기 사람들의 공통된 관념이기도 하였다.

삼국시기에는 누구나 다 천자로 자처하였다. 고구려가 영락이라는 년호를 제정, 실시하고 자기들만이 관군이라고 한 것, 백제국왕이 사열식을 할 때 대황제(천자)라는 표식인 누런 기발을 사용한 사실, 신라가 년호를 제정하고 신라라는 국호를 택한 사실 등은 삼국시기의 모든 통치배들이 저마다 하늘의 아들(천자)로서 황제로 자처하였다는 것을 보여준다. 바로 이와 같은 정신이 천신숭배와 밀접히 결합되어 가야사람들의 정신생활을 지배하였다.

가야통치배들이 천자로 자처하였다는 것은 금관가야와 고령대가야의 건국설화뿐 아니라 《가락국기》의 요소요소에도 반영되어 있다.

김수로가 수도를 정할 때 황제가 자기를 부르는 일인칭으로 한 사실,

배필을 고를 때 자기를 가리켜 나라고 하지 않고 짐이라고 한 사실, 자기의 처를 황제의 처라는 뜻인 후라고 한 사실 등은 그것을 잘 말해준다.

가야통치배들이 천자로 자처한 것은 유물에도 반영되여 있다.

현재 남조선의 충남대학교박물관에는 《대왕》이라고 새긴 뚜껑붙은 목긴 단지(뚜껑의 직경 10.8cm, 단지의 구경 10cm, 높이 16.8cm, 허리의 최대 직경 9.5cm) 한 조가 소장되여 있고 동아대학교박물관에는 창녕 계성리 10호무덤에서 출토된 《대간》이라고 새겨진 뚜껑있는 굽잔(직경 13cm, 높이 11.5cm, 다리부분 직경 8.5cm) 한 조와 창녕 계성리 3호무덤에서 출토된 《대간》이라고 새겨진 병(구경 4.5cm, 높이 1.1cm, 바닥 직경 7cm)이 소장되여 있다.

보는 바와 같이 가야도질토기에 새겨진 대왕, 대간 등은 천자 즉 황제를 의미하는 것이었다.

가야에서는 이미 왕이란 칭호가 있었음이 명백하며 왕은 곧 한(간)을 의미하였다. 금관가야국의 9한(간)은 작은 지역의 우두머리였고 그것을 중국식으로 표현하면 왕이였다. 대왕은 작은 왕을 지배하는 인물이였을 것이며 대간(대한) 역시 여러 한(간)을 지배한 인물이였을 것이다. 대왕과 대간은 같은 의미를 가지였다. 《광개토왕릉비》에도 년호를 제정할 권한을 가진 천자인 고구려왕을 대왕으로 표기하였다는 것은 잘 알려져 있다. 그러므로 가야토기에 대왕, 대간의 글자가 새겨져 있고 그것이 고분에서 나왔다는 사실은 가야에서도 국왕을 대왕, 대간으로 불렀을 수 있다는 것을 보여준다. 고령대가야의 무덤떼에서 큰 고분을 중심으로 중소 고분들이 층층으로 분포되여 있는 것도 그와 같은 신분적 계층제를 방불케하는 것이라고 말할 수 있다.

이와 같은 사실들은 가야사람들에게 천신숭배심이 생활과 밀접히 결합되어 널리 보급되었다는 것을 보여준다.

가야사람들의 생활풍습은 동족의 나라인 고구려, 백제사람들의 생활 풍습과 별반 차이나지 않았으며 특히 신라사람들과는 진국시기 때부터 뒤섞여 살았기 때문에 거의 같았다.《삼국지》위서 한전에 변진사람들이 진한사람들과 섞여 살며 옷차림과 거처가 같으며 언어풍습도 서로 비슷하다고 한 것이 바로 이러한 사정을 전한 것이다.

가야는 비교적 따뜻한 기후조건을 가진 남쪽지대에 자리잡고 있었으므로 농사짓기에 매우 유리하였고 벼와 함께 보리, 콩, 수수, 조 등을 주로 재배하였다.《삼국지》위서 한전에 변진이 땅이 기름지고 일찍부터 벼를 심었으며 오곡농사에 적합하다고 한 것은 그것을 잘 말해준다.

가야사람들은 보리와 콩 등을 가지고 여러 가지 음식들을 가공해 먹었으며 부식물로는 바다가 가깝고 락동강과 같이 큰 강을 끼고 있어 수산물을 많이 가공하여 먹었다. 가야무덤들에서 제사용 질그릇들에 조개껍질을 비롯한 수산물 등이 드문히 나오는 것은 이와 같은 가야사람 들의 식생활 풍습을 잘 보여주고 있다.

그들은 콩을 가공하여 메주를 띄워 된장과 간장을 만들었을 뿐 아니라 벼와 보리 등을 발효시켜 술을 담그어 먹었다. 그들의 풍습이 노래하고 춤추기 좋아하며 술을 잘 마신다는 《삼국지》위서 한전의 기록은 가야사 람들이 술빚기를 잘하였다는 것을 말해준다. 김수로가 허황후를 맞이하는 사람들에게 진귀한 음식과 함께 고급술을 대접한 것은 가야의 양조업과 음식료리법의 발전모습을 잘 말해준다.

가야사람들의 옷차림은 신라와 거의 같았다.

《삼국지》 위서 한전에 가야사람들은 옷을 깨끗하게 입었으며 폭이 넓고 가는 천을 잘 짰다고 하였는데 이것을 통하여 가야사람들이 질 좋은 천으로 여러 가지 옷을 해 입었다는 것을 알 수 있다.

특히 가야사람들은 고조선이나 마한사람들의 뒤를 이어 일찍부터 누에치기를 잘 하였으며 석잠누에가 뽑은 고치실을 잘 익혀 실낳이[방적]를 하였고 누에실로 여러 가지 명주비단을 짰다. 《삼국지》 위서 한전에 변진사람들이 누에치기를 알고 겸포를 지었다고 한 것은 이것을 잘 보여준다. 겸포란 비단의 한 종류로서 겹실로 된 비단이다.

《삼국지》의 기록뿐 아니라 《가락국기》의 기록에서도 가야사람들이 일찍부터 누에치기를 잘하고 여러 가지 비단옷을 해 입었다고 하였다. 거기에는 건국 초기의 일로서 허황옥이 가져온 고급비단들인 금수와 릉라 이야기가 나온다. 이것은 가야의 초 시기부터 겸포와 같은 수수한 비단뿐 아니라 높은 기술을 요구하는 다양한 고급비단들이 생산되였다는 것을 말해준다.

가야사람들의 옷차림에서 주목되는 것은 녀자들이 바지를 입었다는 사실이다. 김수로의 처 허황옥이 배를 타고 올 때 바지를 입고 있다가 가야땅에 와서 바지를 벗었다고 하였는데 이것은 가야사람들이 고구려 벽화무덤에서 보는 것처럼 녀자들도 바지를 입었다는 것을 말해준다. 녀자들이 바지를 입는 경우는 로동을 하거나 춤을 출 때, 말이나 배를 탈 때 등 활동의 편리를 위해서였다.

가야사람들의 차림새에서 특이한 것은 몸단장을 깨끗이 하고 남녀를 가리지 않고 목걸이와 귀걸이, 팔찌와 가락지(반지)를 끼고 아름답게

몸장식을 한 것이다. 《삼국지》 위서 한전에 의하면 일반적으로 진국사람들이 각종 구슬로 재보를 삼으며 혹은 구슬로 옷을 장식하기도 한다고 하였다. 그리고 구슬을 목에도 걸고 귀에도 드리웠다고 하면서 금은보화와 금수비단들이 많아서 그닥 진귀하게 여기지 않는다고 하였다.

이와 같은 문헌의 전승을 반증하듯이 가야고분에서 유리구슬, 비취구슬, 옥돌 등의 각종 구슬을 꿴 목걸이와 금은귀걸이, 가락지 등이 수많이 드러났다. 이처럼 가야사람들은 금은보화로 몸을 화려하게 장식히는 풍습이 있었다.

물론 이러한 풍습은 지배계급에 속하는 계층들 속에 류행되였을 것이며 노비를 비롯한 하층에 속하는 사람들은 엄두도 내지 못하였을 것이다. 이와 같은 목걸이와 귀걸이 등으로 사치하게 장식하는 풍습은 가야사람에게만 한하지 않고 백제와 신라사람들에게 공통된 풍습이였던 것으로 인정되며 그것은 선행한 진국시기 때부터 하나의 굳어진 몸단장 풍습이였다.

가야사람들의 신발은 가죽신, 나막신 짚신 등이 있었다. 상층에 속하는 사람들은 가죽신 또는 나막신을 신었으며 하층에 속하는 사람들은 보통 짚신을 신었다. 가야고분에서 오늘의 짚신과 꼭같은 짚신모양물형도기가 나온 것은 이것을 실증해준다.

머리는 길게 늘여 드리웠다.

가야사람들의 살림집 풍습은 잘 알 수 없으나 가야무덤들에서 드러난 집모양도기를 보면 바닥을 기둥으로 받쳐 든 것이 많다. 그 속에는 사다리를 놓아 2층다락집을 표현한 것도 있다. 집모양도기에는 문에 빗장을 찌른 것도 있어 낟알창고를 방불케 한다.

바닥을 띄운 집은 고구려에도 있었는데 고구려무덤벽화에 그것이 반영되여 있다. 가야에 바닥 높은 집이 있는 것은 습기를 방지하고 쥐의 침습을 막기 위한 것으로서 고구려, 백제, 신라와 공통적인 것이였다고 볼 수 있다. 《삼국지》 위서 한전에 실린 《위략》에 《그 나라에서 집을 지을 때 나무를 가로쌓고 만드는데 마치도 감옥과 같다.》고 하였는데 그 집이란 아마도 고간 비슷한 것을 념두에 두고 한 말인 것 같다. 중국사람들이 말한 집이란 통나무를 가로 차곡차곡 쌓아올려 짓는 귀틀집을 념두에 둔 것으로 보인다.

《위략》의 기록대로 하면 가야에서는 귀틀집도 많이 지었던 것 같다. 그렇게 보면 가야 초기의 고분에서 귀틀무덤이 많은 것도 평상시 지상에 지었던 귀틀집을 지하에 무덤곽으로 재생한 것으로 리해할 수 있다.

가야사람들의 생활풍습에서 주목할 만한 것은 집안에 가마를 걸고 온돌을 놓는 한편 고구려에서처럼 평상에 앉아있기도 하였다는 사실이다.

《삼국지》 위서 한전에 의하면 변진사람들은 가마터를 집 서쪽에 만든다고 하였다. 가마를 거는 목적은 음식과 물을 끓이는 취사용과 난방용(온돌)으로 쓰자는 것이다. 가마터가 달린 집은 바로 취사와 난방을 겸한 온돌집이다. 창녕 교동 7호무덤, 11호무덤 등에서 가야의 쇠가마가 나온 것은 가야사람들이 집 서쪽모서리에 가마터를 설치하고 쇠가마를 거는 것이 보편적이였다는 것을 보여준다.

경상남도 김해시 부원동유적(C지구 2호집자리)에서는 가마터가 달린 집이 조사발굴되였다. 이와 같은 사실은 가야사람들이 집모서리에 가마터를 설치한 것이 기록에 있는 것과 완전히 일치하다는 것을 잘 보여준다.

가야사람들은 방안생활에서 온돌바닥에 앉는 경우도 있었으나 평상에 앉아 생활하는 경우도 있었다. 김수로를 비롯한 여섯 왕이 아도한의 집에서 평상 우에 앉았다고 하는 것은 그러한 사실을 보여준다. 고구려의 춤무덤과 씨름무덤의 벽화에는 평상에 앉은 모습을 잘 그렸다. 이 무덤들은 귀족의 무덤으로서 그들의 일상 방안생활을 평상에 앉는 것을 위주로 한 것 같다. 이와 마찬가지로 아도한과 같이 가야의 귀족들도 보통 때 방안생활을 평상에 앉아서 한 것으로 추측할 수 있다.

이처럼 가야에서는 동족의 나라인 고구려나 백제, 신라와 마찬가지로 일반평민들은 취사용과 난방용을 겸한 가마터를 집 서쪽모서리에 설치하고 거기에 쇠가마를 걸었으며 왕과 귀족을 비롯한 지배계급들은 난방용구들만을 놓고 쉬거나 식사할 때에는 평상에 앉아 하였던 것 같다.

가야의 가정의례 및 놀이에 대하여 《삼국지》 위서 한전에는 변진사람들이 소와 말을 타고 시집가고 장가드는 풍습이 있다고 하였다. 가야도기에 수레바퀴를 형성한 것이 있는데 바퀴살은 18개이다. 이것은 가야에서 달구지를 많이 만들어 소나 말에 메워 운반용 또는 군사용으로 썼다는 것을 보여준다.

가야사람들은 말타기도 잘하였다. 말은 소처럼 짐나르기에도 리용되였지만 군사용에도 많이 썼으며 일상시 말타기를 많이 하였다. 그것은 가야무덤들에서 말투구와 말갑옷, 말궁둥이에 꽂는 기발대(사행모양철기), 말자갈 등의 마구류가 많이 나오는 사실과 갑옷을 입힌 말에 올라탄 인물을 형상한 물형도기(김해 덕산리 출토 등)를 보아도 명백하다. 그리고 비화가야가 망할 때 신라의 이사부는 거도의 권모술수를 본따서 말놀이를 하는 척하다가 갑자기 가락국에 쳐들어가 가야(가라)를 타고 앉았다고 하였는데 이것은 가야사람들도 일상적으로 말놀이를 자주 벌린 데로부터 이사부의 말놀이를 흔히 있는 것으로 무심히 대하다가 봉변을 당한 것으로 보인다.

가야에서도 고구려, 백제, 신라에서와 마찬가지로 말타기와 활쏘기, 칼과 창 쓰기를 잘 하였던 것이다. 《가락국기》에 기원을 전후한 시기부터 말 이야기가 나오고 가야군사력이 고구려와 신라의 기마부대와 맞서 싸운 사실들을 전하는 것은 그것을 잘 말해준다.

가야사람들의 놀이에서 흥미를 끄는 것은 공놀이이다. 합천 옥전무덤에서는 돌로 된 공이 여러 개 나왔다. 이 돌공을 가지고 어떤 형식으로 놀이를 하였는지 잘 알 수 없으나 고려시기와 리조시기에 류행된 타구로 추측되고 있다. 아마도 가야에서는 이러한 여러 가지 완구를 가지고 노는 놀이가 있었던 것으로 보아진다.

가야의 장례풍습도 독특하였다.

《삼국지》 위서 한전에 의하면 변진사람들은 장례식 때 큰 새깃들을 쓴다고 하면서 그 뜻은 죽은 자를 멀리 그리고 높이 날리기 위해서라고 하였다. 이것을 보면 가야사람들은 변진 때부터 사람이 죽으면 하늘로 올라간다고 보았던 것 같다. 고령 지산동무덤떼를 비롯하여 가야의 무덤은 대체로 산꼭대기 아니면 구릉 끝머리 등지에 쓴다. 이것은 고구려나 백제, 신라와는 다른 특징이다. 가야사람들이 산꼭대기나 구릉 끝머리에 무덤을 쓴 것은 그러한 장소가 하늘과 보다 가깝다고 보는 관념에서 나온 것이라고 볼 수 있다.

가야사람들은 죽은 사람의 무덤칸들에 여러 가지 껴묻거리들도 넣었다. 모든 가야무덤이 그렇지는 않지만 지산동이나 옥전 등 대가야의 무덤들에는 주곽과 함께 껴묻거리를 놓는 부곽이 따로 정해져 있었다. 합천 옥전 3호무덤에는 큰 사슴을 넣었다.

또한 가야사람들은 무덤칸에 여러 가지 물형도기들을 만들어 넣었다. 그 형태는 오리모양도기, 배모양도기, 수레바퀴모양도기, 집모양도기, 말모양도기, 짚신모양도기 등 실로 다종다양하다. 여기에는 가야사람들의 취미감정과 생활풍습이 훌륭하게 표현되고 있다. 실례로 오리모양도기 하나만 놓고 보아도 알 수 있다. 입에 물고기를 물고 뒤를 돌아보는 모양, 앞을 보는 모양, 방금 움직일 듯한 모양 등 실로 다양한 변화를 가진 여러 가지 형태를 형상하였다. 이와 같은 물형도기들에는 가야사람들의 락천적이며 다양한 생활감정이 그대로 표현되고 있다.

가야풍속에 길가는 사람이 서로 사람을 만나면 호상 먼저 가게 길을 양보하는 풍습이 있다거나 법이 아주 엄하며 고상한 기풍이 강하여 사회에 넘쳐난다고 한 당시의 기록들을 통하여 가야사람들의 좋은 풍습을 엿볼 수 있다.

이처럼 가야사람들의 생활풍습은 고구려와 백제, 신라의 풍습과 공통되는 단군조선 민족의 고유한 풍습이였다.

4장

가야사람들의
일본렬도
진출

가야사람들은 일찍부터 일본렬도에 진출하였다.

지리적으로 일본렬도와 가장 가까운 거리에 위치해 있던 가야사람들은 이러저러한 사정으로 바다 넘어 일본렬도에 건너갔다. 가야사람들이 일본렬도에 비교적 많이 건너가게 된 주되는 리유는 이웃한 신라가 고구려의 도움을 받아 령토를 확장하면서 가야의 령역을 점차 침범한데 있었다. 가야는 백제와 동맹을 무어 신라에 완강하게 대항하는 한편 바다를 건너 일본렬도에로 넘어갔다. 오래전부터 산발적으로 진행되여 오던 가야사람들의 일본렬도 진출은 3세기 이후에 이르러 집단적인 성격을 띠였으며 규모도 퍽 커졌다.

가야사람들의 일본렬도 진출을 보다 용이하게 한 것은 일본렬도에 통일적인 정권이 서 있지 못한 데 있었다. 가야사람들의 일본렬도 진출이 절정에 달했던 5세기 전반기까지만 해도 일본렬도는 지역적 중심과 지역적 왕국은 있어도 일본렬도 전체, 일본서부를 통일한 국가(정권)조차도 없었다. 기내지방 가와찌와 야마또에 수립된 야마또정권이 일본서부를 통합한 것은 그보다도 썩 후인 6세기 후반기에 이르러서였다.

이와 같이 새로운 선진기술, 강력한 무력을 가진 가야사람들은 그곳 사람들의 저애를 받음이 없이 일본렬도 진출과 정착을 쉽게 할 수 있었다.

1. 가야사람들의 진출 정착지

(1) 지명과 문헌을 통하여 본 가야사람들의 진출 정착지

가야사람들의 일본렬도 진출과 정착은 일본렬도에 거대한 발자취를 남기였으며 일본력사 발전에 커다란 긍정적 작용을 하였다.

가야사람들이 일본에 남긴 발자취는 일본 고대지명에 오늘날까지 전해온다. 지명은 해당 고장의 력사를 가장 정확히 전하고 있으며 응당 그 고장을 개척한 유력한 집단이 짓기 마련이다.

일본렬도 특히 일본 서부일대에는 고구려, 백제, 신라와 함께 가야와 련관된 지명도 적지 않게 분포되여 있다. 일본렬도 내에서의 가야계통 지명은 일본 서부에 치우쳐 있다. 이것은 가야사람들이 본국 가야와 가까운 일본렬도의 서부지역에 많이 진출하였다는 것을 보여준다.

일본에서 가라라는 말은 지금은 외국 일반을 가리키는 말로 되고 말았으나 본래는 조선의 동남부에 존재한 가야(가라)국을 가리킨 말이였다. 즉 가라(加羅)가 조선이란 뜻인 가라(韓)로 전화되고 후에 韓이

唐(가라)으로 된 것이다. 그러나 韓이란 글자는 우리나라 동남부지역의 호칭으로 쓰이였다. 그 음은 한으로 발음되였을 뿐 가라가 아니였다. 따라서 韓이라는 글자는 일본에서만 가라로 읽었고 우리나라에서는 가라라고 읽지 않았다. 일본에서 韓을 가라라고 읽게 된 것은 앞에서 말한 것처럼 바로 가야(가라)사람을 가리킨 데서부터 온 것이다.

일본에서 가라히또(韓人, 辛人, 唐人)와 아야히또(漢人)란 가야사람을 가리킨 말이였으며 6세기 이후 가야가 멸망하여 가야사람들이 백제에 흡수되면서 백제사람까지도 가라히또(漢人)라고 부르게 되였다. 부분적으로 신라사람도 가라히또(辛人)라고 부르는 경우가 있었는데 그것은 규슈동부의 부젠 신라사람들을 부른 것과 같이 아주 드문 실례에 속한다. 고구려사람들은 원칙적으로 가라히또로 불리우지 않고 고마히또(高麗人, 狛人)로 불리웠으며 고구려와 관련된 물건들 례하면 고리자루칼, 비단 같은 것은 고마쯔루기, 고마니시끼 등으로 불렀다.

가야사람들은 조선과 가장 가까운 북규슈 일대에 많이 진출하였으며 해류관계로 조선 동해 연안 일대와 비옥한 충적평야가 펼쳐져 있는 세또내해 연안 일대에 수많이 진출하였다. 따라서 이 일대에 가야(가라) 계통 지명이 많이 널려져 있다.

가야계통 지명은 고을(군)과 향, 촌의 이름으로, 강과 벌판의 이름으로 전해오고 있다. 가야사람들은 진출하는 여러 곳에서 크고 작은 마을을 이루고 살았으며 그러한 크고 작은 마을들이 모이고 합쳐져 고을을 이루었다. 가야사람들은 자기의 마을과 고을들에 고국산천의 이름(지명)을 달았으며 많은 경우 고국의 이름을 그대로 불렀다. 그것은 낯선 이역땅에서 자기들의 혈통단위로 살아야했던 사정과 외부의 침습 등 대외관계를 고려한 사정에서 출발한 것으로 볼 수 있다.

일본렬도에 남아 전해오는 가야계통 지명은 보통 6가야의 명칭들인 가야, 가라, 아라, 아야, 아나 등이다. 이 기본 국호(지명)가 세월의 흐름 속에 약간씩 전화되였다. 례하면 가요(가야), 아요(아야), 아노(아나) 등이 그것이다. 중세시기의 일본사람들은 바로 이러한 가야계통 지명들의 조선음에 적당하게 한자를 돌려 맞추었다. 그리하여 조선의 가야에는 없는 한자들이 그곳 지명들에 붙여졌다. 그러나 어디까지나 가야계통 지명은 조선의 가야(가라)에서 출발한 것이다.

일본렬도 내에 있는 가야계통의 구체적인 지명은 다음의 표(지도 포함)와 같다.

가야계통 지명분포 일람표(규슈지구)

지도번호	지명	지명 소재지	비고
1	가라노가미(唐神)[1]	나가사끼현 이끼(섬)	
2	가라노사끼(韓崎)	나가사끼현 쯔시마 가미아가따군	나루이름
3	가라수(唐洲)	〃	〃
4	가라수시(唐舟志)	〃	〃
5	가라사끼(고오자끼)(桿崎)	〃	〃
6	가라자끼(간자끼)(神崎)[2]	〃 〃 시모아가따군	〃
7	아라기(荒木)[3]	후꾸오까현 무라가따군	향이름[4]
8	아라지(荒自)	〃	
9	오오아라(大荒)	〃	〃
10	고아라(小荒)	〃	〃
11	아라쯔사끼(荒津崎)	〃 후꾸오까시	나루이름
12	아라또야마(荒戸山)		산이름
13	가라야(辛家)	〃 무나가따군	향이름
14	가라보(唐坊)	〃	마을이름
15	아라히라(荒平)	〃 소오라군(사와라)	
16	아라히또(良人)	〃 이또군	향이름
17	〃 〃	〃 나까군	〃
18	아라끼(荒木)[5]	〃 미쯔마군	마을이름
19	가라(韓良, 加夜)	〃 시마군	향이름
20	가라도마리(韓泊)	〃	〃
21	게야(芥屋)[6]	〃	마을이름

지도번호	지명	지명 소재지	비고
22	가라(加羅)*[7]	〃	〃
23	가야노모리(柏森)	〃 이이즈까시	〃
24	아야하따(綾幡)	〃 찌꾸죠군 쯔이끼정	향이름
25	가라쯔(唐津)	사가현 가라쯔시	나루이름
26	가가라(加唐, 各羅)	〃 히가시마쯔우라군	마을이름
27	아야베(漢部, 綾部)	〃 미야끼군	〃
28	가라시마(辛島, 韓島)*[8]	오오이따현 우사군	향이름
29	아나시(穴石)	〃 시모게군	〃
30	아라따(新田)	〃 오오노군	마을이름
31	가라야(韓家)	미야자끼현 고유군	향이름
32	가라구니(韓國)	〃 고바야시시	산과 신사이름
33	가라구니 우즈미네신사*[9]	나가사끼현 아히라군	신사이름
34	아라수끼(阿良須岐)	사가현 기시마군	향이름
35	가라이에(辛家)*[10]	구마모또현 기꾸찌군	〃

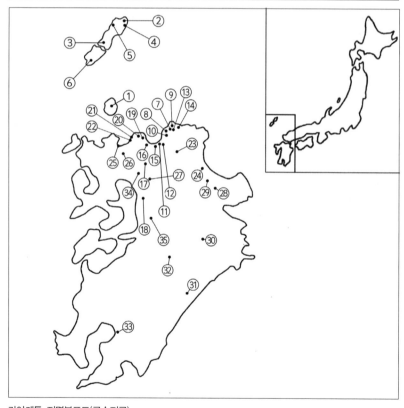

가야계통 지명분포도(규슈지구).

266

가야계통 지명분포 일람표(세또내해지구)

지도번호	지명	지명 소재지	비고
36	아야기(綾木)	야마구찌현 미네군	
37	아야라기(綾羅木)	〃 도요우라군	
38	아나도(穴戸, 穴門)	〃 남부지역	
39	가라호(可良浦, 韓浦)	〃 구마게군	나루이름
40	가로도(鹿老渡)*11	히로시마현 아끼군	〃
41	가라베(韓弁)*12	〃	향이름
42	가라가와(加羅加波)*13	〃 미쯔기군	마을과 신사이름
43	아나(安那, 阿娜)	〃 후까야수군	고을과 바다이름
44	가라쯔(鞆津)*14	〃	바다나루
45	아나다(穴田)	오까야마현 가와가미군	향이름
46	가야(가요, 賀陽)*15	〃 기비군	고을이름
47	아라도(新砥)	〃 아떼쯔군	마을이름
48	기라히또사또(辛人里)	〃 쯔구보군	〃
49	가야베(芽部)	〃 마니와군	〃
50	아야베(綾部)	〃 도마다군	향이름
51	가라고또우라(唐琴浦)	〃 고지마군	나루이름
52	아야(阿野, 綾, 韓)	까가와현 아야우따군	고을이름
53	가라도마리(韓泊)*16	효고현 인남군(가고가와시)	마을과 나루이름
54	가라무로(韓室里)	〃 시까마군	마을이름
55	가야(賀野)	〃 이보군	〃
56	가야(鹿谷)	〃 가고군	마을이름
57	아나시(穴無)	〃 시까마군	향이름
58	아야베(韓部)	〃	마을이름
59	가라니(辛荷)섬	〃 이보군	섬이름
60	아라이(荒井)	〃 가고군	마을이름
61	이라따(荒田)	〃 다까군	향과 신사이름
62	아나가(阿那賀)	〃 아와지섬	마을이름
63	아나노우라(阿那之浦)	〃 아와지섬 미하라군	나루이름
64	아노(穴太)	〃 아마가사끼시	마을이름
65	아나시(穴師)	〃 시소군	〃

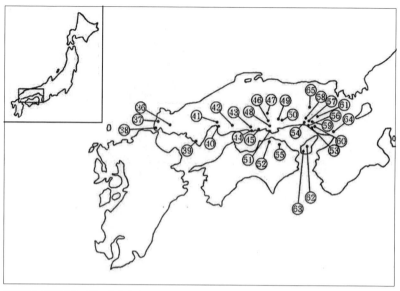

가야계통 지명분포도(세또내해지구).

가야계통 지명분포 일람표(깅끼지구)

지도번호	지명	지명 소재지	비고
66	가라구니(唐國)	오사까부 센보꾸군	마을이름
67	아나시(穴師, 安師)	〃 〃	마을과 신사이름
68	아라(安良)	〃 니시나라군	향이름
69	아라하까(荒陵)	〃 〃	마을이름
70	가라무로(韓室里)	〃 마무다군	〃
71	가야노(萱野)	〃 도요노군	〃
72	가야후리(萱振)	〃 미나미 가와찌군	〃
73	아노(穴太)	〃 야오시	〃
74	가야노모리(栢森)	나라현 아까이찌군	〃
75	가야나루미(加耶奈留美)	〃 〃	신사이름
76	아노(賀名, 生穴, 太穴穗)	〃 요시노군	마을이름
77	가라꼬(唐古, 韓人)	〃 시끼군	마을과 못이름
78	가야하시(河陽橋)	〃 교또부(야마시로)*[17]	다리이름
79	가라하시(唐橋)	교또부 교또시 시모교구*[18]	마을이름
80	아라라 마쯔바라(安良松原)	〃 우지군	〃

지도번호	지명	지명 소재지	비고
81	아노(穴生)	〃 〃 (현 고죠시)	〃
82	아노(穴太)	〃 가에오까시	〃
83	가라구니(韓國, 唐國)	오사까부 후지이데라시	마을과 신사이름
84	아라(安良)	시가현 구리따군	향이름
85	아라(安羅)	〃 〃	〃
86	아나(阿那)	〃 사가따군	신사이름
87	가라구니(唐國)	〃 히가시아사히군	마을이름
88	아야도(陵戶)*[19]	〃 〃	〃
89	가야노(蚊野, 蚊屋野)	〃 애지군	향이름
90	가라사끼(韓崎, 唐崎)	오오쯔시(시가군)	마을이름
91	아노(穴太, 穴穗)	〃 〃	〃
92	아나(吾名, 穴)	〃 가모군(현 구사쯔시)	〃
93	아라가와(安樂川, 荒川)	와까야마현 나가군	향이름
94	아라다(荒田)	〃 아리다군	〃

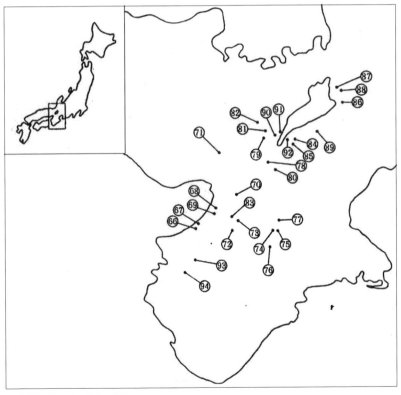

가야계통 지명분포도(깅끼지구).

가야계통 지명분포 일람표(조선 동해연안지구)

지도번호	지명	지명 소재지	비고
95	가라사끼(辛崎)	시마네현 나가군	나루(곳)이름
96	아다가야(아라가야 出雲)	〃 야쯔까군	향이름
97	아다가야(阿太加夜)	〃 〃	신사이름
98	가야노사또(加夜里)	〃 가무도군	마을이름
99	아요(아야 阿用)	〃 오오하라군	〃
100	아라와이(阿羅波比)	〃 야쯔까군	〃
101	아라가야(荒茅)	〃 히까와군	〃
102	아라끼(荒木, 阿羅城)	〃 〃	〃
103	아라시마(荒島)	〃 노기군	〃
104	가야하라(草原)	시마네현 이이시군	향이름
105	가야(蚊屋)	돗또리현 사이호꾸군	〃
106	가야(賀陽, 加也)	효고현 기노사끼군	〃
107	가야(加悅)	교또부 여(요)사군	마을이름
108	아야베(綾部)	〃 아야베시	향이름
109	가야(가이)바라(柏原)	효고현 히가미군	마을이름
110	아라베(荒部, 漢部)	교또부 구와따군	향이름
111	구리가라(俱利伽羅)	이시까와현 가호꾸군	마을과 고개이름
112	아라끼(荒木)	〃 하꾸이군	향이름
113	구마가부또아라가시(久麻加夫都阿良加志)	〃 가시마군	신사이름
114	아라끼(荒城, 阿良木)	기후현 기죠(吉城)군의 옛이름	고을이름
115	가라시나(韓級)	군마현 가라군 간라(甘良)	향이름

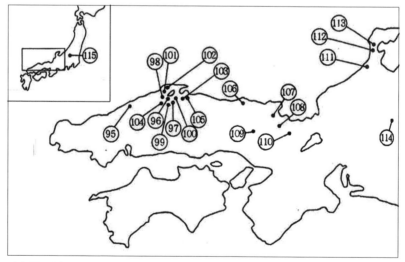

가야계통 지명분포도(조선 동해안지구).

*1 쯔시마와 이끼섬의 일련의 가라(唐) 지명들은 바다가의 나루터들에 붙여진 이름이다. 본래는 唐[당]자가 아니라 韓이며 加羅에 유래한다. 이끼섬의 가라가미도 加羅神[가라신]이라고 썼다. 5세기에 들어와서 쯔시마에 가야토기(도기)가 갑자기 그리고 대량적으로 먼저 나타난 것이 이러한 가야지명의 출현과 무관계하지 않는다는 것은 자명하다.

*2 간자끼는 가라자끼(加羅崎)에서 전화된 말일 것이다. 그러고보면 세부리산지 남부에 위치한 현재의 사가현의 간자끼도 본래는 가라자끼였을 수 있다.

*3, 5 아라기, 아라끼는 아라(아야)의 끼라는 뜻이다. 끼라는 것은 성(城)이란 고대조선말이다. 조선 이주민집단은 진출 정착한 여러 곳에서 자기집단을 외부의 침입으로부터 지키기 위하여 크고 작은 방어 시설을 구축하였다. 이런 데로부터 바로 지명에서 보는 아라끼라는 이름이 생기게 된 것으로 보인다. 지도번호 36, 37의 아야기, 아야라기 등도 바로 끼(城)가 붙여진 것 같다. 끼(城)는 후에 적당한 한자(木)가 붙여졌던 것으로 보인다.

*4 여기서 말하는 향이름이란 10세기에 성립된《화명류취초》즉《화명초》에 밝혀진 향이름들이다. 10세기경의 향(鄕)은 여러 개의 큰 마을들을 망라하고 있었기 때문에 6~7세기경의 향은 웬만큼 큰 고을이였을 가능성이 높다.

*6, 7 이또지(시)마반도에는 가야와 관계된 지명이 많다. 가야산(可也山)을 비롯하여 마을과 산천들에 가야와 관련된 지명이 적지 않게 붙어 있다.

*8 부젠지방에 있는 이 가라시마는 신라를 가리킨 것이 명백하다.(《일본에서 조선소국의 형성과 발전》백과사전출판사, 1990년, 184~185페지)

*9 《가라구니》의 이름을 단 신사는 휴가-미야자끼현 다까바루정에 있다.

*10 구마모또현 기꾸찌군에 있던 가라이에는 백제를 가리킨 것이 명백하다.(《일본에서 조선소국의 형성과 발전》 백과사전출판사, 1990년, 199~200페지)

*11 가로도는 가야의 나루가 전화된 말이다. 처음 韓渡[한도]였을 것이다. 아끼군 남부의 구라하시섬(倉橋島) 북부에 위치한다.

*12 아야베라고 읽지 않고 가라베라고 읽는다. 漢[한]이라고 쓰고 가라라고 읽는 것은 본래 漢이 조선의 가야인 아야, 가라(加羅)에서 나왔기 때문이다. 가라베는 지금 가베(可部)가 되고 말았다.

*13 미즈기군 일대에는 가라가와 또는 가라(加羅)가 붙은 지명들이 많다. 가라가와신사는 가라가와대왕을 제사신으로 받들고 있다. 이 대왕이 실재한 조선(가라)계통 소국왕인지는 앞으로 따져보아야 할 것이다.

*14 《鞆津[병진]》으로 쓰고 가라쯔로 읽는다. 이와 같은 조선나루는 세또내해 연안에 많이 분포되여 있다.

*15 오까야마현의 옛 기비군을 본시 가야군이라고 하였는데 여기에는 많은 가야계통 지명이 존재한다. 지도번호 43, 52 등도 마찬가지이다.

*16 지도번호 53~59까지의 지명은 많은 경우 하리마 《풍토기》에 실린 것으로서 현 행정구역과 얼마간 차이날 수 있다.

*17 현재의 장소는 잘 알 수 없다. 요도가와(강)에 있던 다리이름이라고 한 것을 보면 야마시로의 가야(河陽) 근방 일대가 조선의 가야사람들이 집중적으로 살았던 곳임을 알 수 있다.

*18 옛 가도노군 시찌죠촌(七條村)이다.

*19 히가시아사히군에 위치한 아사히정과 도라히메정 일대에는 신라계통 지명과 함께 가야(아야)계통 지명도 많다. 실례로 여기에는 아야도 이외에

도 아야노끼(綾之木)라는 지명도 있다.

이 분포일람표를 통하여 알 수 있는 바와 같이 일본렬도의 서부지역에는 적지 않은 가야계통 지명들이 있다. 100여 개나 되는 이 가야(가라)계통 지명들은 기본적으로 《화명초》에 밝혀진 향이름들과 그밖의 오랜 고문헌에 기초하여 추려낸 것이다.

국군제도 실시 이후의 일본은 행정상 국(國)이 있고 그 아래에 여러 개의 고을(郡)이, 고을 아래에 또 여러 개의 향(鄕)이 있었다. 향 아래에는 여러 개의 리(里)가 있었으며 리 아래에는 또 여러 개의 크고 작은 마을들이 있었다. 그러므로 고을과 향이 가야지명을 띤다는 사실은 그 아래에 크고 작은 많은 마을들도 가야이름을 띠고 있었다는 것을 보여준다. 즉 앞의 일람표에는 작은마을들은 들지 않고 기본적으로 향이름들과 비교적 큰 마을들만을 골라서 작성하였다.

그러면 이렇게 많은 가야계통 지명들이 언제 어떻게 붙여졌겠는가.

그것은 가야사람들의 일본렬도에로의 진출 및 정착이라는 력사적 사실과 직접 잇닿아 있다.

수많은 가야계통 지명들이 7세기에도 존재하였던 조건에서 그 이전 대체로 4~5세기경에 이미 확고히 붙여져 있었던 것으로 보인다. 왜냐하면 가야는 6세기에 와서 멸망한다. 그것을 계기로 적지 않은 가야사람들이 일본렬도에 건너갔기 때문이다. 그렇다고 하여 망명자들이 그곳에 가서 자기 나라 지명을 붙일 수는 없었다고 본다. 앞뒤의 사정을 고려해 볼 때 일본렬도에 있는 가야계통 지명들은 《일본서기》에 있듯이 오래전에 가야사람들이 진출하면서 지은 마을과 고을이름들이였을 것이다.

조선의 삼국시기에 해당되는 오랜 시기에 붙여진 지명들이 많은 시간이 흐르는 과정에 더러는 변하고 더러는 없어졌을 것이다.

물론 앞의 표에서 본 지명이 모두가 다 가야의 것은 아니다. 주석에서도 언급하였지만 지도번호 28과 35는 신라와 백제에 계보가 이어지는 지명들임이 틀림없다. 하지만 분포일람표에 올린 대부분의 지명들은 가야에 계보가 이어진다. 그것은 옛 문헌과 출토된 가야토기를 비롯한 고고학적 자료들에 의하여 립증된 사실들이기 때문이다.

가야계통 지명은 앞에서 본 분포일람표에 반영된 것뿐 아니라 그밖에도 얼마든지 찾아볼 수 있다. 실례로 시마네현 일대를 지금은 이즈모(出雲)라고 부르지만 고대시기에는 아라가야라고 불렀다. 지금은 이것이 전화되여 《아다가야》라고 부르지만 한자로는 의연 조선의 가야에 줄을 닿고 있다. 이즈모라는 말은 이즈모 《풍토기》에 야쯔까미즈오미쯔노노미꼬또가 야구모다쯔이즈모(八雲立出雲-여덟 구름이 일어선다)라고 했다는 데서 유래한다고 하였다. 그러나 왜 이즈모라고 했는가 하는 말의 근거는 밝히지 않았다. 이즈모라는 말은 《풍토기》(9세기 혹은 10세기경에 편찬) 출현 이후의 산물이다. 따라서 그 이전에 《出雲[출운]》이라고 쓰고 아다가야라고 훈을 단 이즈모 《풍토기》의 내용을 수긍해야 할 것이다. 시마네현 일대를 아라가야라고 하게 된 것은 이 일대에 신라사람들과 함께 가야사람들도 적지 않게 진출하여 마을을 이루고 살았기 때문일 것이다. 오이즈모(小出雲)라는 곳에 아라이(新井町)를 비롯하여 가야(가라, 아야 등)에서 유래한 지명이 붙어 있는 것은 바로 이 때문이다.

뿐만 아니라 히까와군 일대의 아라가야(荒茅)라는 마을과 아라끼촌

274

(荒木村), 고아라끼(古荒木村), 가야하라(茅原) 등의 지명들, 야쯔까군의 아다가야향(出雲鄕)과 아다가야강(出雲川, 오늘의 구미노강), 가라가와 (辛川, 唐川)지구에 전개된 까기라(加賀羅), 벳쇼(別所)지구의 가아라 (加阿羅) 등의 지명들, 오우군과 이즈모군 일대의 가라구니이다테신사 (韓國伊太氏神社), 가라가마신사(韓竈龜神社) 등 가야에 유래한 지명들 은 바로 가야사람들의 진출과 정착을 그대로 보여주고 있다. 또 이렇게 많은 가야지명이 있었기 때문에 한때 시마네현 서쪽 일대를 이리가야(아 다가야)라는 다른 이름으로도 불렀던 것이며 중세기에 들어서면서 조선 적 영향을 가시기 위해 出雲이라고 써서 이즈모라고 읽은 것이다. 그러나 가야의 영향은 의연 지울 수 없었다. 모든 문헌에서 出雲을 이즈모로 읽게 하였으나 아쯔까군의 出雲鄕[출운향]만은 이즈모로 읽지 않고 아다가야라고 하였다. 여기에 阿太加夜[아태가야]라는 신사가 있어 그 렇게 부른다고 후세의 학자들은 해석하지만 그것은 맞지 않는다. 향을 아다가야로 불렀기 때문에 신사도 거기에 유래하여 아다가야신사라고 불렀던 것이다.

하나의 가야계통 지명이 있는 데는 여러 개의 가야계통 지명이 존재한 다는 사실을 번호 107번의 교또부 여(요)사군의 가야(加悅)를 실례로 들어보아도 잘 알 수 있다.

현재 가야정의 가야(加悅)는 본래 加屋[가옥], 賀屋[하옥]이라고 쓰고 가야라고 읽던 고장이다. 여기에는 가야의 계집(加耶媛)인 가야노히메 (萱野媛)를 제사지내는 오야(吾野)신사가 있다. 그리고 주변에는 安良, 安良山[안량산]이라는 지명과 산이 있다. 옛 문헌에는 이 산을 安羅山[안 라산]이라고 명문으로 밝히고 있다. 이러던 이 고장이 加悅[가열]의 글자를 쓰게 된 것은 중세기의 무장 嘉悅[가열]씨가 령주로 된 데 기인한다고 하였다. 아무튼 조선의 기이와 직접 련계된 고장임에는 틀림없다.

가야사람들의 일본렬도 진출 정형은 비단 가야(기라) 지명 하나에 한하지 않는다. 가야지명은 어디까지나 6가야의 소국명에 준하여 지었을 뿐이다. 6가야 외에도 가야지명이 있을 수 있다. 실례로 합천 일대에는 고령대가야를 구성하고 있었을 다라(多羅)국이 있었던 것으로 보인다. 현재도 합천 옥전무덤떼와 얼마 떨어지지 않은 곳에 다라의 지명이 남아 있다. 일본렬도에는 이 다라에서 유래한 지명도 적지 않게 남아 있는데 이것은 다라사람들의 진출과 정착에 무관계한 것이 아니다. 일본렬도에는 다라지명은 문헌과 그밖의 자료에 의해 가야와 직접 관련된다는 것이 밝혀지고 있다.

일본렬도에 전해오는 다라지명을 대충 들면 찌꾸젠(후꾸오까현 일대)의 다다라(多多良) 마을과 해변가 이름, 히젠(사가현)의 다라산(多良岳, 託羅之峰), 후지쯔군 다라촌(多良村), 히고(구마모또현) 구마군의 다라기(多良木), 오오구마(나가사끼현) 이사군 다라(太良), 나가또(야마구찌현) 다라마을과 다라강(多羅川), 빙고(히로시마현) 아시시나군 다라(柞麻), 비젠(오까야마현) 다다라(多多羅), 야마시로(교또부) 쯔쯔끼군 다다라(多多羅), 와까사(후꾸이현) 오뉴군 다라(太良庄), 오오미(시가현) 고오가군 다라오(多羅尾), 이가(미에현) 아야마군 다라노(刺萩野), 미노(기후현) 요로군 다라의 이름을 가진 강과 고을 등이다.

이밖에도 《화명초》에는 가이(야마나시현) 쯔루군과 수와(야마구찌현) 사하군에 다라향(多良鄕)이 있다는 것을 밝히고 있다.

다라지명은 이밖에도 많다. 이러한 다라지명이 가야의 다라와 직접 관련이 있다는 것은 론할 여지가 없다. 물론 그 가운데는 고대 제철야장과 관계된 지명도 있을 것이다. 즉 풀무에 쓰는 송풍장치를 다다라(踏鞴)라고 하였는데 고대 제철터가 있은 데로부터 그러한 지명이 붙은 것도 있었을 것이다. 그러나 그런 경우에도 당시로서는 가장 선진적인 제철기술을 가진 집단이 가야수공업자들이였다는 것을 고려해볼 때 송풍장치를 다다라라고 이름짓게 된 것도 가야(다라)와 련관시켜 보아야 할 것이다. 말하자면 5세기 전반기 가야 이주민집단이 일본에 건너갈 때 함께 따라갔던 쇠부리 수공업집단이 진출 정착한 곳이 다라 또는 다다라 마을이 아니였겠는가. 합천 옥전무덤떼에서 드러난 우수한 제철유물들은 다라 일대의 발전된 야금수공업의 일단을 잘 보여주고 있다.

가야사람들의 일본렬도 진출 정형은 가야계통 지명 외에 오랜 문헌자료들에도 이러저러하게 반영되어 있다.

무엇보다 먼저 가야사람들의 일본렬도 진출은 《일본서기》에 반영되여 있다. 그 전형적인 것으로서 쯔누가아라히또설화를 들 수 있다. 쯔누가아라히또란 이미 본 바와 같이 뿔 달린(뿔모양 갓을 쓴) 가야사람이란 뜻이다.

《일본서기》(권5 숭신기 65년 7월조)에는 가야(임나)국 소나갈길지(소나가시지)가 왔다는 기사가 있은 다음 수인기 2년에 그의 귀환기사가 나온다. 이어 주석에 쯔누가아라히또 래왕기사도 등장한다. 그에 의하면 고시국(월국)의 계히의 나루가(오늘의 쯔루가)에 대가라국의 왕자인 쯔누가아라히또가 왔다고 하면서 이어 그의 말이라고 하여 다음과 같은 내용을 전한다. 아라히또는 아나또(나가또-오늘의 야마구찌현 서남부 일대)에 왔다가 다시 북해(北梅-고시국 앞바다로 추측됨)를 돌아서 이즈모(시마네현 일대)를 거쳐 야마또에 왔노라고 하였다.

아라히또설화는 《일본서기》 수인기 3년조에 실린 신라왕자 천일창(아메노히보꼬)설화와 뒤섞여진 감이 없지 않으나 설화로서만 처리될 수 없는 력사적 사실을 담고 있다. 말하자면 《일본서기》에 실린 가야왕자 쯔누가아라히또설화는 금관가야국사람들의 일본렬도 진출 모습과 그 로정을 일정하게 반영하고 있다고 보인다. 즉 쯔누가아라히또는 세또내해의 입구라는 나가또(아나또)와 북해 그리고 이즈모를 거쳐 야마또(나라현)에 왔다고 하였다. 그런데 이 로정은 아라히또(아라, 가야사람)가 야마또에 가는 길치고는 너무나도 복잡하여 순조롭지 않다. 따라서 나가또, 북해, 이즈모 등은 가야사람들의 진출 지역을 밝혔을 뿐 그 어떤 가야집단이 야마또에로 간 로정을 밝힌 것이 아니라는 것을 알 수 있다.

북해는 이시까와현 일대를 포함한 호꾸리꾸(北陸) 일대이다. 지명분포일람표를 통하여 알 수 있듯이 이 일대에 가야계통 지명들이 집중적으로 분포되여 있다. 그것은 가야사람들이 그만큼 많이 정착하여 살았다는 것을 보여준다.

실례로 노또국(이시까와현) 노또군에는 가야의 쯔누가아라시또의 후예라고 하는 오오찌노오비또(大市首)에서 나온 오오찌라는 지명(역명)이 있다.(《신찬성씨록》 권22 사교 제번 하) 이것은 오오찌라는 향이름에서 유래한 것으로 보인다.

또한 이시까와현 후게시군에는 후게시히꼬신사와 향사(鄕社)인 미마나(가야)히꼬신사가 있는데 여기서는 다같이 가야사람을 제사지낸다.[33] 그 린접 고을인 하꾸이군에는 《연희식》에 올라 있는 구마가부또아라가시히꼬신사가 있고 노또군에는 아라가시히꼬신사(阿良加志比古神社) 등이 보인다. 이 모든 신사들은 다같이 가야사람을 제사신으로 모시고 있다. 바로 이 지명과 신사들이 가야적 성격을 일목료연하게 잘 보여주고 있다.34

이밖에도 가시마군 나까시마정에는 하꾸이군에 있는 신사와 같은 구마가부또아라가시히꼬신사가 있다. 가야의 쯔누가아라히또신과 아라가시히꼬신(阿良加止比古神)을 제사지낸다. 하꾸이군에는 또 아라끼(荒木, 阿羅城)라는 향이름도 남아 있다.

이즈모는 이미 본 바와 같이 가야계통 지명이 많은 곳이며 한때 전체 이즈모지방을 총칭하는 이름으로 쓰인 적도 있으나 후에 신라세력이 강성해짐에 따라 그 자리를 양보하게 되였다.

《일본서기》에 쯔누가하라히또가 북해를 돌아 이즈모에 간 다음 야마또에 왔다는 것도 일리가 있는 말이다. 그것은 이즈모《풍토기》에 고시국 사람들이 서부이즈모에 건너왔다는 기록이 있으며 스사노오노미꼬또가 쳐죽였다는 오로찌(조선식산성을 구축한 조선인 집단)도 고시국에서 건너간 가야계통 이주민집단이기 때문이다.(《일본에서 조선소국의 형성과 발전》백과사전출판사, 1990년, 501~502페지) 말하자면 고시국에 진출한 가야사람들이 다시금 이동하여 서부 이즈모지방에 정착하게 된 것이다. 따라서 쯔누가아라히또가 《북해를 돌아 이즈모국을 거쳤다.》

---

33 후게시군에는 미마나히꼬신사와 미마나히메신사의 두 신사가 있는데 다같이 임나국의 남자신과 임나국의 녀자신을 제사지낸다. 제사신이나 신사이름이나 다같이 특별한 뜻이 없다. 그저 가야신이라는 국명을 단 것뿐이다. 나라가 곧 신사이름으로 되고 제사신의 이름으로 된 것이다.

34 하꾸이군의 신사는《연희식》에 의하면 하꾸이군 14좌 중에 속하는 큰 신사이며 노또군의 신사는 17좌 중에 속하는 신사이다.

고 한 것이다.

나가또 역시 나라다향을 통해서 알 수 있듯이 가야사람들이 진출한 곳의 하나이다.

(고사기)와 《일본서기》에는 니니기노미꼬또로 대변되는 가야사람들의 일본렬도 진출을 반영한 설화도 실려 있다.

니니기노미꼬또는 규슈땅을 《이 땅은 가리구니(韓國)에 향해 있어…참으로 길한 땅이여라.》라고 하였다. 여기서 말하는 가라구니란 조선일반을 가리킨 것이 아니라 역시 加羅國(가라구니)을 념두에 두었을 것이다. 바로 이 니니기노미꼬또세력의 후예들이 세또내해를 거쳐 가와찌, 야마또에 들어갔다. 따라서 오래동안 야마또의 궁정과 그 후 왕궁에서 대를 이어 제사지내게 된 가라가미(韓神) 역시 그저 막연하게 된 조선신으로 볼 것이 아니라 加羅神[가라신] 즉 가야신이였다고 보게 되는 것이다.

니니기노미꼬또로 대변되는 가야 이주민집단이 규슈 북부와 동남 일대에 진출하였다는 것은 《고사기》에 니니기노미꼬또가 말했다는 해를 향하다 또는 해가 향하다는 말 뜻이 담긴 日向, 向日[향일] 등의 지명이 쯔시마와 이또지마반도 그리고 사이또바루(히무하, 미야자끼현) 등지에 붙어 있는 것을 보아도 잘 알 수 있다. 바로 가야사람들은 먼저 쯔시마를 거쳐 이또지마반도와 그 주변해안가에 진출하였으며 그다음 해안선을 따라 사이또바루(미이자끼현)에 진출하였던 것이다.

《고사기》에 실린 니니기노미꼬또의 이른바 금관가야국의 김수로《천손강림》 모습과 아주 류사하고 이 설화가 가야사람들의 규슈지방 진출을 말해주고 있다는 데 대해서는 이미 선행 연구성과들에 의해 밝혀졌다.

(《초기조일관계연구》 사회과학출판사, 1966년, 102~107페지)

  《일본서기》(권9 신공섭정 5년)에 기록된 구외바라(桑原), 시미(佐糜), 다까미야(高宮), 오시누미(忍海) 등 4개 읍 아야히또의 시조 기사 역시 가야사람들의 일본렬도(야마또지방) 진출을 보여주는 기록이다.

  이 기사는 야마또국가가 마치도 신라의 다다라나루를 쳐서 아야히또 즉 가야사람들을 포로해 간 것처럼 꾸며 놓았지만 그것은 잘못된 것이다. 다다라는 가야에 있던 것이 분명하며 신공황후는 계보를 따지면 오오미(시가현 비와호 주변)의 신라호족 출신이기 때문에 그가 어머니 신라를 친다는 것 자체가 있을 수 없는 일이다. 그러나 이 기사는 제철기술을 비롯하여 발전된 수공업기술을 가진 가야의 집단들이 이러저러한 계기로 일본렬도(야마또지방)에 건너간 정형을 다소나마 전해주고 있다고 보인다.

  속《군서류종》(7집 하 185권 381페지)에 실린 《사까노우에계도》(坂土系圖)에는 응신조(270~310년) 때 본국의 란을 피하여 일곱 개 성(姓)의 아야히또가 왔다는 것과 일곱 성으로는 다까무꾸노수구리(高向村主)와 오시누미수구리, 사미수구리, 구와바라수구리 등이 올라 있다. 이것은 아야히또가 신공황후와는 관계없이 주동적으로 일본렬도에 진출하였다는 것을 보여주고 있다.[35]

  가야사람들의 일본렬도 진출과 정착형편에 대하여 보다 선명하게

---

[35] 아야히또(漢人)는 말 그대로 아야(가야)사람들의 집단이였다. 하지만 점차 여기에 백제 이주민집단이 끼여들게 되면서 아야히또는 오히려 가야사람들보다 백제사람들을 가리킬 때가 많아졌다. 따라서 아야히또는 가야사람과 백제사람을 가리키는 말로 후 시기 가야가 망하고 그 유민들이 백제에 흡수되면서부터는 백제사람을 부르는 말로 전화되고 말았다. 또한 백제사람들은 가라사람(韓人)이라고도 불리웠다.

보여주는 것이 《신찬성씨록》의 기록이다.

《신찬성씨록》은 고구려, 백제, 신라와 함께 가야사람들의 일본렬도 진출 정형을 얼마간 전하고 있다.

《신찬성씨록》편찬 당시(815년)까지 가야의 후손으로 자처한 성씨를 들면 미찌다(道田), 다다라(多多良), 아라라(荒荒), 미마나(三問名), 오오도모(大伴), 오오찌(大市), 시미즈(기요미즈 消水), 히라따(壁田) 擊이 아니고 壁田, 도요쯔(豊津), 가라히또(韓人), 도요따끼(豊瀧), 가라히또(辛人), 가라히또베(辛人部), 오오찌베(大市部), 가라(加羅). 무시로다(席田), 가라베(辛部), 아라또(荒等), 에끼(江木), 아라(荒), 미마나(美麻那). 미마나(御間名), 오노(小野) 등이다.

《신찬성씨록》에 반영된 가야성씨 일람표

번호	이름	계보	출처	비고
1	미찌다노무라지	임나(가야)국 가실왕의 후손	권22 사교 제번 하	가야국왕의 후손
2	다다라노기미	미마나(가야)국왕 니리구모왕의 후손	권25 야마시로 제번	〃
3	아라아라노기미	임나국 풍귀왕의 후손	권27 셋쯔 제번	〃
4	미마나노기미	미마나국왕 모류지왕의 후손	권30 미정잡성 우교	〃
5	오도모노미야쯔꼬	임나국왕 룡주왕의 자손 좌리왕의 후손	권26 야마도 제번	〃
6	오오찌노오비또	임나국왕 쯔누가아라히또의 후손	권22 사교 제번 하	〃
7	시미즈노오비또	〃	〃	〃
8	히라따노오비또	〃	〃	〃
9	도요쯔노미야쯔꼬	임나국사람 사라고무(좌리금)의 후손	권27 셋쯔 제번	가야사람의 후손
10	가라히또	〃	〃	〃

일본 각지에 분포된 가야계통성씨 일람표

지방별 구분(옛 국명)	성씨 이름
교또	가라히또, 가라히또다(韓人田), 시이즈, 미찌다, 미마나(美麻名), 미마나(三間名), 오오가라(大辛), 가라(加羅)
야마시로	마다라
야마또	히라따, 오오도모, 오오찌베, 오오찌, 미따(三田)
셋쯔	도요쯔, 아라아라, 가라히또, 가라시라미즈베(韓白水部), 가라아마베(韓梅部)
이가	도요다끼
기이	미마나(三間名)
하리마	오오도모(大部), 다다리(田田利)
수와	다다라, 가라히또(辛人), 오오우찌. 수에, 야마꾸찌(山口), 오오미야(大宮), 야마(失田), 도이따(戸板), 도꾸찌(得地)
나가또	가끼나미(柿並)
빗쮸	오오찌
이즈모	가라히또베
미노	가라(加羅), 무시로다, 가라히또(韓人)
아와	다다라(達良)
찌꾸젠	가라베(辛部)
가와찌	가라노가바네(賀良姓)
비젠	가라베(韓部)
무사시	가라꼬(辛子)

성씨일람표를 통하여 가야사람들의 일본렬도 진출 정형을 어느 정도 리해할 수 있다고 본다.

그런데 여기서 류의할 점은 가야성씨들이 《신찬성씨록》과 일본렬도에 분포된 고구려, 백제의 성씨들에 비하여 지나치게 작다는 사실이다.

《신찬성씨록》은 9세기 초에 편찬된 《성씨록》의 초록본이다. 그것은 기내지방에 한해서 귀족족보를 밝힌 것이다. 1,182개 가운데서 가야계통 후손이라고 명문으로 밝힌 것은 기껏해야 10개 성씨에 불과하다. 100개 정도의 백제, 40개 정도의 고구려의 성씨에 비하면 너무나도 적다.

가야사람들이 5세기에 대량적으로 일본렬도에 건너간 것이 명백한 조건에서 이와 같은 수자는 의문시 되지 않을 수 없다.

그러면 어떻게 되여 가야성씨가 적게 반영되였겠는가.

그것은 첫째로, 가야소국 사람들이 6세기 중엽에 고국이 망하면서 일본렬도 내의 백제소국들에 흡수된 사정과 관련된다.

가야는 오래전부터 백제와 손을 잡고 신라를 반대하여 싸웠다. 이러한 과정에 가야와 백제는 정치적으로 뿐 아니라 문화적으로도 융합되는 경우가 적지 않았다. 이러한 관계는 일본렬도에 건너간 사람들 속에도 특수한 경우를 내놓고는 그대로 유지되였다.

가야국이 신라에 의해 병탄되면서 가야사람들은 백제에 넘어가기도 하였으나 일부는 일본렬도에 건너가기도 하였다. 이미 일본렬도에 건너가 있던 가야사람들은 고국이 멸망하자 백제소국들에 흡수되기도 하였던 것이다. 례컨대 8세기 중엽 미노국(기후현) 무시로다군의 대령직에 있던 고히또(子人), 고시(吾志) 등의 6대 전 조상은 가야사람 오루와사지(午留和斯知)이다. 그는 가라국(賀羅國)으로부터 일본에 건너갔는데 《당시의 풍속에 익숙되지 못하여 성씨를 바꾸지 않았다. 바라건대 이제부터는 국호(고국의 국호-인용자)를 따서 성씨를 삼았으면 좋겠다.》고 제기하였다. 그리하여 고히또 등은 가라노미야쯔꼬(賀羅造)의 성씨와 토호직을 받았다.<《속일본기》권21 천평 보좌2년(758년) 10월 정묘>

그런데 《신찬성씨록》(미정잡성 우교)에는 《가라씨는 백제국사람 쯔구노기미의 후손이다.》라고 밝히였다. 이렇게 가야계통이 명백한 사람들도 얼마 후에는 백제사람으로 둔갑하게 되는 것이다.

야마시로(山城)국 쯔쯔끼고을에는 쯔쯔끼(筒城)라는 고장이 있다. 《일본서기》(권11 인덕기 30년 9월)에는 쯔쯔끼의 언덕 남쪽에 궁실을 지었다고 하였으며 《고사기》(하권)에는 같은 사실을 전하면서 인덕의 처(황후)는 《쯔쯔끼의 가라히또 누리오미(奴理能美)의 집에 들어갔다.》고 하였다.

쯔쯔끼란 산성이라는 조선말이다. 쯔쯔는 두둑, 언덕이란 뜻이며 끼는 성이라는 뜻이다. 여기서 조선식산성이 있은 데로부터 고을이름(쯔쯔끼)이 생겨났으며 그것이 나라이름(산성-야마시로》으로 번져갔다. 인덕의 처가 조선사람의 집이 있는 산성에 들어가 살았다는 것도 흥미있지만 가라히또(韓人)라는 누리오미가 백제사람일 수도 있고 가야사람일 수도 있다는 것이 더 큰 흥미를 자아낸다.

누리오미는 《신찬성씨록》(권25 야마시로국 제번, 권28 가와찌국 제번 아마노무라지)에 백제사람이라고 명문으로 밝히고 있다. 그런데 누리오미가 짓고 살았다는 산성이 있는 고장은 다다라(多多羅)(《일본지명대사전》 5권, 4,058페지)라는 가야계통 이주민집단이 사는 고장이였다. 그리고 쯔끼노무라지(調述)라는 누리오미의 후손 가운데는 가야(賀夜)인물이 섞여 있다.(《신찬성씨록》 권22 사교 제번 하쯔끼노무라지)

이와 같은 사실은 본래 야마시로의 가라히또는 백제사람이 아니라 말 그대로 加羅人이였다가 후에 백제에 흡수된 것으로 추측된다. 누리오미가 살았다는 고장이 다다라이고 그 족속에 가야계통 인물이 망라된 것은 이것을 뚜렷이 실증해준다.

둘째로, 그것은 가야사람들이 자기의 조상계보를 백제뿐 아니라 신라나 중국 등에 갖다대거나 또는 일부러 밝히지 않았던 사정과 관련된다.

아라따이노이미끼(荒田井忌寸), 가야노수꾸네(蚊屋宿禰), 가야노이미끼(蚊屋忌寸) 등은 분명히 가야계통 문벌인데 《신찬성씨록》은 그저 이들이 누구누구의 조상이라고 할 뿐 찍어서 그 계보를 밝히지 않았다.

그리고 가라노가바네(賀良姓), 오오가라(大賀良-미정잡성 가와찌) 등도 틀림없이 가야계통일 수밖에 없는데 신라에 계보를 두고 있다.

오오가라(火辛), 가라야따베(韓矢田部), 오오도모노수꾸네(大伴宿禰) 등도 이미 오오도모노미야쯔꼬 등에서 본 바와 같이 가야계통 문벌임이 틀림없다. 오오도모노수꾸네는 《신찬성씨록》(권12 사교 신별중)에서 보는 바와 같이 다까미무수히고미꼬또의 5세손인 아마노오시히라끼히노미꼬또(天押目命)의 후손이다. 그는 니니기노미꼬또가 히무까의 다께찌호봉에 진출할 때 공로가 있었다고 한다. 말하자면 그는 니니기노미꼬또로 대변되는 가야 이주민집단이 규슈에 진출할 때 함께 따라간 인물인 것이다.

이렇게 가야사람들은 자기조상의 계보를 백제나 신라에 갖다 대였다. 그것은 고국의 멸망으로부터 오는 결과였다. 그리고 가야계통 세력은 소가씨에 의해 급속히 약화되였다. 그리하여 오오도모씨는 한때 이름을 떨치지 못하였으며 귀족반렬에서 적지 않게 밀려나게 되였다.

일본 각지에 분포되여 있는 가야사람(후손 포함)들의 성씨 수도 고구려나 백제에 비하여 적다.

일본은 10세기를 전후한 시기부터 성씨를 자기 고장의 지명(국명과 고을명, 향명 등)을 따서 짓는 것을 제도화하였다. 이런 데로부터 숱한 성씨가 출현하게 되였다.

그러므로 가야사람들은 앞에서 본 가야계통지명을 그대로 성씨로 삼았을 경우가 적지 않았다. 따라서 가라히또(辛人, 韓人) 등의 성씨를 가지지 않은 가야계통 인물도 많았던 것이다. 다만 여기서는 중복을 피하기 위해 올리지 않았을 뿐이다.

8세기에 편찬된 《풍토기》도 가야사람들의 일본렬도 진출 형편을 얼마간 전하고 있다.

《풍토기》(風土記)는 일본렬도를 기본적으로 통일한 야마또정부가 나라시대에 들어와서 전국을 지배할 목적으로 지방 각지의 군향명의 유래와 물산, 지형지세, 전승 등을 나라별로 중앙정부에 보고하도록 지시한데서 작성된 지지(地誌)이다. 713년에 처음 지시하였다가 다시 925년에 지지의 작성을 독촉하고 문서를 정부에 제출하도록 지시하였다. 《풍토기》 작성의 목적은 전국에 대한 지배장악을 강화하려는 것과 함께 기본은 지방별 물산의 수탈에 있었다.36

지금까지 완전히 전하는 《풍토기》는 이즈모 《풍토기》 하나뿐이며 히따찌, 하리마, 붕고, 히젠의 《풍토기》들은 그 일부를 전한다. 그밖에 단편적으로 각 나라별로 작성된 《풍토기》 일문이 이러저러한 문서 등에 인용된 것이 있다.

---

36 여기서 말하는 7세기 이후의 나라라고 할 때에는 우리나라의 삼국시기처럼 주권국가를 념두에 둔 것이 아니다. 7세기 중엽 대화개신(645년) 이후의 일본렬도는 야마또의 중앙정부 아래의 전국각지에 나라를 정하고 그 밑에 몇 개의 고을(군)을 정하였다. (군국제도) 그 후 일본은 크게 서해도(규슈), 산임도, 산요도, 난까이도, 호꾸리꾸도, 도까이도, 도산도, 기내 등으로 나누어 그 아래에 나라(국)를 배속시켰다. 7세기 이후 일본이 이와 같은 행정체계를 세우게 된 것은 그 이전 시기의 일본렬도 각지에 할거해 있는 여러 소국들을 인정한 데서 오는 것이다. 다시 말하여 야마또정권은 조선계통 소국을 비롯한 여러 소국들이 각지에 할거해 있는 조건에서 그를 통합하면서도 일정하게 소국의 독자성을 허용하고 종전의 지위를 보존하기로 하였던 것이다. 이렇게 야마또정권은 완강하게 통합을 반대하는 일부 소국에는 직속기관인 미야께를 설치하고 나머지 순종하는 소국들은 그대로 두었다. 이리하여 7세기 이후에도 지방 행정체계를 군국제도로 고착시키지 않을 수 없게 된 것이며, 그것은 앞으로 일본 중세 전 기간 분권적 지방할거제도(령주제)를 허용하는 것으로 되었다. 일본력사에서는 중세 전 기간 통용된 이러한 행정구분을 옛 국명이라고 부른다.

《풍토기》는 비록 8세기에 편찬된 것이지만 가야사람들의 일본렬도 진출 정착 정형을 부분적으로 전하고 있다.[37]

《풍토기》에 실린 가야사람들의 정착지를 보면 다음과 같다.

가야의 사당-이즈모 《풍토기》 감도고을(加夜社)

가라다니 마을-이즈모 《풍토기》 오오하라고을(辛谷村)

아야베의 마을-하리마 《풍토기》 시까마고을(漢部里)

데가리오까의 가라히또-우와 같음(手苅丘, 韓人)

가야의 마을-우와 같음(賀室里)

가라무로의 마을-우와 같음(韓室里)

구사가미의 가라히또-우와 같음(草上韓人)

아나시의 마을-우와 같음(穴師里)

아야베의 마을-우와 같음(漢部里)

이세노의 아야히또-하리마 《풍토기》 이히보고을(伊勢野 漢人)

히라가다의 아야히또-우와 같음(枚方里 漢人)

오야께의 아야히또-우와 같음(少宅里 漢人)

아나시의 마을-하리마 《풍토기》 시사와고을(穴師里)

아라다-하리마 《풍토기》 다까고을(荒田)

무나가다의 아라다라시신-《신명장》 뒤등(宗形阿良足神)

야마시로 아라미의 사당(荒海)

가라고또(唐琴)-이가(미에현)의 나라

가라구니(加羅其似)-이가(미에현)의 나라[38]

---

37 이러저러한 《풍토기》를 모은 문학서적 겸 자료집으로 이와나미서점판 《풍토기》가 있다. 필자가 인용 리용한 《풍토기》는 1976년에 이와나미서점에서 발행된 것이다.

이상 지명과 문헌을 통하여 가야사람들의 일본렬도 진출 정형을 살펴 보았다. 우에서 본 단편적인 기록 몇 가지만 보아도 상당히 많은 가야사 람들이 일본땅에 건너갔음을 알 수 있다.

이와 같은 지명과 문헌의 자료들은 고고학적 자료를 통하여 증명되고 보충된다.

(2) 고고학적 자료를 통하여 본 가야사람들의 진출 정착지

가야토기의 분포

고고학적 자료의 하나인 질그릇은 인간생활을 가장 민첩하게 반영한

---

38 《가야의 사당》이란 가야사람을 제사지내거나 가야사람들이 저들의 조상을 제사지내는 사당을 말하며 《가라다니》는 韓谷 또는 加羅谷[가라곡]일 것이다. 《아야베의 마을》이란 아야사람의 마을이라는 뜻이다. 아야히또란 후에는 백제사람을 가리키기 일쑤이지만 본래는 아야(가야)사람을 가리켰고 아야에서 나왔다. 하리마 《풍토기》에 나오는 모든 아야히또, 아야베는 그렇게 해석하여야 할 것이다.
또한 《가라히또》 역시 후에는 백제사람까지도 포함하는 개념으로 쓰이였지만 처음에는 가라사람을 가리켰음이 분명하다. 여기서 흥미를 끄는 것은 가라히또를 《이웃나라의 신》이라고 하고 있는 사실이다. 가라히또 또는 가라구니가 처음 가야(가라)에서 나왔다는 것은 의심할 바 없다. 《아나시》는 아나(아야, 아라)와 관계되며 《아라다》는 아라와 관계된다.
무나가다의 아라다라시신은 무나가다의 아라소국과 관계된다. 아라를 제사신으로 받든 데서 오는 사당일 것이다.
《아라미》는 아라와 관계되며 《가라고또》는 가라(韓, 加羅)와 관계된다. 가야사람들이 많이 건너간 기비(오까야마현) 지방에 가라고또의 지명들이 여러 군데 있다.
《가라구니》(加羅國)는 일본학자들이 말하는 것처럼 《빈 나라(가라구니)》라는 뜻이 아니라 조선의 가라나라인 것이다. 이가(미에현) 일대에 조선(가라)소국이 있었던 것으로 보인다.

다. 질그릇 연구는 해당 민족의 특징과 력사적 시기 등을 규정짓는 데서 중요한 역할을 한다.

연구성과에 의하면 일본의 고분문화시기 전기의 질그릇은 대체로 하지끼(土師器)라고 불리우는 제사용 토기였다. 이 하지끼는 우리나라의 동남부지역(령남지역) 와질토기의 영향을 받은 것으로 보인다.

고분문화 중기(5세기)에 들어와서 하지끼 대신 도질토기가 갑자기 출현하여 고분들에서 나타난다. 이러한 도질토기를 일본에서는 보통 스에끼(須惠器)라고 부른다. 도질토기는 기마전투용 무기와 투구갑옷, 횡혈식돌칸무덤 등과 때를 같이하여 나타난다.

일본에서 드러난 도질토기는 우리나라의 령남지역에서 발생한 질그릇에 계보가 이어진다.

도질토기는 몇 가지 특징을 가지고 있다.

그것은 록로(돌림판)로 성형을 하고 등요로 1,000℃ 이상으로 높이면 진흙 속에 있는 규산염이 화학반응을 일으켜 도기가 된다. 평로로는 1,000℃ 이상의 열을 얻기가 힘들며 그것은 산기슭과 야산 등지에 설치한 등요에 의해서만 가능하다.

도질토기는 검은재색 또는 푸른재색띠가 감돌며 두드리면 쇠소리가 난다.

현재 일본고고학계는 대체로 조선(락동강 하류지역)에서 구워진 것이 명백하거나 조선(가야) 장공인 1세가 일본에서 구운 것이 확실한 것을 도질토기로, 일본렬도의 가마터에서 구워진 것을 스에끼로 구분하여 부르고 있다.

5세기 전반기 일본렬도에서 처음으로 생산된 도질토기는 가야사람들의 일본렬도 진출과 떼여놓고 생각할 수 없다. 가야사람들은 4세기 말~5세기 초 조선반도를 휩쓴 큰 전쟁을 계기로 일본렬도에 대량적으로 진출하였다. 그러나 이때의 가야사람들은 전쟁의 란리를 피해가는 단순한 피난자가 아니라 이미 황무지 일본렬도를 개척하여 일정한 지역에 생활터전을 닦은 동족의 가야사람들이 살고 있는 소국들에 건너가는 집단이였다. 5세기에 이르러 갑자기 일본렬도를 휩쓴 횡혈식돌칸무덤의 전파, 기마전투용무기와 마구류의 급속한 파급, 도질토기의 출현 등은 바로 이와 같은 가야사람들의 일본렬도에로의 집단적인 진출의 직접적 산물이다. 가야사람들은 규슈 여러 곳에 진출 이동한 다음 세또내해를 건너 가와찌와 야마또에로 옮겨갔다. 이러한 로정은 도질토기가 일본렬도를 휩쓰는 결과를 가져오게 하였다. 그것은 질그릇이 당시 인간생활에 있어서 없어서는 안 될 귀중한 필수불가결의 물건이기 때문에 사람의 이동과 함께 움직이게 된 것이다.[39]

가야계통 도질토기의 분포는 곧 가야사람들의 진출 정착지의 분포로 된다. 이것은 일본에서 도질토기의 출현과 생산의 개시가 5세기에 들어서는 것만큼 가야사람들의 5세기 진출 정형을 아는 데 귀중한 자료가 된다. 바로 여기서는 5세기 가야사람들의 일본렬도 진출 정형을 가야토기(도질토기)의 분포를 통하여 그 일단을 밝혀보려고 한다.

일본렬도에서 가야토기는 크게 북규슈 이또지마반도 일대, 히무까지

---

39 도질토기(스에끼)의 출현과 생산의 시작은 지역마다 서로 달랐다. 가와찌와 야마또에서의 도질토기의 생산의 시작은 5세기 중엽경으로 보이지만 가야사람들의 진출 정착이 가장 빨랐던 규슈지구에서는 5세기 초 지어는 4세기(고분문화 전기)에 벌써 도질토기를 보게 된다. 례하면 기야소국이 있던 이또지마반도의 미도꼬 미쯔마루유적의 가야집자리 인 1호, 2호, 11호, 15호, 22호, 27호집자리 등에서는 가야식가마터와 함께 승석무늬를 한 전형적인 가야토기(도질토기)가 드러났다.

방(미야자끼현), 기비지방, 가와찌지방, 기이지방에 집중되여 있어 이곳들에 가야토기 생산의 지역적 중심이 있었던 것으로 추측되고 있다. 바로 이 지역들에 가야의 정치세력 집단이 있었고 거기에 종속된 질그릇 빚기와 굽기를 전문하는 수공업집단이 산기슭에 가마터를 설치하고 도기들을 구웠을 것이다.

여기서 주목되는 것은 이러한 가야토기들이 하나로 통일되여 있지 않고 서로마다 양상이 다르다는 사실이다. 말하자면 각지의 도질토기들이 가야토기라는 하나의 개념범주에 속하기는 하지만 서로마다 지역적 양상을 띤다는 것이다.

그러면 이와 같은 불통일성은 어디에 기인하는 것인가.

그것은 일본렬도의 지역적 풍토에서 오는 차이가 아니라 순수 가야련합체의 지역적 특성에서 오는 차이이다. 다시 말하여 5세기 일본렬도에 건너간 집단들이 가야의 여러 지역, 여러 소국들에서 건너간 데로부터 그와 같이 양상이 각이한 질그릇을 빚게 된 것이다.

이미 본 바와 같이 가야는 마지막까지 지역적 분산성을 극복하지 못하고 소국들의 련합체로 존재하였다. 이리하여 매 소국들은 가야봉건국가의 테두리 안에서 서로마다 독립소국으로 남아 있었다.

이런 데로부터 가야토기들도 지역적 특성과 개성을 그대로 살리게 되였으며 따라서 질그릇의 양상도 지역마다, 소국마다 다르게 구워졌던 것이다. 바로 가야토기에는 이와 같은 가야의 력사적 배경이 민감하게 반영되였으며 그것은 일본렬도에 건너간 집단들에서도 현저하게 나타나게 되였던 것이다.

일본학자들의 연구에 의하면 북규슈 일대(아마기시 고데라무덤유적 등)에 전파된 가야토기는 가야의 고성, 사천 일대에서 생산된 도질토기에 계보가 이어지며 기이(와까야마현)지방의 토기는 락동강하류 부산지역의 토기에 계보가 이어진다고 한다.40

그리고 야마또 후루(布留, 나라현 덴리시)유적 등지의 가야토기는 아라국이 있던 창원 도계동무덤떼의 토기에 계보가 이어진다고 한다. 아무튼 일본렬도의 각지에 분포되어 있는 가야토기의 계보를 고찰하는 것은 일본렬도에 진출한 가야사람들의 출신소국, 지역들을 밝히는 것으로 하여 매우 중요한 문제의 하나로 나선다.41

6세기에 들어와 그 전날 지역적으로 생산을 진행하던 가야토기는 점차 오사까 남부가마터(수에무라)에 집중되게 되였으며 규슈 등지에서의 초기 조선제 도질토기의 생산도 쇠퇴되고 일본의 국산화가 진행되게 되였다. 이것은 6세기에 들어와서 깅끼지방이 가와찌와 야마또를 중심으로 하는 야마또국가에 의해 통합되였으며 주변에 있던 여러 정치집단(소국, 호족세력)이 야마또정권의 통제하에 들어갔다는 것을 의미한다. 그리고 차츰 서부일본을 통합해 나간 야마또정권은 령역이 넓어지는

---

40 와까야마현의 나루다끼(嗚瀧)유적 일대는 가야토기의 집중분포지이다. 남조선의 한 학자는 나루다끼유적의 창고자리에서 드러난 가야계통 기대가 대가야의 령역이였던 중촌무덤떼(경남 산청군 신안면 중촌리)에서 드러난 것과 같다고 주장하고 있다. 그리고 어떤 일본학자는 구수노미(楠見) 나루다끼에서 드러난 큰 독과 기대가 가야지역의 부산 복천동무덤떼의 22호, 25호, 36호무덤 출토의 질그릇들과 매우 류사하다고 주장한다.

41 이밖에도 단편적인 연구이지만 일본렬도에 분포되어 있는 가야토기의 계보를 따지는 연구는 적지 않게 진행되였다. 실례로 야메시 다떼야마야마(八女市 立山山)무덤떼의 24호무덤의 대형 독과 아마기시 오다 챠우스즈까(甘木市 小田茶臼塚)고분의 큰 독은 고령 지산동 34호무덤, 부산 복천동 10호무덤에서 나온 질그릇과 류사하며 불꽃모양뚫음구멍을 한 함안형토기(굽잔)는 나라현 후루유적과 오사까야오(八尾)유적에서 드러났다. 나라현 미나미야마(南山) 4호무덤에서는 철정과 함께 가야물형도기가 드러났다. 머리 우에 이름모를 동물이 뿔모양잔을 등에 졌는데 이것은 흔히 남부가야지역에서 보는 물형도기이다.

데 따라 여러 지역에 흩어졌던 질그릇 생산집단을 오사까 남부 수에무라 (도기마을)에 집중시켜 도기생산의 일원화를 실현하려고 하였던 것으로 추측된다. 그것은 날이 감에 따라 수에무라의 규모가 커지고 여기에 도기(수에)센즈까를 비롯한 일정한 무덤떼가 축조되는 것으로 보아 잘 알 수 있다.[42]

가야사람들의 일본렬도 진출 정형을 보여주는 가야토기 분포정형은 다음의 표와 같다.

가야토기(도질) 분포일람표

지도 번호	유적이름	유적이 있는 곳	비고
1	아사히야마(朝日山)석관무덤	나가사끼현 가미아가따군 가미쯔시마정*1	
2	다이쇼궁야마(大將軍山)석관무덤	〃	
3	시모가야노기G지점(下)	〃	
4	또고야마2호석곽무덤	〃	

---

42 일본에서 가장 크고 가장 오랜 가마터라고 하는 오사까 남부가마터는 오사까 남부의 센보꾸구릉에 펼쳐져 있다. 가장 오랜 가마터는 다까구라데라(高藏寺)지구의 TK73호 가마터, TK86호가마터, 도가(梅)지구의 TG22호가마터 등이다. 흥미 있는 것은 오사까 수에무라가마터의 5세기 전반기의 도질토기가 5세기 초경 쯔시마에 제일 처음 들어간 가야계통 도질토기와 매우 류사하다는 사실이다.

6세기에 들어와서 오사까 수에무라가마터의 도질토기는 5세기의 가야토기와 얼마간 양상이 달라지는데 그것은 《일본서기》(권14 옹략기 7년 시세)에 밝혀진 것처럼 백제로부터 건너간 이마끼노수에쯔구리고귀(新漢陶部高貴)로 대변되는 장공인집단이 새로 토기제작에 망라된 것과 관련된다. 말하자면 깅끼지방에서의 질그릇제작은 깅끼지방에 대한 정치적 통일과 함께 토기제작에서도 통일을 이룩한 것이다. 그것은 이제까지의 가야일변도가 아니라 그 우에 백제토기가 겹치게 되어 독특한 도기-스에끼가 생산되게 된 것이다.

일본렬도 각지에서는 이른바 제1기의 스에끼생산용가마터가 여러 기 발견되어 일본의 국산화가 진행되었다고 한다. 그러한 가마터로서는 규슈 후꾸오까시 니시구 이마쥬꾸(西區今宿)의 신까이가마터(新開窯), 후꾸오까현 이마꾸라군 야스정의 고기와가마터(朝倉君夜須町小隈窯), 사가시 구보센정 가와구보의 고고이께가마터(久保泉町川久保神籠池窯), 기이 와까야마시 기례의 사라다니(吉礼砂羅谷》4호가마터 등을 들 수 있다.

지도 번호	유적이름	유적이 있는 곳	비고
5	에비스야마(惠比須山)2호무덤	〃 미네정	
6	미또꼬마쯔바루유적	후꾸오까현 이또지마군 시마정	
7	쯔깐도(塚堂)유적	〃 우끼와군 요시이정	가마터 달린 수혈식집자리
8	이께노우에 고데라무덤떼	〃 아마기시*²	막대한 량의 가야토기
9	오다 챠우스즈까무덤(小田茶臼塚)		큰독, 대형기대 등
10	아리따집락유적(有田)	〃 후꾸오까시	대형기대와 굽잔 등
11	이사꾸라군가마터(朝倉郡)	〃 아사꾸라군*³	
12	누야마 5호무덤(奴山)	〃 무나가따군	대형기대
13	기즈까고분(木塚)	〃 구루메시	큰독, 대형기대
14	시게다메가마터(重留)	〃 후꾸오까시 사와라구 시게다메(早良區)*⁴	
15	시모히에다유적(下稗田)	〃 유꾸하시시	
16	야마시까고분(山鹿)	〃 미아꼬군	뚜껑있는 굽잔
17	도요쯔 이야시끼가마터(豊津居屋敷)	〃 부젠시(미야꼬군?) 도요쯔	가야토기 가마터
18	지하식횡혈 14호무덤	미야자이현 히가시모로오까시 구니도미정 무쯔노바루 (國富町 六野原)	
19	구리끼다니가마터(栗木谷)	〃 노베오까시 구니도미후루가와(國富古川)*⁵	
20	다떼야마야마무덤떼 24호분(立山山)	후꾸오까현 야메군*⁶	대형독 등
21	미쯔끼(三城)고분	히로시마현 가모군 사이죠정	
22	가라꼬다이(唐了臺)고분군	에히메현 이마하리시 사꾸라이*⁷	
23	시로가다니(城谷)고분	〃 오지군 아사구라촌	
24	미야야마(宮山)가마터	까가와현 미도요군 도요나까정	굽잔 등
25	신가(新賀)유적	오까야마현 가사오까시*⁸	사발
26	수고(菅生)소학교뒤산유적	〃 꾸라시끼시*⁹	사발과 시루
27	사까끼바라(神原)고분	〃 소쟈시	
28	이나미노(印南野) 2호무덤	효고현 까고가와시	굽잔 등
29	아까네강 가나가사끼 가마터유적(赤根川金崎窯)	〃 아까시 우오수미정*¹⁰	뿔모양도기 등
30	야쮸(野中)고분(노나까고분)	오사까부 후지이데라시*¹¹	

지도 번호	유적이름	유적이 있는 곳	비고
31	야오미나미(八尾南)유적	〃 야오시	
32	이찌스까(一須賀)2호가마터	〃 미나미가와찌군 고난정	
33	후쮸(府中)유적	〃 이즈미시	손잡이 달린 단지, 기대 등
34	니시고야마(西小山)고분	〃 센난군	
35	도야마(堂山)1호무덤	〃 다이또시 데라가와	기대, 굽잔, 단지
36	오까모또야마(岡本山)A3호무덤	〃 다까쯔끼시	-
37	도시구라니시(利倉西)	〃 도요나까시	사발, 뚜껑, 독
38	다까야(高屋)유적	〃 하비끼노시	
39	나까노(中野)유적	〃 시죠나와떼시	
40	나가하라(長原)무덤떼유적 (45호무덤)	〃 오사까시	기대 등
41	오사까 남부가마터떼(수에무라)	〃 이즈미시 등*12	
42	다까미야(高宮)유적	〃 네야가와시	대 달린 단지
43	셋꼬산(石光山)43호무덤	나라현 고세시	단지
44	오꾸까이찌(奧垣內)유적	〃 사꾸라이시	
45	호시즈까(星塚)고분	〃 덴리시 니까이도*13	독, 단지, 굽잔
46	아라지야마(安樂寺山)1호무덤	〃 우다군 우다노정	다리 달린 목짧은 단지
47	오오수미 요꼬아나(大住橫穴)유적	교또부 쯔즈끼군 마쯔이촌*14	
48	야소비즈까(遊塚)고분	기후현 오오가끼시 아까사끼정*15	굽잔 뚜껑
49	아나가촌(阿那賀村)고분	효고현 아와지섬 미하라군*16	
50	무소따(大十谷)유적	와까야마현 와까야마시*17	집모양도기, 다리 달린 단지
51	마에야마(前山) A46호무덤	〃 〃	굽잔, 뚜껑
52	나루가미, 오또무라(鳴神音浦)유적	〃 〃	손잡이 달린 사발, 독, 굽잔
53	인베마에야마(井邊前山) 8호무덤	〃 〃	승석무늬한 큰독
54	다야(田屋)유적	〃 〃	승석무늬한 도기
55	구스미(楠見)	〃 〃 오오다니	기대, 독, 잔, 굽잔
56	나루다끼(鳴瀧)유적(1, 2호)	와까야마현 와까야마시 젠묘지	대형독, 기대잔, 단지
57	뇨보가쯔보(女房坪)유적	〃 하시모또시	잔, 뚜껑
58	야마자끼야마(山崎山)유적	〃 까이난시	잔
59	노다(野田)유적	〃 아리따군 기비정	잔, 뚜껑, 독

지도 번호	유적이름	유적이 있는 곳	비고
60	도미야스(富安)유적	〃 고보시	손잡이 달린 그릇
61	하나야마(花山) 6호무덤	〃 와까야마시	대 달린 도기
62	미호노세끼촌(美保關村)	시마네현 야쯔까군*[18]	뿔모양손잡이 도기
63	데라노단(寺之段)무덤떼 3호무덤	교또부 후꾸찌야마시*[19]	손잡이 달린 사발 등
64	이리에우찌고(入江內湖)유적	시가현 사까따군 마이하라정*[20]	목긴 단지
65	사이고(西鄕)촌유적	후꾸이현 미가다군*[21]	
66	히가시쥬고(東十鄕)촌유적	〃 사까이군*[22]	
67	나고야야마(那郡古野山)고분	아이찌현 나고야시	

*1 번호 1~5까지의 유적은 조선과 가장 가까운 최북단에 위치한 가미아가 따고을 가미쯔시마정과 미네정에 있다. 이밖에도 고후노도리유적 등이 있다. 연구조사에 의하면 5세기에 들어와서 가야계통 도질토기는 맨 처음 쯔시마의 북단인 이곳에 처음으로 그리고 갑자기 대량적으로 나타나게 된다. 도질토기의 종류로는 단지, 독, 사발, 굽잔, 기대, 잔뚜껑 등을 들 수 있다.(《규슈 고대문화의 형성》 상권, 학생사, 1985년, 442페지)

*2 아마기시(甘木市) 이께노우에무덤유적은 1978년에 조사되었고 린접해 있는 고데라(古寺)유적은 1981년에 조사되였다. 구릉 우에 축조된 무덤들에서 많은 량의 가야도질토기가 드러났다. 그 종류로는 단지, 독, 대형기대, 굽잔, 손잡이 달린 작은 사발. 뚜껑, 잔 등을 들 수 있다. 오다 후지오라는 일본학자의 연구에 의하면 이께노우에무덤떼에서 드러난 가야토기는 다음과 같은 가야무덤 출토 토기와 류사하다고 한다.

○ 입이 넓은 목긴 단지-고령 지산동 3호무덤, 김해 우동리, 대구 구암동토 광무덤과 수혈식돌칸무덤

○ 손잡이 달린 작은 사발-창녕 계성리 B지구무덤떼

○ 굽잔형기대-대구 구암동 56호무덤

○ 굽잔, 잔뚜껑-성주 성산동 6호무덤, 고령 지산동 3호무덤, 김해 례안리무덤떼, 부산 복천동 1호무덤 함양 상백리무덤

○ 단지-가야지방

*3 아마기시의 서쪽에 위치한 아사꾸라고을의 미와정과 야스정 그리고 미이군이 몰킨 기야마(城山) 산기슭에서 가마터가 드러났다. 야스정에는 고기와(小隈)가마터가 드러나 련이어 도질토기가 구워졌음을 알 수 있다.

*4 사와라구 시게다메의 구릉지대에서 5세기의 가마터와 도기가 드러났다. 뚜껑있는 잔과 뚜껑없는 잔 등 약 100개체의 도기가 가마터 안에서 드러났다고 한다.(《월간 문화재발굴출토정보》 일본통신사, 1987년 9호, 78페지)

*5 여기에서는 도질토기가 있는 온전한 가마터가 드러났다.(《고고학잡지》 31권 3호)

*6 여기에서 드러난 대형 독은 고령 지산동 34호무덤과 부산 복천동 10호무덤에서 드러난 것과 류사하다. 목부위가 약간 밖으로 해바라지고 구연부 아래부분에 삼각덧띠가 나 있는 것이 특징이다.

*7 가라꼬다이무덤떼의 기지노오(雉之尾)가지떼 80호무덤에서 도질토기가 드러났다. 그 중 특히 도기의 뚜껑은 고령 지산동무덤떼 출토 가야토기에 계보가 이어진다고 한다.

*8 신가유적에서 드러난 손잡이 달린 사발은 현재 구라시끼고고관에 보관되어 있다.

*9 《아사히신붕》 오까야마 1986년 8월 13일.

*10 여기에서는 가마터와 함께 뿔모양토기 그리고 많은 도질토기가 드러

났다.(《월간 문화재발굴출토정보》일본통신사, 1989년, 4호, 83페지)

*11 노나까고분은 700개 이상의 가야계통 쇠활촉을 비롯하여 많은 무기류가 출토되여 유명해진 고분이다. 여기에서는 무덤무지에서 19개의 단지와 기대 다리대(26개), 굽잔, 뚜껑, 뚜껑있는 굽잔(31개), 뚜껑없는 굽잔(25개) 등 많은 량의 가야계통 도질토기가 드러났다. 5세기 전반기의 축조로 추정되고 있다.

*12 보통 수에무라(陶邑-도기마을)라고 불리우는 오사까 남부의 가마터지대는 오사까부의 이즈미시, 사까이시 그리고 사야마정을 포괄하고 있다. 여기에서 드러난 가마터 수는 무려 500기 이상을 헤아리며 본래는 1,000기가 넘는다고 추산되고 있다. 가마터 설치년대는 대체로 5세기 중엽경부터 9세기 후반기경까지이다. 가장 오랜 가마터는 TK73호가마터와 이찌수까2호가마터이다. TK는 高藏寺[고장사]지구의 략칭이다. 수에무라의 첫 개척은 5세기 중엽 가와찌에 상륙한 가야 이주민집단에 의하여 진행되였다. 최근의 조사에 의하면 첫 도자기구이 집단들의 집자리들이 5세기 중엽경의 가야단지와 굽잔, 시루 등과 함께 드러났다고 한다.(《아사히신붕》오사까, 1986년 9월 29일, 석간)

*13 니까이도 가미노쇼정(二階堂上之庄町)에 있는 호시즈까고분(1, 2호)과 그에 린접하는 고미지(小路)유적에서는 500여 점의 도질토기(쪼각?)들이 드러났는데 그 중 123점이 우리나라의 도질토기라는 것이 확인되였다.(《월간 문화재발굴출토정보》일본통신사, 1987년 7호, 93페지, 9호, 58페지)

*15 아소비즈까고분은 길이가 80m나 되는 전방후원분이며 4세기 말의 축조로 추측되는 가야계통 점토곽이다. 기후현에서는 이 고분 외에도 곤겐산(權現山)이란 곳에서 가야토기(도기)가 드러났다.

*14, 16《대정7년도 고적조사보고》제1책《경상남북도 고분조사보고》제3편 (경상남도 창녕군)에서는 야마시로 쯔즈끼군의 오오수미 요꼬아나에서 드러난 도기가 창녕고분의 것과 같다고 하며 아와지섬 아나가촌의 고분출토 도기도 창녕의 것과 같다고 한다. 흥미 있는 것은 아와지섬의 아나가라는 지명이 있는 곳에서 가야토기가 드러난 사실이다.

*17 무소따유적에서 드러난 집모양 물형도기는 락동강류역 가야땅에서 드러난 것과 꼭 같으며 다리 달린 단지는 함안과 진주, 합천 등지에서 그 연원을 찾을 수 있다.

*18《대정6년도 고적조사보고》제2편 함안군.

*19 3호무덤에서는 완형의 손잡이 달린 고뿌모양 그릇이 나왔다. 표면에는 파장무늬가 새겨져 있다. 5호무덤에서는 항아리모양 도기의 쪼각이 드러났다.(《월간 문화재발굴출토정보》 일본통신사, 1987년 7호, 75페지)

*20 마이하라정 이소(磯)의 앞호수(內湖-비와호) 바닥이 드러나면서 이른바 고령형단지라고 불리우는 목긴 단지가 드러났다. 마이하라정에는 다라(多良)라는 가야계통 지명이 있으며 사까다군(坂田郡)에는 조선식산성이 있다. 가야사람들의 진출 정착지의 하나로 보인다.

*21 후꾸이현 사이고촌 고시(三方郡西鄕村大字鄕市)에서는 창녕과 성주에서 드러난 가야토기들과 수레바퀴모양도기, 뿔모양도기들이 드러났다. <《대정7년도 고적조사보고》제1책《경상남북도 고분조사보고》제3편 (경상남도 창녕군),《대정6년도 고적조사보고》제2편 (함안군)>그 후 미가따군의 고도지(興道寺)에서 가마터가 드러났는데 여기에서는 가야에 계보가 이어지는 뿔모양도기가 나왔다. 뿔모양도기는 이시까와현 등 조선동해연안지역을 비롯하여 10개 정도가 알려졌다. 미가다군 바로 이웃에 쯔누가

아라시또가 상륙했다는 쯔루가 있다.

*22 사까이군에서 드러난 가야토기도 역시 창녕, 성주의 토기와 같다.[《대정7년도 고적조사보고》제1책 《경상남북도 고분조사보고》제3편 (경상남도 창녕군)]

이상 간단히 가야도질토기의 분포를 대표적 유적(고분과 가마터, 집자리 등)을 통해 보았다. 이밖에도 5세기 전반기(혹은 4세기 말 이후)의 가야사람들의 진출 정형을 보여주는 가야토기는 많다. 앞으로 고고학적 연구조사가 진척됨에 따라 가야사람들이 남긴 가야토기의 전모는 더욱더 밝혀지게 될 것이다.

기타 유물의 분포

이미 앞에서 본 것처럼 가야토기의 분포상태를 통하여 가야사람들의 일본렬도 진출 정형을 어느 정도 파악할 수 있었다. 질그릇 외에 장신구와 무기무장, 야장도구, 마구류 등을 통해서도 얼마간 알 수 있다.

가령 마구류를 실례로 든다면 가야의 것은 기본적으로 검릉형행엽에 F자형 경판 달린 자갈이 한 조가 되는 경우가 많았다. 이러한 마구류가 나온 고분들로서는 와까야마현 오오다니고분, 오사까 나가모찌야마고분, 오까야마현 쯔끼야마고분 등이 있다.

방울 역시 마찬가지이다. 조선 동해에 면한 무나가따시 우라다니(蒲谷)무덤떼 C-5호무덤 출토의 것은 고령 지산동 44호무덤 출토의 말방울과 꼭같다. 이밖에도 후꾸오까현 로지 3호무덤과 이께노우에 6호무덤 출토의 초기 마구류들은 형식과 내용에서 가야에 그 계보가 이어진다.

또한 가야의 장신구는 가야사람들의 고유하고도 독특한 취미를 반영하여 제작되었다. 귀걸이 하나만 놓고 보아도 가야에서는 고구려나 신라에 많은 태환식귀걸이가 아니라 세환식의 드림장식이 있는 독특한 귀걸이를 만들어 썼다.

가야의 성주나 창녕에 드러난 것과 꼭같은 것이 후꾸이현 오뉴군 가미나까정 우류촌(遠敷郡上中町瓜生村) 니시즈까(西塚)고분, 나라현 시끼군 가와니시촌 시마네야마고분(磯城郡川西村大字唐院島根山), 까가와현 아야우따군 헤비즈까고분(綾歌郡羽床村字川向蛇塚), 오사까 나까가와찌군 고오리가와고분(中河內郡巾高安村大字郡川), 후꾸오까현 이또지마군 이또촌 다이온고분(怡土村大字大門) 등에서 드러났다. 이 밖에도 옥전 M4호무덤에서 드러난 것과 꼭같은 귀걸이가 후꾸오까현 다떼야마야마고분에서 드러난 적이 있다.

띠고리도 가야의 것은 대체로 당초무늬뚫음새김을 가진 방형의 좌판에 뚫음새김의 심엽형 드림장식고리를 달았다. 혹은 고령에서 드러난 것처럼 금동판에 짐승얼굴을 돋우새겼다. 이러한 띠고리가 나온 가야의 고분들로서는 후꾸오까현 이이즈까시 가시하야마(飯塚市西町字欄山)고분, 우끼와군 요시이정 쯔끼노오까(浮羽郡吉井町 月之岡)고분, 나라현 기따까쯔라기군 신야마(北葛城郡大塚字新山)고분, 이시까와현 까가시기쯔네쯔가(加賀市二子椽孤塚)고분, 후꾸이현 오뉴군 니시즈까고분 그리고 오까야나현 오꾸군 고후 우시부미 챠우스야마고분 등을 들 수 있다.[43]

---

[43] 우류촌 니시즈까고분은 길이가 66.5m의 전방후원분인데 수혈식돌칸을 내부 매장시설로 하고 있었다. 여기서 구슬과 금으로 된 드림장식귀걸이, 금동띠고리, 배머리모양투구(횡

이상 가야사람들의 일본렬도 진출 정형을 질그릇을 비롯한 고고학적 자료를 통해서 고찰해 보았다.

그런데 여기서 몇 가지 류의하고 넘어갈 문제가 있다.

첫째로, 가야사람들이 남긴 고고학적 자료(주로 고분유적)는 개별적 유물들이 따로따로 존재하는 것이 아니라 하나로 통일되어 있다는 사실이다.

둘째로, 가야계통 유적유물이 있다고 하여 모든 것이 가야사람들이 남긴 것으로 볼 것이 아니라 그 출발점을 잘 찾아내고 파생된 것과의 구분 속에서 고찰해야 한다는 것이다.

3세기 말 일본 고분문화를 전파하고 발전시킨 것은 가야사람들이고 그들이 남긴 것이 바로 가야고분이었다. 고분문화시기 전기(4세기)의 기본 내부 매장시설은 수혈식돌칸이였다. 이것은 가야의 수혈식돌칸에 그 계보가 이어진다. 그렇다고 하여 고분시기 전기의 모든 고분이 다 가야사람들이 남긴 것인가 하면 결코 그렇지 않다. 가야사람들이 남긴 고분과 문화유물이란 전체 일본고분에 비하면 큰 비중을 차지하지 못하며 다만 그 시원을 열어놓았다는 데 가야사람들이 논 역할의 력사적 의의가 있는 것이다. 따라서 가야문물을 식별하고 가야사람들의 발자취를 찾자면 개별적 유적유물뿐 아니라 련관된 유적유물과의 호상관계에서 고찰하여야 할 것이다.

신판징박이), 채양 달린 투구, 단검, 쇠도끼 그리고 검릉형행엽을 포함한 마구류 등이 드러났다. 5세기 후반기에 축조된 것으로 추측되고 있는데 매장시설과 검릉형행엽 등으로 하여 가야사람들의 그곳 진출을 보여준다.

까가시 기쯔네쯔가고분은 내부 매장시설에 붉은색 안료를 바른 것이라든가 껴묻거리 등의 유물과 축조년대 등 이미 본 니시즈까고분과 일맥상통하는 가야고분이다. 5세기 후반기에 가야사람들이 해류관계로 하여 조선동해 연안지대에 진출한 것으로 보인다.

가령 가야토기가 드러나면 그것이 일본에서 생산된 것인지 일본에 건너간 장공인 1세의 생산품인지 아니면 그 후예들의 생산품인지 하는 것을 조선(가야)유물과의 대비 고찰 속에서 규명해야 할 것이다.

2. 가야계통 소국의 형성

일본렬도에 진출한 가야사람들은 이르는 곳마다에 마을과 고을을 이루고 살았다.

가야사람들이 형성한 소국들 가운데서 대표적인 것은 가야와 가장 가까운 북규슈 일대의 일련의 가야소국들이였으며 세또내해의 가야소국과 아야소국 그리고 기이지방(와까야마현 일대)의 가야소국 등이였다.

일본렬도 각지에 형성된 가야소국들은 광개토왕릉비와《일본서기》등에 이러저러하게 반영되여 있다. 광개토왕릉비에는 고국 가야의 편에 서서 고구려, 신라와 싸운 가야소국이 반영되여 있다. 고구려 사람들은 이들을 왜 땅에 있는 사람들이라고 하여 왜라고 불렀다.

《일본서기》에 반영된 가야소국들은 주로 기비지방에 있던 가야소국들이였다.

《일본서기》에 기비지방의 가야소국을 비롯한 조선의 봉건국가들(고구려, 백제, 신라)이 반영되게 된 것은 6세기에 있었던 야마또정권의 서부일본 통합에서 가장 큰 난관이 바로 기비지방의 가야소국을 둘러싼 문제였기 때문이다.

여기서는 주로 이또지마와 기비지방에 진출한 가야사람들의 활동을
보려고 한다.

(1) 이또지마 가야(가라)소국

조선동해에 면해 있고 이끼섬을 앞에 둔 이또지마(糸島)반도의 이또
지마군은 이또군과 시마군이 합쳐져서 생긴 고을이다. 반도북쪽이 시마
군이고 남쪽은 이또군이다.

이또지마반도는 넓지 않은 바다(조선해협)를 가운데에 두고 가야와
대치해 있다.

조선에서 보면 일본렬도에서 가장 가까운 거리에 있는 곳이 규슈이고
규슈에서도 조선쪽을 향해 삐여져나와 가장 가깝게 접근한 데가 바로
이또지마반도이다.

가야사람들은 바로 본국 가야(가라)와 바다를 사이에 두고 대치한
이또지마반도에 진출하여 정착하였다. 그 과정에 이또지마반도 일대에
는 가야고을과 마을이 생겨났다. 그들은 자기의 고유한 풍습대로 집을
짓고 살았으며 집에는 온돌을 놓았다. 그리고 조상의 장법을 그대로
살려 높은 무덤무지에 수혈식돌칸을 구축하고 거기에 묻히였으며 조선
식산성을 축조하였다.

이또지마반도에 전개된 가야계통 지명

이또지마반도에는 적지 않은 가야계통 지명이 남아 있다.

10세기에 완성된 《화명초》에 의하면 찌꾸젠국 시마군(7개 향)에 가라향(韓良鄉)이 있다고 하였다. 가라향은 《태재부관세음사자재장》(대보3년 〈703년〉)에 의하면 가야향(加夜鄉)으로 되여 있다. 가야나 가라는 다같이 가야(가라)에서 출발하였다.

가라향은 오늘의 이또지마반도의 북쪽 겐까이섬(조선동해)을 포함한 최북단 일대를 차지한 비교적 큰 향이였을 것이다. 그곳은 조선(가야)에서 일본 규슈로 건너가는 직통길에 해당하는 곳으로서 고대시기부터 가라도마리(韓泊, 韓亭)로 불리워오던 고장이다.

가라도마리는 가라가 머무르다, 조선이 머무르다는 뜻으로서 《만엽집》과 《헤이안유문》(《平安遺文》 194호, 3권, 연희5년〈905년〉)의 《태재부관세음사자재장》에도 명문으로 밝혀져 있는 이름 있는 배나루이다.

이또지마반도 일대에는 가야향뿐 아니라 계에향(鷄永鄉)도 있다. 계에는 가야가 전화된 말이다.

《화명초》(찌꾸젠국 이또군)에는 또한 아라히또(良人)라는 향도 있는데 아라히또는 아라사람 즉 가야사람이란 뜻이며 아라히또향이란 곧 아라사람들의 향이라는 뜻이다. 아라히또향에는 아라히또(現人)신사도 있다.

이와 같은 사실은 이또지마반도에 가야에서 유래된 여러 개의 향이 있었다는 것을 보여준다.

일본에서 향은 고을 아래에 있는 것으로서 작은 고을을 의미한다. 향에는 몇 개의 마을이 속해 있다. 그런데 향은 《구니》라고도 읽는다.

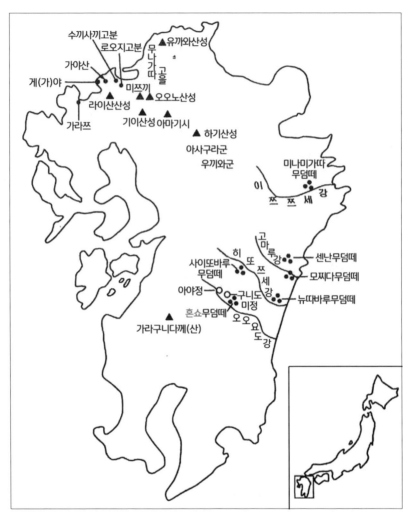

규슈 가야유적 분포도.

지금은 《교》라고 훈을 달지만 오래동안 《구니》즉 나라라고 읽어왔다.

　이것은 고대시기 작은 고을격인 향이 한 개 나라(소국가)를 이루고 있던 력사의 유제인 것이다. 바로 이또지마반도에는 가야에서 유래된 작은 소국들이 모여 하나의 가야소국을 형성하고 있었던 것이다.

그뿐 아니라 이또지마반도에는 오늘날에도 가야촌이 있고 그 이웃에는 계에촌이 있다. 계에는 곧 가야이다.

그리고 이또지마반도에는 가후라(加布羅)마을, 가후라해안, 가야바다 등 가라에 유래한 지명들이 많이 존재한다.

이또지마반도를 상징하는 산으로서 가야산(可也山)이 있다.

가야산은 이또지마반도 그 어디에서나 볼 수 있고 또 혼슈의 부사산처럼 수려하다고 하여 이또지마의 부사산이라고 불리워왔다. 바로 이또지마반도를 대표하고 상징하는 산이 조선의 가야국과 이름이 꼭같다는 것은 아주 의미심장하다.

가야산은 력사상 문헌기록에 처음 나올 때부터 가야라는 이름을 지니고 있었다. 다시 말하여 가야산은 력사에 등장할 때 벌써 가야산이라고 불리웠던 것이다. 이것은 가야산이 오랜 력사적 연원을 가지고 있다는 것을 말해준다.

이또지마반도에는 히무까(해가 향하다)라는 지명이 있다. 《해가 향하다》라는 것은 《고사기》와 《일본서기》에서 가야 이주민집단의 우두머리인 니니기노미꼬또가 말했다는 《가라국에 향해 있는 땅이 길하다》는 뜻에서 나온 말이다.[44]

---

[44] 《고사기》에는 호노 니니기노미꼬또가 찌꾸시에 천손강림하면서 말했다는 다음과 같은 말을 싣고 있다. 《이 땅은 가라국에 향하고 가사사의 앞을 곧바로 지나가고 해가 곧바로 비치는 나라이다. 그 까닭에 이 땅은 참으로 길한 땅이여라.》 이 말을 함축하면 가라국(조선-가라)에 향해 있고 마주대하니 참으로 길한 땅이라고 강조하고 있는 것이다. 여기서 호노 니니기노미꼬또의 호노라는 것은 이삭이란 뜻으로서 이삭의 니니기라는 말이다. 말하자면 니니기노미꼬또란 벼농사를 짓는 집단과 관계되는 인물일 뿐 고유명사는 아니며 더더구나 어떤 실재한 인물의 이름은 아니다.

세부리(서호리) 산지와 동북쪽으로 향하여 뻗어간 중간에 하나의 고개가 있다. 이 고개가 바로 히나따고개(日向峙)이다. 이 고개에 올라서면 이또지마반도를 바라볼 수 있다. 이곳에 히나따라는 지명이 붙은 것은 이또지마반도가 가라국(가야)을 마주 향하고 있으며 조선으로 가는 곧은 길이기 때문이다.

더우기 흥미를 끄는 것은 해가 향하다라는 지명이 조선(가야)에서 이또지마반도에로 가는 로정에서 일련의 가라(加羅, 韓) 지명과 이어져 있다는 사실이다.

쯔시마의 기따아가따군의 북쪽에 무까히라는 곳이 있다. 《화명초》에 나오는 무까히향이 바로 그것이다. 무까히(向日)나 히나따(日向), 히무까(日向)는 다같이 해가 향하다라는 뜻이다.

쯔시마에 해가 향하다는 지명이 있다는 사실은 매우 흥미 있다. 그것은 조선의 가야로부터 쯔시마, 이끼섬, 이또지마반도에로 가는 로정에 가야지명이 면면히 이어져 있을 뿐 아니라 5세기 초엽경의 가야도질토기가 가야지명과 함께 일체를 이루며 이어져 있기 때문이다.

가야와 련결된 해가 향하다는 지명인 히무까, 히나따는 조선→쯔시마→이끼→이또지마반도 그리고 나아가서는 히무까(미야자끼현)에 이어져 있다. 이 로정은 바로 가야사람들의 진출 로정이다. 이 로정의 중심지점들에 가야사람들이 남긴 무덤떼와 지명, 조선식산성이 존재한다.

이밖에도 이또지마반도에는 센리(千里), 고라이(고구려) 등 조선계통 지명이 있는데 이것 역시 조선 이주민들의 정착을 시사해준다.

가야계통 지명과 함께 이또지마반도에는 적지 않은 조선계통 신사들이 있다. 이 신사들은 조선을 제지내거나 조선과 인연이 깊은 조선계통 신라와 가야를 제지내는 것이 대부분이다.

조선계통 신사(가야, 신라)를 들면 다음의 표와 같다.

이또지마반도의 조선계통 신사 일람표

NO	신사이름	있는 곳
1	우루오(潤)신사	후꾸오까현 이또지마군 마에바루정 우루오
2	이또(伊都)신사	후꾸오까현 이또지마군 수센지
3	우까쯔(字活)신사	후꾸오까현 이또지마군 수에나가
4	수가(須賀)신사	후꾸오까현 이또지마군 시마정 노기따
5	요시다(吉田)신사	후꾸오까현 이또지마군 시마정 요시다
6	야사까(八坂)신사	후꾸오까현 이또지마군 니죠정 이찌끼산
7	시라야마(自山)신사	후꾸오까현 이또지마군 니죠정 이찌끼산
8	오오세(大歲)신사	후꾸오까현 후꾸오까시 가라도마리
9	니노미야(二宮)신사	후꾸오까현 후꾸오까시 이마쥬꾸
10	야구모(八雲)신사	후꾸오까현 후꾸오까시 이마쥬꾸

이또지마반도에 축조된 조선식산성

이또지마반도 일대에 진출한 가야사람들은 소국 내의 집단을 외부의 침입으로부터 지키기 위하여 방어시설인 산성을 축조하였다.

가야사람들은 세 나라의 독특한 축성법에 의거하여 성을 쌓았는데 일본학자들은 일본렬도에 있는 이런 류형의 산성을 조선식산성이라고 불렀다.

조선식산성이 있는 곳에는 조선사람들이 권력을 가지고 많이 모여 살았다는 것을 알 수 있다. 왜냐하면 큰 산성은 막대한 재부와 로력을 동원할 수 있는 국가권력이 안받침되지 않고서는 도저히 축성할 수 없기 때문이다. 조선식산성은 오직 조선사람만이 쌓았기 때문에 그것이 어디에 있든지 조선계통 소국의 상징이라고 말할 수 있다.

가야사람들은 이또지마반도에서 정착생활을 하는 과정에 여러 개의 산성을 축조하였다. 그러한 대표적 산성이 바로 라이산(雷山, 955m)성이다. 라이산성은 오래동안 고가이시(신롱석) 또는 쯔즈끼(筒城)로 불리워왔다. 산성은 세부리산지의 라이산의 가운데쯤(400~450m)에 산허리를 감을 듯이 구축되였다.

산성은 이또지마평야와 가후라만, 후나고시만을 부감할 수 있을 뿐 아니라 멀리 이끼섬과 쯔시마 그리고 조선의 가야지방까지 바라볼 수 있는 위치에 있다.

산성은 라이산에서 나는 화강석을 네모나게 다듬어 쌓았다. 성벽은 네모난 돌의 웃면과 앞면, 좌우면을 밋밋하게 잘 다듬어 돌과 돌 사이가 버그러지지 않고 맞물리게 쌓았다. 돌의 웃면과 앞면은 직선으로 고르롭게 잘 놓았다. 그러면서 들쑹날쑹하게 된 돌 안쪽면에는 흙을 메웠다. 성 돌의 크기는 높이 2자 5치이며 너비는 2자 9치로서 길이는 거의 같지만 길고 짧은 것이 더러 있다. 성벽은 기본적으로 직선이지만 지세에 따라 방향을 바꿀 경우에는 일정한 각도를 가지고 구부러져 쌓았다.

수문은 남북 두 곳에 설치되였다. 북쪽수문의 동쪽으로는 21간의 돌담(렬석)이 있고 서쪽에는 37간의 돌담이 있다. 남쪽수문으로부터는 27간이 평탄한 곳이고 거기에 돌담이 드문히 보이지만 산에 오르면서는 동쪽으로 73간, 서쪽으로 95간의 돌담이 련결되여 있다. 물 원천은 라이산꼭대기가 시원인데 비교적 풍부하다. 산성에로 오르내리는 길은 이또지마평야 쪽에 두 가닥으로 뻗어 있다.[45]

라이산성은 사방의 지세가 아주 험한 곳에 구축되어 있어 난공불락의 요새로 되어 있다. 남북수문 사이가 400간이고 성 안의 넓이가 약 13만 2,700여 평이나 되는 이 산성은 오직 조선 이주민집단만이 쌓을 수 있었다.

라이산성이 가야 이주민집단이 쌓은 산성이라는 것은 다음과 같은 몇 가지 사실을 가지고 확인할 수 있다.

첫째로, 이 산성이 오래동안 쯔즈끼(筒城)로 불리워왔다는 것이다.

라이산성은 고대로부터 중세 전 기간 쯔즈끼로 불리웠는데 쯔즈끼라는 말은 고대조선말의 언덕 또는 뚝이라는 뜻인 《두둑》과 성새라는 뜻인 《끼》(城)가 합쳐져서 생긴 것이다. 이 말은 오늘날 라이산성 그 자체보다도 북쪽수문을 가리키는 말로 전화되고 말았으나 어쨌든 그것은 조선 고유의 말임에는 틀림없다.

둘째로, 오래동안 내려오면서 존재한 고소신사(層祖神社)가 옛적에 가라궁(加羅宮)으로 불리웠다는 것이다.

가라궁의 가라란 조선의 가야국에서 나온 말이며 실지로 가라사람들이 이 산성을 축조하고 여기에 별궁을 짓고 살았기 때문에 가라궁이라고 불리웠을 것이다. 고소신사(가라궁)는 오래동안 라이산성 안에 있으면서 사람들의 숭배를 받아왔다.

셋째로, 산성이 아주 오래된 축조형식을 가지고 있을 뿐 아니라 축성방식이 독특하고 완전히 조선식이라는 것이다.

수문구조를 비롯한 여러 구조물의 축조방식과 산성의 위치 선정,

---

45 라이산성에 관한 자료는 《신판 고고학강좌》 6(유잔가꾸, 1975년, 109~112페지), 《북규슈 세또내해의 고대산성》(명저출판, 1983년, 92~96페지) 등을 참고하였다.

저수능력을 가진 평탄한 곳의 선택, 견고한 수문돌담의 구축과 예비용 수문의 설치 등은 당시 조선사람의 기술과 지혜로써만이 가능하였다. 그리고 축성할 때 일정한 각도를 가지고 꺾음을 조성하여 곡선을 이루게 한 것은 가야특유의 축성법으로서 가야의 산성들에 공통된 현상이라고 말할 수 있다. 같은 가야사람들이 축성한 기비지방의 기노죠산성 역시 꺾음을 형성하여 곡선을 이루게 하였다.

넷째로, 라이산성은 이또지마반도에 형성된 가야소국과 뗄 수 없이 밀접한 련관을 가지고 있다는 사실이다.

라이산성은 북쪽으로 완만하게 경사진 이또지마반도(평야)를 부감하면서 그것을 그러안을 듯한 형세를 취하고 있다. 평야에는 40여 기에 달하는 우두머리급 무덤을 비롯하여 많은 고분이 집결되어 있다. 이또지마반도와 같은 좁은 지역에 40여 기의 우두머리급 무덤이 밀집되어 있다는 것 자체가 보통일이 아니며 여기에 강력한 정치집단이 할거해 있었다는 것을 말해준다. 또한 무덤이 있는 평야와 산성이 깊은 련관 속에 있었음을 보여준다. 말하자면 평야 배후에 자리잡은 산성의 안전 여하에 따라 평야에 사는 주민(거기에 무덤을 쓴 사람)들의 안전도 담보되는 것이다.

이밖에도 라이산성이 위치한 세부리산지 자체가 조선말에 어근을 두고 있는 가야 및 신라 말이다.

이상과 같은 몇 가지 사실들을 통하여 알 수 있는 것처럼 라이산성은 이또지마반도에서 정착생활을 한 가야계통 소국이 방어를 위해 구축한 성새라고 본다.

이또지마반도에는 가야사람들이 축성한 라이산성 외에도 이도산성

(怡土城)을 비롯한 조선식산성이 몇 기 더 있다.

이도산성은 이또지마군 이도촌의 다까스산(高祖山, 415.5m)을 중심으로 하여 서쪽에 전개된 산지와 산기슭 경사면을 포함한 약 1,635m의 길이를 가진 그리 크지 않은 산성이다. 이도산성 유적의 꼭대기에 서서 보면 이또지마고을이 한눈에 바라보이고 동쪽으로는 가라쯔만 방면으로부터 이끼섬이 넘겨다 보이며 지어 날씨가 좋을 때는 쯔시마까지 볼 수 있다. 하까다만과 태재부 역시 한 눈에 안겨온다.

이도산성은 다까스산의 서쪽경사면을 잘 리용하여 쌓았다. 즉 산의 가장 높은 지대의 분수령을 경계선으로 하여 동쪽에서 서쪽으로 봉우리를 따라 점차적으로 내려오면서 성벽을 형성하였다. 성벽의 바깥면은 될수록 험준한 자연지세의 가파로운 경사면을 골라 쌓았으며 또 곳곳에는 인공적으로 깎아내여 절벽을 조성한 곳도 있다.

서쪽은 평탄한 지대로서 거기에는 흙담을 쌓고 수문과 성문을 설치하였다.

이도산성은 본래 신라계통 소국인 이도국(伊都國)이라는 조선소국의 방어시설로 축성되였다.(《일본에서 조선소국의 형성과 발전》 백과사전출판사, 1990년, 134~136페지)

그 후 이도국이 가야국에 흡수통합 되면서 가야국이 리용하는 산성으로 된 것 같다.[46]

일본학자들은 당나라에 류학을 갔다 온 태재부장관 기비 노마끼비가

---

[46] 이또지마가야소국은 처음 이또지마반도의 서쪽에 형성되여 있다가 점차 세력을 넓혀 이웃에 있던 이도국을 망라한 비교적 큰 소국이 되였다고 보인다. 이도국이 가야국에 합쳐지면서 그전날의 산성도 가야국에서 리용하게 된 것으로 보아진다.

756년부터 13년 동안에 걸쳐 쌓은 것이 이 성의 첫 축조인 것처럼 말하지만 결코 그렇게 볼 수 없다. 왜냐하면 이도산성은 중국식으로 쌓은 것이 아니라 조선식으로 쌓은 산성이기 때문이다. 앞에서도 언급하였지만 이도산성은 다까스산의 경사면을 성벽으로 삼았다. 성벽을 자연지세와 배합하여 성을 쌓는 방법은 조선에 고유한 것으로서 중국에는 없다. 그리고 흙담과 수문축조 역시 조선사람들이 즐겨 적용하는 산성구축법에 의하여 쌓아졌다.

본래 신라계통 소국인 이도국의 산성이였던 이도산성이 가야국에 통합된 후 8세기에 이르러 당나라 안록산과 신라 등의 이른바《대륙으로부터의 위협》이 조성되자 성을 다시 고쳐 쌓은 것으로 보인다. 그런데 산성벽과 수문은 거의나 그대로 두고 성문 같은 것을 보강, 수축한 것으로 짐작된다.

이또지마반도에는 라이산성과 이도산성 외에도 히꼬야마산성과 가야산성이 있었다.

히꼬야마(彦山)산성은 이또지마반도의 북쪽 조선해협에 면해 있는 노기따촌(野北村)의 히꼬야마산(232m)에 있다. 정식으로 조사발굴이 진행되지 못한 조건에서 그의 전모는 알 수 없으나 지리적 위치와 산세 등으로 보아 조선식산성이라는 것은 의심할 바 없다.(《고고학잡지》 16권, 6호, 〈고대의 하까다〉 1)

가야산성 역시 그 위치로 보아 가야산에 있던 조선식산성이 틀림없다. 그러나 아직까지 산성유래에 대한 보고는 없다.

이상 간단히 이또지마반도에 있는 조선식산성에 대하여 보았다. 이또지마반도에 있는 거대한 산성유적은 그곳에 방어시설을 만들고 리용한 권력집단이 있었다는 것을 말해준다. 그 권력집단이 바로 가야 이주민집단이며 그들이 만든 소국이었다.

광개토왕릉비와 유적유물을 통하여 본 이또지마 가야소국

- 광개토왕릉비에 나오는 왜

광개토왕릉비는 고구려의 24대왕인 국강상광개토경평안호태왕의 공적비이다. 비석은 그가 죽은 다음 그의 아들인 장수왕대에 건립되였다. 비문은 령토를 넓힌 왕이라고 한 시호에서도 알 수 있는 것처럼 광개토왕의 업적을 찬양하여 후세에 전하기 위해 씌여졌다. 비문의 공적 부분은 고구려와 백제, 고구려와 왜, 고구려와 신라 및 가야(가라) 등 4세기 말~5세기 초 이 나라들 호상간에 있은 중요한 력사적 사실을 알 수 있게 한다. 여기서 가장 주목을 끄는 것이 비문에 자주 나오는 왜 관계 기사이다.

근대에 와서 일본학자들은 릉비 재발견 이후 비문을 저들 편에 유리하게 해독해왔다. 그들은 왜 관계부분 특히 신묘년(391년) 기사의 내용을 자의대로 해석하여 고구려로 해야 할 것을 왜로 만드는 한편 이 왜를 기내 야마또정권의 군사력으로 묘사하기 위해 이미 4세기에는 야마또정권이 일본서부를 지배통제하고 통일되여 있었다고 력사적 사실을 외곡하였다.[47]

---

47 일제 어용학자들은 《삼국사기》 박제상전과 신라본기 및 광개토왕릉비에 나오는 왜가 다같은 왜이며 그 왜는 서부일본을 지배한 통일정부인 기내 야마또정권의 왜라고 횡설수설하였다. 그들은 가와찌 일대에서 드러난 5세기 후반기의 조선제 마구류와 일련의 유물들을 《강적 고구려와의 격전》 끝에 얻어온 《전리품》, 《로획품》이라고 우겨댔으며

광개토왕릉비에 나오는 왜와 기내 야마또정권의 왜는 엄연히 구분되는 서로 다른 왜였다. 량자를 하나의 왜로 보면서 반동적 《임나일본부》설에 유리하게 갖다대는 데 문제의 심각성이 있다. 광개토왕릉비에 나오는 왜와 기내지방의 왜는 력사적 사실대로 엄연히 구분하여 고찰되여야 한다. 더우기 일본학계에서 대부분의 학자들이 아직도 광개토왕릉비의 왜관계 자료를 부당한 《임나일본부》설을 《근거》짓는 《1등사료》로 삼고 릉비를 중심으로 초기 조일관계사를 《체계화》하려고 시도하는 조건에서 이 문제는 더욱 중요하게 제기된다.

광개토왕릉비의 1면으로부터 3면에 걸쳐 보이는 왜는 고구려와 싸우고 당시 고구려와 종속관계에 있던 신라땅에 침입했다가 고구려에 의하여 격파된 그러한 왜였다. 이것은 왜의 성격이 백제-가야적이라는 것을 시사해준다.

그러면 광개토왕릉비에 나오는 왜는 어디에 있던 왜인가.

그것은 조선과 가장 가까운 거리에 있던 왜이며 《삼국사기》 박제상전과 신라본기에 나오는 왜였다. 《삼국사기》 박제상전에서 보는 것처럼 신라와 적대적인 관계에 있던 왜는 바다에 나가면 쉽게 신라에 가닿을 수 있는 조선과 아주 가까운 위치에 있었다. 일본학자들이 말하는 것처럼 멀리 세또내해를 거쳐야 가는 기내지방의 왜가 결코 아니였다.

광개토왕릉비와 《삼국사기》 박제상전 및 신라본기에 나오는 왜는

그 증거로 가와찌(오사까)지방에 있는 다이센무덤(이른바 《인덕릉》)과 곤다야마무덤(이른바 《응신릉》)을 들면서 그 축조시기를 4세기로 끌어올렸다. 그러나 일본학자들이 기내 야마또정권의 권력의 상징이라고 하는 다이센무덤과 곤다야마무덤의 축조시기는 4세기가 아니라 5세기 말~6세기 초이며 소위 야마또정권의 《조선출병》의 결과 출현하였다고 하는 마루야마고분의 마구류, 야쭈무덤이나 아리야마무덤의 무기류와 마구류도 5세기 중엽 이전으로는 거슬러 오르지 못한다.

조선과 가장 가까운 거리에 위치해 있으면서 어떤 때는 쯔시마와 이끼섬까지도 자기의 통제권에 넣었던 이또지마반도에 있던 가야계통 왜소국이였다.48

4세기 말~5세기 초의 복잡한 정치군사 정세 속에서 신라는 고구려와 종속적인 동맹을 맺었으며 백제와 가야는 고구려의 적극적인 남하에 위협을 느끼고 급속히 접근하여 동맹을 맺었던 것이다. 백제와 가야의 동맹관계는 4세기까지만 해도 강대한 고구려와 당당히 맞서 싸우던

---

48 지난날 광개토왕릉비에 나오는 왜와 《삼국사기》에 나오는 왜를 중세기의 왜와 같은 존재로 혼동시하는 경향도 없지 않았다. 하지만 5세기까지 일본렬도 안의 여러 소국은 직접 또는 간접적으로 우리나라의 정치, 문화의 영향을 받은 나라들로서 일본의 독자적 세력으로는 될 수 없었다. 일본이 독자적 세력으로 등장한 것은 7세기 이후이다. 1960년대 우리 학계에 의한 반동적 《임나일본부》설에 대한 비판은 일본학계에 커다란 영향을 주었다. 그러나 일본학계는 비판을 똑바로 접수할 대신 구태의연하게 광개토왕릉비에 나오는 왜는 기내 야마또정권의 왜라고 고집해 나섰다.
한편 지각이 있고 량심적인 학자들 가운데는 릉비에 나오는 왜를 기내지방의 것으로는 보지 않고 조선과 가까운 곳에 위치한 왜세력으로 보려고 하였다.
이것을 묶어보면 ① 릉비의 왜를 기내지방 야마또정권의 군사력으로 보려는 보수적인 학파집단의 견해, ② 북규슈와 쯔시마 등지에 할거한 순수 해적집단으로 보려는 견해 ③ 조선의 락동강 하류와 쯔시마 그리고 북규슈 일대의 넓은 지역에 할거한 왜인집단으로 보려는 견해 등이다.
이밖에도 남부조선과 규슈 일대를 하나의 정치세력 아래에 통일되어 있었다고 보는 설도 있으나 이것은 ① 견해의 연장이며 별종이다. 그렇게 말할 수 있는 것은 이 설이 반동적 《임나일본부》설과 형태가 약간 달라진 데 불과할 뿐 본질은 같기 때문이다. 다시 말하여 이 설은 남부조선을 《지배한》 왜가 기내지방의 왜가 아니라 북규슈에 있던 왜라는 것이다. 이른바 조선을 《지배한》 야마또정권이 규슈에로 옮겨간 셈이다. ②와 ③은 《임나일본부》설을 비판하고 기내 야마또정권의 왜설을 부인하는 모색 끝에 나온 견해이다. 이 견해들은 남조선과 그밖의 나라들의 학자들 속에서 일부 지지를 받고 있으나 신통한 것으로는 못 된다. 왜냐하면 ②의 견해를 따르면 순수 해적집단이 강대한 고구려의 조직적인 국가무력과 여러해 동안 싸울 수 있었다는 것인데 그것은 상식으로도 통하지 않는다. ③의 견해 역시 부당하다. 왜냐하면 우리의 남부조선 어느 한 지역도 왜의 정착지가 되어 본 적이 없기 때문이다. 락동강 하류지역에 왜인이 와 있었다고 한 기록도 없었거니와 그러한 물질적 근거도 없다. 우리나라 력사에 남부조선에 왜인이 있어본 적은 리조시기에 들어와서 처음이다.

백제를 우위로 한 그러한 동맹관계였다.

이리하여 북규슈 이또지마에 있던 가야의 소국은 이러한 주위의 복잡한 정세에 말려들어가면서 백제의 요구에 따라 고국 가야를 위하여 자기의 군대를 조선땅에로 출동시켰다.

따라서 《광개토왕릉비》에 나오는 왜는 크게는 북규슈에 있던 조선의 백제-가야계통 소국이지만 내용을 따져보면 가야계통 조선소국의 군사력이었다. 다시 말하여 릉비에 나오는 신묘년(391년) 당시의 왜는 백제의 지시와 요구에 의하여 동원되었다 하더라도 그 실체는 어디까지나 일본땅에 건너가 거기에 독자적인 소국을 형성한 가야사람들의 나라이며 군사력이였던 것이다.

그것은 조선과 가장 가까운 거리에 있던 이또지마반도의 가야(가라)소국이였다.

그러면 광개토왕릉비에 나오는 왜를 북규슈 이또지마반도에 있었던 가야계통 소국으로 보는 근거는 무엇인가. 그것은 한마디로 말하여 4세기 말~5세기 초의 이또지마반도에 존재하는 유적유물의 가야적 성격과 선진성에서 찾아 볼 수 있다. 다시 말하여 이또지마반도는 일본렬도에서 제일 선참으로 선진적 묘제와 새로운 농구, 공구, 무기무장, 마구류, 도질토기 등이 출현한 지대로 될 수 있었다. 그것은 4세기 말~5세기 초 광개토왕릉비에 반영된 사실대로 그곳 정치세력이 관여한 데로부터 오는 현상이다.

- 묘제의 변혁과 도입
일본 고분문화시기에서 5세기에 해당되는 고분문화 중기는 여러 가지면에서 획기적 시기라고 할 수 있다. 그것은 여러 력사적 사건들과 더불어 종래의 수혈식돌칸무덤이 횡혈식돌칸무덤으로 변천되여가는 과정을 그 시기에 보게 되기 때문이다.

고분문화의 발생기와 전기(3세기 후반기 및 4세기) 수혈식돌칸무덤의 도입이 가야로부터의 외래적 영향에 의한 것이었던 것처럼 횡혈식돌칸무덤의 파급 역시 조선의 것으로부터의 강한 문화적 영향에 의한 것이었고 그 문화적 영향은 곧 그대로 가야주민들의 일본렬도에로의 대량적 진출과 직접 관계되는 것이다.

일본에서 수혈식돌칸무덤을 대신하여 출현한 횡혈식무덤은 지역에 따라 그 시기가 일정하지 않았다. 그것은 조선 이주민집단의 진출지가 서로 달랐기 때문이다. 그러나 그 첫 시작은 5세기 초이며 5세기 전반기에 서서히 규슈지역에 퍼지면서 세또내해를 거쳐 낑끼지방에 이르렀다.

낑끼지방 특히 가와찌지방에 횡혈식무덤의 주인공들이 진출한 것은 5세기 중엽경이였다.

횡혈식돌칸무덤은 처음부터 무덤안길이 달린 무덤칸인 것이 아니라 가야의 무덤형식에서 보는 것처럼 수혈식무덤칸에 무덤안길을 단 수혈계횡혈식무덤 또는 무덤칸의 입구를 가로낸 수혈계횡구식무덤이였다. 그러다가 차츰 횡혈식의 비중이 커지면서 그전날의 낡은 수혈식 요소가 점차 가셔지는 것이다. 일본렬도에서 횡혈식돌칸무덤의 첫 발생지는 북규슈이며 그것도 가야소국이였던 이또지마반도 일대가 일본렬도에서 가장 이른 곳이다. 이또지마반도에는 일본학자들이 말하는 횡혈식무덤의 시원적 형태가 있다. 물론 그와 같은 횡혈식무덤이 일본렬도 안에서 저절로 발생하였다고는 상상도 할 수 없다.

마루구마야마(丸隈山)고분(후꾸오까현 후꾸오까시 수센지)을 일본에서 초기의 횡혈식무덤으로 일러왔으나 최근 시기 그 일대(이또지마반도 일대)에 대한 고고학적 조사발굴에 의하여 그에 선행하는 횡혈식무덤을 여러 기 발견하였다.

수끼사끼고분과 로오지고분은 북규슈 일대에서 뿐 아니라 전 일본렬도적으로 최초의 횡혈식무덤의 선구적 형태를 가진다고 볼 수 있고 그 축조시기는 5세기 초로 보인다.

이또지마평야의 동쪽 끝에 있는 수끼사끼고분(길이 64m, 후꾸오까시 서구 이마쮸꾸, 1983년 조사발굴)은 철제단갑 등 가야에 특유한 유물들이 드러난 가야계통 무덤으로서 돌칸구조와 껴묻거리로 보아 축조 년대는 5세기 초엽으로 추정된다고 한다. 무덤의 돌칸구조는 전방부를 향하여 왼쪽으로 치우친 짧은 무덤길을 붙인 거의 방형에 가까운 길이 3.3m, 너비 2.6m의 무덤칸이다. 납작한 깬돌을 쌓아올리면서 한쪽에 지탱돌을 세워 무너지는 것을 막게 하였다.

수혈계횡구식이 현저한 것은 후꾸오까시 남구 로오지에 있는 로오지(老司)고분(3호)으로서 나까천의 중류 좌안의 언덕에 있는 전방후원분이다. 전방부가 남쪽으로 향한 이 무덤은 길이 90m, 후원부의 직경은 45m이다. 매장시설은 후원부에 3기, 전방부에 1기, 모두 4기가 있다. 무덤칸은 4기다. 깬돌을 차곡차곡 쌓아올린 수혈식들칸이다. 그런데 유독 3호무덤칸만이 길이 3.2m, 너비 2.1m, 높이 1.4m의 수혈식이지만 남쪽벽면에는 밑바닥 너비 1.3m의 계단모양의 무덤길이 덧붙어 있다. 규슈지역의 고고학자들은 이것을 두고 횡혈식돌칸무덤의《시원적 형태》라고 한다. 더우기 흥미 있는 것은 수끼사끼와 로오지고분(3호)의 무덤 내부를 가야식으로 빨갛게 칠해 놓은 것이다.

이상의 두 무덤 밖에도 그 일대의 수혈계횡구식 또는 수혈계횡혈식의 무덤으로는 이또지마군 마에바루정 가마아리에 있는 가마즈까(釜塚)고분(직경 약 56m, 높이 10m의 둥근 무덤), 기쯔네즈까(狐塚)고분, 도마리시로사끼(泊城崎)고분 등이 있다.

북규슈의 횡혈식고분을 편년한다면 대체로 다음과 같이 할 수 있을 것이다. 즉 5세기 초의 횡혈식무덤은 수끼사끼고분과 로오지고분(3호), 5세기 전반기의 것으로는 요꼬따시모고분과 다니구찌(谷口)고분 그리고 마루구마야마고분(5세기 전반기~중엽), 가마즈까고분(5세기 중엽), 기쯔네즈까고분(5세기 후반기) 등이 이에 이어진다.

고분들이 위치한 립지조건(우리나라와 가장 가까운 이또지마반도를 중심으로 한 일대, 조선을 바라보는 바다에 면한 구릉지대에 위치)과 도마리시로사끼고분이나 수끼사끼고분들에서 보는 바와 같이 조선제 갑옷과 칼, 쇠낫, 주조식 도끼 등 4세기 일본에서는 찾아볼 수 없던 유물들의 출토는 그 무덤에 묻힌 사람들이 조선에서 있은 전쟁에 참가한 우두머리일 수 있다는 것을 시사해준다. 더우기 주목할 것은 가야의 지명을 지닌 이또지마반도 일대와 그 주변 일대에 있는 일본 최초의 횡혈식무덤들에 정치적 권력자로서의 위세를 시위하던 자들이 묻혔다는 사실이다.

수혈계횡구식돌칸무덤의 분포는 가야국이 있던 락동강류역 지대와 이또지마반도를 중심으로 한 일본 후꾸오까현에 가장 많이 집중적으로 분포되어 있다고 한다. 이것은 4세기 말~5세기 초에 그 두 지역이 하나의 문화권, 하나의 정치세력권 안에 있었다는 것을 말해준다. 물론 그것은 어디까지나 조선의 가야를 본거지로 한 세력이였지 일본학자들이 말하는 것처럼 일본이 주가 된 세력은 아니다.

수혈계횡구식의 돌칸무덤의 연원은 우리나라에 있었다.

본래 우리나라에서 횡혈식무덤이 처음 도입된 것은 고구려였다. 고구려의 강대한 국력과 강한 문화적 영향 밑에 각이한 무덤갖춤새를 가지고 있던 백제, 신라, 가야도 점차 횡혈식무덤칸을 받아들이기 시작하였다. 가야는 4세기 후반기부터 동맹국인 백제의 영향을 받아 횡혈식 매장시설을 받아들인 것으로 생각된다.

수혈계횡구식돌칸무덤의 구조는 수혈식돌칸무덤과 대체로 같은 장방형이지만 네 벽 가운데서 짧은 걸벽의 돌쌓기가 다른 세 벽과 차이나고 그 부분만이 돌칸을 구축한 후 밖에서 폐쇄한 것이다. 그러한 무덤은 락동강 동서기슭에 널리 분포되여 있다. 그 축조시기는 대체로 4~5세기이다.

수혈식돌칸무덤으로부터 횡혈식돌칸무덤에로 넘어가는 단계에 있던 시기 가야사람들이 수많이 북규슈에로 넘어갔다. 그러한 사실들은 4세기 말~5세기 초 고구려의 남진정책의 결과 부단히 위협을 받고 있던 백제와 그 동맹국인 가야가 이또지마반도 일대에 있던 가야계통 소국인 왜를 동원시켜 대항하는 한편 일부 귀족들 가운데는 필요상 왜 땅에 직접 가 있기도 했다는 것을 추측케 한다. 바로 4세기 말~5세기 초를 전환점으로 하여 이또지마 일대에서 맨처음 무덤형식에서의 돌연적 변화가 일어난 사실이 이것을 잘 말해주고 있다. 횡혈식무덤 형식이 깅끼 일대에 파급되는 것은 이보다 반세기나 후의 일이다.

– 조선(가야)식 살림집과 도질토기의 출현

4세기 말~5세기 초를 전환점으로 하여 이또지마반도를 중심으로 한 북규슈 일대에 급속히 가야계통 주거지와 가야토기(도질토기)가 많이 출현한다. 그것도 이또지마반도와 동부 후꾸오까(쭈꾸시) 평야 일대에 현저하다. 여기서는 이또지마반도의 미도꼬 마쯔바루유적을 대표적으로 보기로 한다.

이또지마반도의 바다가, 가야산 가까이에 전개된 미도꼬 마쯔바루(御床松原)유적에는 야요이문화시기의 유적에 이어 수많은 고분문화시기의 집자리가 포함되어 있다. 이 유적에서는 고분문화시기 전기의 집자리 62기, 움(토광) 5기, 후기의 집자리 6기, 움 1기가 발굴되였다. 그 집자리들에서는 많은 량의 하지끼(土師器)와 도질토기, 고식스에끼(古式須惠器)가 나왔다. 그리고 이러한 질그릇들과 함께 낫, 쇠도끼, 손칼, 창대패, 쇠활촉, 창, 낚시바늘과 가래 등과 같은 철기도 드러났다.

특히 도질토기는 1호집자리터에서 하지끼류와 함께 나왔다. 승석무늬가 들어간 가는무늬단지와 굽잔이 그것이다. 2호, 11호, 15호, 22호집자리들에서도 하지끼와 함께 가야토기가 드러났다. 이렇게 하지끼와 함께 가야토기(도질)가 드러난 집자리로서는 27호, 35호, 37호, 47호, 59호, 81호 등을 들 수 있다.

여기서 주목할 만한 사실은 가야토기가 늘어난 것이 4세기 후반기 이후라는 점이다. 그 집자리들에서 조선에서 만들어진 질그릇들이 나온다는 사실은 그 시기(4세기 중말엽)에 이또지마가야소국 일대에 본국 가야국으로부터의 이주와 래왕이 잦았다는 것을 말해준다

도질토기의 출현과 함께 강조되여야 할 것은 가락바퀴(방추차)이다.

가락바퀴는 실 뽑는 기구로서 고대와 중세의 수공업적 방적에서는 없어서는 안 될 물건이였다. 이또지마반도와 그 이웃인 후꾸오까평야 등 4세기 말~5세기 초 가야세력이 집중적으로 진출, 정착하였다고 보이는 일대에서 여러 조선제 도질토기와 함께 도질제 가락바퀴가 나온다.

이또지따반도와 그 주변 일대에서는 조선(가야)식 집자리도 많이 드러났다.

미도꼬 마쯔바루유적의 27호와 35호집자리에서는 조선식 가마터가 드러났는데 그것은 이 유적의 가야적 성격을 여실히 보여준다.

27호집자리에서는 동쪽벽에 가마터가 설치되여 있었다고 하며 35호집자리에서는 서쪽벽에 진흙으로 만든 가마터가 설치되였었다고 한다. 거기서 드러난 유물은 쇠손칼 1개, 돌저울추 3개, 유리알 1개 그리고 하지끼의 단지, 도질토기인 짧은무늬단지 쪼각 등이다. 그밖에도 37호, 47호, 59호, 81호집자리들에서 하지끼의 질그릇 쪼각과 도질토기 쪼각 그리고 고식스에끼 쪼각들이 나왔다. 그러한 질그릇들의 편년은 대체로 5세기 중엽경이다.[49]

물론 5세기에 이르러 비로소 이또지마 일대에 조선(가야)식가마를 건 집이 생겼다고는 볼 수 없다. 집에 조선식가마가 대대적으로 설치된 시기는 5세기 중엽경이라고 하더라도 벌써 3세기 말~4세기 초에는 일부 권력층 가운데서 가야식으로 집을 짓고 사는 자들이 있었을 것이다.

그러한 가마터 달린 조선제 집자리와 질그릇(도질토기) 그리고 가락바퀴 등이 어디에 기원을 둔 것이며 누가 쓴 것인가는 너무나도 명백하

---

[49] 《기마민족이 온 길》 마이니찌신붕사, 1985년, 73페지, 27호집자리에서는 그 바닥면에서도 질토기의 독 쪼각과 제사그릇 쪼각이 나왔다고 한다.

다.

한 일본인 고고학자는 이에 대하여 《이러한 지금까지의 연구성과에서 볼 때 5세기를 중심으로 한 일본에 있어서의 도질토기와 초기(고식)스에 끼의 계보로서 직접적으로는 가야지역 그것도 하류류역(락동강 하류류역-인용자)의 가능성이 가장 강하며 이어 백제 남부지역과의 관련도 무시할 수 없다고 생각한다.》, 《… 가마터, 초기 스에끼, 도질제 가락바퀴 등 새롭게 출현하는 문화현상이 먼저 북부규슈에서 시작되는 가능성이 있고 … 그와 같은 새로운 문화현상은 그 계보를 찾으면 직접적으로는 조선반도 동남부 해안지방에 해당되는 가야지방과 깊이 관계된다는 것을 추측할 수 있었다.》(규슈력사자료관 개관 10주년기념 《태제부고문화론총》 상권, 1983년, 52페지, 62페지)라고 하였다.

일반적으로 5세기 북규슈와 기내(가와찌) 일대의 초기 스에끼(오사까 남부가마터 즉 수에무라의 도질토기)는 형태와 제작상 남부조선의 것과 같다고 하지만 내용상 따져보면 그것은 백제나 신라의 것이 아니라 가야의 것이다. 이또지마반도를 비롯한 후꾸오까평야 일대에 전개된 무덤떼에서 나는 도질토기는 의심할 바 없이 가야의 것이다.

가야의 성격을 띠는 집자리들과 생활용기들인 도질토기들이 4세기 말~5세기 초를 기점으로 급격히 증대된다는 것은 이또지마반도 일대에 갑자기 많은 가야사람들이 이주해갔다는 것을 말해준다.

– 새 농구와 공구 및 무기무장의 보급

고분문화시기 중기(5세기)에 와서 일본의 정치, 경제, 군사분야에 큰 자극을 준 것은 종래의 영농기구보다 우월한 선진 농구와 공구들이 나온 것이다.

U자형으로 된 개간용 보습, 끝이 수리개의 부리모양으로 구부러진 쇠낫 등 새로운 농기구의 출현은 농업생산에서 일대 전진을 가져왔다. 따비와 괭이로 땅을 갈던 사람들에게 있어서 보습의 출현은 땅을 몇 배나 더 깊이 갈 수 있게 하였고 수확고를 몇 배 더 올리게 하였다. 5세기를 전후한 시기부터 일본렬도에서도 소와 말과 같은 축력을 밭갈 이에 적극 리용하게 되였다. 쇠낫 역시 논벼를 비롯한 알곡작물의 대를 밑뿌리 가까이까지 베게 함으로써 짚을 비료 등 여러 분야에 쓸 수 있게 되였다. 그전날에는 대를 태워 재로 만든 다음에야 밭을 갈았다.

선진 영농도구들과 함께 쇠로 된 창대패, 쇠도끼, 자귀, 톱, 끌 등 공구들도 많이 드러났다. 특히 타격력이 센 쇠도끼는 새 땅을 개척하고 경지면적을 늘이기 위한 좋은 수단으로 리용되였다. 자귀는 벤 나무의 가지들을 자르고 다듬는 데서 효과적으로 쓰이였으며 창대패와 톱, 끌 등은 목재가공에서 없어서는 안 될 귀중한 공구였다.

이또지마반도 일대의 선진농구와 공구는 전체 규슈와 나아가서 일본 렬도 전반에서 선구자적 자리를 차지하였다. 이 선진 영농기구와 공구들 이 가야의 것이라는 것은 공구들의 형태를 보아도 잘 알 수 있다. 수까사 끼고분과 로오지고분에서는 고사리모양 손잡이를 한 쇠손칼이 드러났 는데 이것은 가야고분들에서 드러난 손칼과 똑같다. 그리고 도마리시로 사끼고분에서 드러난 쇠낫과 주조쇠도끼, 로오지고분(3호)에서 드러난 사슴뿔자루 역시 가야고분들에서 나온 것과 같다.

한마디로 이또지마반도를 비롯한 가야에 면한 북규슈 일대에서 출토 된 농기구와 공구는 가야토기와 함께 조선(가야)적 색채를 강하게 띠는 것이다.

무기와 무장에서도 이또지마반도 일대는 다른 지역들보다 선진적이
였다. 4세기 이또지마반도의 우두머리급의 무덤들인 전방후원분들에서
는 보병이 사용하였다고 볼 수 있는 유물들이 껴묻혀 있었다. 그러한
대표적 실례로 이끼산 죠시즈까고분을 들 수 있다.

이또지마반도의 니죠정에 있는 이 고분은 전방부를 북쪽 즉 우리나라
쪽으로 향하게 하였다. 길이 103m의 무덤 내부에는 수혈식돌칸이 구축
되어 있었다. 유물로는 각종 거울 10개, 민고리자루큰칼 3자루, 쇠칼
3자루, 단도 1자루, 검 6자루(이상은 돌칸 안에서 나옴) 그리고 검모양의
창끝 14개, 쇠활촉 14개(이상은 돌칸 밖에서 나옴)가 드러났다. 여기서
흥미 있는 것은 수혈식돌칸의 천정뚜껑 돌이 없는 것이다. 천정뚜껑
돌이 없는 것은 가야고분들에서 드문히 보는 현상으로서 가야계통 돌칸
무덤의 하나의 특징이라고 볼 수 있다.

4세기 후반기의 죠시즈까고분의 껴묻거리는 각종 거울과 여러 가지
구슬류 등으로 보아 주술적 색채가 농후하고 무기무장에 있어서도 칼과
창 그리고 쇠갑옷을 뚫지 못할 화살촉과 가죽방패, 엷은 단갑뿐이다.

이또지마반도에 기마전에 맞는 유물들이 나타나기 시작한 것은 5세기
초엽경의 일이다.

5세기 초엽의 축조로 편년되는 수끼사끼고분의 껴묻거리는 구리거울
과 아주 오랜 가죽엮음식 철판단갑, 무기 등이였다. 여기서 볼 수 있는
철제단갑과 쇠활촉, 쇠칼 등은 보병용 무기, 무장인 것이 아니라 기마전
투에 쓰이는 내리찍는 쇠칼이며 원거리 비행을 목적으로 한 관통력이
센 버들잎 모양의 목이 긴 쇠활촉들이였다. 특히 로오지고분에서 드러난

단갑은 부산 복천동 1호무덤에서 드러난 수신판가죽엮음투구 및 단갑과 같은 종류의 것이며 수끼사끼고분의 가죽엮음철판단갑은 가야고분에서 드러난 단갑과 같은 것이다. 한마디로 말하여 이또지마반도와 그 주변에서 드러난 5세기의 무기(칼, 화살촉 등), 무장(투구, 갑옷 등)은 가야의 것과 완전히 같다.

일본 최초의 조선제 기마전투용갑옷이 로오지고분과 수끼사끼고분을 계기로 계통적으로 나오기 시작한 것은 바로 그 일대에 4세기 말~5세기 초 가야지방으로부터 그와 같은 선진문화를 가진 이주민집단이 진출 정착하였음을 보여준다. 물론 그 속에는 고국인 가야의 편에서 고구려와 싸운 무사들이 조선제 하사품을 가지고 묻힐 수도 있었을 것이다.

5세기 초를 전환점으로 하여 이또지마반도 일대의 무덤형식에서 돌연적 변화가 일어난 사실과 보병용 무기 대신 기마전투 방식에 맞는 무기, 무장들이 출현한 사실, U자형보습과 호미, 쇠낫, 쇠도끼 등 전에 없던 농구와 공구의 출현, 소성도가 높은 질그릇(도질토기) 굽기, 금귀걸이 등 사치한 몸치레거리의 출현으로 볼 수 있는 금광의 개발, 야장도구들에서 볼 수 있는 단조기술의 개선과 전에 없던 징박이술의 창조 등 이 모든 것은 가야이주민들의 일본렬도에로의 적극적 진출을 잘 보여준다.

5세기 초 이또지마반도 일대의 왜인들이 당시의 일본으로서는 가장 선진적 문화라고 할 수 있는 마구류 등을 받아들이게 된 직접적 계기가 바로 광개토왕릉비에 반영된 왜의 우리나라에서의 군사활동인 것이다. 고국 가야의 지시와 고국과 동맹관계에 있던 백제를 위하여 조선반도의 정치, 군사정세의 풍운에 휘말려들어간 왜인 이또지마반도의 가야소국은 사람들과 말까지도 쇠갑옷으로 무장한 고구려군과 직접 부딪쳐 보았다. 그들은 보병단거리무기로서는 도저히 싸움을 감당하지 못한다는 것을 느꼈을 것이며 이것을 계기로 조선의 선진적 무기무장을 받아들였을 것이다. 또 일부 가야사람들은 직접 북규슈에 건너갔을 것이다. 이리하여 이또지마반도 일대에서 조선(가야)적인 기마전투용 마구류를 비롯한 일련의 문화유물들이 나오는 것이다.

모든 력사적 사실은 광개토왕릉비에 나오는 왜란 다름아닌 이또지마반도를 중심으로 한 비교적 넓은 지역에 있던 조선계통 소국의 군사력이였으며 그들을 가리켜 고구려사람들은 왜라고 한 것으로 추측된다. 아무튼 이또지마 가야소국은 고국과 움직임을 같이하여 조선의 풍운에 말려들어갔던 것이다. 그리하여 이또지마반도를 비롯한 북규슈는 일본에서 선진지대로 될 수 있었던 것이며 북규슈에 진출한 백제, 가야계통 이주민세력이 이동정착하여 퍼지는 과정에 일본고분문화는 그 중기에 와서 비로소 주술적 색채를 벗어던지고 한 단계 더 높은 생산력과 전투방식, 생활양식을 가진 사회에로 발전하게 되였던 것이다.

(2) 기비 가야소국

가야사람들은 세또내해의 중심에 위치한 기비지방(오까야마현과 히로시마현의 동부의 일부)에도 진출 정착하여 고을과 마을을 이루고 살았으며 이어 소국도 건설하였다. 기비지방에는 많은 가야사람들이 정착해 살았던 관계로 몇 개의 가야계통 소국이 형성되였다. 그 소국들을 보면 빗쮸의 가야소국, 비젠 가라(아라)소국, 빙고 남부의 아나소국, 사누끼의 아야소국 등이다. 여기서는 주로 빗쮸의 가야소국을 중점에 두고 서술하려고 한다.

빗쮸에는 1,250여 년간이나 가야(賀夜)라고 부른 고을이 있었다. 이 고을이 한때 전체 기비지방을 강하게 통제하던 가야국의 후신이였다. 이것이 645년 국군제도 실시 이후 비로소 고을이 되였으나 가야군은 본래 가야국이였다. 고을이 된 다음 가야군은 기비국을 형성한 빗쮸국에 속하게 되였으나 1,000여 년이 넘는 오랜 기간 가야사람들과 그 후손들은 고국의 이름을 그대로 나라와 성씨에 달고 있었다.50

빗쮸에 가야소국이 있었다는 것은 지명과 옛 문헌들에 반영되여 있다.

력사적으로 기비지방 빗쮸국에 가야국, 가야고을이 있었다는 데 대하여서는 《국조본기》(國造本紀, 구니노 미야쯔꼬 즉 지방국들의 토호들에 대하여 쓴 책이다. 〈고사기〉, 〈일본서기〉와는 계통이 다른 사료에 기초하여 9세기 초경에 편찬되였다.)에 명문으로 밝혀져 있다. 그에 의하면 응신천황(이른바 270~310년까지 즉위한 왕)때 쬬도(가미쯔미찌)국 국

---

50 6세기 후반기경 전국을 기본적으로 통일한 야마또정권은 비젠, 빗쮸, 빙고의 3개의 국을 따로 정하여 기비국에 속하게 하였다. 그후에 비젠국의 몇 개 고을을 떼서 따로 미마사까국을 만들었다. 빗쮸라는 말은 기비의 중심, 가운데라는 뜻으로서 국부(나라의 중심지역)는 소쟈시 기나이도 즉 가야군에 두었다. 빗쮸는 처음 오다군, 아사구찌군 등 9개의 고을을 두었다가 후에 11개의 고을을 두었다. 여기서 기본은 가야군이였다. 645년의 대화개신을 제기로 국의 격을 떨구어 군(고을)으로 만들었다. 야마또정권은 서부일본의 여러 소국들을 지배통제하기 위하여 이러한 조치를 취하였다. 6세기까지 가야국으로 존재한 그 나라도 7세기 중엽에 군으로 되였다. 그 후 1901년 가야군과 시모쯔미찌군이 합쳐져 기비군이 나오기 전까지 그 고을은 실로 1,000수백 년이 넘도록 조선의 국명을 지니고 존재하였다.

조의 애비 나까히꼬노 미꼬도를 가야국의 국조로 임명하였다고 하였다.

기비 빗쮸국의 가야국, 가야군은 여러 가지로 표기되였으며 그의 실재를 증명하는 자료는 많다.

빗쮸 가야소국은 다음과 같이 표기되였다.

加夜[가야]-《국조본기》,《이로하자류초》,《후지와라경》출토 목간

賀夜[하야]-《연회식》,《화명초》,《정창원문서》(천평 11년),《민부식》,《평성궁터》출토 목간묵서(377A)

賀陽[하양]-《십개초》,《일본후기》(대동3년 5월 을미),《속일본기》(천평원년 정월 기해) 등

香屋[향옥]-《일본서기》

賀屋[하옥]-《일본정통도》

蚊屋[문옥]-《일본서기》

《일본국군연혁고》(3, 산요도)라는 책에 의하면 빗쮸 가야국은 다음과 같이 설명하였다.

《가야(賀陽) 78촌, 옛날의 가야국인데 〈국조본기〉에 그 이름이 보이며 〈일본서기〉 응신기에는 〈香屋〉[향옥]으로, 서명기에는 〈蚊屋〉[문옥]으로 표기하였다. 후에 고을이 되였다. 〈연회식〉과 〈화명초〉는 〈賀夜〉로 썼으며 정덕2년(1712년) 4월부터는 〈賀夜〉로 썼으나 지금은 〈賀陽〉으로 쓴다.》

빗쮸 가야국의 가야는 여러 가지로 표기되였으나 그 발음은 조선음인 가야가 틀림없다.

기비에 있던 나라(후에는 군)가 가야라는 조선국명을 가지게 된 것은 여기에 조선(가야)계통의 이주민집단이 진출 정착하여 살았기 때문이

다. 빗쮸 가야소국은 일명 임나라고도 불렀다.

가야라는 이름은 비단 나라(소국)뿐 아니라 고을과 마을에도 있었다. 그 일부를 소개하면 다음과 같다.

① 가야노(栢野)

② 가야데라(栢寺)-소쟈시 하또리마을에 위치(服部 南溝手村)

③ 가라도(唐戸)

④ 가야산(栢山)-후꾸다니마을에 위치(福谷 苔山村)

⑤ 가야무라(栢村)-이와따마을에 위치(岩田上 高田村)

⑥ 가나이도(金井戸, 가라이도-가라우물이라는 뜻)-하또리마을에 위치(服部村)

⑦ 나가라(長良, 아나가라〈阿那加良〉의 략칭)-하또리마을에 위치

⑧ 가라꼬(辛人里)-쯔우군 가와모향에 있던 마을

⑨ 가라우또(唐櫃, 辛人)-아떼쯔군 혼고마을

⑩ 가라마쯔(唐松)-아떼쯔군 미가라마을

⑪ 가야(蚊家, 伽耶)-아떼쯔군 가야마을

⑫ 가라가와(辛川)-현재 오까야마시

기비지방 빗쮸국에 가야라는 지명(국명, 군명 등)이 있는 것은 조선에서 대가야가 멸망하기 전인 5~6세기 이전이였음을 알 수 있다. 왜냐하면 6세기 중엽 가야가 최종적으로 망한 다음 그 망명자들이 기비지방에 가서 가야라는 나라명(지명)을 지었다고는 볼 수 없기 때문이다.

그러면 빗쮸 가야소국의 령역은 어떠하였는가.

8세기 이후 고을로 된 가야군은 처음 9개의 향을 두었다가 후에 14개의 향이 속하게 되였다. 그 다음 다까하시강의 상류로부터 해변가

(세또내해의 해변가)에 이르는 길죽한 지역은 행정통치상 불편한 데가 많았으므로 고을의 웃부분 즉 다끼, 우깐, 거세, 오이시의 4개 향을 떼서 죠보(웃쪽이라는 뜻)고을을 따로 내왔다.

물론 이와 같이 강을 따라 길죽하게 생긴 것이 본래의 가야국 령역은 아니다. 가야소국의 령역은 때에 따라 얼마간 차이가 있었으나 6세기 후반기 약화되기 전의 가야소국의 령역은 적어도 중세기의 시모쯔미찌, 쯔우, 구보야, 아사구찌, 오다, 시즈끼, 아가, 가야 등을 포괄하는 지역이였을 것이다. 다시 말하여 8세기 이후의 빗쮸국 전체가 가야소국의 령역으로 보인다. 그런 데로부터 가야군의 중심지에 빗쮸국의 국부가 자리잡게 된 것이다. 5세기 전반기 두 쯔꾸리야마고분이 축조될 때의 가야소국은 전체 기비지방을 강하게 통제하며 이즈모를 비롯한 주변지역에도 영향을 미쳤다.

빗쮸 가야소국의 령역은 《국조본기》를 통하여 얼마간 알 수 있다. 《국조본기》에 기재된 기비(吉備)의 구니노미야쯔꼬(국조) 가운데서 가미쯔미찌, 시모쯔미찌, 가야, 미누(미야), 가사노오미의 다섯 씨족이 기비씨(吉備氏) 일족이라고 한다. 이들 가운데서 가사노오미를 제외한 나머지는 8세기 이후의 고을이름과 일치하는 력사적 근거가 확연한 씨족들이다. 이 구니노미야쯔꼬들은 모두 기비지방 남부의 비옥한 충적평야에 할거한 씨족들로서 옛 문헌들에 그 이름이 자주 나온다. 이 네 구니노미야쯔꼬(가사노오미는 력사적 근거가 희박하므로 제외)의 조상은 모두가 기비씨이다. 말하자면 가미쯔미찌, 시모쯔미찌, 가야, 미누고을들에 할거한 구니노미야쯔꼬의 조상은 본래 기비씨였는데 기비지방이 6세기 후반기 이후 야마또정권의 지배통제하에 들어가게 되면서 여러 갈래로 분화되였던 것이다. 즉《4개의 구니노미야쯔꼬는 …
서로 동조(同祖)관계를 가지면서도 … 지난날의 기비일족이 기비땅을
지배하던 중추부지역의 지배권을 이으면서도 각기 별개의 구니노미야
쯔꼬로 행세한 것은 전술한 기비일족의 기비 전 지역에 대한 지배권의
해체에 따른 분씨(分氏)에 기초한다.》고 보아지는 것이다.[《기비지방에
있어서의 국조제의 성립》((력사학연구》 1972년 5월호 〈384호〉) 17페지]

가미쯔미찌, 시모쯔미찌, 미누, 가야는 같은 계렬의 씨족들이였으며
그 씨족은 기비씨였다. 기비씨는 가야씨이며 이 네 구니노미야쯔꼬
가운데서 기본은 가야씨였다. 따라서 이 네 씨족이 할거한 고을을 포괄하
는 일대가 곧 국군제도 실시 전의 가야국의 기본적인 령역이였으리라는
것은 추측하기 어렵지 않다. 8세기의 가야군은 오늘날의 죠보 일대까지
차지하고 있었기 때문에 그 령역은 대단히 넓었다. 일본의 고고학자들이
가야군에 위치한 두 쯔꾸리야마(조산, 작산)고분을 두고《온 기비땅을
지배통제한 권력자의 무덤》이라고 규정한 것도 결코 무리가 아니다.
《기비군지》(상권)의 저자가 조선계통 지명인 하따가 죠도(가미쯔미찌)
가찌향으로부터 시작하여 아사히, 다까하시강 하류 가까이에 발달된
충적지 일대를 총칭하는 호칭이였다고 추측한 것도 일리가 있는 말이다.
바로 이 일대에 가야를 비롯한 조선계통 지명과 마을들이 집중적으로
분포되여 있으며 두 쯔꾸리야마고분을 위시한 크고 작은 무덤들이 밀집
되여 있는 것이다.

이러한 넓은 지역에서 가야사람들은 자기의 생활을 꾸려나갔다.

가야사람들이 제일 많이 정착해서 산 곳은 역시 후세의 가야군의
중심지인 하또리(服部)향과 야따베(八部)향이였을 것이다. 여기에서

빗쮸 가야국의 왕족과 그 후손들이 집중적으로 살았고 그들은 오래동안 가야(賀陽)씨를 칭하였다.

하또리향은 가야군 9개 향의 하나로서 가야사람들이 제일 많이 산 고장의 하나이다. 하또리에는 큰 마을인 나가라(長良)가 있었는데 나가라는 대가라 즉 아나가라의 략칭으로서 나가라(那加良)에서 나온 것이라고 하며 여기에 있는 나가라산(長良山)도 대가라산(大加羅山)이라고 한다.(《오까야마현통사》 상편, 89페지)

13세기 말(1298년)에 개작되여 완성된 《하또리향도》에 의하면 하또리향에는 13개의 큰 마을이 있었는데 여기에는 기야리(貴夜里), 가야하라(茅原) 등의 마을도 있었다. 기야리는 가야리가 전화된 것이고 가야하라 역시 기본이 가야(하라)이다. 하또리향은 전체적으로 가야마을이라고 불리웠는데 그것은 이 향에 가야마을들이 적지 않게 분포되여 있었기 때문이다. 하또리라는 것은 옷 제작을 뜻하는 것인데 이 일대에 옷 제작에 종사한 조선 장공인집단이 할거해 있은 데로부터 그와 같은 이름이 붙여진 것으로 보인다. 《일본서기》《권4 웅략7년 시세)에 나오는 기비노오또기미가 야마또에 데리고 갔다는 가야노기누누히베도 바로 빗쮸 가야소국의 하또리향에 있던 사람으로 인정된다. 8세기 이후 가야씨는 그곳에 가야씨의 중심(郡家)을 두었고 가야사(加夜寺, 賀夜寺)를 두었다.

야따베(八部)향도 가야군 9개 향의 하나이다. 야따베는 하또리향의 린접에 위치해 있다. 야따베향에는 미노리(美濃里)라는 마을이 있는데 여기 호주는 가야노오미헤리마로이며 호구로서 가야노오미미찌가 있다고 하였다. 가야노오미는 물론 빗쮸 가야소국의 주인공 가야씨이다.

아소(阿宗, 阿蘇)향은 8세기 이후의 가야군 9개 향 가운데 하나로서 오늘날의 아소(阿會)마을이다. 《빗쮸국대세부사망인장》(천평 11년 정창린문서, 《나라유문》 상권, 도꾜당출판, 1965년, 316~319페지)에 의하면 소가베마을에 호구로서 가와찌노 아야히또베마로(西漢人部麿)가 있고 이와하라리마을에 호주로서 후히또베아지마사(史戶阿遲麻佐)가 있고 호구로서 가와찌노 아야히또베고또기메가 있다. 가와찌노 아야히또는 본래 가와찌(河內)의 아야(가야)사람이라는 말이다.

후히또베는 고대 일본의 문필사업을 거의 독점하다싶이 하던 조선사람의 성씨이다. 가와찌의 다나베의 후히또베 등을 보아도 그것은 명백하다. 《신찬성씨록》(권27 셋쯔 제번)에 의하더라도 후히또베는 아야(漢)사람으로서 《한성사람 한(韓-가라)씨 등덕의 후손》이라고 하였다. 후히또베가 딱히 찍어서 가야사람이라고 말하기는 어렵지만 조선사람임에는 틀림없다. 문필사업도 처음 가야사람이 맡았다가 후에 백제사람이 맡았을 것이다.

아소는 아라소(阿良蘇)의 략칭(《오까야마현통사》 상편, 89페지)이라는 견해도 있는데 아라(아야, 가야)의 쇠(소)에서 전화되였을 수 있다. 흥미 있는 것은 바로 이 아소향(마을)에 조선식산성인 기노죠가 있고 조선적 유적유물들이 폭넓게 분포되여 있다. 최근에는 이 근처에서 적지 않은 제철유적(제철로 등) 터들이 드러났다.

오오이(大井)향은 가야군 9개 향의 하나이다. 《빗쮸국대세부사망인장》에 의하면 아와이마을의 호구로서 야마또노 아야히또베도라떼가 사망자 이름에 올라 있다. 이것 역시 가야사람의 후손이다.

히와(日羽)향도 가야군 9개 향의 하나이다. 《빗쮸국대세부사망인장》

에는 오오이향의 사노마을에 호주로서 가야노오미(가야씨) 고마끼의 이름이 올라 있다. 사노마을은 오늘날의 소쟈시(總社市)의 이지리노(井尻野) 근방으로 추측된다.

니와세(庭味)향은 가야군 9개 향의 하나이다. 니와세는 니히세(新瀬)에서 나왔는데 그것은 쯔우군(고을)의 옛 나루에 비한 새로운 나루(니히세)라는 뜻에서 붙은 것이다. 니와세향에는 미야께마을과 야마자끼마을이 있는데《빗쮸국대세부사망인장》에 의하면 미야께마을의 호주로서 오시아마아야베마로(忍海漢部眞鷹)가, 야마자끼마을의 호구로서 오시아마아야베도꾸시마와 오시아마아야베마로의 이름이 올라 있다. 이들 오시아마(오시누미라고도 읽는다)의 아야히또에 대해서는《일본서기》(권9 신공섭정 5년조)에 나오며 주로 채굴, 채광, 단야기술 등에 종사한 가야계통 기술자들이였다. 바로 니와세에는 각종 수공업기술에 능한 오시아마의 아야히또(가야사람)가 많이 살았던 것이다.

이밖에도 가야군의 향명 가운데는 조선계통 지명이 적지 않은데 이것 역시 가야사람을 비롯하여 조선사람들이 많이 모여 산 데로부터 나온 것이다.

실례로 오사까베(刑部)의 향명은《신찬성씨록》에 의하면《백제국주왕에서 나왔다.》고 하였다. 또 향명 오호시(大石, 13세기 초에 죠보군으로 됨) 역시《백제국사람 목귀의 후손》(《신찬성씨록》 권24 우교제번하) 등으로 되여 있다. 즉 옛 빗쮸 가야소국에는 가야사람들 뿐 아니라 후에는 백제사람들과 그 후손들도 많이 살았다. 그것은 빗쮸 가야소국이 약화되면서 백제세력이 우세하였던 력사적 사실과도 관계되기 때문이다.

8세기 이후의 가야고을에 백제적 향명이 붙게 된 것은 결코 우연하지 않으며 이상스럽지 않다. 그리고 아시모리(足守)향에는 수구리노 고례모리(勝是守)라는 인물이 있었다고 전하고 있는데(《빗쮸기비쯔미야총해문집》) 수구리(勝)는 가야, 신라에 많은 토호들의 이름-《村主》[촌주]에서 나왔다.

아시모리향 일대는 빗쮸 가야소국의 또 하나의 정치적 중심지였다. 《일본서기》(권10 응신기 22년 9월조)에 의하면 응신이라는 야마또의 왕이 에히메라는 기비지방 출신의 처(첩)를 따라 기비하다(葉田)의 아시모리궁이라는 왕궁에 찾아간 것으로 되어 있다. 기사 내용은 앞으로 더 검토해야 하겠으나 여기에 아시모리궁이라는 왕궁이 있었다는 것은 연구할 가치가 있다. 왜냐하면 아시모리강이 흐르는 아시모리향 일대가 후세에도 가야씨가 많이 살던 곳이였고 하다라는 지명자체가 조선과 인연이 깊기 때문이다. 아시모리향이 중세기에도 가야씨 일족에 의하여 계속 개척된 사실을 참고해 볼 때 고대시기(5~6세기) 그곳에 왕궁이 있었다는 기록도 수긍할 만하고 왕궁 존재사실도 전혀 무근거하거나 허무하지는 않을 것이다.[51]

가야사람들이 빗쮸 일대에 진출한 사실은 매우 큰 고분과 산성유적

---

51 《일본서기》(응신기 22년 9월)에 나오는 하다는 簸娜[파나]라고도 표기되였는데 그것은 《피부, 살결》이라는 일본말이다. 《고어습유》 등을 보면 조선의 천짜기 수공업자들이 부드러운 천을 짠 데로부터 그들을 《살결에 부드럽게 닿는 질 좋은 천을 짜는 사람들》이라는 뜻이 담겨진 하다(秦)사람이라고 불렀다고 하였다. 그것이 사실인지 아닌지는 잘 알 수 없으나 하다라는 말이 조선사람을 가리킨 이름(지명 포함)임에는 틀림없다. 여기에 나오는 아시모리궁(葦守宮)은 오늘의 기비군 아시모리정 일대인데 아시모리정에는 마을이름으로서 웃 쯔지다(土田)가 있다. 이보다 조금 내려가 쇼세끼(生石)촌에는 아래 쯔지다가 있는데 土田은 옛날에는 쯔지다로 읽지 않고 하다, 하따로 읽었다.(《오까야마현통사》 상편, 86페지)

특히 유물들과 그들을 제사지내던 신사를 통하여서도 잘 알 수 있다.

일본렬도에서도 손꼽히는 빗쮸 남부의 충적벌에는 일본에서 열 번째 안에 들어가는 대규모의 고분이 2기나 있고 또 길이가 100m 이상의 고분이 적지 않게 분포되어 있다. 특히 길이 350m에 달하는 쯔꾸리야마(造山)고분과 길이 285m의 쯔꾸리야마(作山)고분의 존재는 기내지방 가와찌의 권세력과 맞먹는다.

쯔꾸리야마(造山)고분은 남쪽에서 북쪽으로 낮게 뻗은 구릉끝머리를 리용하여 축조되였으며 쯔꾸리야마(造山)고분은 쯔꾸리야마(作山)고분으로부터 서쪽으로 3km 정도 떨어진 곳(소쟈시 미수)에 위치해 있다.

쯔꾸리야마(造山)고분은 쯔꾸리야마(作山)고분보다 시기적으로 좀 앞서며 두 고분의 축조시기는 5세기 전반기이다. 따라서 고분문화시기에 들어와서 가장 이른 시기에 나타난 거대고분이라고 말할 수 있다. 왜냐하면 종전에 4~5세기의 축조라고 말해오던 가와찌의 다이센(인덕릉)고분과 곤다야마(응신릉)고분의 축조가 5세기~6세기 초엽경이기 때문이다. 그러므로 기비 빗쮸지역에 처음으로 거대고분으로 상징되는 정치세력이 등장한 것이다.

두 쯔꾸리야마고분과 같은 큰 무덤이 농업생산지의 중심부에 자리잡고 있는 것으로 미루어 보아 5세기 전반기경에는 이 지역에 정치적 권력과 군사력을 가진 비교적 발전된 큰 국가가 있었다고 보아도 잘못이 없을 것이다. 두 쯔꾸리야마고분의 축조는 토지와 인민에 대한 지배, 장악이 절대적으로 큰 조건에서만 가능하였다. 최근에 진행한 연구성과에 의하면 쯔꾸리야마고분을 축조하는 데는 연 150만 명의 로력이 필요하였다고 한다. 두 쯔꾸리야마고분 주위에는 배총적 성격을 가진 작은 무덤들이 있는데 쯔꾸리야마고분에 묻힌 자는 이웃의 작은 무덤떼들에 묻힌 자들을 타고앉은 왕급의 인물임이 틀림없다. 작은 무덤떼와 초대형 고분들의 병존은 그들이 같은 시기에 병존하였음을 의미한다. 두 쯔꾸리야마고분의 주인공들은 기비 일대의 작은소국들을 타고앉은 왕급의 인물일 수 있다.

두 쯔꾸리야마고분의 정치적 성격을 두고 일본의 한 학자는 이렇게 썼다.

《… 전반기 무덤의 거대화의 경향은 이와 같은 공동체를 디디고 선 지역적인 정치집단의 수장층이 전제권력을 관철해가는 모습을 반영한 것으로 볼 수 있다. 따라서 타 지방을 뛰여넘은 거대한 무덤이 기비의 땅에 축조되였다고 하는 것은 여러 농업공동체 우에 우뚝 솟은 기비의 최고수장(제왕을 의미함-인용자)이 도달한 전제군주로서의 권력의 압도적 강대성을 반영한 것이라고 말할 수 있다.》(《기비정권의 성격》〈일문〉 일본고고학회, 1964년, 147~148페지)

이 학자는 깅끼 이외의 곳에 국왕이 존재한 사실에 매우 조심스럽게 대하면서 국왕이라고 말 못하고 에돌아 수장, 최고수장이라는 표현을 썼다. 아무튼 기비 빗쮸에 있던 가야국은 여러 개의 소국을 타고앉은 왕국이였으며 그 우두머리는 국왕이였다.

옛 가야소국의 중심부에 틀고앉은 두 쯔꾸리야마고분은 조선(가야)적 성격을 띠였다. 그것을 증명하는 고분으로서 쯔꾸리야마(造山)고분의 배총의 하나인 사까끼야마(榊山)고분이 있다.

사까끼야마고분에서는 많은 도검, 방제신수경, 여러 가지 구슬과 함께 6개의 청동제말모양띠고리가 나왔다. 이 청동제말모양띠고리는 일본에서 유일무이한 것으로서 그 어떤 의심도 가질 수 없는 완전히 조선(가야)적인 것이다.

청동제말모양띠고리는 우리나라에서도 나온 것이 많지 못하다. 우리나라에서의 그 출토지를 본다면 대체로 남부조선의 가야지방을 들 수 있다. 다시 말하여 경상북도 영천군 금오면 어은동 그리고 경상북도 상주와 선산의 고분들에서 각각 나왔다. 사까끼야마고분에서 드러난 말모양띠고리와 선산, 상주고분들에서 나온 말모양띠고리는 재질과 형식, 형태에서 구별하기 힘들 정도로 서로 같다.

청동제말모양띠고리가 나온 상주는 옛 사량벌국이 자리잡고 있던 곳인데 사량벌국은 신라장수 석우로에 의하여 통합된 것으로 하여 신라와는 적대적인 나라였다. 선산 역시 가야땅이였는데 신라의 통합정책에 의하여 떼운 곳이였다. 이곳 주민들이 일본땅에 얼마든지 진출할 수 있었던 것이다.

김해 대성동무덤떼의 일부인 구지로무덤떼의 42호무덤(길이 208cm, 너비 88cm, 깊이 55cm의 소형돌곽무덤으로서 어린이 무덤으로 추측)에서는 사까끼야마무덤에서 드러난 청동제말모양띠고리와 꼭같은 띠고리가 드러났다. 목부위와 엉뎅이 부분에는 띠장식이 있어 전면에 무늬장식을 했을 가능성이 높다고 한다. 띠고리의 허리부분에는 세로 사선무늬가 새겨져 있다. 띠고리는 두 다리의 륜곽이 뚜렷하며 다리와 가슴부분에 일부 직물이 부착되어 있었다고 한다. 띠고리 길이는 6.65cm, 너비는 9.5cm이고 걸게의 길이는 3.2cm, 너비는 0.7cm이다.(《김해 구지로분묘군》 2000년, 188~189페지)

가야의 무덤인 쯔꾸리야마고분의 배총적 위치에 있는 사까끼야마고분에서 조선의 상주, 선산, 김해에서 드러난 것과 꼭같은 말모양띠고리가 드러난 것은 자못 의미심장하다. 특히 김해 구지로에서 드러난 것과 신통히도 꼭같은 말모양띠고리가 나왔다 더우기 쯔꾸리야마(造山)고분이 가야의 고분과 같은 것이라는 것은 최근 시기 사까끼야마고분 언덕의 서남쪽(현재 밭)에서 가야계통의 도질토기 쪼각이 나왔다는 사실에서도 잘 알 수 있다. 뿐만 아니라 그 고분에서는 가야 특유의 큰 점토곽이 드러났다고 한다. 그러고 보면 가야국의 중심부에 있는 초대형 고분의 주인공을 나라이름(국명과 지명)과 결부시켜 가야(국왕)로 찍어도 아무런 무리가 없을 것이다.

빗쮸 일대에는 가야소국의 상징이라고 할 수 있는 산성도 있다.

옛 가야소국들의 배후에는 산성이 있었다. 산성시설은 그곳에 할거한 정치세력이 외부로부터의 침습과 파괴로부터 전체집단과 자기세력을 지키기 위해 마련한 것이다.

기비지방 빗쮸 일대에 진출한 가야사람들은 자기들이 사는 거점들의 배후에 외부로부터의 침습에서 나라(소국)를 보호하고 적을 효과적으로 타격하기 위하여 방어시설인 산성을 구축하였다.

일본땅에 있는 이 산성유적이야말로 조선계통 이주민들이 형성한 소국의 상징이다. 이것은 오늘날 일본에서의 고고학적 발굴과 정리에 의하여 더욱 더 실증되고 있다.

빗쮸 일대에는 여러 개의 크고 작은 조선식산성들이 있는데 그 중 대표적인 것이 기노죠산성이다.

이 산성은 기비 오까야마현 소쟈시 오꾸사까 니이야마(總社市 奧坂新山)에 있는 기노죠산(鬼之城山, 해발 396.6m)에 있다. 기노죠의 기는 성이란 뜻인 끼(城)라는 고대조선말에서 나온 것이다. 즉 성이란 말이 중복되어 있는 것이다. 이 산성은 기비고원 일대를 차지한 기노죠산에 길이 약 2.8km의 성벽을 두른 조선식산성이다. 산성은 2개의 봉우리를 에워싸고 흙담과 돌담(렬석)으로 성벽을 쌓은 조선식산성 축조법을 그대로 따르고 있다. 기노죠산성은 1945년 이전에 이미 알려져 있었으나 1970년대에 와서야 비로소 일본학계에서 주목을 돌리게 되었으며 일본 고고학자들의 답사에 의하여 이것이 조선식산성이라는 것이 확인되었고 (《고고학져널》 1976년 117호, 〈기노죠산, 찌꾸지산〉) 그 이후 1970년대 말에 본격적인 발굴조사가 진행되었다.

산성은 사방이 험준한 낭떠러지로 된 자연지세를 리용하여 구축되었다. 이렇게 산성벽 밖은 거의나 가파로운 절벽이지만 산성 안은 기복이 완만한 준평원을 형성하였다. 성벽은 산의 급경사면으로부터 준평원으로 옮겨가는 경사전환점에 재치있게 흙담과 돌담을 둘러쳐 축성하였다. 산성 내의 면적은 약 30만㎡이다. 현재 확인된 수문은 5개, 성문은 3개이다.

성곽은 비교적 온전하게 남아 있는데 일정한 너비의 성벽 밑부분의 안쪽과 바깥쪽을 돌로 쌓아올린 량면축조법으로 쌓았다. 성돌은 대체로 80cm×50cm 정도 크기의 화강석이며 바깥쪽 돌담은 비교적 높지만 안쪽 돌담은 대충 쌓은 흔적이 짙다. 성벽은 여러 번에 걸쳐 끊임없이 수축, 보강되었다.

성벽은 여러 곳에서 꺾음을 가지면서 차례대로 성벽구간을 결속짓고 있다. 말하자면 지형지세에 따라 성벽이 길고 짧은 한 개 구간에는 직선으로 뻗으면서 그 구간을 지나서야 꺾어들어간 것이다. 이렇게 성벽이 한 개 구간을 마디로 하여 마디에서는 원칙적으로 직선으로 뻗으며 전체적으로는 여러 마디로 꺾이여 곡선을 이루는 것이 기노죠산성의 특징이다. 이와 같은 꺾음은 현재 118개소를 헤아린다고 하며 무너진 부분과 확인되지 못한 부분을 합하면 상당히 많은 꺾음이 있었을 것이다. 이 특징은 북규슈 이또지마 가야소국의 상징인 라이산성의 성벽축조 형식과 비슷하다.

5개소에 구축된 수문은 성벽이 계곡을 지나가는 개소에 아주 견고하게 쌓아졌다. 특히 제2수문은 보존상태가 매우 좋은데 화강석의 암반을 깎아내고 자리를 잡은데다가 그 우에 1.5m×0.6m 크기의 긴 돌과 네모난 돌 110여 개로 길이 16m, 높이 1.7~3.1m 정도의 큰 돌담을 쌓아올렸다. 산성 안에서 현재 8개의 저수지가 확인되였는데 한 저수지의 겉면적은 평균 500㎡로서 가령 물 깊이를 1m로 보아도 8개의 저수지 물을 합치면 4,000t이 넘는다. 이것은 항시적으로 물 원천을 확보할 수 있게 산성이 구축되여 있었으며 산성 안에 많은 인원(군사 및 주인)을 수용할 수 있게 준비되여 있었다는 것을 말해준다.

기노죠산성에는 여러 개의 흙담으로 된 방위시설이 있었으며 동서남북에 각기 성문이 있었다. 특히 현재 산성 안에 들어가는 입구에 해당되는 길 아래쪽에 서문이 있는데 그로부터 얼마간 올라간 곳에서 치(雉)가 드러났다. 조사자들은 이것을 각루(角樓)라고 규정짓고 있으나 사실 그것은 고구려 산성들에서 흔히 보는 조선적인 산성축조 방식이다. 이것 하나만 놓고 보아도 기노죠산성의 조선적 성격을 알 수 있다.

산성은 눈 아래에 소쟈분지를 굽어보며 멀리에 아나우미(穴海)로 불리운 세또내해와 그리고 바다 너머 시고꾸(四國)의 련봉을 바라다보는 경치 좋은 위치에 자리잡고 있다. 다시 말하여 기노죠산성은 빗쮸 가야소국의 비옥한 충적평야를 내려다보고 있으며 산성 아래에는 두 쯔꾸리야마고분이 있다. 고분 주위에는 가야소국을 형성한 가야사람들의 마을이 집결되어 있다. 즉 총체적으로 가야마을이라고 불리우던 하또리향과 아시모리향을 끼고 있는 것이다.

기노죠산성에 대한 고고학적 자료를 통해서 첫째로 성벽축조와 수문구조 등을 통하여 산성이 각이한 년대에 여러 번 수축되였다는 것, 둘째로 산성의 축조는 가야산성을 방불케하고 가야산성에 그 연원이 있으며 같은 가야사람이 수축한 북규슈 이또지마 가야소국의 라이산성에서도 그것을 찾아 볼 수 있다는 것, 셋째로 산성은 여러 차례의 수축에 의하여 공고하게 쌓아졌는데 어떤 개소에서는 백제식의 축성법을 간취할 수 있다는 것(이것은 가야 우에 백제가 겹친 빗쮸 가야소국의 세력변동을 력사적 배경으로 하고 있다.), 넷째로 거대한 산성유적은 방대한 로동력과 돌 채취 및 가공, 운반 등의 기술과 힘이 없이는 도저히 쌓을 수 없다는 것, 따라서 그것은 빗쮸 남부에 강력한 독립소국가가 형성되였을 때 비로소 가능하며 두 쯔꾸리야마고분은 그 시기를 시사해주고 있다는 것, 다섯째로 기노죠산성을 중심으로 주위에 흙담과 성벽 등 여러 방어시설을 구축하여 산성의 방어능력을 부단히 높였다는 것 등으로 요약할 수 있을 것이다.

기노죠산성의 축조자는 의심할 바 없이 지명과 옛 문헌의 전승을 통하여 알 수 있듯이 다름아닌 조선(가야)의 주민집단이였다. 이것을 증명해주는 것이 그 산성에 전해오는 우라(溫羅)전설이다.

우라전설은 기비 나까야마에 있는 기비쯔신사의 연기(불교사원이나

신사, 신궁의 유래를 적은 글)에 기록되여 있는 이야기이다. 그 전설은
여러 종류의 연기에 실려 있는데 내용을 종합하면 대략 다음과 같다.

숭신천황(즉위년간 B.C. 97~B.C. 30년) 때 다른 나라의 귀신이 기비의
땅에 날아왔다. 그는 백제의 왕자로서 이름을 우라라고 하였으며 기비의
관자(기비땅의 우두머리라는 뜻)라고도 불렀다 그의 두 눈은 호랑이나
이리처럼 번쩍거리고 길게 늘어뜨린 머리칼은 불타는 듯 하였다. 키는
1장 4척이나 되며 힘내기로는 당할 자가 없었다. 성격은 포악무도하고
흉악하기 이를 데 없었다. 그는 기비 이마끼산(니이야마)에 자기가 쓰고
살 성새(산성)를 갖추었는데 이따금씩 서쪽에서 수도에 보내오는 공물
이나 미녀를 강탈하기 때문에 백성들은 두려워 떨며 그가 있는 성을
기노죠(귀신의 성이란 뜻)라고 불렀으며 수도에 가서 그 폭행을 하소연
하였다. 조정에서는 이를 대단히 우려하여 장수를 보내여 치게 하였으나
우라는 변화무쌍하여 조정의 군사들은 매번 헛탕을 치고 패하여 수도로
되돌아갈 수 밖에 없었다. 그래서 이번에는 무술과 지혜와 용맹이 겸비된
천황의 아들인 이사세리히꼬노 미꼬또가 파견되였다. 미꼬또는 대군을
거느리고 기비국에 가서 우선 기비 나까야마(현재 이 산의 남서기슭에
기비쯔신사가 있다)에 진지를 구축하고 서쪽 가따오까야마에 돌방패를
세워 공방전 준비를 하였다.(현재 구라시끼시 야다베 니시야마의 무덤유
적인 다떼쯔끼신사는 그 유적이라고 한다.) 이렇게 되여 치렬한 싸움이
붙었다. 미꼬또가 막상 싸우자고 하니 우라는 변화무쌍한 귀신인지라
싸울 때마다 공격이 뇌성벽력 같아 미꼬또도 쩔쩔맸다. 더우기 이상한
것은 미꼬또가 아무리 활을 쏘아도 화살이 귀신이 쏜 화살과 공중에서

부딪치거나 성벽바위에 맞아 헛물만 켜는 것이었다. 그러자 미꼬또는 천 근 무게의 강궁을 가지고 화살 2대를 날려 그 중 하나는 바위에, 다른 하나는 우라의 왼쪽 눈에 명중시켰다. 눈에서 흐르는 피줄기는 물처럼 흘러 지스이강(血吸川[혈흡천]-피가 흐르는 강이라는 뜻. 현재 소쟈시 아소로부터 시작되어 아시모리강에 흘러든다.)이 되었다. 우라 가 기가 꺾이여 꿩으로 변해서 산 속에 숨자 기민한 미꼬또는 곧 매가 되어 그것을 뒤쫓았다. 그러자 우라는 잉어가 되어 지스이강에 들어가 행적을 감추었다. 이어 미꼬또는 물고기를 잘 조아먹는 물새인 사다새가 되어 잉어를 물어 올렸다. 이렇게 되자 방책이 궁해진 우라는 드디어 항복하고 자기의 고귀한 칭호인 기비의 관자를 미꼬또에게 바쳤다. 이로부터 미꼬또는 이사세리히꼬라는 이름을 고쳐 기비쯔히꼬노 미꼬 또라고 칭하게 되었다. 미꼬또는 우라의 목을 따서 그 목을 현재 오까야 마시 고베(일본말로 목이란 뜻)촌에 내걸게 하였다. 그런데 그 목은 몇 번씩이나 웨쳐대는 것을 그치지 않았다. 어느 하루는 개에게 먹여 뼈만 남았는데도 그냥 웨쳐댔다. 그래서 기비쯔궁의 큰 가마 아래를 8자나 파서 집어넣어 묻었다. 하지만 울음은 그치지 않고 계속되었다. 그러던 어느날 우라가 미꼬또의 꿈에 나타나 말하였다. 《나의 처 아소메 (아라메)에게 미꼬또의 밥을 짓게 하라. 그리고 무슨 일이 생기면 가마소 리로 길흉을 알리게 하라. 미꼬또가 만일 세상을 떠나 령신이 되면 나는 사자(使者)가 되어 사람들에게 징벌을 가할 것이다.》 이렇게 되어 큰 밥가마는 《우라》의 령(靈)을 제사지내는 제사물이 되었다고 하며 우라의 령을 우시도라온자끼(丑寅御崎)라고 부르게 되였다고 한다.

우라전설도 다른 신화전설처럼 적지 않게 윤색되고 와전되였겠지만 일정한 력사적 사실을 반영했을 것이라고 생각된다.

우라전설에서 기본 핵은 우라이다. 큰 세력을 가진 우라가 기비땅에 정착하여 자기의 성새(산새)를 구축하고 살았다는 것이 설화의 알맹이이다. 뒤부분의 기비쯔히꼬노 미꼬또 이야기는 후세에 첨가된 것이라고 본다. 왜냐하면 《기비쯔히꼬노 미꼬또》라는 것은 실재한 인물도 아니며 도대체 기비란 이름 자체가 7세기 이전에는 전혀 없었기 때문이다.

우라의 출신에 대해서는 백제, 신라, 천축(인디아) 등의 해당 문헌들에 여러 가지로 전해오지만 거기서 공통되는 것은 그가 조선에서 건너간 걸출한 인물이라는 데 있다. 말하자면 조선에서 건너간 우라라는 집단이 기노죠산에 본국에서와 마찬가지로 산성을 구축했다는 것이다.52

《삼국사기》,《삼국유사》 등 우리나라의 기록들에 나타나지 않는 이 우라라는 왕 이름은 가야 또는 백제계통의 우두머리 또는 거기서 갈라져 나온 집단의 우두머리였을지도 모른다. 더우기 설화내용 자체가 완전히 조선적인 것으로 일관되여 있다는 사실은 스쳐지나갈 수 없다.

우라가 기비쯔히꼬와 싸우면서 꿩이 되자 매가 되고 잉어가 되자

---

52 《기비쯔궁수조권화장》과 《빗쮸지(備中誌)》에 인용된 쯔즈미(鼓)신사에 전해오는 고기 (古記) 등에는 기노죠의 주인을 귀신, 적, 관자, 이국왕이 파견한 인물 등으로 적었다. 또한 《기노죠연기사》에는 천축(인디아)에서 날아왔다고 하며 다떼쯔끼신사(가따오까야 마신사)의 연기에는 《백제에서 우라가 건너오다》로 되여 있다. 이렇게 기노죠산성의 주인공(축조자)은 서로 각이하다. 단지 공통되는 점은 우라라는 인물이 일본이 아니라 바다 건너에 있는 나라에서 왔다는 사실이다. 그 중에서도 조선의 백제에서 건너왔다는 것이 가장 유력한데 《빗쮸지》가 인용한 《기비쯔관략연기》에는 백제황자 우라 또는 백제의 왕 우라로 되여 있다. 기비쯔궁의 사전에 의하면 수인천황 때(이른바 통치시기는 B.C. 29년~A.D. 70년) 우라라고 부르는 적(賊)이 자기 족속들을 거느리고 히무까(휴가) 로부터 기비땅에 왔다고 하였다.

물새가 되여 잡았다는 식의 설화내용은 동명왕의 아버지라고 하는 해모수와 류화의 아버지 하백과의 재주겨루기와 비슷하다. 또한 《삼국유사》(가락국기)에서 김수로가 탈해와 싸움하는 설화와도 서로 비슷하다. 즉 탈해가 매로 변하니 김수로가 독수리가 되고 다시 탈해가 참새로 변하자 수로가 새매가 되였다는 내용은 비슷하다. 이것은 우라전설 내용의 원형이 부여, 고구려와 백제 그리고 가야에도 있었다는 것을 보여주는 것이다.

기비쯔신사에 전하는 《연기》의 내용들은 신빙성이 높다. 따라서 기노죠산성의 주인인 우라는 실재한 인물일 수 있다.

《연기》에서는 기비쯔히꼬에게 목을 잘리웠다는 우라가 적이 아니라 기비쯔신사의 제사신으로 되여 있다.

기비쯔신사의 정전(정궁) 내부의 외진(外陣)에는 네 모서리마다에 각각 방향을 받은 신주가 있는데 그 중 한 모서리에 우라를 제사신으로 하였다. 때문에 우라를 일명 우시도라(북동방향) 온자끼라고도 부르는 것이다.(《기비군지》 상권, 192페지)

우라는 기비쯔신사의 정전에서만 제사신으로 받들린 것이 아니라 하쯔도꾸(波津登玖)신사(《기비군지》 상권, 196페지)를 비롯한 여러 사당들에서도 제사신으로 떠받들리고 있다. 최근의 조사에 의하면 우라와 관계되는 신사가 기비쯔신사의 주변에만도 13개나 된다는 것이 판명되였다. 거기에는 우라뿐 아니라 우라의 아들이나 동생 그 신하를 제사지내는 사당까지 있는 것이 확인되였다고 한다.

앞에서 본 기비쯔신사, 하쯔도구신사에도 우라는 미꼬또(命)로 불리우고 있다. 미꼬또란 이름은 일본에서 신 또는 《천황》과 친척관계에 있는 인물 등에 한해서만 쓰인다. 우라는 바로 높은 급의 제사신으로 되여 있는 것이다.

우라는 순전히 가공한 인물로 볼 수는 없다. 우라의 목을 땄다는 인물을 제사지내는 기비쯔신사에 그도 제사신으로 되여 있다는 것 또 기비지방에 우라를 오래동안 제사지내는 신사들이 적지 않았다는 것은 우라가 옛 가야소국의 권세 높은 왕자의 한 사람이였을 것이라고 생각하게 한다. 그는 두 쯔꾸리야마고분에 묻힌 자들 가운데 한 사람일 수도 있을 것이다. 아무튼 빗쮸 가야소국의 세력 있는 인물이였을 것으로 짐작된다.

기비쯔신사와 우라와의 관계를 보면 우라의 출신을 더 잘 알 수 있다.

기비쯔신사는 곧 가야쯔(가야나루)신사이며 신사의 신관 역시 자자손손 가야씨였다. 우라의 전설을 전하는 《연기》는 기비쯔신사의 유래이자 곧 신관 가야씨의 조상 유래기였다. 그것은 이른바 기비씨의 증손이 가야나루미노 미꼬도이며 그 이후부터 가야씨가 되는 것이다. 다시 말하여 기비씨는 가야씨였으며 기비씨란 7~8세기 이후 가야씨의 계보를 위장하기 위하여 조작된 가짜인물이였다.

기노죠산성을 축조하고 거기에 자리잡았던 우라의 이야기는 가야씨의 조상설화이다. 가야씨의 조상이야기이기 때문에 그것이 신사 《연기》의 기본적인 이야기거리로 전해온 것이라고 생각된다. 바로 우라가 가야국 가야씨의 조상이기 때문에 기비쯔신사의 정전(정궁)에 제사신으로 되여 있으며 기비쯔신사를 중심으로 한 지역일대에 예로부터 우라숭배의 신앙이 토착화되여 전해내려왔을 것이다.

제반 사실들은 우라가 빗쮸 가야소국의 강유력한 세력을 대변한 사람이였으며 그것은 기노죠산성과 깊은 인연을 가진 인물이였음을 보여준다고 말할 수 있다.

빗쮸 가야소국은 소국방어를 위한 성세로서 기노죠산성만을 가지고 있었던 것이 아니라 여러 개의 작은 산성도 가지고 있었다. 하또리향 나가라에 있는 하또리산성, 다까마쯔지구와 아시모리지구에 있는 미가미야마(三上山)산성 등도 빗쮸 가야소국의 성세들이다.

이상에서 빗쮸 가야소국에 대하여 보았다.

빗쮸 가야소국은 여러 개의 가야계통 소국을 타고앉은 기비 가야련합체의 맹주국이였다. 가야련합체에는 조선계통 소국들뿐 아니라 원주민계통의 소국들도 망라되여 있었다. 이러한 여러 소국들을 망라한 련합체에는 비젠 죠도(上道)군에 있던 가라(아라)소국, 빙고(현재 히로시마현 동부지역)지방에 있던 아나(아라, 가라, 가야)소국 그리고 사누끼(현재 시고꾸의 까가와현)의 아야우따군에 있던 아야소국 등이 있었다.

세또내해를 가운데 두고 비슷한 폭을 가지고 대치한 아야와 가야라는 소국은 적어도 한때는 같은 가야소국이였으며 하나의 세력권에 속하는 나라였거나 같은 계통의 가야(임나)소국련합체였다고 볼 수 있다.

3. 《임나일본부》의 정체

일본 근대사학이 발족하자마자 처음으로 내세운 《학설》이 이른바 《임나일본부》설이였다. 이 사이비 《학설》의 기초는 《일본서기》의 임나관계 기사이다. 거기에 광개토왕릉비의 신묘년(391년) 기사, 백제칠지도의 명문, 에다 후나야마고분 출토 칼의 명문 등이 아전인수격으로 리용되였다.

《일본서기》 임나관계 기사를 대하는 우리의 립장과 일본학계의 립장은 근본적으로 다르다.

일본학계는 오래동안 《일본서기》의 허황한 내용을 통채로 삼키고 합리화해왔으며 마치도 신공기나 웅략기, 계체기, 흠명기 등에 씌여진 임나(가야)를 중심으로 한 기사가 일본 대 조선의 관계인 것처럼 묘사해왔다. 과학적 방법론을 도입했다는 1945년 8월 15일 이후의 일본학계의 동향 역시 크게 다를 바 없다.

그와는 반대로 우리는 적어도 6세기 중엽 이전 시기까지는 일본렬도에 하나의 통일정권이 서있지 않고 여러 갈래로 나뉘여진 정치세력들이 서로 각축전을 벌리던 소국 할거시대였다는 것, 따라서 《일본서기》(임나관계 기사)도 오늘의 시대와 편찬 당시인 8~9세기의 개념과 같은 것으로 놓고 고찰하지 말아야 한다는 것 등을 주장한다. 다시 말하여 일본학계와 우리의 립장은 《일본서기》를 대하는 출발점에서 근본적 차이가 있다. 야마또중심사관에 기초하여 8세기에 씌여진 《일본서기》의 기사들을 기성관념에 포로되지 않고 사실에 맞게 고찰하려는 것이 우리의 자세이다.

(1) 《임나일본부》란 무엇인가

《임나일본부》(미마나 미야께)란 말 그대로 임나에 설치한 일본부라는 것이다.

일본부 즉 미야께는 屯倉[둔창], 御家[어가], 三宅[삼택], 屯家[둔가], 官家[관가]로 표기한다. 그 뜻은 고대황실(야마또국가의 왕실)에 직속하는 둔전이 있는 땅에 설치하는 창고 또는 관청건물이라는 것이다. 《일본서기》에는 야마또국가가 일본땅 여러 곳에 미야께(둔창)를 설치하였다고 하는데 이곳에 설치하였다는 미야께는 론의의 대상이 아니다. 문제는 《일본서기》에 고마(고구려), 구다라(백제), 미마나(가야), 시라기(신라)에 모두 미야께를 두었다고 한 데 있는 것이다. 조선에 두었다는 미야께는 우찌미야께(內官家), 와따시미야께(渡屯家)라고 한다. 그 기사를 절대시하여 일본학계는 고대일본의 야마또국가가 남부조선을 타고앉았다고 하는 것이다.

여기서는 《임나일본부》설을 주장하는 《일본서기》의 주요 기사 몇 가지를 묶어서 고증함으로써 《임나일본부》의 내막을 밝히기로 한다.

웅략기 임나관계 기사 고증

웅략기(雄略紀, 《일본서기》 웅략천황기라는 뜻)에는 조선관계 기사가 적지 않다. 특히 임나관계 기사가 많은 비중을 차지한다.

그 내용을 요약해 보면 다음과 같다.

웅략 7년(463년)에 기비노가미쯔미찌노오미 다사는 야마또의 왕궁에서 시위를 들면서 자기의 안해인 와까히메(稚姬)가 미인이라고 동료들에게 뽐내였다. 그 말을 들은 왕은 몹시 좋아하였다. 왕은 와까히메를 자기 첩으로 삼으려고 다사를 미마나구니노미꼬또모찌(임나국사)로 임명하여 파견하였다. 그리고 나서 왕은 와까히메를 가까이 하였다. 당시 다사와 와까히메 사이에는 에기미와 오또기미의 두 아들이 있었다. 다사는 임명지에서 왕이 자기 안해를 첩으로 삼았다는 말을 듣고 신라로 들어가려 하였다. 그때 신라는 야마또에 복종하지 않았으므로 왕은 다사의 아들 오또기미와 기비노아마베노아따히아까오에게 신라를 치라고 명령하였다. 이때 옆에 있던 가와찌아야노데히또 관인지리가 아뢰기를 자기보다 우수한 사람이 가라구니(가라국)에 많으니 불러다 쓰라고 하였다. 왕은 여러 신하들에게 말하기를 《관인지리를 오또기미에게 붙여 백제로 들어가서 〈칙서〉를 전하여 기술이 훌륭한 자들을 바치게 하라.》고 하였다. 오또기미는 명령을 받고 군사를 거느리고 백제로 갔으나 그 나라의 귀신을 만나 곧 돌아갈 작정을 하였다. 백제가 보낸 기술자들을 오오시마에 모아 놓고 바람을 기다린다고 하면서 몇 달 동안

머물러 있었다. 임나국사인 다사는 오또기미가 자기를 공격하지 않고 돌아간 것을 기뻐하여 백제에 사람을 보내여 오또기미에게 《네 목이 얼마나 든든하기에 사람을 치겠다고 하는가. 듣건대 왕이 내 안해를 가까이하여 자식까지 있다고 한다. 너는 백제에 의거하여 야마또와 통하지 말라. 나도 임나에 의거하여 야마또에 통하지 않겠노라.》라고 하였다. 오또기미의 안해는 자기 남편을 죽이고 이어 아마노아따히아까오와 함께 백제에서 보낸 기술자들을 거느리고 오오시마에 와 있었다. … 어떤 책에 쓰기를 기비노오미오또기미가 백제에서 돌아와 아야노데히또베(漢手人部), 기누누히베(衣縫部), 시시히또베(宍人部)를 바쳤다고 한다. …

력대로 일본학자들은 이 기사 내용을 가지고 야마또정권이 남부조선에 있던 임나가라에 기비노가미쯔미찌노오미 다사를 보내여 지배한 것으로 력설해왔다. 어떤 학자는 이 기사 내용을 들어 《상대(고대)에 있어서 기비씨의 조선경영》이라는 요란한 제목을 달고 야마또정권의 조선《통치》를 운운하였다. 하지만 그러한 견해는 그 시기에 벌써 서부일본이 기내 야마또정권에 의하여 통일되여 있었다는 판단에 기초한 그릇된 설이다. 5세기(웅략시기)의 력사적 사실을 고려하지 않고 7세기 이후의 시점에서 임나에 갔다고 하는 기사를 곧 조선의 임나로 갔다고 속단해서는 안 될 것이다.

그러면 어디에 있던 가야(임나)였던가. 그것은 다사가 본거지로 삼은 곳 즉 기비의 가야였다. 앞에서도 본 바와 같이 다사의 이름은 기비의 가미쯔미찌 다사이다. 그것은 7세기 이후의 행정지역명으로서 기비국의 가미쯔미찌(上道)를 본관으로 삼은 다사라는 것이다. 그의 본관지에는 이미 본 바와 같이 빗쮸 가야소국과 비젠 가라(아라)소국이 있었다. 가야는 임나이다. 가야를 다르게는 임나(미마나)라고 불렀다는 것은 력사적 사실이며 자료에도 명문으로 밝혀져 있다. 또한 기비에 가야(임나)가 있었다는 것도 사실이다. 그렇다면 기비노가미쯔미찌 다사가 기비에 있었던 임나에 갔다고 보아야 옳지 않겠는가. 그리고 다사가 되였다는 국사란 6세기 말 이후 야마또정권이 그 전날 구니노미야쯔꼬(국조)들이 지배하던 소국에 파견한 지방관이다. 그러므로 야마또정권이 기비지방의 임나에 인연이 있는 다사를 임나국사 즉 미마나노구니노미꼬또모찌로 파견하였다고 보는 것이 어느 모로 보아도 합리적이며 또 옳다.

다사는 기비지방의 가미쯔미찌(8세기《일본서기》편찬 당시의 죠도 고을) 사람이다. 그의 안해 역시 가미쯔미찌노오미의 딸 혹은 기비 구보야노오미(吉備窪屋臣)의 딸이라고 한다. 이런 데로부터 다사를 가미쯔미찌와 구보야 등의 지역을 포괄하는 임나가라의 구니노미꼬또모찌(국사)로 파견하게 되였다고 볼 수 있다.

가미쯔미찌노오미 다사가 갔다는 임나(가야)가 조선의 임나가 아니라 기비지방의 임나였다는 것은《일본서기》에 실린 다사를 파견하게 된 직접적 계기를 통해서도 잘 알 수 있다.

《일본서기》는 웅략기 7년의 다사 파견기사에 앞서 7년 8월 기사로서 다사 파견기사를 유도한 내용을 서론격으로 실었다. 즉 도네리인 기비 노유게베노오오조라(吉備弓削部虛空), 기비 노시모쯔미찌노오미사끼쯔야(吉備下道臣前津屋) 등이 야마또정권에 반감을 가지고 있었으므로 야마또왕은 기비 노시모쯔미찌노오미사끼쯔야의 일족 70명을 잡아

죽인 후에 이어 곧 다시 파견문제가 나오는 것이다.

기비 노시모쯔미찌노오미사끼쯔야는 다사와 마찬가지로 가야국을 구성한 고을인 시모쯔미찌사람이며 그의 조상은 가야국의 조상과 같다. (《국조본기》) 말하자면 기비 가야국 출신의 토호인 사끼쯔야와 야마또 국가 사이의 알륵[알력]의 결과 생긴 마찰을 풀기 위하여 야마또국가는 다사를 임나에 보내게 된 것이다. 뒤이어 그의 아들 오또기미와 관인지리 그리고 기비노아마베아까오를 보낸다. 관인지리와 함께 임나(가야)에 간 아까오 역시 기비지방의 토호인 아마베 출신의 사람이다. 그가 기비사 람이므로 야마또왕은 그를 기비의 임나에 붙여보냈다고 보는 것이 보다 설득력이 있다.

이에 대해서는 관인지리의 경우를 놓고 보아도 잘 알 수 있다. 야마또 국가는 가미쯔미찌 출신 귀족인 오또기미와 아까오를 장수로 하여 신라 정벌에 파견하기로 하였다. 그런데 임명할 때 곁에 있던 관인지리가 《자기보다 더 우수한 사람이 가라국에 가득하니 불러다 쓰도록 하는 것이 좋을 것입니다.》라고 말한다. 이것을 통하여 기비지방 죠도출신인 오또기미, 아까오, 관인지리가 모두 가미쯔미찌(죠도) 즉 가라국 출신이 라는 것을 알 수 있다. 오또기미의 부장수 관인지리는 그 이름부터가 명백히 조선이름이며 그의 출신지인 가라찌노아야(西漢, 河內漢)를 구 태여 기내지방(가와찌-오사까)에서 찾지 않아도 될 것임은 자명하다. 《정창원문서》(빗쮸국대세부사망인장)를 비롯한 여러 기록에는 그 일대 에 가와찌노아야씨가 많이 살고 있었음을 전하고 있다. 말하자면 관인지 리는 가와찌노아야라고 한 데서 알 수 있듯이 기비지방 가라국 출신이였 다. 가라국은 두말할 것 없이 기비 죠도의 가야국을 구성한 가라소국이라

는 것이 명백하다. 왜냐하면 정벌대장인 오또기미와 아까오는 기비
죠도(가미쯔미찌)사람이며 관인지리 역시 기비 죠도사람이였기 때문이
다. 관인지리 혼자 조선에서 불러들였다고는 볼 수 없다. 그가 나서서
한 말은 자기들의 출신지가 기비에 있는 가라국이였다는 것을 시사한
것이였다.

계체기 임나관계 기사 고증

《일본서기》계체기 23년(530년) 3월조로부터 24년 9월조까지에는
임나(가야)의 소국인 가라(아라)와 신라, 백제 그리고 야마또의 군사들
사이에 벌어진 복잡한 전쟁과정이 기록되여 있다. 그 기사들에 의하면
야마또국가는 임나-신라전쟁 때 임나를 돕기 위하여 게누노오미를 대장
으로 삼고 임나에 군대를 파견한다. 그러나 신라는 대신(上臣)인 이시부
레지간기를 보내여 다다라와 와다 등 가라의 4개 마을을 취하였다고
한다. 또한 가라국에는 다사강과 다사쯔(다사나루)라는 곳이 있는데
다사쯔는 백제가 야마또에 조공할 때 항구로 리용하였다고 한다.53
계체기에 나오는 가라의 다다라(多多良)와 다사(帶沙)강 및 다사쯔의
위치를 밝히는 것이 아주 중요하다. 왜냐하면 일제가 만들어낸《임나일
본부》설이라는 것이《일본서기》에 나오는 가라 다다라와 가라 다사쯔가
조선의 가야지방에 있었다는 전제 밑에서 조작된《학설》이기 때문이다.

---

53 《일본서기》에는 계체 23년의 이 기사들을 쯔꾸시노기미이와이의 반란에 이어 인차
벌어진 것처럼 함으로써 마치도 그때 전쟁의 여러 사건이 규슈 다음 조선에서 전개된
듯한 인상을 주도록 하였다. 그러나 야마또국가에서 파견한 장수 게누노오미가 진행한
임나가라에서의 군사행동은 조선에서 일으킨 것이 아니라 기비지방에서 벌어진 사건이
였다. 《일본서기》의 편찬자들은 먼저 있던 기비지방의 사건을 규슈의 이와이사건 이후로
서툴게 배렬하였던 것이다.

지난날 이마니시, 쯔다, 수에마쯔, 이께우찌 등 이른바 《권위》 있다는 일본학자들이 많은 정열과 시간을 허비하면서 다다라와 다사쯔를 남부조선의 섬진강하구(하동) 부근 또는 합천 부근으로 비정하였다. 그러나 다다라와 다사쯔 등의 지명은 남부조선에 있은 것이 아니라 일본렬도 특히 기비지방에 있었다.

가라국의 해변가에 있던 다다라는 본래 가라의 마을이였는데 후에 신라의 대신 이시부레지간기에 의해 빼앗긴 곳이다. 일본학자들은 한결같이 그 다다라를 부산 남쪽 20km 지점에 있는 다대포로 단정하였다. 그러나 다다라와 다대포 사이에는 아무런 련관도 없다.

우선 다다라와 다대포는 음이 다를 뿐 아니라 계체기에 나오는 다다라는 해변가의 마을로서 그곳은 다다라벌(多多羅原)이였다. 그러나 부산 남쪽에 있는 다대포는 도저히 벌이라고는 볼 수 없는 매우 작은 포구이다. 자연적 변화가 있었던 것도 아닌데 1,000여 년 사이에 벌이 포구로 되었을 리는 만무하다. 계체기와 민달기에 나오는 다다라는 기비지방에서 찾을 수 있다.[54]

다다라는 기비 죠도지방의 두어 곳에서 찾을 수 있다.

하나는 기비 가미쯔미찌(죠도) 일대에 있는 대다라(大多羅)이다. 대(大)는 다(多)와 통하니 대다라는 다다라이다. 현재 오까야마시에 편입된 대다라는 《화명초》에 의하면 죠도고을의 가찌(可知, 勝)향으로서 지금 고지마만에서 4~5km 정도 떨어져있지만 고대시기에는 그 일대가 온통

---

54 민달기 4년 6월조에 다다라, 수나라, 와다, 호귀(발귀)의 4개 읍(마을)에 관한 기사가 나온다. 계체기에 나오는 4개 마을과 이름이 같은 것으로 보아 동일한 마을을 념두에 둔 것임을 알 수 있다.

바다가였다. 천평16년(774년)의 《야마또국다이안사류기자재장(大和國大安寺流記資材張)》에 의하면 《비젠국 150정 … 가미쯔미찌의 고을 50정, 다다라아시하라(大多良葦原) 동쪽은 야마모리(山守)의 강어구, 남쪽은 바다, 서쪽은 이하마(石間)의 강, 북쪽은 산》이라고 되여 있다.

여기서 보는 바와 같이 고대의 다다라아시하라는 북쪽은 게시고산(芥子山)을 등지고 남쪽은 바다에 면해 있으며 동쪽과 서쪽에는 좋은 강어구를 끼고 있었다. 여기서 말하는 야마모리강이란 스나강의 하구이며 이하마강이란 아사히강 지류의 강어구였다. 또한 아시하라는 현재의 요시하라(吉原)로서 갈대밭이 무성한 벌이라는 뜻이다. 강(요시이강) 건너에는 오꾸고을-신라가 마주하고 있다.

또 하나의 죠도 다다라는 오늘의 아까이와군 세또정 일대의 다다라이다.

현재 일본국철(산요본선)이 지나간 세또정의 중심 일대는 요시오까(吉岡)분지라고 불리우던 곳으로서 큰 못가였다. 요시이강 기슭에 위치한 그곳에 따다하라(多田原)가 있다. 따다하라는 다다라가 전화된 지명이다.(《아까이와군지》 109페지) 요시이강의 일부는 산요본선이 지나간 요시오까분지 쪽에 흘러 못을 이루었다. 바로 만또미(万富) 웃쪽 기슭이 다다하라로서 그 일대가 강기슭의 못가였다.《일본서기》 계체기에 나오는 다다라벌이라는 자연지리적 환경과 그대로 맞아 떨어진다.

다다라는 오늘의 아까이와군 아까사까정에도 있었다. 스나강의 상류 일대에 있는 소분(總分)의 작은마을 시모분(下分)의 옛 이름이 다다하라(只原)로서 다다라이다.(《아까이와군지》 109페지) 그리고 그 가까이에 있는 고하라(小原)에도 다다라가 있다. 고하라의 다다라는 한자표기가 없는 다다라이다.(《아까이와군지》 31페지)

그밖에 다다라는 기비(비젠) 일대에 몇 군데 있다. 그러나 그 다다라들은 벌이라고 말하기 힘든 고장이었다.

　　실례로 오늘의 와께군 사에끼정(佐伯町)에는 북쪽과 남쪽에 두 개의 다다라가 있다. 북쪽에 있는 대다라(大多羅)는 기따야마가따(北山方)의 산지이며 남쪽의 오사까(小坂)에 있는 다다라정(多多羅井)(《아까이와군지》 58페지) 역시 요시이강의 가지강이 흐르는 못 기슭이지만 죠도의 다다라나 요시오까분지의 다다라에 비하면 협소하다고 말할 수 있다. 분명 와께군 사에끼정 기다야마가따의 대다라는 대(大)가 거(居)가 되어 구다라(백제)일 것이다.

　　이렇게 놓고보면 기비지방에 다다라라는 지명이 몇 군데 있으나 계체기에 나오는 신라가 탈취하였다는 다다라는 죠도 고쯔향(현재 오까야마시)의 대다라와 아까이와군 세또정 일대의 대다라일 수 있다고 추측하게 한다.

　　죠도군 고쯔향에 있는 다다라가 《일본서기》에 나오는 신라가 타고앉은 다다라였음은 거기에 작은 규모의 조선식산성이 있는 사실을 통해서도 알 수 있다.

　　죠도 다다라 일대의 구릉지대인 미사오야마구릉에는 기비쯔오까가라기(古備津岡辛木)라는 신사가 있다. 여기서 말하는 가라기는 곧 가라끼(韓城)로서 조선성이란 뜻이다. 그 신사의 이름을 풀면 《기비나루의 언덕에 있는 조선성》으로 된다. 앞에서 본 다다라 곁에 있는 오늘의 요시하라(아시하라)는 중세의 쯔끼(都岐)향이었는데 쯔끼는 쯔(津, 나루)와 끼(城, 성) 즉 나루성이란 뜻이다. 그 산성이 있는 구릉지대를 가라오(韓梶)라고 부르며 거기에는 고대의 돌담과 흙담자리가 남아있고 큰 돌을 쓴 횡혈식돌칸무덤도 있다고 한다. 그것이 다다라벌 근방에 있던 조선식산성이다. 그 산성은 계체기를 비롯한 임나관계 기사에 나오는 성들 가운데 하나였을 것이다.(《기비 아마베와 조선문화》, 《일본 안의 조선문화》 1977년 35호)

다다라벌의 뒤에 솟은 게시꼬산(芥子山, 232.8m)을 고대시기에는 가라꼬산(韓子山)이라고 불렀다. 개(芥)자의 일본훈은 가라시 또는 가라 시나인데 가라는 신(辛)자를 쓰기도 한다. 고대일본에서는 신(辛. 일본훈으로 가라)자가 한(韓. 일본훈으로 가라)자 대신에 통용되었다는 것은 구태여 실례를 들지 않아도 될 것이다. 말하자면 본래는 韓子산이던 것이 芥子산으로 써서 게시꼬산으로 읽었다는 것은 가라끼신사 및 가라 오라는 지명과 결부시켜 보면 더욱 뚜렷해질 것이다.

《일본서기》에 의하면 가라국에는 후에 백제에 양도한 다사(多沙)의 나루(다사쯔)가 있었다고 한다. 일본학자들은 일치하게 다사의 나루를 전라남도와 경상남도의 경계인 섬진강 하류부근(하동) 또는 합천 근방 으로 한정하지만 우리가 가라국이 있었다고 주장하는 기비지방의 쬬도 에 한정하는 것이 보다 진실에 가깝다. 왜냐하면 임나국사로 되였다던 기비노오미 다사가 바로 가라의 쬬도(가미쯔미찌)군 다사 일대의 토호 출신이기 때문이다.

력대로 일본학자들은 계체기에 나오는 다사와 다사쯔를 다같이 야마 또가 끼여들어 백제에게 넘겨준 다사쯔로 보고 있다. 즉 《다사(帶沙)는 다사강의 이름이 붙은 것으로 보아 강기슭의 땅이였음을 미루어 볼 수 있는데 … 다사는 대개 다사(多沙)와 같은 말일 것이다. … 다사는 다사쯔보다는 웃쪽에 있었을 것이다.》라고 한 것이 그것이다. 이와 같은 립장에서 가라 다사쯔를 론한 학자는 한둘이 아니다.(《쯔다소오기찌전집》 11권, 이와나미서점, 1964년, 116페지 《일본문화사》 1권, 춘추사, 1955년, 134페지, 《임나흥망사》, 《가라강역고》 지까자와서점, 1937년, 《일본서기》 하권, 이와나미서점, 37페지의 두주)

다사(帶沙, 澁沙)강에 다사쯔(多沙津)가 있었던 것으로 보고 또 다사라는 지명을 북쪽에서 찾고 다사쯔를 바다에 가까운 강기슭에서 찾으려는 일본학자들의 견해는 리치에 맞는다. 그러나 《다사(多沙)는 곧 다사(帶沙)로서 다사쯔가 섬진강의 하류임은 의심할 바 없고 여러 선배들이 이것을 하동의 땅에 비정한 것은 움직일 수 없는 정설이다.》고 한 것((조선고사의 연구》 387페지)은 당치 않은 말로서 찬성할 수 없다. 본래 일본학자들이 가라 다사쯔를 경상도와 전라도의 경계선에 있는 섬진강 하구로 비정하게 된 것은 《삼국사기》(권34 지리지)에 있는 《하동군은 본래 한다사(韓多沙)》라는 기사에 근거한 것이였다. 그러나 《삼국사기》 지리지의 서술에 맞출 수는 없다. 왜냐하면 섬진강 하류인 하동군 땅이 경상북도 고령에 있던 가라(加羅)국의 령역으로 되였던 일이 없었기 때문이다. 그리고 더구나 그 어느 시기에도 섬진강을 다사강이라고 부른 적이 없었을 뿐 아니라 한다사를 가라다사라고 읽을 수 없기 때문이다. 한(韓)은 크다는 뜻인 大, 干[간] 등과 통하는 말로서 韓을 가라로 읽는 것은 유독 일본만이다. 이렇게 규정지은 것은 《임나》설을 합리화하기 위한 이른바 지명고증을 진행한 아유가이 후사노신 자체의 말이다.[참고 《일본서기 조선지명고》 국서간행회, 1971(복각판), 15페지]

그러면 제체기에 나오는 다사와 다사쯔는 어디에 있었는가.

그것은 다다라벌이 있는 가라 죠도에 있었다.

이미 본 바와 같이 오늘의 죠도고을의 세력가인 다사의 정식이름은 기비노가미쯔미찌노오미다사(吉備上道臣田狹)였다. 가미쯔미찌는 죠도를 가리키며 그 뜻은 기비 가야국의 웃쪽나루길이다. 여기서 말하는 기비노가미쯔미찌노오미다사는 《기비(지방)의 웃쪽나루의 신하인 다사》라는 뜻이다. 죠도 일대는 《야마또국대안사류기자재장》에 씌여 있는 것과 같이 가지강들의 강어구들이 집중된 곳으로서 거기에는 좋은 나루들이 많았다. 죠도의 고쯔향은 고쯔(古津)에 유래된 것이다.(《기비군지》 상권, 144페지)

죠도의 다사는 여러 가지 한자로 표기되었다. 웅략기에는 田狹[전협]으로, 《국조본기》와 《가야아손씨세계도초》(賀陽朝臣氏世系圖抄)의 략계에는 多佐[다좌]로 되어 있다. 그런데 다사란 개별적 인물을 가리킨 고유 이름인 것이 아니라 죠도고을(옛 가라소국)의 지명에서 딴 것으로 보인다. 다시 말하여 《국조본기》에는 가미쯔미찌노구니노미야쯔꼬(국조) 나까히꼬노미꼬또의 아들 다사노오미(多佐臣)를 비로소 구니노미야쯔꼬로 봉하였다고 하였다. 이것을 통하여 기비노오미다사가 기비지방 죠도(가미쯔미찌)의 다사라는 곳의 토호였음을 알 수 있다. 왜냐하면 다사노오미란 다사지방의 오미(臣, 신하)라고 읽어야 옳기 때문이다. 《가야아손씨세계도초》에도 다사노오미로 되어 있다.[55]

죠도고을에는 이미 본 바와 같이 아사히강과 요시이강의 지류들이 많이 집중되어 있었고 따라서 나루들이 많았다. 죠도에 다사라는 지명이

---

[55] 《오까야마현통사》 상권, 726~727페지 《가야아손씨세계도초》에는 다사노오미(多佐臣)를 가야씨로 규정지었는데 그의 아버지는 가야노오미나루(賀夜臣奈留)이다. 《일본서기》 등에 다사를 기비노오미라고 하였는데 이것은 기비씨가 가야씨, 기비노오미가 가야노오미라는 우리의 주장을 안받침하는 또 하나의 실례로 된다.

있었다는 사실 그리고 작은 강과 나루가 집중되어 있는 고장이라는 사실, 가라(韓), 가라우도(韓人, 唐人) 등 조선-가라와 관계된 지명이 많은 사실, 가나구라야마고분과 소잔(미사오야마)무덤떼와 같이 가야 계통 점토곽을 한 유적, 유물 등이 밀집되어 있는 사실 등은 죠도가 바로 기비 가야국을 구성한 소국들의 하나인 가라소국이였으며 가라 다사쯔가 있던 곳이였다는 것을 보여준다.

그러면 죠도의 어느 강이 계체기 등에 나오는 다사강, 다사나루였겠는가 하는 것이다. 그것은 현재의 아사히강과 요시이강의 가운데를 흐르는 스나강이라고 생각된다. 사(砂, 沙), 천(川) 자를 써서 스나가와라고 부른 강은 일제시기의 아까이와군 요시이정으로부터 아까사까정, 산요정과 오까야마시를 꿰지르며 흐른 아주 오랜 고대강이다.

스나가와(砂川)는 본래 다(多) 또는 대(帶)와 사(沙) 자를 써서 다사강이라고 부른 《일본서기》(계체기)에 나오는 다사강이였다. 가미쯔미찌의 그 강은 본시 다사(多沙, 帶沙)강이던 것이 세월이 지나면서 웃글자 다(多, 帶) 자가 떨어져나가고 아래글자 사(沙) 자만 남아서 沙川이라고 읽게 되였던 것이라고 본다.

스나가와가 흐르는 곳은 아까이와군이 있던 곳이다. 아까이와군은 아까사까군과 이와나시군이 합쳐 생긴 고을이다. 다사강이 흐르는 고장은 이와나시고을이 있던 곳으로서 나루가 많았다. 지금은 오끼(沖), 에지리(江尻), 세또(瀬戸) 등 나루와 관계된 지명이 적지 않으며 아끼요시강(秋吉川)은 고대시기의 스나강(砂川) 즉 다사강의 흔적이다.

스나강은 스나 즉 다사의 지명에서 나온 강이다. 《속일본기》(천평신호 2년 5월)에는 죠도고을의 모도로이(物理), 가따세(肩背), 사이시(沙石)의

3개 향을 후지노(藤野)고을에 소속시킨다고 하였다. 후지노고을은 후지하라(藤原)고을이며 고대시기에는 그것이 구다라(백제)소국이였다.

《속일본기》의 기록에도 있는 것처럼 모도로이와 가따세 그리고 스나이시의 3개 향은 본래 죠도땅 즉 임나가라의 땅이였던 것이다. 사이시향은 후의 이소나(磯石)향(화명초)으로 되였거나 아니면 가따세향으로 용해되였을 수 있다. 다사는 스나강의 서쪽에 위치한 오끼(沖)마을 근처로 인정된다. 그곳은 요시이강 건너의 오늘날의 와께군 일대에 있는 구다라소국과 그 아래쪽에 있는 시라기-신라소국과 잇닿아 있던 곳이다. 그리고 주변에는 나루들이 많았다는 력사기록들이 적지 않으며 실지로 그곳은 현지답사에 의하여 확인되였다. 수사이향의 나라쯔도 그러한 나루의 하나이다. 그리고 그 일대에는 쯔이지산-오오메구리, 고메구리산성과 우라마챠우스야마고분을 비롯한 많은 유적유물과 유게히(失削), 가지야(鍛冶屋) 등 제철, 단야 및 고대무기 생산수공업장과 관계되는 지명들도 적지 않다. 주변에는 다다라라는 지명도 있다.

요컨대 가미쯔미찌(죠도)의 다사강은 오늘의 스나강이며 다사는 현재(1991년)의 아까이와군 세또정(瀬戸町)과 그와 남으로 접한 오까야마시의 일부 일대일 것이다.

흠명기 임나관계 기사 고증

흠명기에는 임나부흥과 관계된 복잡한 사건들이 서술되여 있다. 그 기사에는 구다라(백제)와 신라, 가라(아라) 등이 등장하며 중요한 지명들이 몇 군데 나온다. 그 지명들은 웅략기, 계체기의 내용에 이어진 고장으로서 자못 주요한 위치를 차지한다.

흠명기 기사에서는 대표적으로 신라와 가라(아라) 사이에 있었다는 큰 강의 위치와 구례무례의 장소 등에 대하여 보기로 한다.

흠명기 5년 11월조에 의하면 성명왕은 신라와 가라의 두 나라 지경 사이에 큰 강이 있다고 하였다. 일본학자들은 한결같이 신라와 가라의 두 나라 사이에 있는 큰 강을 락동강이라고 단정하였지만(《일본서기》 하권, 이와나미서점, 1982년, 90페지의 두주) 그보다도 기비지방에 있던 신라소국(오꾸고을 일대)과 가라(죠도) 사이를 흐르는 큰 강인 요시이강에 비정하는 것이 옳을 것이다.

흠명기에《두 나라 지경에 큰 강이 있다.》(有大江水)라고 한 것은 8세기에 편찬된 《속일본기》의 기록 그대로이다. 즉 우리가 신라로 보는 오꾸군과 가라(아라)로 보는 죠도(가미쯔미찌) 사이에 흐르는 강(요시이강)을 가리켜 8세기 기비출신의 귀족인 와께아손기요마로(和氣朝臣 淸麻呂)는 《 … 가운데에 큰 강이 있다.》(有大河)라고 하였다.(《속일본기》 권39 연력 7년 6월 계미) 그 강은 근세기까지만 해도 특정한 이름이 없이 그저 동쪽의 큰 강이라는 뜻인 동대천(東大川)으로만 불렀다.(《일본지명대사전》 평범사, 1938년, 5,690페지)

여기서 잘 알 수 있는 것처럼 8세기 말에는 요시이강을 그 어떤 고유명사로 부른 것이 아니라 그저 큰 강으로만 불렀던 것이다. 따라서 흠명기의 큰 강이라는 기사는 락동강을 가리켰다고 볼 수 없다. 앞뒤의 사실들로 미루어 보아 그것은 요시이강을 가리킨 것이었다고 보아진다.

앞에서 본 바와 같이 기비지방에는 여러 개의 가야소국이 있었으며 그것들은 일정한 련합체를 이루고 있었다. 그러한 대표적인 가야소국으로는 빗쮸의 가야국, 죠도의 가라소국을 들 수 있다.

가라는 아라라고도 부르며 남쪽에 위치해 있은 데로부터 남(아래)가 라라고도 하였다.

가라소국과 신라, 백제소국과의 지경은 요시이강이였다. 요시이강 동쪽 웃부분에 해당하는 오늘의 와께군 일대에는 구다라(백제)소국이 있었고, 그 남쪽에 해당하는 오늘의 비젠시와 오꾸군 일대에는 신라소국이 있었다. 오늘날의 사에끼정(와께군) 요시이강 동부지역에 큰 다라(大多羅)라는 지명이 있는데 요시이강을 접한 곳에 있는 큰 다라야말로 구다라였다고 보인다. 요컨대 임나가라와 신라, 구다라의 기본적인 경계선은 요시이강이였다고 말할 수가 있는 것이다.

흠명기 5년 11월조에는 임나가라와 신라 사이에 큰 강이 있고 그 강에 의거하여 6개의 성을 수축하였으며 또 구례무례(久禮山)에는 5개의 성이 있었다고 전하고 있다. 구례무례에 대하여서는 흠명기 5년 3월조에서도 쓰고 있다. 그에 앞서 계체기 24년 9월조에도 구례무라성(久禮牟羅城)에 대한 서술이 있다. 이들은 음과 한자가 같은 것으로 보아 다같은 하나의 대상을 가리킨 것으로 인정된다.

무례는 뫼 즉 산이라는 뜻이며 무라는 마을이라는 뜻으로서 구례라는 마을에 산이 있었으며 성도 있었던 것이다.

그러면 구례마을, 구례성, 구례산은 어디에 있었는가.

그것은 요시이강의 서쪽 기슭 주변에 있었다. 그 리유는 흠명기(5년 11월조)에 임나가라와 신라 사이에 있는 큰 강에 의거하여 성을 쌓고 또 구례산의 5개 성도 스스로 항복할 것이라고 씌여있기 때문이다. 결국 신라와 임나, 가라 사이에 있는 큰 강을 요시이강으로 보는 조건에서 요시이강과 아사히강 사이에서 구례마을, 구례산(무례)을 찾아야

할 것이다.

구례마을과 구례산은 오늘날의 아까이와군 요시이정과 사에끼정에 있었다.

요시이강 서쪽에 위치한 요시이정과 사에끼정에는 구례와 관련된 지명들이 적지 않다. 그것들은 구례다(暮田, 다까쯔끼촌 와다), 미즈구례(水暮, 사사오까촌 오오야), 구례이시(暮石, 사사오까촌 야마데), 구례다(暮田, 사에끼기따촌), 요구례다(用暮田, 사에끼가미촌다가), 시모구례(霜暮, 사에끼가미촌 우부), 구례다끼(暮竹, 히가사가미) 등이다.

구례(久禮, 吳)는 본래 요시이강 서쪽류역에 있었던 것인데 그것이 퍼지여 이렇게 여러 개의 지명으로 불리워진 것으로 보아진다.

이처럼 구례의 어근을 가진 지명이 요시이강 서쪽의 한정된 곳에 몰켜 있는 것으로 보아 계체기나 흠명기에서 나오는 구례마을, 구례산, 구례성이 여기에 있은 것은 틀림없다.

흥미 있는 것은 구례지명이 집중되여 있는 곳으로부터 멀지 않은 장소에 이나마끼(稻蒔)라는 오랜 지명이 있는 사실이다. 이나마끼란 씨뿌리기라는 뜻인데 그곳은 요시이강 서쪽에 위치한다.

흠명기 5년 3월조에 의하면 신라와 아라(가라)는 강 하나를 사이에 두고 있었다. 그런데 신라가 자주 지경을 넘어 임나가라의 땅을 침범하였다. 그래서 신라는 구례무례의 방비를 내쫓고 씨를 뿌렸으며 아라는 아라대로 자기에게 가까운 곳에서 씨를 뿌렸다고 한다. 말하자면 이나마끼(씨뿌리기)라는 흠명기의 기사가 그대로 지명화되였던 것이다.

더우기 신라가 구례산에 가까운 곳에서 씨를 뿌렸다고 하였는데 실지로 구례계통 지명들이 있는 곳으로부터 동쪽 요시이강 류역에는 씨뿌린다는 지명(이나마끼)이 남아 있다. 요시이강이 임나가라와 신라, 구다라 와의 경계를 이르는 강이였고 또 신라가 계속 임나가라의 땅을 침범하였 다는 것을 참작해 볼 때 구례계통 지명과 이나마끼라는 지명이 붙어 있다는 사실을 그저 무심히 대할 수 없다.

흠명기에는 임나가라 땅에 아라, 가라, 도꾸준, 도꾸고돈 등 작은나라 가 있었다는 것이 적혀 있다. 그러면 이 작은 나라들은 어디에 있었는가.

일본학자들은 도꾸준(卓淳)을 경상북도 대구의 땅에 비정하며 도꾸고 돈(啄己呑)은 경상북도 경산으로 보고 있다. 그리고 가라는 금관가야국 으로 비정한다.(《일본서기》 하권, 이와나미서점, 1982년, 69~70페지의 두주)

그러나 경산, 대구 등이 6세기 초는 물론 5세기 중엽까지 가야련합체 에 속한 지역으로 존재하였을 수는 없다. 이미 앞에서 본 바와 같이 대구와 경산은 신라의 수도 경주와 매우 가까운 곳에 자리잡고 있었으므 로 4세기경에는 벌써 신라의 통제 속에 들어갔다. 그러므로 그곳 지역들 이 오래동안 가야땅인 듯한 인상을 주는 것은 잘못이다. 도꾸준이나 도꾸고돈, 아라, 가라 등도 다른 《일본서기》 임나관계 기사들과 마찬가 지로 기비지방에서 찾아야 할 것이다.

흠명기 2년 4월조에 의하면 도꾸고돈은 가라와 신라 사이의 지경에 있으며 아리히시노가라(아래가라 즉 남가라)는 매우 작은 소국으로서 신라의 침공에 맞서 싸우지 못하여 망하였다고 하였다. 그리고 도꾸준도 임나가라 측에 있으면서 이리붙고 저리붙고 하는 식으로 행동함으로써 결국 신라에 의해 망하였다고 하였다. 이 작은 나라들은 우리가 임나가라 로 보는 죠도(아까이와군 포함)고을 일대에 있던 작은나라 다시 말하여 마을단위쯤의 소국이였던 것으로 짐작된다. 신라는 국경인 요시이강을 건너 임나가라의 땅을 많이 침범하면서 도꾸준이나 도꾸고돈 등을 멸망 시킨 것으로 보인다.

그러면 구체적으로 어디에 그러한 작은 나라들이 있었는가.

아라, 가라 등의 작은 나라들이 아까이와고을과 죠도고을에 있었다는데 대하여서는 이미 앞에서 보았다.

도꾸준과 도꾸고돈 등도 아라, 가라 등과 이웃에 어울려 있어 오늘날까지 지명으로 남아 있다. 도꾸준의 도꾸는 다꾸(卓, 啄)라고도 발음되며 또 도꾸고돈도 도꾸와 고돈 등 작은 소국을 합쳐 불렀을 가능성이 크다. 아무튼 아사히강과 요시이강류역 사이에는 도꾸, 다끼(다꾸) 등의 지명들이 있어 옛 발자취를 남기고 있다. 그것을 보면 다음과 같다.

도꾸마을은 요시이강 서쪽류역의 오늘의 요시이강, 사에끼정 그리고 아까사까정 일대에 집중되여 있다. 그곳 일대는 임나가라의 땅이였다. 도꾸준의 작은 나라는 그 일대에 있었던 것 같다. 도꾸, 다끼, 다꾸는 다같이 도꾸준의 줄임말로서 세월의 흐름 속에 다끼, 도꾸 등만이 남았던 것으로 생각된다. 요시이강 서부류역에 전개되여 있는 도꾸계통 지명이 그것을 잘 보여주고 있다.[56]

여하튼 임나가라가 있었던 곳으로 보이는 죠도군이나 아까이와군 등 요시이강과 아사히강 사이에 그와 같은 지명들이 전해온다는 것

---

[56] 도꾸는 도꾸준의 줄임말일 수도 있으나 도꾸 그 자체가 하나의 작은 나라를 가리켰을 경우도 생각할 수 있다. 실례로 웅략기(권14 9년 3월조)에는 도꾸(啄)의 땅에 대하여 여러 번 쓰고 있다. 흠명기(5년 3월조)에는 도꾸국(啄國)이라고 하였다. 거기에는 신라왕이 야마또의 군사들에 의해 도꾸의 땅을 빼앗겼으니 도망쳤다는 등의 기사가 실려 있다. 그러므로 요시이강 류역에 있는 도꾸(啄, 瀧)마을은 한자표기에 관계없이 작은 나라이름 도꾸의 유제로 보아야 할 것이다.

자체가 스쳐지날 일이 아니다. 이 지명들은 기비지방에 있었던 조선계통 소국들의 력사의 발자취인 것이다.

임나관계 기사에 나오는 인물 고증

《일본서기》 임나관계 기사에는 임나가라에 가서 활약한 인물들이 많이 나온다. 그 가운데서도 제일 많이 나오는 것이 기비노오미(吉備臣)이며 그 다음이 가와찌씨(河內氏), 모노노베씨(物部氏)이다.

일본학자들은 이 인물들이 다같이 조선에 와서 임나가라를 통치한 것으로 설명해왔다. 그러나 《일본서기》에 실린 임나관계 기사란 조선에서 벌어진 사건사실을 적은 것이 아니라 일본렬도의 기비지방에 있었던 조선소국들에서 벌어졌던 사건사실에 대한 기록이였음을 보여준다.

여기서는 《일본서기》 웅략기, 계체기, 흠명기 등에 나오는 인물들을 따져보기로 한다.

《일본서기》 임나관계 기사에 등장하는 주요 인물들은 다음 표와 같다.

No	인물 이름	간단한 내용	출처
1	기비노시모쯔미찌노오미 사끼쯔야(구니노미야쯔꼬기비노오미야마)	야마또의 왕에 대한 불경죄를 감행. 이 사건 이후 기비노오미 다사를 임나(가야)에 파견하는 문제가 제기	웅략기 권14 7년 8월조
2	또네리기비노유게베노오오조라	사끼쯔야를 야마또의 왕에게 고자질한 자(기비지방 출신)	″
3	기비노가미쯔미찌노오미 다사	임나국사(미마나노미꼬또 모찌)로 임명되여 파견	웅략기 권14 7년 시세(이해)
4	기비노가미쯔미찌노오미 와까히메(일명 게히메)	기비노오미 다사의 처이며 기비구보야노오미의 딸	웅략기 즉위 전 원년 3월조
5	기비노오미오또기미	기비노오미 다사의 아들이며 신라정벌 장수의 한 사람	″

No	인물 이름	간단한 내용	출처
6	기비노아마노 아따히아까오	오또기미와 함께 임나가라에 파견되어 활동	〃
7	가와찌노아야노 데히또 관인지리	〃	〃
8	임나왕	신라왕이 구원을 청한 가야소국왕	웅략기 권14 8년 2월조
9	가시와데노오미 이까루가	임나왕이 신라를 구원하려고 보낸 장수	〃
10	기비노오미 오나시	〃	〃
11	나니와노 기시 아까메고	〃	〃
12	기노오유미노 수꾸네	야마또에서 신라정벌 장수로 파견. 후에 병사	웅략기 권14 9년 3월조
13	소가노가라꼬노 수꾸네	후에 기노오오이와노 수꾸네의 화살에 맞아 죽음	〃
14	오오도모노무로야노 무라지	후에 죽음	〃
15	오까히노 수꾸네	〃	〃
16	기비노가미쯔 미찌노 우네메오 오시아마	기노오유미노 수꾸네의 후처 기비 출신	〃
17	오구라, 하리, 미구라 등 가라 노비 6명	기비가미쯔미찌의 가시마다 마을의 노비	웅략기 권14 9년 5월조
18	호즈미노오미오시야마	다리국의 장관(구니노미꼬또모찌)	계체기 권17 6년 12월조
19	사미문귀, 쯔리소니 등	구다라(백제)의 장군들	계체기 권17 7년 6월조
20	몬도꾸지(문득지)	신라사람들	계체기 권17 11월조
21	신이게이(신사계), 흔하와사(분파위좌)	아라사람들	〃
22	고덴게이(기전계), 찌꾸몬지(죽문지)	하헤(반파)사람들(가라사람들)	〃
23	모노노베노 찌찌노무라지	다사쯔를 구다라에게 줄 것을 강요한 야마또의 사신	계체기 권17 9년 2월, 23년 3월조
24	고노마다 간기(아리시또)	임나왕	계체기 권17 23년 3월조
25	오오미노 게누노오미	야마또가 파견한 신라정벌 장수	〃

No	인물 이름	간단한 내용	출처
26	인귀(윤귀), 마나갑배, 마로 등	구다라(백제)가 임나에 파견한 사람들	〃
27	부지나마례, 계나마례 등	신라가 아라에 파견한 사람들	〃
28	사리지	신라왕	계체기 권17 23년 4월조
29	구지후례(구례니시지 우나시마리)	신라왕이 임나가라에 파견한 사람	〃
30	은솔미도리	구다라왕이 임나가라에 파견한 사람	〃
31	상신 이시부례지간기(한기)	신라왕이 임나가라에 파견한 대신	〃
32	가와찌노 우마가히노 오미또미까리	게누노오미의 종	〃
33	기비노가라꼬 나다리, 시후리	게누노오미에 의해 억울하게 불에 타 죽은 야마또의 군사와 기비임나 녀자 사이에 생긴 아이들	계체기 권17 24년 9월조
34	구례시고모	임나왕이 신라에 보낸 사신	〃
35	누수구리	임나왕이 구다라에 보낸 사신	〃
36	시간기 이돈게이, 다이후손구수누리	아라사람	흠명기 권19 2년 4월조
37	성명왕	구다라왕	〃
38	임나일본부 기비노오미(이름은 모른다)	야마또에서 임나(가야)에 파견한 사람. 기비노 오또기미 같기도 하지만 잘 알 수 없음	〃
39	이다를 비롯한 여러 작은 나라의 한기(우두머리)들	아라, 가라, 소찌마, 산한게, 다라 시니끼. 시다 등의 우두머리	〃
40	가와찌노아따히, 아께에나시, 사로마쯔 등	아라일본부(아라의 야마또노미꼬또모찌)	흠명기 권19 2년 7월조
41	기노오미나솔미마사, 중부나솔 고련(고렌), 전부나솔 진모귀문, 호덕고쯔고루, 덕솔비리막고, 나솔 목라매순 등	구다라(백제)사람들	흠명기 권19 2년 7월조, 4년 12월조 등
42	쯔모리노무라지	구다라(백제)에 야마또의 조서를 가지고 간 사신	흠명기 권19 4년 11월조
43	나솔아둔 득문, 고세노나솔가마(기마), 모노노베나솔가히라(기비동)	구다라(백제)사람들	흠명기 권19 5년 3월조
44	가와베노오미니헤	야마또의 장수	흠명기 권19 23년 7월조

표에 실린 인물들은 《일본서기》 임나관계 기사(주로 웅략기, 계체기, 흠명기)에 나오는 주요 인물들로서 임나가라, 시라기(신라), 구다라(백제) 등지에서 활약하였다. 40여 명이나 되는 인물들을 부류별로 보면 다음과 같다.

제1부류 기비의 씨족명(지명)을 지닌 인물

저2부류 깅끼의 씨족명(지명)을 지닌 인물

제3부류 조선나라들의 이름을 지닌 왕이나 귀족, 장수들

그러면 임나관계 인물들을 부류별로 따져보자.

먼저 제3부류에 대하여 보기로 한다.

임나관계 기사에는 조선왕이 나온다. 번호 ⑧, ㉔의 임나왕, 번호 ㉘의 신라왕, 번호 ㊲의 구다라(백제)왕 등이 그것이다. 그런데 번호 ⑧의 임나(가야)왕에게는 이름이 없고 ㉔의 임나왕에게만 이름이 올라 있다.

번호 ㉔의 임나왕의 이름은 고노마다 간기라고 한다. 간기(한지)라는 것은 가야나 신라에서 큰 사람, 어른 등으로 불리운 칭호이다. 간(한)은 크다(大)는 뜻이며 기(지)는 사람이란 뜻이다. 신라의 마립간(머리한) 등과 통하는 말로서 그것은 고구려의 막리지(머리지)-큰 어른에게서 유래되였다.

결국 임나왕의 이름은 고노마다인데 단편적 기록들이기는 하지만 가야의 왕 이름에는 그런 사람이 없다. 이와 같은 사실은 조선의 가야나라의 우두머리들 중에는 그런 사람이 없다는 것을 시사해주고 있다.

그러면 어디에 있던 임나왕이였겠는가. 그것은 일본렬도 안에 있던 가야나라의 왕을 가리킨 것이다. 리유는 그 임나왕은 흔히 아라히또(아

라사람)라고 불리웠기 때문이다.

알려져 있는 것처럼 아라히또라는 것은 아라사람이라는 일본말이다. 일본에서만 아라사람 특히 왕이나 왕자를 아라히또라고 불렀는데 쯔누가아라히또는 그 실례로 된다. 말하자면 계체기에 나오는 고노마다라는 임나왕은 조선에 있던 가야소국왕이 아니라 일본렬도 내에 있던 가야소국왕이라는 것을 이름 하나를 통해서도 잘 알 수 있는 것이다.

번호 ㉘의 사리지라는 신라왕도 조선에는 없다. 일본학자들은 계체기에 등장하는 신라왕 사리지(佐利遲)를 당시의 신라왕인 법흥왕(원종)이라고 하지만 그와는 전혀 인연이 없다. 사리지 역시 일본렬도 안에 있던 신라왕의 하나였을 것이다.

번호 ㊲의 구다라(백제)왕인 성명왕도 《삼국사기》(백제본기)에 나오는 성왕과 이름이 비슷하지만 그것은 위조일 것이다. 또한 번호 ㉛의 상신 이시부례지간기를 당시의 명장 이사부에 비정하지만 이시부례지와 이사부는 첫 글자음이 《이》가 같을 뿐 나머지 뒤글자와 음은 근사하지도 않다. 그리고 첫 글자의 한자표기도 다르다.

번호 ⑲~㉒, ㉖, ㉗, ㉙, ㉚, ㉞~㊱, ㊴, ㊷, ㊸ 등의 인물들은 구다라(백제)사람, 신라사람, 가라(아라)사람들로서 그 이름만 가지고서는 어디에 있는 누구인지 알 수 없다. 조선의 백제, 신라, 임나가라사람이라 해도 틀리지 않고 일본렬도 안의 구다라, 시라기, 미마나사람이라고 해도 맞는 것이다. 다만 여기서는 백제사람으로서 은솔, 나솔, 전부, 중부 등의 벼슬이름이 인명 앞에 붙어 나오는데 그것은 백제의 관직(품계일 수도 있고 백제 5부명일 수도 있다.)으로서 일본렬도에 건너간 백제사람들도 고국에서와 마찬가지로 그렇게 부를 수 있는 것이다. 그렇기 때문에 그러한 벼슬이름이 조선에 국한되여 사용된 듯이 묘사하였는데 그렇다고 하여 그들이 조선에 있었던 백제사람들이라고 단정할 수는 없는 것이다.

다음으로 제2부류의 인물들을 따져보자.

깅끼지방의 씨족명을 지닌 인물들로서는 번호 ⑪, ⑫, ⑬, ⑭, ⑮, ㉕ 등이 있다. 그밖에도 번호 ⑱의 호즈미노오미, ㉓의 모노노베, ㉜의 가와찌 등이 있다. 그러나 그것은 깅끼지방의 독점적 씨족명이 아니였다.

임나관계 기사에 나오는 깅끼지방 씨족명을 지닌 인물(장수)들로는 번호 ⑪의 나니와(오사까)씨, ⑫의 기(기이 와까야마)씨, ⑬의 소가씨, ⑭의 오오도모씨, ㉕의 오오미씨, ㉜의 가와찌씨 등을 들 수 있다. 이들은 다같이 기내 야마또정권이 파견한 장수들이기 때문에 문제될 것이 없다. 조선에 파견되였다고 해도 좋고 기비지방에 파견되였다고 해도 그것은 무방한 것이다.

끝으로 제1부류에 대하여 보기로 하자.

임나관계 기사에 나오는 40~50명에 달하는 인물들 가운데서 기본핵이라고 하는 인물들이 모두 기비(吉備)의 성씨를 가졌다. 기비의 성씨를 가진 인물들이 수적으로 많을 뿐 아니라 사건전개에서도 큰 자리를 차지한다. 특히 웅략기 경우에는 그것이 더욱 현저한데 임나(가야)에서 활동한 인물들 중 태반이 기비의 성씨를 가졌다. 이것은 기비씨 인물들이 조선에 가서 《조선경영》에 한몫 한 것이 아니라 기비지방 출신 인물들이 기비땅에서 활약하였다는 사실을 보여주고 있다. 이에 대하여서는 웅략기와 계체기의 고증을 통하여 이미 보았다.

임나관계 기사에서 기본중심핵은 《임나일본부》가 어디에 있었으며 누구인가 하는 데 있다. 그것은 《일본서기》(흠명기)에 명문으로 밝혀져 있듯이 기비지방에 있는 기비사람이였다.

야마또정권이 임나(가야)에 미야께를 두고 그 통치부를 가리켜 미마나노미꼬또모찌(임나국사) 또는 미마나노야마또노미꼬또모찌(임나일본부)라고 불렀다. 《일본서기》에는 한문자로 일본부(日本附)라고 쓰고 야마또노미꼬또모찌로 하였지만 사실 일본부의 일본이란 말 자체가 당시(《일본서기》 편년대로 한다면 6세기 중엽경)에는 없었다. 따라서 야마또라는 훈에 일본이란 한자를 돌려맞춘 것은 8세기 《일본서기》 편찬자의 조작이다. 여기서 국사(國司), 일본부라고 한 미꼬또모찌가 어디에 있었는가 하는 것이 문제의 초점으로 될 것이다.

일본학자들은 《일본부》를 한사코 조선의 가야(임나-미마나)에 갖다 붙이려고 무진 애를 썼지만 그것은 력사적 사실과 전혀 맞지 않는다.

흠명기(2년 4월조 등)에 나오는 《임나일본부》는 틀림없이 기비노오미 즉 기비사람이다. (任那日本府吉備臣) 그리고 임나국사인 가미쯔미찌노오미 다사 역시 기비사람이다. 그 기비의 미꼬또모찌를 중심으로 아마베아까오를 비롯한 많은 기비사람들이 임나관계 기사에 등장한다.

《임나일본부》 임나국사 등에 쓰인 미꼬또모찌란 림시로 칙명을 받고 다른 나라 또는 다른 지방에 가서 일을 보는 직함을 가리키는 말이다. 따라서 미꼬또모찌라고 읽고 여러 가지 한자표기를 한다는 것은 잘 알려진 사실이다. 일본고문헌들에 쓰인 太宰, 國宰, 總領, 國司, 監祭, 天使[태재, 국재, 총령, 국사, 감찰, 천사] 등에 모두 미꼬또모찌란 훈을 달았다. 그와 같은 미꼬또모찌는 8세기에 와서 비로소 나타나는 직함으로써 기비국에도 후에 기비노미찌노시리노 구니노미꼬또모찌(기비 빙 고국사), 기비노오미 미꼬또모찌(기비태재) 등이 배치되였다.

이와 같은 사실들은 임나관계 기사란 《일본서기》 편찬 당시의 시점(8 세기)에 서서 기비의 력사를 서술하였다는 것을 보여준다.

다 아는 바와 같이 기비라는 나라이름, 지방이름은 7세기 이후에 비로소 생긴 것으로서 아무리 빨라도 6세기 중엽 이전에는 기비라는 이름이 없었다. 그러므로 《일본서기》에 나오는 《임나일본부》의 임나는 기비에 있는 임나(가야)로 해석하는 것이 가장 옳다. 미마나노미꼬또모 찌(임나일본부) 기비노오미를 웅략기에 나오는 미마나노미꼬또모찌인 기비노오미 다사의 아들 오또기미로 추측할 수 있게 하는 기록(흠명기 5년 3월조)도 있는 조건에서 《임나일본부》가 기비에 있었다는 사실은 더욱 더 확정적이다.

이것을 더 실증해주는 것이 번호 ⑦의 가와찌노아야노데히또 관인지 리, ⑩의 가와찌노 아따히 등의 가와찌와 번호 ㉓의 모노노베씨 그리고 ㊷의 쯔모리노 무라지 등이다.

웅략기에는 기비노오미 오또기미와 함께 임나가라에 파견되여 활동 하는 가와찌 노아야노데히또 관인지리가 나오며 흠명기에는 가와찌노 아따히(河內直)가 등장한다. 그리고 계체기에는 게누노오미의 종인 가 와찌 노우마가히 노오비또 미까리가 나온다. 이 3명은 임나관계 기사에 서 아주 중요한 역할을 하는데 그들의 본관은 기내 가와찌가 아니라 기비지방이였다.

일반적으로 가와찌라고 하면 오늘의 오사까 일대를 념두에 두는 경우 가 많다. 게누노오미의 종인 가와찌 노우마가히 노오비또 미까리는 기내 가와찌가 본관일 수 있다. 그의 상전이 기내사람일 뿐 아니라 야마또에서 파견되여간 사람이고 또《일본서기》의 여러 기사들에 가와찌 노우마가히가 자주 나온다. 그러나 가와찌씨는 기내지방의 고유한 본관은 아니였다. 왜냐하면 바로 기비지방에도 가와찌의 향명이 있으며 그 향명을 본관으로 한 인물들이 실지 있었기 때문이다.57

기비(비젠)의 오오니와(大庭)고을에는 《화명초》에 밝혀진 가와찌(河內)향이 있었으며 또 아까이와군 가루베촌에는 河屋, 河內, 殿河內[전하내]를 비롯한 여러 가와찌마을이 있다. 아까이와군에만 해도 가와찌(用內, 河內)의 이름을 가진 마을이 무려 40여 개나 된다.(《아까이와군지》 22~70페지)

또한 기비지방에는 가와찌의 성씨를 가진 사람이 많았다.《정창원문서》(천평 11년)의《빗쮸국대세부사망인장》에는 가와찌(河內, 西) 아야히또의 성씨를 가진 사람이 3명씩이나 되고 야마또(大和, 東)의 아야히또의 이름도 올라 있다. 그리고 실지로 가와찌의 향명을 본관으로 삼은 귀족들도 있었는데 그 실례로《삼대실록》(권7 정관5년 정월 20일)에 《종5위 상 행조교 지젠노수꾸네 종인의 본 성씨는 가와찌 노데히또인바 빗쮸국 시모쯔미찌(下道)가 본관이다.》라고 한 것을 들 수 있다.

이 사실은 가와찌의 성씨가 기내지방에 한정된 성씨가 아니라는 것을 보여준다. 그러므로 웅략기에 나오는 가와찌 노데히또 관인지리나 아라

---

57 가와찌(河內)는 오사까평야 일대를 통털어 가리킨 지명으로서 후에 몇 갈래로 갈라졌다. 7~8세기 이후 오래동안 가후찌로 발음하다가 일제시기에는 고오찌로 발음하였으며 지금은 대체로 가와찌로 읽는다. 西라고 쓰고 가와찌로 읽는 경우도 있는데 그것은 6세기경에 가와찌의 가라-백제세력이 야마또에 이동해가면서 서쪽(가와찌)과 동쪽(야마또)을 가리키게 된 데서 생기게 된 말이다.

일본부라고 하는 가와찌 노아따히가 반드시 기내사람이라고 말할 수 없는 것이다. 번호 ㊵의 아라일본부(아라의 야마또노 미꼬또모찌)는 가와찌아따히(河內直)로서 기비지방에도 있는 향명과 수십 개에 달하는 기비지방의 지명을 성씨로 삼은 인물이다. 말하자면 《임나일본부》도 기비노오미(오또기미일 것이다.)이며 아라일본부도 기비사람이다. 흠명기 임나관계 기사에 나오는 주역들이 모두 기비사람들이라는 것을 무심히 대할 수 없다.

가와찌씨가 어떻게 되여 기비에 뿌리내리게 되였는지는 잘 알 수 없으나 《정창원문서》의 하나인 《빗쮜국대세부사망인장》이 작성될 당시의 8세기에 기비지방에 가와찌의 성씨를 가진 사람이 많았던 것만은 틀림없다. 8세기 《일본서기》 편찬자들이 그것을 알고 글을 엮어나갔다는 것은 뻔한 사실이다.

계체기를 비롯하여 《일본서기》 임나관계 기사에는 모노노베(物部)가 등장하여 중요한 역할을 한다. 그 속에서도 번호 ㉓의 모노노베노찌찌노 무라지는 가라 다사쯔(나루)를 구다라(백제)에게 떼줄 것을 강요한 야마또의 사신이다. 그리고 번호 ⑱의 호즈미노 오미오시야마도 모노노베씨였다. 그는 다리(다라)국의 장관이다.

기비지방에는 모노노베씨도 적지 않았다. 8세기에 작성된 《빗쮜국대세부사망인장》에도 적지 않은 모노노베씨가 올라 있다. 구보야고을 미와향의 수고오마을의 호주 모노노베노 구수시, 시라가미배향 가와베마을의 모노노베노 다히또, 아까이노, 가야고을 아시모리향 미이마을의 호주 모노노베노 오오아마, 다께향 모노노베마을의 호주 모노노베노 도꾸안 등이 바로 그것이다.

이처럼 모노노베 역시 가와찌와 마찬가지로 깅끼지방에만 있었던 성씨가 아니였다.《화명초》에 의하면 이와나시군에는 모노노베라는 한 개 향이 있었음을 밝히고 있고 가야군에는 모노노베마을이 있었다. 모노노베노 찌찌노무라지뿐 아니라 모노노베노 나솔가히라 등 야마또에서 파견된 모노노베씨들도 이와나시고을의 모노노베향 및 마을과 아무런 관계가 없는 것은 아니다.

　　흠명기(4년 11월, 5년 2월조)에 나오는 야마또가 파견한 쯔모리노무라지(津守連)도 본래 가와찌 수미요시(셋쯔)의 호족의 하나이지만 기비지방에도 적지 않은 쯔모리(津守)가 살았다. 실례로 쯔우(津守)군 후까이(深井)향의 쯔노오미(津臣)인 쯔노가야시마, 쯔노오미 사까미에 등의 이름이 《정창원문서》에 올라있으며 《총해문집》에는 쯔모리노고례기찌(津守是吉)의 이름이 있다.(《오까야마현통사》 상권, 66페지)

　　이상에서《일본서기》임나관계 기사에 나오는 주요인물에 대하여 살펴보았다. 여기서 잘 알 수 있는 것처럼 임나관계 기사에 등장하는 인물들은 우리나라에서는 단 한 명도 찾아볼 수 없었으나 일본렬도의 기비지방에서는 현재의 자료 몇 가지를 가지고도 잘 알 수 있다. 특히 《일본서기》임나관계 기사의 기본이라고 할 수 있는 임나국사와《임나일본부》, 아라일본부가 기비지방 출신 인물이라는 사실은 야마또가 파견하고 임명한 사람이 바로 다름아닌 기비지방 사람이라는 것을 말해 준다.

(2)《임나일본부》설 조작의 력사적 경위

가야는 600년이 넘는 오랜 력사를 가지고 있었다. 그럼에도 불구하고 가야사를 체계화한 론문과 책은 거의 없다고 해도 과언이 아니다. 왜냐하면 가야력사에 대한 기록이 흩어지고 없어져서 도저히 한 개 나라의 력사로 엮어 나가기가 어려웠기 때문이다.

가야의 력사가 형체없이 된 것은 나라의 멸망이라는 비극적 사태가 빚어낸 후과이기도 하지만 그보다도《삼국사기》를 엮은 김부식의 과오에 기인된다고 볼 수 있다. 김부식은 자기가 경주김씨의 자손이라는데로부터 신라를 중심으로 하여 고구려, 백제, 신라의 력사를 편찬하였다. 특히 건국년대를 비롯하여 일련의 문제들은 신라를 우위에 놓고 나머지 나라들을 거기에 복종시켜 서술하였다. 뒤늦게 발전한 신라를 내세우다보니 초기의 세 나라(네 나라) 력사서술에서는 일부 순탄하지 못한 개소들이 나타났으며 따라서 그것을 다시 고증하고 검토하지 않으면 안 되게 되였다.

김부식은 신라에 의하여 통합된 가야를《삼국사기》에 포함시키지 않았으며 가야를 아주 하찮게 취급하였다. 그리하여 마땅히《사국사기》로 되여야 할 책이《삼국사기》로 되고 말았다.

김부식의 과오는 이것만이 아니다. 그는 신라정통주의를 내세우다보니 고구려 백제, 가야 멸망 후에 마치도 조선에는 신라만이 존재한 듯이 서술함으로써 이른바《통일신라》라는 개념을 낳게 하였다. 다시 말하여 고구려땅에 일떠선 발해의 력사를 서술하지 않고 후기신라만을 취급함으로써 발해사도 가야사처럼 말살되는 위험에 처하게 만든 것이다.

나라는 비록 망하였으나 본래 오랜 력사와 높은 수준의 문화를 가지고 있던 가야는 많은 력사기록들을 남기였다.

《삼국사기》신라본기에 신라와 가야관계 기사가 드문히 나오고 고려 문종 때(1047~1083년) 금관(김해)의 지사를 하던 문인이 《가라국기》를 편찬한 것 등은 적어도 김부식이 《삼국사기》를 편찬할 때까지만 해도 적지 않은 가야관계 기록이 남아 있었다는 것을 보여준다. 또한 《동국여지승람》(고령조)에 인용된 최치원의 글 등을 보아도 15세기경까지 가야 력사를 더듬을 수 있는 이러저러한 문헌사료들이 전해내려왔다는 것을 알 수 있다. 문헌이 없어서 가야사를 빼놓은 것이 아니라 신라의 이웃에 있던 가야력사를 엮는 것을 꺼려하였기 때문에 빼버린 것이다.

이리하여 우리나라 력사에서 가야의 자리는 비게 되였다.

이런 틈을 노려 가야력사를 혹심하게 외곡해 나선 것이 약삭빠른 일본인들이였다. 그들은 빈구석으로 된 가야사의 자리에 일본력사를 밀어넣었다. 그리하여 가야의 력사는 참혹히 란도질을 당하게 되였다. 일본에서 임나사(가야사)라고 하면 마치도 일본력사의 한 부분처럼 생각하게된 것도 결코 우연하지 않다. 가야(임나)를 일본력사, 일본령토의 한 부분으로 여기는 그릇된 인식이 100여 년간 일본의 반동적인 정치풍조 속에 작용하였다. 그것은 일본의 각급 력사교과서와 신문, 방송 등의 내용에서 어렵지 않게 찾을 수 있다.

조선력사의 한 부분인 가야사가 이렇게 무참히 짓밟히게 된 것은 일제의 조선침략의 직접적 결과가 빚어낸 후과이며 일제가 조선민족에게 저지른 사상분야에서의 커다란 죄악이다.

뒤늦게 자본주의 길에 들어선 일본은 자본의 시초축적을 조선과 아시아를 략탈함으로써 이룩해보려고 하였다. 명치유신 후 일본정계에 대두한 《정한론》은 침략적이며 략탈적인 사무라이일본의 호전적 성격을 그대로 드러내놓았다. 일본은 19세기 중말엽 근대화의 길에 들어서자 바람으로 불평등조약인 《강화도조약》을 강압체결하였으며 조선의 통치권을 둘러싸고 청일, 로일 간의 두 전쟁을 일으켰다.

조선침략에 앞장선 것은 일본군부였다.

일본륙군본부에서는 1880년에 《황조병사》(皇朝兵史)라는 침략적인 력사책을 간행배포하였다. 내용은 《일본서기》의 조선관계 기사를 과장서술한 것으로서 《신공황후의 삼한정벌》, 《응신 인덕천황의 신라정벌》 등의 항목이 설정되어 군인들을 조선침략에로 선동하였다. 그 글에는 고대일본이 조선을 예속시켰으며 신공황후가 일본의 위신을 크게 떨친 최초의 사람이라고까지 찬양하였다.

1882년 일본륙군참모부는 우리나라를 반대하는 10여 종의 소책자를 인쇄 배포하는 한편 《임나고고》(任那考稿)라는 원고를 작성 배포하였다. 이것은 임나 즉 조선의 가야에 대하여 쓴 것인데 《일본서기》의 임나관계 기사에 기초하여 고대시기 조선의 가야가 일본에 예속되여 있었다고 한 엉터리없는 날조원고였다.

일본륙군참모본부는 《일본서기》에 기초한 조선침략설인 《임나》설을 준비하는 한편 거기에 《과학적》인 《신빙성》을 부여하기 위해 날뛰였다. 그때 마침 청일전쟁을 예견하여 조선과 조만국경 일대에 파견되여 간첩행위를 하던 일본륙군참모본부 소속 장교 륙군대위(당시 중위)

사꼬(酒句景明)라는 자가 자강도 만포대안의 집안에서 고구려 광개토왕릉비의 비문탁본(쌍구본)을 가져갔다.

륙군참모본부에서는 릉비탁본을 《일본서기》의 기사를 《립증》하는 좋은 자료라고 생각하고 쌍수를 들고 환영하였다. 그것은 거기에 이따금씩 왜(倭)에 대한 기사가 나오기 때문이다. 릉비에 나오는 왜를 야마또정권의 왜로 제꺽 맞추었던 것이다.

륙군참모본부 편찬과는 곧 어용학자들을 끌어들여 비문의 해독과 해석을 여러 해에 걸쳐 진행하였다. 그런 다음 《회여록》(제5집)이라는 책에 그것을 묶어서 그 《성과》를 발표하게 하였다. 《회여록》이 나오자 일본학계의 간(菅政友), 나까(那珂通世), 미야께(三宅米吉)를 비롯한 여러 《일류급》 학자들이 광개토왕릉비에 대한 연구론문을 발표하였다.

그런데 비극은 이 연구론문들이 탁본에 기초한 것이 아니라 쌍구본이라고 하는 모사본을 보면서 연구하였다는 사실이다. 《회여록》에 게재된 비문 특히 영락5년 기사(1면 9행), 영락9년 기사(2면 6, 7행), 영락10년 기사(2면 8~10행) 등은 자의대로 글자 순서를 바꾸어 놓은 간교한 행위이다. 19세기 말 이후 약 100년간 일본의 각급 력사교과서들에서는 기본적으로 이 《회여록》에 실린 모사본을 사진으로 게재하여 고대야마또정권의 《조선정벌》이 설교되었던 것이다.

이리하여 야마또조정이 대군을 조선반도에 파견하여 백제와 신라를 신민(臣民)으로 만들고 남하하는 고구려와 조선의 패권을 걸고 《대격전》을 벌렸다고 하는 《임나일본부》설, 일본력사를 축으로 한 비뚤어진 《초기조일관계사》의 기본 틀거리가 형성되었다. 이를테면 흔히 세상에서 보통 《임나》설로 통용되는 《임나일본부》설의 기본틀이 일본륙군참모본부의 지하밀실에서 작성되였던 것이다.

그 후 도꾜제국대학이 나온(1880년대) 다음 내각직속으로 있던 림시수사국은 제국대학으로 옮겨갔다. 그러자 륙군참모본부에 있던 어용학자들도 도꾜대학 문과대학의 국사과에 옮겨 앉아 《연구》를 계속하였다. 그러나 그 연구는 어디까지나 《만세일계의 천황》, 《천황은 신성불가침》이라는 《제국헌법》에 규제된 《국책》에 따라 진행되였다. 《제국헌법》(1889년 2월)과 《교육칙어》, 《교과서검정제도》(1887년)의 실시로 하여 고리타분한 《황실사관》 설교는 의무적이고 법적인 성격을 띠게 되였다. 거기에서 기본은 《신공황후 삼한정벌》을 위주로 한 《임나일본부》설이였다.

도꾜제국대학의 국사과를 중심으로 한 임나(가야)사 연구는 철두철미 일제의 조선침략을 안받침하고 합리화하기 위한 학술리론적 근거를 찾아내는 데 목적을 두고 진행되였다. 20세기를 전후하여 《국사안》(國史眼, 1890년), 《일한고사단》(日韓古史斷, 1893년)이라는 책들이 련이어 간행되였는데 전자는 신국(神國)인 일본이 조선을 복속시켜왔다고 하였고 후자는 신라나 가야가 일본의 동생벌이였다고 력설하였다.

1910년을 전후하여 《동조동근》론이 갑자기 득세하였다. 기다 데이기찌(喜田貞吉)를 비롯한 력사학자들은 조선과 일본은 고대시기 하나의 국가였으며 하나의 형제였다. 이번의 병합은 조선을 멸망시킨 것이 아니라 태고의 모습으로 돌아간 것이다. 조선사람은 결코 망국의 백성이 아니라 그 빈약하고 불쌍한 경우로부터 벗어나고 본래에 돌아가서 천하의 큰 길을 확보할 대일본제국 국민으로 된 것이다. 이번 병합을 가지고 나라가 멸망되였다고 오해하는 자는 피차간의 력사를 모르는 결과이다. 조선은 실로 빈약한 분가이고 일본은 실로 부강한 본가이다. 분가는 자기로서 훌륭히 집을 유지할 만한 경제력이 없는 것이다. 이제는 제국에 복귀한 이상 빨리 일본국민으로 동화하여 함께 천황폐하에게 충량한 신민으로 되여야 한다고 떠벌이였다.(《한국의 병합과 국사》 일본력사지 리회편, 삼성당서점, 1910년)

그 후 일본사학계는 은폐된 가면을 벗어던지고 독선적인 침략사관을 로골적으로 표명하는 데 이르렀다. 기다 데이기찌는 1921년에 《민족과 력사》에 발표한 론문 《일선량민족동원론》에서 《일찌기 수백 년간 피차 동일정부의 아래에 있던 사실을 밝힘으로써 병합은 결코 이 민족을 새로 결합한 것이 아니라 일단 떨어져 있었던 것을 본래대로 된 사정을 서술하려고 시도하였다.》라고 력설하였다.

이에 앞서 1906년 남만주철도주식회사(략칭 만철) 설립의 《칙령》이 공포되고 그 이듬해 도꾜지사에 만선지리력사조사실이 설치되였다. 만철회사란 조선과 만주 나아가서 중국관내와 몽골까지도 대상으로 하는 일제의 대륙침략 략탈기관의 거점이였다. 바로 여기에 만선사연구를 위한 조사실이 설치되였는데 조사실의 필요성을 력설하고 주재한 사람은 《동양문고》의 주관자, 《동양학보》의 창간자로 유명한 도꾜제국대학 교수 시라도리(白鳥庫吉, 1865~1942년)였다. 그는 우리나라의 《리조실록》 1질을 훔쳐간 것으로 유명하다.

시라도리는 도꾜제국대학 출신의 《우수》한 학자들을 만선조사실에 끌어들이고 말 그대로 조선과 만주에 대한 력사지리, 언어, 풍습 등을 연구하도록 하였다. 그 모든 것이 조선과 만주 나아가서 대륙침략의 척후병의 임무를 수행하였다는 것은 두말할 것 없다. 여기서 그의 수급제자들인 쯔다(津田左右吉), 이께우찌(池內宏) 등이 《임나일본부》설의 기초를 닦아나갔다.

쯔다는 1919년에 《〈고사기 및 일본서기〉의 신연구》, 1921년에 《백제에 관한 〈일본서기〉의 기재》 등을 발표하였는데 그 내용은 일제의 조선과 아시아 침략정책에 편승하여 꾸며낸 《론설》이며 《주장》에 불과하였다. 실례로 그는 《임나(가야)강역고》 머리말에서 《옛적 우리나라 (일본을 가리킴-인용자)가 남부조선에 속령을 가졌을 때에는 통치기관을 일컬어 임나일본부라 하였다.》고 하면서 《일본서기》에 보이는 임나관계의 모든 지명들을 모조리 남부조선에 적당히 비정하였다. 바로 일본사학계가 떠드는 《쯔다사학》이라는 것은 일제의 조선, 아시아대륙침략을 위한 자료를 안받침한 데 지나지 않았으며 그의 어용적 성격은 부인할 수 없을 것이다.

이렇게 일제에 의한 조선강점과 1945년 8월 15일까지의 조일관계사 조선의 고대, 중세사에 대한 《연구》는 도꾜제국대학과 만철조사실을 중심으로 진행되게 되였으며 그 《연구》 성과는 《만선력사지리연구》로 체계적으로 출판되였다. 그 모든 것이 고대일본의 남부조선지배설인 《임나일본부》설에 초점이 맞추어졌다는 것은 불보듯 뻔하다.

일제어용사가들은 일본 야마또정권이 남부조선을 타고앉자면 백제와 신라, 가야가 락후해야 한다고 인정한 나머지 이 나라들의 건국년대를 인위적으로 낮추었다. 그들은 《삼국사기》에 실린 백제, 신라, 가야의 건국년대는 다같이 믿을 수 없는 것으로 일축하고 3~4세기의 건국으로 만들었다. 다른 한편 《일본서기》나 관계 기사에 《신빙성》을 부여하기 위한 책동의 일환으로서 다이센고분을 인덕릉으로, 곤다야마고분을 응신릉으로 조작하였다.

관변사가들은 일본렬도에서 제일 크다고 하는 다이센고분과 곤다야마고분을 《일본서기》에 나오는 이른바 《천황》들인 응신, 인덕의 릉으로 날조함으로써 《거대고분으로 대변되는 야마또조정-천황의 권력이 과시》된 것으로, 《권력의, 집중과 집적이 과시된 거대고분》으로 떠들어댔다. 말하자면 수백m에 달하는 거대고분이 축조될 정도로 야마또정권의 권력이 컸기 때문에 야마또조정은 바다 건너 조선에까지 군사진출을 감행할 수 있었다는 강도적 론리인 것이다.

그러나 그 고분들을 《일본서기》의 응신, 인덕 등에 맞추려는 어용사가들과 궁내 청서릉부의 벼슬아치들의 의도와는 관계없이 력사적 사실은 진실대로 밝혀졌다. 다이센, 곤다야마의 두 거대고분이 《일본서기》에 나오는 응신과 인덕의 릉이라고 볼 하등의 근거도 없을 뿐 아니라 도대체 그 거대고분을 4세기나 5세기 초로 끌어올릴 자그마한 자료도 없다. 일제어용사가들은 그 거대고분들을 응신, 인덕 두 왕의 무덤으로 만듦으로써 4세기 말~5세기 초 이른바 《야마또조정의 조선반도 진출》이라는 판에 박은 틀거리에 맞추려고 하였으나 그것은 완전히 허사였다. 다이센, 곤다야마고분은 5세기 말~6세기 초의 늦은 시기의 고분이며 그것은 야마또정권과는 무관계한 가와찌(河內)에 형성된 가야-백제계통 세력이 남긴 것이다.

《임나일본부》설이 일제의 조선침략과 지배를 합리화한 반동학설이라는 것은 크게 두 측면을 가지고 말할 수 있다.

하나는 조선민족의 넋을 빼앗아 사대주의와 민족허무주의를 심어놓음으로써 조선사람으로 하여금 민족자주정신을 가지지 못하게 하려는데 있었다. 이를 위하여 조선력사 발전의 후진성, 타률성, 외인론 등이

강조되였으며 조선민족은 예로부터 북은 중국(한)의 식민지(군)이고 남은 일본(야마또)의 식인지(임나일본부)였기 때문에 결국 조선사람은 타고난 식민지민족의 운명을 벗어나지 못 할 《팔자》라는 것이 설교되였다.

《삼한(조선-인용자)의 문명이라는 것은 대개가 지나(중국)로부터 가지고 온 것을 그대로 받아들인 데 지나지 않은 것이기 때문에 일본이 조선의 문화 때문에 진보를 가져왔다는 것은 결코 단언할 수 없다. … 이것은 일본과 조선과의 력사상의 관계를 교육에 등용하는 경우에 있어서는 크게 생각하지 않으면 안되는 것으로서 조선인이라는 것들에 쓸데없는 자부심을 일으키지 않도록 하지 않으면 안 된다.》(《조선의 장래》나이또전집, 4권)

여기서 잘 알 수 있는 바와 같이 《임나》설의 주되는 사명이 《조선인이라는 것들에 쓸데없는 자부심을 일으키지 않도록》 하는 데 있었다. 이것 하나만 보아도 조선을 《렬등민족》, 《보잘 것 없는 민족》, 《력사적으로 식민지 운명을 타고난 숙명적 존재》라는 사상을 심어주는 데 있었다는 것을 아주 명백하게 알 수 있다.

또 하나는 일본이 옛적에 잃었던 《옛땅》(조선 남부)을 되찾는다는 복고주의적 야심을 불러일으킴으로써 일본사람들을 조선과 아시아대륙침략에로 내모는 데 유리하게 리용하자는 데 있었다.

일제는 조선민족의 락후성, 후진성을 문헌적으로 조사《연구》하고 체계화하기 위하여 총독부 산하에 《조선사편수회》라는 것을 만들었다. 거기에는 일본인이 기본으로 되는 한편 부분적이지만 리홍직과 같은 친일파를 망라시키기도 하였다.

다른 한편 일제는 《통감부》설치 이후 아무러한 구속과 통제도 받지 않고 우리나라의 고분들을 마구 도굴하였다.

　일제 어용학자들은 《조선총독부》라는 관권을 등에 업고 오랜기간 《임나일본부》의 존재를 증명하기 위하여 별의별 악한 짓을 다하였다. 그것은 말 그대로 《조직화》된 것이였다. 따라서 고고학적으로 《임나일본부》를 찾을 시간이 모자랐다는 구실은 서지 않을 것이다. 일본인에 의한 고분발굴은 《1945년에 이르기까지의 30년간 조선총독부의 고적조사위원회가 이 방면의 사업의 중심으로 되여 많은 공적을 남기》였고(《임나흥망사》 수에마쯔 저, 요시까와홍문관, 1961년, 12페지) 1916년부터는 《총독부의 통일적 사업으로서 년도계획에 따라 반도 전토(조선을 가리킴-인용자)에 걸치는 조사가 개시되여 세끼노 박사 이외에 도리이, 이마니시, 구로이따, 하마다, 이께우찌, 하라다, 우메하라, 야쯔이 등의 전문학자들을 망라하고 각 방면의 연구를 담당하여 실로 학계에 드물게 보는 성대한 거사였다. 이밖에도 야기, 시바따 등도 조선의 고문화연구에 힘을 다하여 당시의 일본 고고학자의 태반은 반도의 고적 조사사업의 참가자이고 또 실시자였다고 해도 과언이 아니다.》(《조선고고연구》 후지따, 교또 다까기리서원, 1948년, 서론)라고 자랑할 정도였다.

　일본학자들은 김해지방을 중심으로 옛 가야땅에 대한 대대적 발굴을 진행하였다. 그것은 실로 《참빗으로 훑는 격》이였다. 그러나 메주 밟듯 밟은 가야(임나)땅이였으나 거기에서는 《임나일본부》의 흔적이란 꼬물만치도 나온 것이 없었다. 그럴 수 밖에 없는 것이 《일본서기》에 나오는 《임나일본부》는 조선의 가야땅에 없었기 때문이다.

　일본학자들은 1916년부터 5개년 계획이라는 것을 세워 경상남도의 전지역에 대한 전반적이고도 철저한 조사를 진행하였다. 도꾜와 교또의 두 제국대학의 《유명》한 학자들이 동원되어 진행된 조사임에도 불구하고 그 흔적은 없었다. 후에 일본고고학협회 회장을 한 도꾜대학의 구로이따 가쯔요시는 1915년 김해지방을 조사한 다음 그 결과를 도꾜제국대학 총장에게 보고서로 제출하였다. 그에 의하면 김해땅이란 가야의 수도가 있었던 곳으로서 거기에 《임나일본부》가 설치되었다고 하지만 실지로 조사한 결과 어디에 그것이 있는지 유적유물로서는 찾아볼 수 없다고 하였다. 구로이따는 다른 글에서 《〈임나일본부〉가 처음에 대가라 즉 지금의 경상남도 김해지방에 있었던 것은 명백한데 그 자취는 이미 망하고 또 이것을 찾을 방도가 없는 것이 유감이다. 내가 실지 탐사한 결과로서는 혹은 김해읍내부터 마산 및 웅천으로 나오는 도중 대체로 1리쯤 떨어진 곳으로 짐작된다.》(갱정 《국사의 연구》 각설상)고 구차한 변명을 늘어 놓았다.

또한 당시 교또제국대학을 대표하는 고고학자(후에 교또제국대학 총장)인 하마다 고오사꾸 역시 발굴계획 5개년 계획이 끝난 후 발표한 론문에서 임나(가야)지방에 《일본부》가 있었다고 하는 것은 선입견으로 생각하지 말아야 한다고까지 하였다. 말하자면 1921년 가야지방에 대한 조사가 일단락된 조건에서 당시 일본의 력사학계를 대표하는 학자들은 한결같이 고고학적 견지에서 《임나일본부》를 증명할 만한 유적이나 유물은 그 어디에도 없었다고 단정한 것이다.

고고학적 견지란 곧 물질적 자료를 의미한다. 《임나일본부》를 증명할 물질적 자료가 없다는 것은 곧 《임나일본부》가 없었다는 것을 그대로 선포하는 것이였다. 그러나 일본학계는 《임나일본부》에 미련을 가지고 조선에서 쫓겨날 때까지 끈질긴 조사를 진행하였다.

일제 해외침략의 산물인 《임나일본부》설은 그의 패망과 더불어 응당 소멸되여야 하였으나 패망 이후에도 이 사이비학설은 구태의연하게 일본 인민들의 정상적인 사고를 좀먹고 있다. 이렇게 된 데는 군국주의 일본의 온상이 그대로 남아있고 또 일제 어용기관에 복무하던 학자들이 아무러한 제재도 받음이 없이 높은 봉록을 타먹으면서 연구를 계속할 수 있었기 때문이다.

1945년 이후 《임나일본부》설에 대한 사이비 학술서적으로는 《일본상대사의 한 연구》(이께우찌 히로시, 1947년), 《임나흥망사》(수에마쯔 야스가즈, 1949년), 《〈일본서기〉 조선관계 기사 고증》(상)(미시나 쇼에이, 1962년)을 대표적으로 들 수 있다.

이 가운데서 수에마쯔의 《임나흥망사》는 고대 조일관계 연구에서 《고전적 의의》를 가지는 《명저》라고 평가되고 있다. 그러나 《임나흥망사》에서는 《임나일본부》에 대한 위치와 정체 등이 똑바로 해명되지 못하였으며 수에마쯔 자신은 가야의 령역을 엄청나게도 전라도지역에까지 확장하고 말았다. 그는 아유가이 후사노신의 《잡고》에 실은 《〈일본서기〉 조선지명고》를 통채로 삼키여 《일본서기》 임나관계 기사에 나오는 가야땅을 충청도, 전라도에까지 확대하였던 것이다. 《임나흥망사》의 비과학성과 허황성에 대하여서는 이미 학계의 초기 조일관계연구에서 명백히 밝혀졌다.(《초기 조일관계연구》 사회과학원출판사, 1966년, 346~360페지)

1970년대에 들어와서 일본학계에서는 지난날의 독선적 주장들을 철회하거나 반성하는 움직임이 있었다. 그러나 1980년대에 들어와서는 일시적으로 반성하는 척 하던 체면도 벗어던지고 《이전의 견해주장이

옳았다.》고 우기는 데까지 이르렀다. 그러한 대표적 실례로 최근에 나온 《대가야련맹의 흥망과 임나》(다나까 도시아끼 저, 요시까와 홍문관, 1992년)를 들 수 있다.

그밖에도 우리 학계의 립장을 인정하고 지지하다가 뭇사람들의 압력에 굴복하여 자기 견해와 주장을 철회하는 광개토왕릉비문 연구자, 조선력사를 중국력사의 테두리 속에서만 해석하려고 드는 문헌사가, 고고학적 사실을 무시하면서 《송서》 왜인전 기사를 외곬으로 읽어 《임나일본부》설을 주장하는 론자 등 형형색색의 학자들이 의연 《임나일본부》설을 붙들고 늘어지고 있다.

이처럼 일제시기의 추악스러운 《동조동근》, 《내선일체》, 《황국신민화》에 이어지고 그 근본바탕으로 된 《임나일본부》설은 아무런 과학적 타당성과 근거도 없는 철두철미, 허황한 사이비학설이다.

《임나일본부》설의 붕괴는 시간문제이다. 왜냐하면 그것은 아무러한 진리성도 과학성도 담보되지 않는 사상루각에 지나지 않기 때문이다.

《일본서기》 임나관계 기사에 나오는 임나(가야)와 《임나일본부》는 일본렬도 기비지방의 임나이며 거기에 있던 《임나일본부》였다.

(3)《임나일본부》의 위치

지난날 일본제국주의는 삼국시기 조선의 남쪽지방이 일본 야마또의 식민지였다고 하면서 저들이 조선을 통치하는 것을 타고난 것으로,

숙명적인 것으로 설교해왔고 일부 친일파들 가운데서도 사대주의와 민족허무주의에 빠져 일제가 제창하는 《동조동근》,《내선일체》를 받아 무는 자들이 있었다. 한마디로 말하여 일제가 말하는 《임나일본부》라는 것은 일본 야마또정권이 가야(임나)를 식민지통치화하기 위하여 만든 지배기구이며 그것은 조선총독부와 같은 사명, 권능을 가진 통치구조였다는 것이다.

오늘날 일본학계에서는 로골적으로 《임나》설을 주장하지는 못하지만 은근히 그것을 인정하고 거기에 맞게 론리를 전개하려는 경향이 의연히 나타나고 있다.

그러면 도대체 《일본서기》에 나타난 《임나일본부》의 실체는 무엇이며 그의 정체는 과연 무엇인가.

100년이 넘은 《임나사연구》의 력사를 가진 일본학계는 그에 대한 똑똑한 대답을 한 적은 한 번도 없다. 오직 원문대로 읽을 때에만 《일본서기》에 나오는 《임나일본부》의 정체가 밝혀질 것이다.

《임나일본부》라는 것은 6세기경에 일본렬도 통합(특히 일본서부) 과정에 기비지방에 설치한 야마또정권의 출장기관 또는 그 기관을 책임진 관리를 말한다.

《일본서기》에 《임나일본부》가 명문으로 밝혀진 것은 흠명기 2년 4월조의 任那日本府吉備臣闕名字[임나일본부길비신궐명자]이다. 그밖에 安羅日本府라는 것이 있고 웅략기에는 기비노가미쯔미찌노오미 다사를 임나국사(任那國司)로 임명한 것이 있다. 그리고 웅략기 8년 2월조에 일본부 행군원수라는 것이 나온다. 아라일본부를 가와찌노아 따히라고 밝힌 것도 있다.

이렇게 《임나일본부》라는 것은 기비노오미 즉 기비지방과 밀접한 관계에 있었다는 것을 알 수 있다. 다시 말하여 《임나일본부》라는 것은 가야(임나)국에 설치된 일본부(야마또노미꼬또모찌)라는 뜻인데 이미 본 바와 같이 일본(야마또)이란 말도 부(府, 이꼬또모찌)라는 말도 6세기 당시에는 없었던 것으로서 8세기 《일본서기》 편찬 당시 조작해낸 말이였다. 그리고 야마또에서 파견된 일본부는 기비지방에 있던 가야(임나)에 갔던 것이다. 그렇기 때문에 그곳 실정을 잘 아는 기비지방 토호출신 인물들이 임나국사나 《임나일본부》(미마나 미야께)로 임명되였던 것이다. 무엇때문에 다사, 오또기미 등이 지적에 둔 기비의 임나(가야)에 갔다고 보지 않고 굳이 력사적 사실에 맞지 않게 멀리 조선의 임나(가야)에 갔다고 보려고 하는가. 백 번 양보해서 소국(분국)론은 제쳐놓고도 기비지방에 가야가 있었고 가야국조(加夜國造)가 있었다고 한 것은 일본측 기록(구사본기-국조본기)에도 있는 사실이며 고대시기(일본의 력사시대-인용자) 가야를 임나라고 부른 것도 사실이다.

　모든 력사적 사실들은 《일본서기》 임나관계 기사에 나오는 임나국사, 《임나일본부》, 아라일본부 등이 일본서부의 기비지방을 배경으로 하고 있다는 것을 그대로 보여준다.

　그러면 야마또정권은 왜 야마또의 이른바 칙사들인 모노노베노무라지 지찌네, 쯔모리노무라지 그리고 구다라(백제) 성명왕 등을 시켜 기비의 임나가라에 이래라저래라 하는 것인가. 특히 흠명기 2년과 5년의 이른바 《임나부흥회의》에서는 임나를 부흥시킬 데 대한 야마또왕의 지시가 여러 번 전달되였다. 이것은 무엇을 의미하는가. 왜 야마또는 사신을 파견하여 또는 성명왕을 통하여 임나(가야)를 복구하거나 다시

세우게(부흥)하려고 하는가. 그것은 당시 기비지방에 있던 임나(가야)소국이 처한 사정과 관계되였다.

기비가야국은 5세기 전반기 두 쯔꾸리야마고분을 절정으로 하여 최전성기를 맞이한 다음 급속히 약화되였으며 6세기 후반기에 와서는 《볼만한 고분이 하나도 없다.》고 할 정도로 쇠퇴몰락하게 되였다. 단지 료구야마고분 하나만 간신히 고대기비의 옛 모습을 보일 뿐이였다. 고분축조의 이와 같은 양상은 기비가야(임나)가 약화몰락되였다는 것을 보여준다. 그와 반면에 오꾸지방에 있던 신라(시라기)소국은 점차 강성하여 국경선인 요시이강을 넘어 임나가라땅을 침범하게 되였다.

야마또국가로서는 이러저러한 관계로 기비 가야국과 밀접한 련계가 있었다. 앞에서 본 바와 같이 가와찌와 야마또의 주되는 세력 가운데는 기비가야소국의 집단이 들어 있었으며 량자 호상 간에는 인척관계가 형상되여 있었다. 기비지방에 가와찌, 야마또의 지명과 인물들이 많이 남아있게 된 것도 그리고 야마또정권 내에 기비가야사람들이 후궁을 비롯하여 관료요직에 들어앉게 된 것도 두 지역의 호상교류가 아주 밀접하였기 때문이다. 응신기에 야마또의 왕이 직접 기비 아시모리궁에 왕림하여 처가집 일에 관여한 것 등은 다같이 야마또와 기비의 밀접한 사돈관계를 반영한 이야기이다.

이러한 조건에서 야마또는 일본서부 기비지방을 지배통제하게 되면서도 몰락한 임나를 다시 부흥할 데 대하여 지시를 준 것이다. 물론 임나국사나 《임나일본부》는 야마또의 지시를 받들어 움직이는 꼭두각시에 불과하였으나 그들은 다 그전날의 토호출신이였다. 그러나 야마또국가로서는 기비임나가 공고한 국가로 부흥될 것을 바라지 않았기 때문에 그곳 토호출신들인 기비노오미, 오또기미 등을 앞잡이로 내세웠으나 실권은 아게에나시와 사로마쯔 등 미천한 출신 인물들이 틀어쥐게 하였다. 야마또의 임나부흥을 위한 목적은 어디까지나 시라기(신라)를 억제하고 병탄함에 있어서 기비 임나가라를 써먹자고 하는 데 있었다. 거기에 지난날의 임나(가야)소국의 토호들이 합세한 것이였다. 바로 임나국사나 《임나일본부》로 된 기비노오미(吉備臣)란 기비 가야씨세력이였던 것이다.

6세기 중엽 당시 빗쮸 가야소국(임나)은 약화되여 국가의 체모도 갖추지 못할 정도였으나 그 대신 가미쯔미찌(죠도) 일대에는 가라, 아라, 도꾸 등의 아주 작은 나라들이 형성되였다. 특히 아라(가라)는 기비 임나가라 가운데서 가장 유력한 나라로 발전하였다. 그러나 그것 역시 야마또의 지배통제하에 움직이는 존재에 지나지 않았다.

이처럼 《일본서기》 임나관계 기사에 나오는 《임나일본부》라는 것은 기비지방 임나가라에 설치된 야마또정권의 전권대표적인 행정적 출장기관 또는 그 기관을 책임진 관리였다.[58]

---

58 《임나》설, 《임나일본부》설의 기본핵을 이루는 《임나일본부》라는 술어가 나오는 것은 오직 흠명기뿐이며 그것도 이른바 《임나부흥회의》에 얼굴을 비치는 정도에 그친다. 그럼에도 불구하고 그것을 과장하여 일제시기의 총독부처럼 묘사해왔으니 실로 어처구니가 없는 일이다. 《임나일본부》설을 부정하고 비판한다는 오늘날의 일본학자들이 《임나일본부》를 왜재(倭宰) 즉 야마또에서 파견한 사신으로 보면서 가야문제에 관한 회의에 참가하여 큰 발언권을 가졌다거나 또는 《부흥회의》가 항시적으로 개최되는 가야의 합의제였으며 거기에 왜(야마또)의 사신이 참석하여 큰 발언권을 가졌다는 등의 설은 실로 가소롭기 그지없는 것이다. 왜냐하면 그것들은 하나와 같이 그 가야(임나)를 조선의 가야로 보면서 일본 야마또정권이 그러한 《회의》에 참여한 것을 전제로 하고 있기 때문이다. 다시 말하여 《일본서기》 임나관계 기사 내용을 조선력사에 용해시켜 혼동시킨 데서 이와 같은 착각을 하게 된 것이다. 이렇게 조선반도에서 벌어진 사건들과 일본렬도에서 벌어진 사건들을 마구 뒤섞다보니 마치도 광개토왕릉비에 나오는 왜가 일본 야마또지방의 왜인 것처럼 보게되고 이른바 《임나부흥회의》가 조선의 가야에서

이어서 신공기에 나오는 지명 몇 가지를 보기로 한다.

《일본서기》신공기에 나오는 조선관계 기사는 한마디로 말하여 허황한 이야기와 함께 야마또정권이 서부일본을 통합한 사건사실을 아무러한 체계성도 없이 엮어나간 것이라고 규정지어야 할 것이다. 거기에 나오는 시라기(신라)라는 것이 대부분 기비 오꾸 일대에 있던 신라소국이였다는 데 대해서는 이미 보았다.(《일본에서 조선소국의 형성과 발전》백과사전출판사, 1990년, 289~299페지)

신공기 49년 3월조에 나오는 아리히시노가라(남가라), 도꾸, 아라, 다라, 도꾸준, 가라 등은 기비지방의 임나가라에 있던 작은 나라들이였다. 이에 대하여서는 이미 지명들을 통하여 증명되였다. 적어도 가라, 남가라, 아라, 다라, 도꾸 등 5개 소국은 지명에 력연히[亦然히] 남아있다.

또한 지구마나가히꼬와 구다라왕이 올라가 맹세를 다진 고사노무례(古沙山)도 기비지방에 있었다. 죠도군 히라지마촌 미나미고쯔와 미야스촌 나라바라에는 오늘날에도 고사가와(古沙川)라는 지명이 있는데 중세기의 비젠 죠보고을 구사까베향에 해당하는 지역이다.(《아까이와군지》1940년, 166~167페지)

고사무례라는 것은 고사(古沙)라는 곳에 있는 산이라는 뜻이다. 산이

벌어진 것처럼 생각하게 된 것이였다.《임나일본부》설을 비판한다고 하면서 거기에 말려들어가 그 틀에서 벗어나지 못하고 맴돌고 있는 것이 오늘날 일본고대사학계의 현실태이다.《일본서기》임나관계 기사는 어디까지나 기본적으로 일본렬도에서 벌어진 내용으로 일관되여 있으며 우리나라의 력사와 일단 무관계하다는 전제에 서지 않을 경우 그러한 립장에서 벗어날 수 없다. 따라서 아무리《임나》설을 비판한다고 나선 소장파학자들일지라도 결국 그 낡은 틀에서 벗어나지 못하고 마는 것이다.(신판《고대의 일본》2권〈아시아에서 본 고대일본〉가도까와서점, 1992년 등)

있는 곳에는 강이 흐르기 마련이다. 죠도(가미쯔미찌)고을에 고사의 강이 있다는 것은 그 일대 가까운 곳에 산 즉 고사산이 있었다는 것을 말해준다. 古沙, 古砂[고사]는 음과 한자 표기가 완전히 같다. 더우기 죠오 일대에는 이제까지 본 바와 같이 여러 작은 조선계통 소국들이 있었다. 그곳에 신공기에 나오는 고사의 지명이 남아 있다고 해도 결코 이상한 것이 없다.

신공기 섭정5년 3월조에는 다다라쯔(蹈鞴津)에서 4개 읍의 아야히또의 조상되는 포로들을 잡아왔다고 하였는데 그것은 기비지방에 있던 아야(가야)사람들이였다. 물론 그 아야사람들을 신공황후가 잡아간 것도 아니다. 야마또지방에 사비, 오시누미, 다까미야, 구와하라 등의 지명이 붙게된 것은 기비지방에 진출한 아야(가야)사람들이 이러저러한 계기(5세기 가야세력의 동천 등)로 야마또지방에 정착하게 된 데 기인된다. 앞에서 본 바와 같이 야마또지방에는 제철, 단야수공업자로서의 그들의 존재가 지명 및 고고학적으로 증명되였다.

문제는 그들의 이름에서 유래된 지명들이 조선에는 없고 유독 기비지방에서만 찾을 수 있다는 거기에 있다. 실례로 오시노미(忍海) 아야히또와 관련된 기록으로는 739년(천평 11년)의 《빗쮸국대세부사망인장》에 오시노미아야베 마마로(忍海漢部眞麻呂)를 비롯하여 3명의 오시노미 아야히또의 이름이 올라 있다. 그들은 다같이 가야고을 니와세향에 사는 아야(가야)사람들이였다.

기비지방에는 사비(佐備)의 지명도 있는데 요시이강 중류지역에 있는 사비(作備)가 바로 그것이다.(《아까이와군지》 1940년, 154페지) 사비라는 것은 조선말 삽에서 나온 것으로서 삽이나 괭이, 보습 등을 만드는 제철, 단야(鍛冶)수공업과 관련된 말이다. 대개 그러한 단야 수공업집단이 살던 마을들에 그런 이름(지명)이 남기 마련이다. 요시이강류역에는 사철을 다루는 크고 작은 수공업장들이 많았다. 가지야, 가지규(鍛冶久) 등의 지명 가까이에 가로또(辛音, 唐人, 加羅人) 등의 지명이 곁붙어 있는 것은 그것 때문이다. 스사노오노미꼬또가 오로찌(어른치)를 벤 가라사히(가라삽)는 기비지방의 아까사까고을 이소노가미 후쯔노미따마신사에 보관하였다고 하였는데(《일본서기》권1 신대상 8단 1 서제 3) 그 일대에는 제철, 단야수공업장들이 적지 않게 있었다. 그곳이 가라삽(가라사비)을 만드는 고장이였으므로 그러한 설화가 생긴 것으로 보인다. 기비지방 여러 곳에 사비(삽)라는 지명이 있었던 것으로 추측된다.

이처럼 신공기 임나관계 기사의 몇 가지 자료만 보아도 그것은 일본 대 조선에 있었던 이야기가 아니라 일본렬도 내에 있었던 조선(신라, 가야)소국들과 야마또정권과의 관계가 이러저러하게 련관되어 반영된 것임을 알 수 있다. 8세기의 《일본서기》의 편찬자들은 신공황후라는 가공인물을 설정함에 있어서 이미 있던 녀왕들(가령 비미호녀왕 등)을 참고하였다. 그러면서 그 왕대 기사에는 단편적으로 전하는 실지 있었던 기사들을 적당하게 엮어놓았다. 그리하여 그 기사들은 후시기의 왕대 기사내용과 어슷비슷하게 되기도 하였던 것이다. 그런데로부터 허황한 내용으로 일관된 신공기도 앞뒤의 서술내용을 잘 맞추면서 지명고증, 인물고증을 할 때 그 리면에 숨겨진 력사적 진실을 들출 수 있게 되는 것이다.

이상에서 《일본서기》에 나오는 임나관계 기사를 고찰하였다.

웅략기, 계체기, 흠명기 등에 나오는 임나는 조선의 임나(가야)가 아니라 기비지방에 있었던 가야이며 기비노오미 다사를 비롯한 여러 신라정벌 장수들이 찾아갔거나 파견된 곳은 기비땅이었다. 임나관계 기사에 나오는 산, 마을, 강 등 여러 지명들을 조선에서는 찾아볼 수 없으나 기비지방에서는 적지 않게 비정할 수 있었다. 특히 아사히강과 요시이강 류역 일대에서 임나관계 기사에 나오는 마을이름과 지명들을 찾아낼 수 있었다. 앞으로 연구를 심화시켜 나갈수록 더 많은 지명을 기비지방에서 찾아낼 수 있게 될 것이다.

지명뿐 아니라 임나관계 기사에 나오는 인물만 보아도 그것이 조선의 가야가 아니라 일본렬도 기비지방에서 찾을 수 있는 인물이였음을 알 수 있다. 야마또에서 파견되였다고 하는 모노노베노무라지, 가와찌노아따히, 기비노오미, 쯔모리노무라지 등 임나관계의 주역들을 조선에서는 찾을 수 없으나 기비지방에서는 옛 문헌과 지명유적들에서 찾을 수 있었다. 이것은 야마또에서 파견되였다고 하는 군사들이 일본렬도 경내를 벗어나지 않았으며 기비지방의 분쟁에 개입하였다는 것을 보여주고 있다.

《일본서기》임나관계 기사에는 임나왕이 나오고 그의 부하들 가운데는 기비노오미 오나시와 같이 기비땅의 장수들이 큰 몫을 차지하고 있는데 이는 그 임나(가야)왕이 기비의 가야(임나)왕이였음을 증명해준다. 또 신라정벌 장수 기비노오미 오시로가 신라를 치러 가는 도중에 기비국에 머물러 있었다는 등 여러 기사들은 기비의 신라, 기비의 가야(임나)에 가서 한 군사행동이였다는 것을 알 수 있게 한다.

《임나일본부》라는 것은 야마또의 정권이 기비에 있는 가야(임나)에 주둔해 있으면서 림시로 행정사업을 보게 한 출장기관 또는 그 벼슬을 맡아보던 사람을 말하였다. 일본학자들이 말하는 것처럼 야마또정권의 사신이 조선의 가야에 와서 회의를 소집하고 발언을 하는 등의 일들은 없었고 야마또정권이 서부일본을 통합하는 과정에 적대적으로 나서는 신라를 견제하기 위해 약화된 가야(임나)에 림시행정기관으로서《일본부》를 설치한 것이었다.

《일본서기》임나관계 기사의 고찰은 야마또의 군사들이 개입되여 벌어진 사건들이 일본서부 기비지방에서 벌어졌던 일들이라는 것을 보여주며 그 언제 한번 야마또의 큰 무력이 조선에 와 본 적이 없었다는 것과 또 그럴 수도 없었다는 것을 말해주고 있다. 그것은 우리나라와 일본의 고고학적 자료가 명백하게 증시해 준다.

남북한 가야사 연구의 현격한 차이

이덕일

국립중앙박물관의 '가야본성(本性)'

　문헌사학자와 고고학자를 막론하고 남한 강단사학에서 설명하는 가야사는 무슨 이야기를 하는 것인지 이해하기 힘들다. 흔히 가야를 '수수께끼의 왕국'이라고 하는데 가야가 수수께끼의 왕국이 아니라 남한 강단사학계의 가야사 연구 자체가 '수수께끼'다.

　일례로 2019년 12월 3일부터 국립중앙박물관에서 전시한 가야특별전인 '가야본성(本性)'을 보자. 전국 각지에 흩어져 있던 가야 관련 유물들을 한군데 모아놓은 야심찬 기획이었다. '철의 왕국'이라고 불렸던 가야의 실체를 짐작하기에 훌륭한 유물들이었다. 문제는 후대학자들의 설명이었다. '가야본성'이라는 일본식 이름을 쓴 것부터 문제였던 데다가 벽면을 채운 연표는 무슨 말인지 이해할 수 없는 내용들이었다. '369년'에는 이런 연표가 붙어있었다.

> 369년 가야 7국(비사벌, 남가라, 탁국, 안라, 다라, 탁순, 가라) 백제·왜
> 연합의 공격을 받음(서기)

369년에 백제가 왜와 연합해 가야 7국을 공격했다는 것이다. 369년에
백제와 왜가 연합해서 가야 7국을 공격했다는 내용인데, 가야사에 관심
을 갖고 《삼국유사》나 《삼국사기》를 읽어본 사람들은 금시초문의 내용
이었다. 게다가 가야 6국이 느닷없이 가야 7국으로 바뀌어 있었고,
금관가야나 대가야는 어디로 사라지고 그 이름도 생소한 비사벌, 탁국,
다라, 탁순 등이 대체하고 있는 것이다.

이런 내용은 어느 사료에 나올까? 369년은 백제 근초고왕 24년인데,
《삼국사기》는 근초고왕이 고구려 고국원왕이 보낸 2만 군사를 치양(雉
壤)에서 격퇴하고 한수 남쪽에서 군대를 사열했는데 모두 황색 깃발을
사용했다고 말하고 있다. 황색 깃발은 황제의 깃발이다. 《삼국사기》에는
백제가 왜와 손잡고 가야를 공격했다는 내용 따위는 없다. 그럼 국립중앙
박물관은 무슨 근거로 이렇게 써놓은 것일까? 국립중앙박물관은 '서기'
라는 역사서에 나온다는 것인데, 서기는 《일본서기》를 뜻한다. 그런데
《삼국사기》에는 전혀 안 나오는 내용인데 《일본서기》에 나오니 진짜라
고 말하기는 떳떳지 못하니까 '일본' 자를 빼버리고 '서기'라고만 쓴
것이다. '일본서기'를 '서기'라고 표기했으니 다른 사료들도 모두 제
이름을 반 이상 잘라먹고 《삼국사기》는 '사기', 《삼국유사》는 '유사',
《동국여지승람》은 '승람'으로 표기했다. 《일본서기》를 살리기 위해서

자국의 역사서의 이름을 잘라먹어야 하는 강단사학계의 슬픈 자화상이다.

369년에 가야 7국이 백제, 왜 연합의 공격을 받았다고?

'369년에 가야 7국이 백제·왜 연합의 공격'을 받았다는《일본서기》내용은 사실일까? 일본 극우파 역사학자들은 왜가 가야를 공격한 것이 신공(神功)왕후 49년에 벌어진 일이라고 말하고 있다.《일본서기》신공 49년은 서기 249년이다.《일본서기》는 연대부터 맞지 않는 사서인데, 일본 극우파 역사학자들은 결론부터 내려놓고 이 결론에 연대를 꿰어 맞춘다. 249년에 2주갑 120년을 더해서 369년에 발생한 사건이라고 주장하는 것이다.《일본서기》는 신공 49년에 아라타와케(荒田別)·모쿠라콘지(木羅斤資) 등이 "탁순에 집결해 신라를 공격해 깨트리고, 비자발·남가라·탁국·안라·다라·탁순·가라 7국을 평정했다."라고 쓰고 있다. 공격한 곳은 신라인데 정벌 당한 곳은 가라 7국이라는 희한한 내용인데, 이 구절이 일본 극우파들이 주장하는 임나일본부설의 성립 근거다.

《일본서기》는 7국을 점령한 야마토왜군이 군사를 서쪽으로 돌려서 남쪽 오랑캐인 침미다례(沈彌多禮)를 도륙해서 백제에 주었다고 말하고 있다. 그러자 백제의 초고왕과 왕자 귀수가 왜인들과 고사산(古沙山)에 올라 신공왕후에게 영원한 충성을 맹세했다는 것이다. 이것이 대한민국 국립중앙박물관의 눈에 '백제·왜 연합'이 결성되어 가야 7국을 공격한 기사로 보인다는 것이다. 국립중앙박물관이 말하는 이른바 가야 7국은

《삼국유사》에서 말하는 가야 6국과 완전히 다르다. 《삼국유사》의 가야 6국은 '금관·아라·고령·대·성산·소가야'인데, 《일본서기》의 가라 7국은 '비사벌, 남가라, 탁국, 안라, 다라, 탁순, 가라'로서 같은 국명이 하나도 없다. 그런데 대한민국 국립중앙박물관은 《삼국유사》의 가야 6국을 버리고, 《일본서기》의 가라 7국이 진짜라면서 버젓이 연표에 써놓은 것이다.

더구나 《일본서기》의 신공 49년은 서기 259년인데 멋대로 120년을 끌어올려 369년의 사건이라면서 일본 극우파의 임나일본부설을 버젓이 게시한 것이다. 백보 양보해서 《일본서기》 신공 49년을 369년의 사건이라고 보면 실제로 있었던 사건이라고 볼 수 있을까? 369년에 백제의 근초고왕이 고구려군을 격퇴하고 황색깃발을 사용하며 군사를 대대적으로 사열했다는 《삼국사기》의 기록과 369년에 근초고왕이 야마토왜에 영원한 충성을 맹세했다는 《일본서기》의 기록 중 어느 것이 사실일까?

두 기사 중 《일본서기》가 거짓이라는 것은 역사학자가 아니라도 쉽게 알 수 있다. 369년에 야마토왜는 국가도 아니었기 때문이다. 일본고대사를 전공한 도쿄대 이노우에 미즈사다(井上光貞:1917~1983)는 "4세기의 조선 문제의 초점은 남한의 변한 지역의 확보인데, 《기기(記紀:일본서기·고사기)》에서 말하는 신라는 아직 조연이었다."면서 "따라서 신공 황후의 신라 정벌은 사실이 아니다(《日本の歷史, 第1卷 神話から歷史へ》)."라고 말했다. 신공왕후의 신라정벌이 사실이 아니라면 '신라를 공격해 깨트리고 가라 7국을 점령했다.'는 임나일본부설은 입론 자체가 성립될 수 없다. 그럼에도 불구하고 국립중앙박물관은 일본 극우파 역사

관을 신봉해 가야본성의 연표에 369년 백제·왜 연합이 가야를 공격했다고 써 놓았다. 국민세금으로 운영되는 국립중앙박물관에서 일본 극우파들이 주장하는 임나일본부의 내용을 버젓이 게시해놓은 것이다.

남한 학계의 가야 건국시기

대한민국 보통 국민들은 가야가 서기 42년에 건국되었다고 알고 있다. 그러나 일반 국민들의 상식과 남한 강단사학자들의 이른바 학설은 크게 다르다. 남한 강단사학계의 통설을 담고 있는《한국민족문화대백과사전》은 '가야'의 건국 시기에 대해 이렇게 설명하고 있다.

> 가야는 변한의 12소국, 소국 연맹체, 초기 고대 국가 등의 단계를 거쳤다. 서기전 1세기 낙동강 유역에 세형(細形)동검 관련 청동기 및 초기철기문화가 유입되면서 가야의 문화 기반이 성립되었다. 서기 2세기경에는 이 지역에 소국들이 나타나기 시작하여 3세기에는 12개의 변한 소국들이 성립되었으며, 그중에 김해의 구야국(狗邪國 : 金官伽倻)이 문화 중심으로서 가장 발전된 면모를 보였다.(『한국민족문화대백과사전』, 가야)

서기 2세기경에 이 지역에 소국들이 나타났으며 3세기에 12개의 소국이 성립되었다는 것이니 가야의 건국은 그 후에나 가능하다는 것이다. 일반 국민들은 가야가 서기 42년에 건국되었다고 알고 있는데 남한의 역사학자들은 3세기 이후에나 건국되었다고 말하고 있는 것이다.

남한 강단사학자들은 자신들의 역사학을 실증주의라고 말한다. 사료에 있는 대로 순수하게 역사를 인식한다는 것이다. 그럼 과연 남한 강단사학자들은 사료에 있는 대로 순수하게 가야 건국시기를 인식하는 것일까? 《삼국유사》 가락국기는 가야가 서기 42년 건국했다고 말하고 있다. 《삼국사기》〈김유신 열전〉도 "그 12세 조상 김수로는 어디 사람인지 알 수 없는데, 후한(後漢) 건무(建武) 18년(서기 42) 임인에 … 나라를 열고 국호를 가야라고 했는데, 뒤에 금관국으로 고쳤다."라고 말하고 있다.

《삼국유사》와 《삼국사기》는 모두 가야가 서기 42년에 건국되었다고 말하고 있다. 또한 《삼국사기》 탈해이사금 21년(서기 77)조는 "(신라의) 아찬 길문이 황산진(黃山津) 입구에서 가야 군사와 싸워 1천여 명의 목을 베었다."라고 기록하고 있다. 게다가 서기 1세기 무렵부터 신라토기와 다른 가야토기가 출토(안춘배, 《가야토기와 그 영역의 연구》, 1994년 동아대학교 박사학위 논문)되고 있다. 문헌사료는 물론 서기 1세기에 가야가 건국되었다는 고고학 유적·유물들도 차고 넘친다. 그러나 남한 강단사학은 3세기에야 12개의 소국이 성립되기 시작했다고 주장한다. 실증은 어디론가 사라지고 사료 없는 주장이 '정설', '학설'이란 이름으로 행세하는 것이다.

북한학계의 가야 건국시기와 남북한 역사학계의 형성

그럼 북한은 가야의 건국시기를 어떻게 보고 있을까? 《북한학계의 가야사》는 그 첫머리인 〈가야사개관〉에서 "가야는 진국의 변한지역에서 B.C. 1세기 말엽에 봉건소국으로 형성되었다가 1세기 중엽에 독자적인 봉건국가로 되었다.”라고 쓰고 있다. 서기전 1세기 말에 변한에 봉건소국이 형성되었다가 서기 1세기 중엽에는 가야가 건국되었다는 것이다. 남한 학계는 ‘3세기에 12개의 변한소국들이 성립’되었다지만 북한학계는 서기전 1세기에 변한 소국이 형성되었다는 것이다.

왜 이런 현상이 발생했을까? 이는 남북한 역사학계의 형성과정을 살펴보아야 알 수 있는 문제다. 필자는 이미 《리지린의 고조선 연구》(2018)를 해역하고, 《북한학자 조희승의 임나일본부 해부》(2019)에 주해를 달면서 남북한 역사학계의 형성과정에 대해서 설명한 바 있다. 또한 《이덕일의 한국통사》(2019) 서문에서도 이 문제를 다룬 적이 있으니 자세한 내용은 이 책들로 대신하면서 여기에서는 간단하게 정리하려고 한다.

1945년부터 1948년까지의 해방공간에 약 세 학파 정도의 역사학자들이 있었다. 하나는 독립운동가들의 역사관을 계승한 민족주의 역사학자들이고, 또 하나는 마르크스의 사적유물론을 추종하는 사회경제사학자들이었다. 다른 하나는 조선총독부 조선사편수회에서 자국사를 난도질한 이병도·신석호 등의 식민사학자들이었다. 해방 후 친일세력들이 다시 정권을 잡으면서 민족주의 역사학계는 도태되었고, 사회경제사학자들은 대거 월북해 북한 역사학계의 핵심을 이루었다. 반면 조선총독부 조선사편수회 출신의 식민사학자들이 남한 역사학계를 완전히 장악했다. 남북 역사학계 형성 구조의 차이는 일제 식민사관을 대하는 자세에서 극명하게 드러난다.

북한은 조선력사편찬위원회를 조직하고 그 학술지 《력사제문제》를 출간했는데, 벽초 홍명희의 아들인 홍기문은 1949년에 《력사제문제》에

〈조선의 고고학에 대한 일제 어용학설의 검토(상·하)〉라는 논문을 썼다. 홍기문은 이 논문에서 일제 식민사학의 요체를 명쾌하게 정리했는데, 첫째 한사군의 낙랑군이 지금의 평양에 있었다는 것이고, 둘째 가야가 임나라는 임나일본부설이고, 셋째는 백제가 일본의 부용국(附庸國), 즉 속국이라는 주장 등이 일제 식민사학의 요체라는 것이었다.

북한학계는 조선사편수회의 '한사군 한반도설', 즉 '낙랑군 평양설'은 1961년에 리지린의 《고조선연구》 발간을 계기로 공식적으로 폐기하고 '한사군 요동설'로 전환했다고 《리지린의 고조선 연구》 해제에서 이미 밝혔다. 또한 '임나일본부설(임나 가야설)'도 1963년 김석형이 〈삼한·삼국의 일본열도 분국설〉을 발표하면서 폐기하고 임나는 가야계가 일본 열도에 진출해서 세운 소국이라고 정리했다고 《북한학자 조희승의 임나일본부 해부》에서 밝혔다.

반면 남한 학계는 아직도 조선사편수회가 만든 '낙랑군 평양설'과 '임나 가야설'이 하나뿐인 정설이다. 총론과 서론으로는 "식민사학을 극복했다.", "임나일본부설을 극복했다."라고 말하지만 본론과 각론에 들어가면 식민사학 일색인 것이 남한 강단사학계의 현실이다. 그 결과 국립중앙박물관의 '가야본성'에 '369년, 백제·왜 가야 7국 공격'이라는 임나일본부설이 버젓이 등장하게 된 것이다.

임나를 보는 남북한 학계의 너무 다른 시각

북한학자 조희승은 《임나일본부 해부》의 첫머리를 이렇게 시작했다.

《임나일본부》설의 정체에 대한 올바른 리해를 가지려면 응당히 우리나라 력사에 존재하였던 가야국에 대하여 이야기하는 것으로부터 출발해야 한다. 가야국에 대하여 알아야 초기 조일관계 력사에 대하여 알 수 있을 뿐 아니라 이 사이비학설이 기대고 있는 자료 근거의 허위성이 까밝혀질 수 있기 때문이다(《북한학자 조희승의 임나일본부해부》, 12쪽)

가야사가 한일 학계에 현안이 되는 이유는 임나일본부설 때문이다. 조희승은 바로 이를 명확하게 인식하고 가야사에 접근하고 있다. 《북한학계의 가야사》는 논리구조가 간단하다.

가야는 서기 42년에 금관가야 중심으로 건국했다는 것이다. 이후 5세기 중엽부터 6가야가 망할 때까지 약 한 세기 동안은 고령의 대가야가 맹주적 지위에 있었다는 것이다. 그리고 가야의 경제와 문화는 아주 발달했었다는 것이다. 무엇보다 가야사람들은 일찍부터 일본열도에 진출해 여러 소국, 분국들을 건설했는데, 그중 임나는 현재 오카야마현에 있던 기비(吉備)라는 것이다.

서울대학교 명예교수 노태돈이 쓴 《한국고대사》에는 '가야의 등장'이란 항목이 있다. 노태돈은 남해안지역에서 새로운 지역정치 집단 형성의 움직임이 태동하기 시작한 것은 기원전 1세기 이후부터라고 말하고 있다. 1세기 이후 창원 다호리 유적 등 각지에서 토광목관묘가 축조되었고 수많은 철제 유물들이 출토되었다고 말하고 있다. 그러면 서기 1세기에 가야가 건국되었다고 말해야 자연스러운데 남한 강단사학자가 그렇게 말할 리 없다.

노태돈은 238년에 위나라가 요동의 공손연을 멸망시켰다고 서술하더니 313년과 314년에 낙랑군과 대방군이 고구려에 의해 병탄되었다고 말하고 있다. 그가 말하는 낙랑군과 대방군의 위치는 물론 조선총독부 식민사관의 견해대로 각각 평안도와 황해도이다. 이런 장황한 설명으로 독자들의 논점을 흐린 후 드디어 본론이 나온다. "4세기에 들어 변진 소국들 중 두각을 나타낸 우세 세력은 김해에 소재한 구야국(가락국)이다."라는 것이다. 가락국이 4세기에 건국되었다는 것이다.

물론 남한 강단사학자들은 '임나일본부설'에 대한 비판을 빼놓지 않는다. 노태돈도 이 글에서 '임나일본부설의 허상'이라는 항목을 설정해 임나일본부설에 대해서 서술했다. '허상'이란 제목을 붙였으면 그 허상을 서술하면 된다. 즉 '임나일본부는 없었다.', '가야는 임나가 아니다.' '가야에는 왜인들이 어떤 기관을 만들어 상주하지 않았다.'라고 하면 된다. 그러나 '임나일본부의 허상'을 따라가다 보면 임나일본부가 있었다는 것인지 없었다는 것인지 모호하게 된다. 가야에는 왜인들이 집단으로 거주했다는 것을 전제로 논리를 편다. 이 왜인들은 개인이 아니라 야마토왜의 정식 관원들인데 그 정식명칭이 '재안라왜신등(在安羅倭臣等)'이라는 것이다. 가야사와 임나사에 정통하지 못한 독자들이 이런 설명을 들으면 가야에 실제로 야마토왜에서 파견한 관원들이 존재했으며, '재안라왜신등'이라는 기관이 있었던 것처럼 받아들이게 될 것이다.

그런데 정작 '재안라왜신등(在安羅倭臣等)'이라는 정식 기관의 명칭이 사료에 나오기는 할까?《일본서기》〈흠명(欽明)기〉에 "백제 성명왕 및 재안라제왜신등(在安羅諸倭臣等), 임나제국한기등(任那諸國旱岐等)이 (야마토왜왕에게) 상주(上奏 : 신하가 임금에게 올리는 글)하기를"이라는 내용이 나온다. 백제 성왕 등이 신하로서 황제인 야마토왜의 흠명에게 글을 바쳤다는 내용이다. 이 기록의 '재안라제왜신등(在安羅諸倭臣等)'에서 여러 사람을 뜻하는 '제(諸)'자는 마음대로 빼버리고 '재안라왜신등(在安羅倭臣等)'만 남겨 공식명칭이라고 명명한 것이다. 누가 명명했는가? 야마토왜왕 흠명인가? 백제의 성왕인가? 아니다. 노태돈이 명명한 것이다. 《일본서기》에 따라도 이런 기관은 존재하지 않았다. 또한 천자문만 제대로 알아도 이를 공식명칭이라고 주장할 수는 없다.

이 문장을 제대로 해석하면 "백제 성명왕 및 안라에 있는 여러 왜의 신하 등과 임나에 있는 여러 나라의 한기들이 상주하기를〔百濟王臣明·及在安羅諸倭臣等·任那諸國旱岐等奏〕"이란 뜻이다. 백제 성왕이 야마토왜왕의 신하를 자처하면서 상주했다는 이 기사 자체가 조작인 것은 둘째로 치고, 글자 그대로 해석하면 '백제 성왕'과 '안라에 있는 여러 왜의 신하들'과 '임나에 있는 여러 나라의 한기들'이 글을 올렸다는 뜻이지 '재안라왜신등'이라는 공식기구가 올린 문서가 아니다.

노태돈은 자신이 공식명칭이라는 '재안라왜신등'에 거주한 사람들에 대해 "그 구체적인 구성원은 왜의 왕실에서 파견한 이들, 북규슈지역의 세력가, 가야계 인물 등(노태돈, 《한국고대사》, 경세원, 98쪽)"이라고 말했다. 한마디로 가야는 왜 왕실에서 파견한 왜인들, 북규슈의 세력가인 왜인들이 가득 차 있었다는 것이다. 이것이 임나일본부의 '허상'을 말하는 것인지, '실상'을 말하는 것인지 헷갈리지 않을 수 없다. 노태돈은 또 이렇게 말했다.

4세기 말 이래로 왜의 세력 또는 왜인들이 가야지역에서 활동하였고, 때로는 단기적인 군사활동을 한 경우도 있었다. 그러나 왜국의 한반도 지역에 대한 영역지배는 없었다.

예나 지금이나 단기적이고 장기적이고를 떠나서 점령지가 아닌 곳에서 군사활동을 할 수는 없다. 이는 가야가 왜의 식민지라는 뜻이다. 그러나 이 말만 해 놓으면 문제가 될 것 같으니까 '왜국의 한반도 지역에 대한 영역지배는 없었다.'는 상반된 말을 써놓아 면피하는 것이다. 그러니 한국 학생들은 국사를 암기과목으로 외워야 한다. 앞뒤 안 맞는 말을 교과서에 써 놓으니 외우는 수밖에 방법이 없는 것이다.

일본인 식민사학자들을 칭송하는 남한 국사편찬위원회

북한에서 1979년부터 1983년까지 33권에 달하는 《조선전사》를 간행하자 이에 대응하기 위해서 남한 국사편찬위원회는 1991년부터 2003년까지 모두 52권에 달하는 《한국사》를 출간했다. 남한 강단사학계의 정설 내지는 통설을 서술한 것인데, 그 7권이 '삼국의 정치와 사회 Ⅲ-신라·가야'로서 가야에 대해 서술하고 있다. 가야의 정치·사회사 부분은 두 학자가 썼다. 한 명은 남한 언론들이 '미스터 가야사'라고 부르는 홍익대 교수 김태식이고, 다른 한 명은 일왕을 호칭할 때는 고대든 현대든 반드시 '천황'이라고 높이는 고려대 명예교수 김현구다. 김태식은 〈가야사 인식의 제 문제〉에서 '가야사 연구의 전통'에 대해 서술하다가 느닷없이 '임나 문제의 제 학설'로 넘어갔다. 남한 강단사학자들에게 가야사는 곧 임나사인 것이다. 그다음이 '가야관계의 제 학설'로서 임나를 먼저 쓰고 가야를

나중에 썼다. 가야사보다 임나사가 먼저라는 것이다. 이 책은 여러 일본인
식민사학자들의 임나에 대한 학설에 대해서 평가해놓았다. 먼저 쓰다
소키치(津田左右吉)에 대해서는 무엇이라고 썼는지 보자.

먼저 쓰다 소키치(津田左右吉)는 《일본서기》에 대하여 당시로서는 획기적
일 정도의 비판을 가하면서 합리적 설명을 추구한 사람으로서, 가야 전역에
대한 지명 비정을 했다. 그러나 그는 임나부(任那府) 속령(屬領)을 찾아낸
다는 측면에서 거의 모든 가야관계 지명을 경상남도 남해안 연변에 배열하
다시피 하는 비합리적인 연구결과를 낳고 말았다.

김태식의 설명은 쓰다 소키치를 칭찬하는 것인지 비판하는 것인지
알기 힘들게 쓰여 있다. "획기적일 정도의 비판을 가하면서 합리적
설명을 추구한 사람"이라는 평가는 칭찬 같은데, "모든 가야관계 지명을
경상남도 남해안 연변에 배열하다시피 하는 비합리적인 연구결과를
낳고 말았다."라는 평가는 칭찬 같지 않다. 일단 한반도에 임나(가야)가
있었다고 한 것은 칭찬할 만한데 임나가 경남에만 있었다고 한 것이
'비합리적인 연구결과'라는 것이다. 이마니시 류(今西龍)에 대해서 이렇
게 평가했다.

이마니시 류(今西龍)는 가야지방 전역에 대한 답사 및 고분·산성 등의
분포 조사에다가 문헌고증적 연구를 더하여 지표 조사보고서를 내놓고,
거기서 행한 지명비정에 점차 수정을 가하였다. 그 결과 가야 지명은 대개
낙동강의 서쪽, 섬진강의 동쪽으로 한정되어, 대체적인 역사 연구의 기초

작업은 이루어졌다. 그의 일련의 연구는 지표답사와 문헌고증을 겸비하였다는 면에서 그 이전의 연구들에 비해 높이 평가할 점이 있지만, 그것이 당시 사관(史觀)의 한계성을 넘는 것은 물론 아니었다.

이 글도 무슨 말인지 이해하기 힘든 내용이다. "답사 및 고분·산성 등의 분포 조사에다가 문헌고증적 연구를 더하여" 등은 극찬이지만 그의 연구가 "당시 사관(史觀)의 한계성을 넘는 것은 물론 아니었다."라는 것은 비판이기 때문이다. 쓰다 소키치나 이마니시 류는 지금도 남한 강단사학자들이 존경해 마지않는 참 스승(?)인데 김태식은 왜 이들의 학문을 비판하는 듯한 말을 덧붙였을까? 그 이유는 이마니시 류에 대한 평가 바로 다음으로 이어지는 아유카이 후사노신(鮎貝房之進)에 대한 평가를 함께 봐야 한다. 김태식은 아유카이 후사노신에 대해서 이렇게 평가했다.

점패방지진(鮎貝房之進 : 아유카이 후사노신)은 방대한 문헌고증을 통하여 임나의 지명 비정 범위를 경남·경북 및 충남·전남까지 확장시켜서, 임나는 경주지방 부근과 부여·공주 일대를 제외한 한반도 남부 전역을 가리키게 되었다. 그것은 《일본서기》에 왜의 한반도 내 지배 영역이었다고 상정된 「임나」의 범위를 넓혀 잡기 위해 그가 문헌 비교 및 언어학적 추단을 거듭함으로써 얻어진 연구결과였다고 여겨진다(277쪽).

김태식은 국사편찬위원회 명의로 아유카이 후사노신이 '문헌 비교 및 언어학적 추단을 거듭해서' 큰 연구성과를 얻은 대학자로 극찬했다.

아유카이의 연구성과는 임나가 '경남·경북·충남·전남'을 모두 차지했다고 본다는 것이다. 임나가 신라 수도였던 경주 일대와 백제 수도였던 부여·공주 일대를 제외한 '한반도 남부 전역'을 지배했다는 것이 아유카이 후사노신의 연구성과라는 뜻이다. 이것이 남한 국사편찬위원회를 가야사 인식을 대표하는 김태식의 눈에 '문헌 비교 및 언어학적 추단을 거듭함으로써 얻어진 연구결과'라는 것이다.

그런데 아유카이 후사노신(1864~1946)은 1895년 명성황후를 시해한 낭인 깡패다. 명색이 역사학자인 김태식이 아유카이 후사노신이 낭인깡패인 것을 몰라서 이렇게 칭찬했을까? 이런 칭찬은 스에마쓰 야스카즈(末松保和)에 이어진다.

스에마쓰 야스카즈는 기존의 지명 고증을 비롯한 문헌고증 성과에 의존하면서 한국·중국·일본 등의 관계사료를 시대순에 따라 종합함으로써 고대한일 간 대외관계사의 틀을 마련하였다. 그리하여 최초로 학문적 체계를 갖춘 이른바 「남한경영론(南韓經營論)」을 완성시켰으니, 그 설을 요약하면 다음과 같다(국사편찬위원회, 《한국사 7-신라·가야》

'남한경영론'이란 야마토왜가 남한을 모두 식민지로 경영했다는 뜻인데, 이것이 "최초로 학문적 체계"를 갖춘 스에마쓰의 학문적 업적이라는 극찬이다. 이글에서 김태식은 국사편찬위원회를 대신해서 스에마쓰의 논리를 무려 일곱 가지로 정리해 자세하게 제시했다. 첫째 3세기 중엽에 야마토왜는 가야를 근거지로 삼고 있었으며 진왕(辰王)보다 더 큰 통제력을 갖고 있었다는 것이다. 둘째 야마토왜는 '369년에 경상남북도 대부분을 평정하고 전라남북도와 충남 일부를 차지해 임나 지배체제를 성립시켰고 제주도를 백제에 주어 백제왕의 조공을 서약시켰다'는 것이다. 즉 야마토왜는 3세기 중엽에 이미 한반도 남부에 강력한 세력을 갖고 있다가 369년에 경상남북도, 전라남북도, 충청도 일부를 지배하는 거대한 식민지를 구축하고, 백제를 조공국으로 삼았다는 것이다. 셋째 "〈광개토왕릉비〉의 기사로 봐서 야마토왜는 400년 전후 고구려군과 전쟁을 통해 임나를 공고히 하고 백제에 대한 복속을 강화했다."는 것이다. 즉 야마토왜는 400년 전후에 바다를 건너와 고구려 광개토대왕과 전쟁을 치를 정도로 강력했고, 백제를 더욱 확실하게 지배했다는 것이다. 일곱째 야마토왜는 신라로부터 646년까지 다다라(多多羅) 등 4읍에 대한 세금을 받았다는 것이다. 임나일본부는 562년 무너졌지만 신라는 646년까지도 야마토왜에 세금을 납부하는 속국이었다는 것이다.

　김태식은 스에마쓰 야스카즈의 논리를 친절하게 일곱 가지로 정리한 후 형식적 비판을 가했다. 1960년대 이후에는 일본 학계에서도 나라(奈良)에 있던 야마토왜가 규슈(九州)지방까지 힘을 뻗치게 된 것은 5세기 후반 내지 6세기 전반이며, 각 지방세력을 행정적으로 지배하게 된 것은 7세기 후반 정도로 본다는 것이다. 4세기에는 야마토왜가 규슈지역도 지배하지 못했는데 남한을 경영할 수는 없다는 것이다. 또한 야마토왜가 임나를 200년 이상 군사지배를 했으면 그 지역에 일본유물의 영향이 강하게 나타나야 하는데, 가야유물만이 나타난다는 것이다. 한 마디로 369년 야마토왜가 가야를 점령해 식민지로 지배할 수는 없었다는 것이다. 그러면 간단하게 "야마토왜가 369년 가야를 지배하고 임나일본부를 설치했다는 것은 허구다."라고 정리하면 될 것을 '최초로 학문적 체계를 갖춘 남한경영론' 운운하면서 일곱 가지로 자세하게 설명해 독자들을 헷갈리게 한 것이다.

해방 후에도 서울대 교수들 '지도'했던 스에마쓰

남한 강단사학계가 서론에서는 "임나일본부를 극복했다."라고 말하지만 본론으로 들어가면 임나일본부설의 핵심요체인 '임나=가야설'을 되풀이하는 이유는 남한 강단사학계의 태생적 한계에서 나오는 것이다. 스에마쓰 야스카즈는 일제 패전 후 일본의 역사학자들 사이에서 역사학이 침략의 도구로 사용되었다는 반성의 기운이 일 때 일 왕족·귀족 자제들을 가르치던 학습원대학의 교수로서 《임나흥망사》(1949년)을 출간했다. 이 책에서 스에마쓰는 낭인 깡패 아유카이의 뒤를 이어 임나가 "경상남북도뿐만 아니라 충청·전라도"까지 차지했다고 주장했다. '대일본제국은 다시 한국을 점령할 것이니 제국의 신민들이여 각성하라.'라는 메시지를 던진 것이다. 이런 스에마쓰 야스카즈의 정치선전이 남한 국사편찬위원회의 눈에는 '최초로 학문적 체계를 갖춘 이른바 남한경영론'으로 높게 보이는 것이다. 김태식과 함께 국사편찬위원회의 《한국사》 7권 가야 편을 집필한 고려대 명예교수 김현구는 '남한경영론'에 대해 이렇게 말한다.

한국 학계에서 사용하고 있는 '임나일본부설'이라는 용어보다는 한반도 남부지배라는 본질을 담고 있는 일본 학계의 이른바 '남선경영론'이 더 타당하지 않을까 생각한다. 그러나 '남선경영론'은 '남조선경영론'을 줄인 말로 현재 한국에서 사용하는 용어와는 거리가 멀다. 따라서 '남선경영론'을 현재 한국에서 사용하는 용어로 바꾼다면 '한반도 남부경영론' 정도가 타당하다고 생각한다(김현구, 《임나일본부설은 허구인가》, 창비, 2010년, 22쪽).

'임나일본부설'이라는 용어보다는 야마토왜의 '한반도 남부경영론'이 타당하다는 것이다. '임나일본부'라는 용어에는 워낙 부정적 어감이 있으니 '한반도 남부경영론'으로 부르자는 것이다. 김현구는 또 "'임나일본부설에 대해 고전적인 정의를 내린 사람은 일제 강점기 경성제국대학에서 교편을 잡았던 스에마쓰 야스까즈였다."고도 말했다. 김태식이나 김현구의 눈에 스에마쓰 야스까즈의 일제 군국주의 정치선전은 '최초로 학문적 체계를 갖춘 남한경영론'이자 '고전'으로 보이는 것이다.

스에마쓰 야스카즈는 해방 후에도 국내를 들락거리면서 서울대학교 사학과 교수들을 비롯한 자신의 경성제대 제자들을 지도했다. 서울대 사학과에 재직하다가 연세대에서 정년을 마친 김용섭 교수의 자서전 《역사의 오솔길을 가면서》의 말미에 서울대 교수 시절 스에마쓰와 관련한 짧은 일화가 나온다.

민족주의 역사학인가, 실증주의 역사학인가에 관하여 검토하는 시간이었던 것 같은데, 교학부장 고윤석 교수도 포함된 네댓 명의 중년·노년의 교수가 내방하였다. 노크를 하기에 문을 열었더니, 김원룡 교수께서 말씀하시기를, "일제 때 경성제대에서 내가 배운 스에마쓰(末松保和) 선생님인데,

김 선생 강의를 참관코자 하시기에 모시고 왔어요. 김 선생, 되겠지?"

하는 것이었다.(김용섭, 《역사의 오솔길을 가면서》)

조선총독부 조선사편수회 간사 출신 스에마쓰가 광복 후에도 국내를 들락거리면서 서울대 사학과 교수들을 '지도'했다는 이야기다. 이때 경성제대 출신의 국사편찬위원회 신석호는 만나지 않았겠는가? 남한 역사학계는 여전히 조선총독부 조선사편수회가 지도하고 있었다는 이야기다. 지금은 달라졌는가? 더욱 악화되고 있다. 일본 극우파들이 만든 사사카와 재단의 국내 사무실이 국내 유수 사립대학교 재단에 버젓이 존재하고, 일본 극우파들은 남한 출신 유학생들에게 장학금과 생활비까지 대주면서 황국사관을 교육시킨 후 국내 여러 대학의 사학과 교수로 만드는 데 성공했다. 남한 강단사학계는 보수, 진보를 막론하고 여전히 조선총독부 조선사편수회가 영향력을 발휘하고 있다. 남한 강단사학계가 임나=가야설을 정설로 떠받드는 구조가 여기에 있다.

북한 학계는 가야사를 어떻게 인식하는가?

조희승이 집필한 《북한학계의 가야사 연구》는 구성이 일목요연하다.

제1장. 가야(금관)련맹체의 형성과 흥망성쇠
제2장. 대가야(고령)련맹체의 발전과 쇠퇴멸망
제3장. 경제와 문화

제4장. 가야사람들의 일본렬도 진출

이중 '제4장 가야사람들의 일본렬도 진출' 부분에 해당하는 것이 남한 국사편찬위원회의 'Ⅷ. 가야의 대외관계'인데, 양자의 소목차를 비교해 보면 그 차이를 분명하게 알 수 있다.

(북한 가야사) 제4장 가야사람들의 일본렬도 진출	(남한 가야사) Ⅷ. 가야의 대외관계
제1절. 가야사람들의 진출정착지 1. 지명과 문헌을 통하여 본 가야사람들의 진출정착지 2. 고고학적 자료를 통하여 본 가야사람들의 진출정착지 　1) 가야토기의 분포 　2) 기타 유물의 분포	1. 백제·야마토왜의 접근과 중개외교 　1) 4세기의 대신라관계 　2) 대백제관계의 시작 　3) 대야마토왜 관계의 시작 　4) 대백제관계의 진전
제2절. 가야계통 소국의 형성 1. 이또지마 가야(가라)소국 　1) 이또지마반도에 전개된 가야계통 지명 　2) 이또지마반도에 축조된 조선식산성 　3) 광개토왕릉비와 유적유물을 통하여 본 이또지마 가야소국 　　(1) 광개토왕릉비에 나오는 왜 　　(2) 묘제의 변혁과 도입 　　(3) 조선(가야)식 살림집과 도질토기의 출현 　　(4) 새 농구와 공구 및 무기무장의 보급 2. 기비 가야소국	2. 대백제관계의 심화와 부용외교 　1) 신라·고구려의 침입과 대백제관계의 심화 　2) 야마토왜에 대한 군사기지 제공 　3) 백제군의 주둔

북한학계의 조희승이 쓴 '제4장 가야사람들의 일본렬도 진출'과 남한학계의 김현구가 쓴 'Ⅷ. 가야의 대외관계'의 목차를 보면 같은 나라에 대해서 쓴 것이라고 믿기 힘들 정도다. 양자의 이 차이의 근저에는 임나를 보는 시각이 있다.

북한학계는 김석형이 1963년 〈삼한삼국의 일본열도 분국설〉을 발표한 이후 임나는 가야가 아니라 가야계가 일본열도에 진출해서 세운 소국, 분국이라고 보고 있다. 반면 남한 강단사학은 가야가 임나라고 주장하고 있다.

남한의 국사편찬위원회의 《한국사》 7권 가야 편은 'Ⅷ. 가야의 대외관계'에서 "가야가 삼한의 소국단계에서 가야로 발전하는 것이 4세기부터라고 하는 것이 학계에서 통설적인 지위를 점하고 있다. 따라서 여기서는 가야가 삼한 고국단계에서 가야로 발전하는 4세기부터 가야가 최종적으로 멸망하는 6세기 후반까지를 검토의 대상으로 하려 한다."라고 말하고 있다. 남한 강단사학계에서 사료와 다른 이야기를 할 때 즐겨 사용하는 용어가 "학계", "통설적인 지위" 등의 낱말들이다. 이 말은 다른 말로 《일본서기》의 눈으로 가야와 야마토왜를 보겠다는 뜻에 다름 아니다. 아니나 다를까 연대조차 맞지 않는 《일본서기》를 가지고 온갖 공상소설을 남발하면서 가야를 야마토왜의 식민지로 둔갑시키고 있다. 김현구는 서기 369년 "가야 7국 평정" 운운하는 것으로 야마토왜가 가야를 점령한 것을 기정사실로 삼고 하위논리를 전개하고 있다. 대부분의 논리는 《일본서기》에서 따온 것으로 일본 극우파 학자가 썼다면 명실이 상부할 정도다.

김석형이 1963년 〈삼한삼국의 일본열도 분국설〉을 발표하고, 재일사학자 이진희가 이를 정진화에게 번역시켜 일본의 《역사평론(歷史評論)》에 게재하면서 일본 학계는 큰 충격을 받았다.

김석형의 분국설은 일본학계의 '임나일본부설'을 뿌리부터 흔든 내용이었다. 그래서 일부 남한 강단사학자들의 분국설에 대한 평가는 '증오'에 가까울 정도다. 《일본서기》의 눈으로 한일고대사를 보는 김현구는 "김석형의 '삼한 삼국의 일본 열도 내 분국론'은 관련자료를 일방적으로 한국 측에 유리하게 자의적으로 해석하고 있다고 볼 수 있다(김현구, 《임나일본부설은 허구인가》)"라고 비난하고 있다. 날이 갈수록 친일강도가 심해지는 남한 강단사학자들에게 배운 이른바 '젊은역사학자모임'의 위가야는 분국설에 대해서 이렇게 썼다.

김석형의 분국설은 북한에서는 아직도 정설이며, 한국에서도 모자란 복제품 수준의 주장이 이따금씩 제기된다. 하지만 그의 연구는 이제 학설로서 생명력을 거의 상실했다. 그의 학설이 성립하는 결정적 근거였던 일본열도 내 '조선식 산성'이 6~7세기 대 유적으로 밝혀졌기 때문이다(위가야, 《욕망

너머의 한국고대사》)

일본열도 내 조선식 산성을 6~7세기 대 유적으로 주장하는 것은 일본 극우파 사학자들이다. 북한 학계는 그보다 훨씬 이전인 야요이(서기 전 3세기~서기 3세기)시대부터 고대 한국인들이 일본 열도에 진출했고, 그 결과 수많은 조선식 산성이 세워졌다고 주장한다. 북한학계의 분국설이 생명력을 거의 상실했다는 위가야의 주장은 물론 거짓이다. 김석형의 뒤를 이은 조희승이 분국설에 쓴 주요 저서만 들어도《초기조일관계사(상:1988)》,《일본에서 조선 소국의 형성과 발전(1995)》,《조선단대사(가야편: 2011)》,《임나일본부 해부(2012 : 필자의 주해로 2019년《북한학자 조희승의 임나일본부 해부》로 남한에서 출간되었다)》등이 있다.

남북한 학계의 현격한 차이

가야사에 대해서 남북한 학계는 같은 나라에 대해서 연구한 것이라고 볼 수 없을 정도로 괴리가 크다. 건국시기, 나라 이름, 임나 및 야마토왜에 대한 시각 등 모든 것이 평행선을 달린다. 더 큰 문제는 남한 학계의 가야사는 연구 자체가 빈약하다. 일본 극우파들의 임나일본부설을 토대로 온갖 궤변을 늘어놓은 것에 불과하다.

관점도 문제지만 연구의 질량에 있어서도 비교가 되지 않는다.《일본에서 조선 소국의 형성과 발전》(1995)을 보면 일본 열도 내의 고구려·백제·신라·가야계가 세운 소국에 대해서 광범위하게 서술하고 있다. 남한 강단사학계가 노장이고 무서운 아이들이고를 떠나서 '임나=가야설'이라는 일본 극우파 정치선전을 추종하는 동안 북한 학자들은 경제적 어려움 속에서도 우리 선조들의 역사를 복원하기 위해서 땀을 흘려왔다.

남한 강단사학계는 이 분야에 대한 주목할 만한 연구성과가 나오면 널리 알리기는커녕 지우기에 바쁘다. 남한 학계에서 고대 한일관계사에 가장 많은 연구업적을 낸 인물은 고려대 사회학과 고 최재석 명예교수다. 최재석 교수는 1994년 12월 제1회 한국사회학회 학술상을 수상했는데, 수상 상패에는 "13권의 저서, 208편에 달하는 학술논문과 65편의 준학술논문을 저술"했다고 말하고 있다. 이는 1994년까지의 업적이고 그 이후에도 쉬지 않고 공부해 300여 편의 논문과 30여 편의 학술저서를 남겼다. 최재석 교수는 임나는 일본 열도에 있다고 보고, 야마토왜는 백제의 속국이라고 보는 학자다.

역사관련 국책기관인 동북아역사재단에서 2013년에 《역주 일본서기 1~3권)》를 냈다. 국민세금으로 만든 《일본서기》 번역본인데, 연민수·김은숙·이근우 등 일본 대학 유학 출신의 7명의 번역가가 공동 번역했다. 《역주 일본서기 1권》 뒤에 559쪽~592쪽까지 무려 33쪽에 걸쳐서 빽빽한 참고문헌과 저서, 논문 등을 실었으나 최재석 교수의 이름도 없고 저서도 없고 논문도 없다. 조선총독부의 이마니시 류(今西龍)나 명성황후 시해에 가담한 낭인 깡패 아유카이 후사노신(鮎貝房之進) 등이 가야를 임나라고 주장하는 논문이나 책들은 빠짐없이 실으면서도 최재석 교수의 《고대 한일관계와 일본서기(2001)》, 《일본서기의 사실기사와 왜곡기사(2012)》를 비롯한 수많은 저서, 논문은 없는 것으로 치부했다. 최재석 교수를 참고문헌 목록에서 지워버린 이유는 단 하나다. 일본 극우파들이 주장하는 임나일본부설을 '진짜로' 비판하는 학자이기 때문이다. 고대 한일관계사에 대해서 가장 많은 논문과 저서를 쓴 학자를 투명인간 취급할 수 있는 카르텔을 가진 곳이 남한 강단사학계다.

그 결과 남한 학계의 《가야사》는 누가 썼는지를 막론하고 무슨 말을 하는지 알 수 없는 내용이 태반이다. 총론·서론과 본문·결론이 서로 다르기 때문이다. 반면 북한 학계의 《가야사》는 쉽게 이해되고 일목요연 하다. 필자가 북한학계의 《가야사》를 읽으면서 느꼈던 점은 가야는 남한 영토에 있는데도 정작 그 구체적 내용은 북한학계의 《가야사》에 담겨 있다는 점이었다. 한 사례만 들면 경남 함암에 있었던 아라가야의 산성축성법이 일본 서부에 있는 조선식 산성에 그대로 재연되고 있다고 서술하고 있다는 점이다.

> 아라가야의 산성축성법은 같은 가야나라들은 물론이고 바다 건너 일본 땅에도 큰 영향을 주었다. 현재 일본 서부에 있는 조선식 산성, 특히 가야계 통 소국으로 비정하는 이또지마의 라이산 산성, 시고꾸 사누끼의 기야마 산성, 기비 기노죠 산성 등의 축성법이 아라가야의 산성축성법과 신통히도 꼭 같다. 이것은 가야사람들이 일본 서부의 여러 곳에 진출할 때 기술집단과 함께 이 나라의 축성집단도 함께 건너갔다는 것을 보여준다(《북한학계의 가야사 연구》 아라가야).

한반도 최남단 경남 함안에 있는 가야산성들이 일본 서부지역에 있는 조선식 산성과 축성법이 같다는 이야기를 남한 사학자가 아닌 북한

사학자들의 책을 통해서 배워야 하는 세상이다. 남북 분단의 비극이자 이것이 이 책을 출간하는 단적인 이유라고 말할 수 있다.

〔지도 : 가야 영역 지도와 일본 내 가예계통 지명 분포도〕

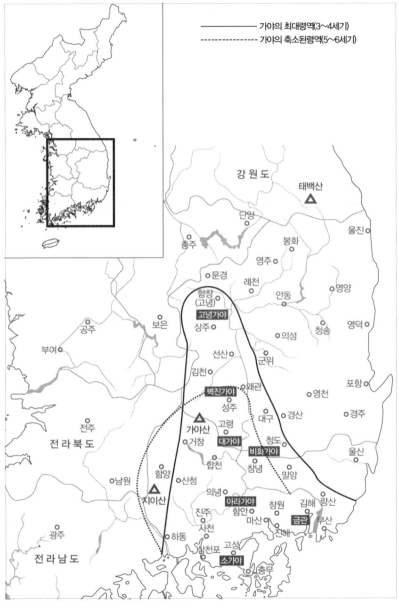

가야의 최대령역(3~4세기)
가야의 축소된령역(5~6세기)

강 원 도
태백산
단양
울진
충주
봉화
영주
문경
례천
영양
함창
(고녕)
안동
고녕가야
보은
상주
청송
영덕
의성
공주
선산
군위
부여
김천
왜관
포항
벽진가야
성주
영천
경주
가야산
고령
대구
경산
전 라 북 도
거창
대가야
청도
전주
비화가야
함양
합천
창녕
울산
밀양
산청
의령
지이산
진주
창원
김해
량산
아라가야
함안
부산
광주
사천
마산
금관
진해
하동
고성
전 라 남 도
삼천포
소가야
충무

가야의 령역-본문 71쪽 참조.

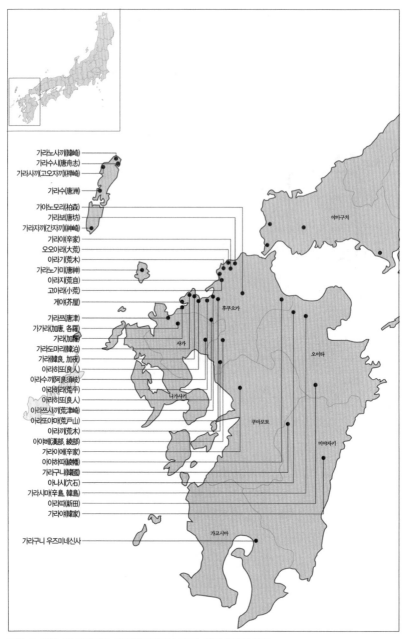

가라노사끼(韓崎)
가라수시(唐舟志)
가라사끼(고오자끼)(樺崎)

가라수(唐洲)

가야노모리(柏森)
가라보(唐坊)
가라자끼(간자끼)(神崎)

가라야(辛家)
오오아라(大荒)
아라기(荒木)
가라노가미(唐神)
아라지(荒自)
고아라(小荒)
게야(芥屋)

가라쯔(唐津)
가가리(加唐, 各羅)
가리(加唎)
가라도마리(韓泊)
가라(韓良, 加夜)
아라히또(良人)
아라수끼(阿良須岐)
아라히라(荒丰)
아라히또(良人)
아라쯔사기(荒津崎)
아라또야마(荒戸山)
아라끼(荒木)
아야베(漢部, 綾部)
가라이에(辛家)
아야히따(綾幡)
가라구니(韓國)
아나시(穴石)
가라시마(辛島, 韓島)
아라따(新田)
가라야(韓家)

가라구니 우즈미네신사

야마구치

후꾸오까

사가

오이따

나가사끼

쿠마모토

미야자끼

가고시마

그림 1. 일본 내 가야계통 지명분포도(규슈지구)-본문 266쪽 참조.

434

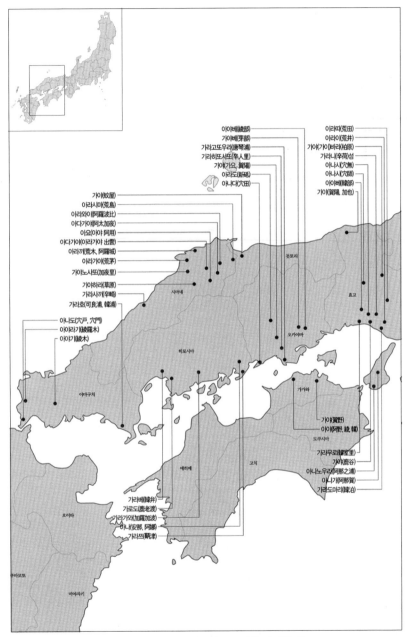

아야베(綾部)
가야베(芽部)
가라고또우라(唐琴浦)
기라히또서뜨(辛人里)
가야가요.(賀陽)
이라도(新砥)
아나다(穴田)

이라따(荒田)
이라이(荒井)
가야가이[바라(柏原)
가라니(辛阿)성
아나시(穴無)
아나시(穴師)
아야베(韓部)
가야[賀陽, 加也)

가야(蚊屋)
아라시마(荒島)
이라와이[阿羅波比]
이다가야(阿太加夜)
아요[아야 阿用]
아다가야(아라가야 出雲)
이라끼(荒木, 阿羅城)
이라가야(荒茅)
가야노시뜨(加夜里)

가야하라(草原)
기라시까(辛崎)
가라호(可良浦, 韓浦)

아나도(穴戸, 穴門)
아이라기(綾羅木)
아야기(綾木)

돗또리

효고

시마네

오까야마

히로시마

가야(賀野)
아야베(韓野, 綾, 韓)

야마구치

가가와

가라무로(韓室里)
가야(鹿谷)
아나노우라(阿那之浦)
아나가(阿那賀)
가라도마리(韓泊)

에히메

고치

도쿠시마

가라배(韓井)
가로도(鹿老渡)
기라가와(加羅加波)
아나내(安那, 阿娜)
가라쯔(靹津)

오이따

쿠마모또

미야자끼

그림 2. 일본 내 가야계통 지명분포도(세또내해지구)-본문 268, 270쪽 참조.

435

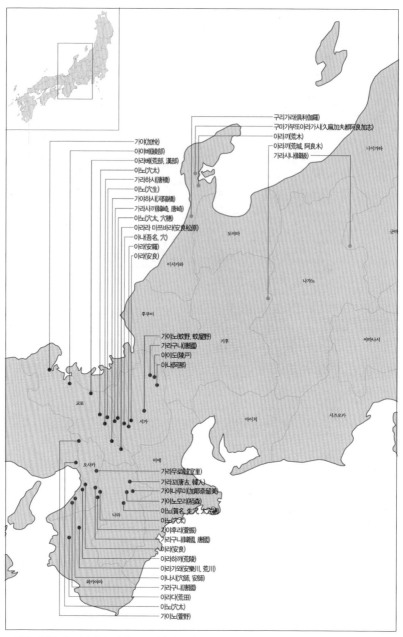

구리가라(俱利伽羅)
구마가부또아라가사(久麻加夫都阿良加志)
아라끼(荒木)
아라끼(荒城, 阿良木)
가라시나(韓級)

니이가타

가야(加battle兒)
아야베(綾部)
아라베(荒部, 漢部)
아노(穴太)
가라하시(唐橋)
아노(穴生)
가야하시(可耶橋)
가라사끼(韓崎, 唐崎)
아노(穴太, 穴穗)
아라라 마쯔바라(安良松原)
아나(吾名, 穴)
아라(安羅)
이라(安良)

도야마

군마

이시카와

나가노

이마나시

후쿠이

기후

가야노(蚊野, 蚊屋野)
가라구니(唐國)
아야도(陵戶)
아나(阿那)

아이치

시즈오카

교토

시가

미에

오사카

가라무로(韓室里)
가라꼬(唐古, 韓大)
가야나루미(加耶奈留美)
가야노모리(栢森)
아노(賀名, 生凡, 太凡穗)
아노(穴太)
가야후리(萱振)
가라구니(韓國, 唐國)
이라(安良)
이라하까(荒陵)
이라가와(安樂川, 荒川)
아나시(穴師, 安師)
가라구니(唐國)
이라다(荒田)
아노(穴太)
가야노(萱野)

나라

와카야마

그림 3. 일본 내 가야계통 지명분포도(깅끼지구)-본문 269, 270쪽 참조.

436

북한학계의
가야사 연구

발행일 | 2020년 10월 15일
지은이 | 조희승
펴낸이 | 최진섭
편 집 | 플랜디자인
펴낸곳 | 도서출판 말

출판신고 | 2012년 3월 22일 제2013-000403호
주 소 | 서울특별시 영등포구 대림로 29가길 1 (3층)
전 화 | 070-7165-7510
전자우편 | dream4star@hanmail.net
ISBN | 979-11-87342-17-5 03910

- 값은 뒤표지에 있습니다.
- 잘못된 책은 본사나 구입하신 곳에서 바꾸어 드립니다.